भारतीय गणित-ज्योतिष का इतिहास

भास्कराचार्य

गैलीलियो ने 1609 ई. में पहली बार दूरबीन का उपयोग करके चंद्रतल पर विशाल पर्वत और गहरी घाटियां देखीं।

संयुक्त राष्ट्रसंघ (UN) के निर्णय के अनुसार, विज्ञान के इतिहास की इस युगांतरकारी घटना की 400वीं जयंती **अंतर्राष्ट्रीय खगोल-विज्ञान वर्ष 2009 ई.** के रूप में सारी दुनिया में मनाई गई। साथ ही, मानव के पहली बार चंद्रतल पर उतरने (जुलाई 1969) की इस वर्ष 40वीं जयंती भी थी। इस उपलक्ष्य में हमारी ओर से यह कृति।

प्रतीक-चिह्न

---

* गैलीलियो गैलिलेई (1564-1642 ई.) ने 1609 ई. में अपनी दूरबीन से पहली बार जिस आकाशीय पिंड को देखा, वह था—चंद्रमा। उन्होंने दूरबीन से देखा कि चंद्रतल वैसा चिकना व गोलाकार नहीं है, जैसा कि प्राचीन काल से कई विचारक सोचते आ रहे थे; चंद्रतल काफी हद तक पृथ्वीतल-जैसा है। चंद्र पर उत्तुंग पर्वत-शिखर और विशाल घाटियां हैं। गैलीलियो ने कई पर्वतों की ऊंचाई भी मालूम की। उन्होंने यह भी जाना कि उगते सूर्य के प्रकाश से चंद्र के किनारे के पास के पर्वतों की चोटियां सबसे पहले चमकती हैं, जबकि उनकी ढलानों पर रात का अंधेरा रहता है।

भारतीय गणित-ज्योतिष का इतिहास

भास्कराचार्य

गुणाकर मुळे

राजकमल प्रकाशन

ISBN : 978-81-267-1977-8

मूल्य : ₹ 495

पहला संस्करण : 2011
दूसरा संस्करण : 2013
तीसरा संस्करण : 2017

प्रकाशक : राजकमल प्रकाशन प्रा. लि.
1-बी, नेताजी सुभाष मार्ग, दरियागंज
नई दिल्ली-110 002

शाखाएँ : अशोक राजपथ, साइंस कॉलेज के सामने, पटना-800 006
पहली मंजिल, दरबारी बिल्डिंग, महात्मा गांधी मार्ग, इलाहाबाद-211 001
36 ए, शेक्सपियर सरणी, कोलकाता-700 017

वेबसाइट : www.rajkamalprakashan.com
ई-मेल : info@rajkamalprakashan.com

कवर व पेज डिजाइन : मुकेश कुमार

मुद्रक : बी.के. ऑफसेट
नवीन शाहदरा, दिल्ली-110 032

BHASKARACHARYA
by Gunakar Muley

मेरे जन्मग्राम सिंदी बुजरुक (अमरावती जिला, महाराष्ट्र) में
एक निजी हिंदी-संस्कृत पाठशाला खो़लने वाले
महानुभावपंथी श्री कृष्णराज बुवा 'पंजाबी'
और वहां मुझे हिंदी-संस्कृत के आरंभिक पाठ पढ़ाने वाले
अध्यापक श्री भास्कर शास्त्री की
पुण्य स्मृतियों को समर्पित

नोट : सिद्धांत शिरोमणि अध्याय (6) की और परिशिष्ट 6 जंतर-मंतर से कावलूर तक की टिप्पणियां तथा चित्र अध्याय-9 उपसंहार मैंने (शांति गुणाकर मुळे) तैयार किए हैं।

प्राक्कथन

विज्ञान के महत्वपूर्ण विषयों से संबंधित मेरी कुछ पुस्तकें दो स्तर की हैं : सरल भाषा और कुछ बड़े टाइप में छोटी पुस्तकें किशोरों के लिए, और संदर्भ व टिप्पणियों सहित कुछ विस्तार से लिखी गईं बड़ी पुस्तकें प्रौढ़ों के लिए। आज से करीब साढ़े चार दशक पहले किशोरों के लिए मेरी छोटी पुस्तकें **भास्कराचार्य** व **आर्यभट** प्रकाशित हुई थीं। खूब चलीं, आज भी चलती हैं। फिर एक लंबे अरसे बाद मैंने विस्तृत संदर्भ व टिप्पणियों सहित बड़ी पुस्तक **महान गणितज्ञ-ज्योतिषी आर्यभट** (मूल **आर्यभटीय** सहित) लिखी, जो 2005 ई. में प्रकाशन विभाग (भारत सरकार) से छपी। जल्दी ही उसका दूसरा संशोधित संस्करण निकला, और गुजराती में भी अनुवाद हुआ।

बड़ी पुस्तक **महान गणितज्ञ-ज्योतिषी आर्यभट** तैयार हो जाने के कुछ समय बाद ही मैंने **महान गणितज्ञ-ज्योतिषी भास्कराचार्य** का प्रथम प्रारूप तैयार कर लिया था। बड़ी पुस्तक **आर्यभट** संदर्भ-टिप्पणियों व परिशिष्टों सहित अंतिम रूप से तैयार होकर छपी, तो अन्य कामों को करते हुए **भास्कराचार्य** में भी संदर्भ-टिप्पणियों और परिशिष्टों को जोड़ते हुए इसे प्रकाशन के लिए तैयार करता रहा। इस बीच मेरा बड़ा ग्रंथ **अल्बर्ट आइंस्टाइन** (जीवन, कृतित्व व समाज-चिंतन) भी छप गया—प्रकाशन विभाग से ही।

भास्कराचार्य को प्रकाशन के लिए तैयार करने में लंबा समय लगा। अल्सर व मधुमेह का मैं मरीज, 74 साल की आयु, ऊपर से आंखों की तकलीफ। फिर इसी दौरान मुझे एक गंभीर बीमारी (Myasthenia Gravis) ने घेर लिया; लंबे समय तक इलाज चला।

भास्कराचार्य प्राचीन भारत के सबसे महत्वपूर्ण गणितज्ञ-खगोलविद हैं; इनका कृतित्व भी विपुल है। इसलिए इस ग्रंथ का **आर्यभट** से बड़ा होना स्वाभाविक था। लेकिन देरी होने का एक अन्य महत्वपूर्ण कारण यह रहा कि, मैं **आर्यभट** व **भास्कराचार्य**, इन दो ग्रंथों में ही 'भारतीय गणित-ज्योतिष का इतिहास' भी प्रस्तुत कर देना चाहता था। चाहने पर भी अब मैं स्वतंत्र ग्रंथ 'भारतीय गणित-ज्योतिष का इतिहास' नहीं लिख सकता। मुझे अपने दूसरे आधे-अधूरे ग्रंथ पूर्ण करने हैं।

आर्यभट पुस्तक में मैंने एक स्वतंत्र अध्याय दिया है—'आर्यभट-पूर्व का भारतीय गणित-ज्योतिष', जिसमें आर्यभट (जन्म 476 ई.) के पहले देश-विदेश में विकसित हुए गणित व ज्योतिर्विज्ञान की संक्षिप्त जानकारी दी गई है। लेकिन उस पुस्तक में मैंने आर्यभट के बाद के भारतीय गणित-ज्योतिष का परिचय नहीं दिया है। मगर इस **भास्कराचार्य** ग्रंथ में मैंने दो विस्तृत स्वतंत्र अध्याय जोड़े हैं—'भास्कराचार्य-पूर्व का भारतीय गणित-ज्योतिष'

और 'भास्कराचार्य के बाद का भारतीय गणित-ज्योतिष'। इन दो अध्यायों में भारतीय गणित व ज्योतिर्विज्ञान की लगभग सभी प्रमुख उपलब्धियों का समावेश है।

ग्रंथ को परिपूर्ण बनाने के प्रयोजन से मैंने अंत में कई विस्तृत परिशिष्ट जोड़े हैं। इनमें चार परिशिष्टों (3 से 6) का विशेष महत्व है। सामंत चंद्रशेखर सिंह (परिशिष्ट 3) हमारे अंतिम ज्योतिष-सिद्धांतकार हैं। भास्कराचार्य के 'आदर्श' ब्रह्मगुप्त थे, तो चंद्रशेखर सिंह (1835-1904 ई.) के भास्कराचार्य। चंद्रशेखर सिंह ने अपने **सिद्धांत-दर्पण** में भास्कराचार्य के कई श्लोकों को उद्‌धृत किया है, और उनके स्थिरांकों में संशोधन भी सुझाए हैं। चंद्रशेखर सिंह का प्रेरणाप्रद जीवन व कृतित्व हमें बताता है कि केवल अपनी मातृभाषा एवं संस्कृत जानने वाला एक ग्रामवासी, बिना दूरबीन की मदद के, ज्योतिर्विज्ञान के क्षेत्र में कितना-कुछ हासिल कर सकता है। सामंत के प्रयासों से स्पष्ट हो जाता है कि प्राचीन काल के हमारे ज्योतिर्विद अपनी कोरी आंखों से किस तरह आकाश का अवलोकन करते थे। चंद्रशेखर सिंह को 'भारत का टाइको ब्राए' ठीक ही कहा जाता है।

शंकर बालकृष्ण दीक्षित द्वारा 1896 ई. में मूलतः मराठी में प्रकाशित **भारतीय ज्योतिष** को आज भी इस विषय की सर्वोत्तम कृति माना जाता है। अब हिंदी में भी उपलब्ध इस ग्रंथ को पढ़ने से भारतीय ज्योतिष और इसके इतिहास की प्रामाणिक जानकारी तो मिलती ही है, यह भी स्पष्ट हो जाता है कि प्राचीन भारत में 'ज्योतिष' का स्पष्ट अर्थ रहा है—ज्योतिर्विज्ञान अथवा गणित-ज्योतिष, न कि आज के टी.वी. चैनलों में जोर-शोर से प्रचारित किया जा रहा फलित-ज्योतिष का अंधविश्वास।

परिशिष्ट 5 में गणित-ज्योतिष के हमारे प्राचीन ग्रंथों के उद्धारक-संपादक पं. बापूदेव शास्त्री व पं. सुधाकर द्विवेदी का परिचय प्रस्तुत किया गया है। इन पंडितों ने भास्कराचार्य आदि के ग्रंथों को संपादित व प्रकाशित करने में अग्रणी भूमिका अदा की है।

भास्कराचार्य ने अपने **सिद्धांत-शिरोमणि** के 'यंत्राध्याय' में उनके समय तक प्रयुक्त होने वाले ज्योतिष-यंत्रों की जानकारी दी है। परिशिष्ट 6 में मैंने बताया है कि राजा सवाई जयसिंह (1688-1743 ई.) द्वारा बनवाई वेधशालाओं के बाद भारत में आकाश के अध्ययन-अवलोकन के लिए निर्मित साधनों में कितनी प्रगति हुई है।

आर्यभट पुस्तक के अंत में संपूर्ण **मूल आर्यभटीय** (कुल 121 श्लोक) देकर प्रमुख श्लोकों का भावार्थ प्रस्तुत किया गया है। इस ग्रंथ में भास्कराचार्य की कृतियों के महत्वपूर्ण श्लोकों को **भास्कराचार्य मूलम्** में दिया गया है।

आर्यभट व **भास्कराचार्य** एक प्रकार से एक-दूसरे के परिपूरक ग्रंथ हैं, दोनों मिलकर भारतीय गणित-ज्योतिष की एक काफी विस्तृत रूपरेखा प्रस्तुत कर देते हैं। मेरी जानकारी के अनुसार, किसी भी भारतीय भाषा में इस तरह की ये पहली पुस्तकें हैं। आशा है, **आर्यभट** की तरह मेरे **भास्कराचार्य** का भी हिंदी जगत में समुचित स्वागत होगा।

'अमरावती', सी-210, पांडव नगर
दिल्ली-110092
25 मई, 2010

—गुणाकर मुळे

अ नु क्र म

1. लौकिके वैदिके वापि तथा सामायिकेऽपि यः
व्यापारस्तत्र सर्वत्र संख्यानमुपयुज्यते ॥ 9 ॥ ... ...

बहुभिर्विप्रलापैः किं त्रैलोक्ये सचराचरे ।
यत्किंचिद्वस्तु तत्सर्वं गणितेन विना न हि ॥ 16 ॥

—महावीराचार्य (लगभग 850 ई.) गणितसार-संग्रह, 1, 9 व 16.

अर्थ : सांसारिक, वैदिक, धार्मिक आदि सब कार्यों में गणित उपयोगी है; व्यापार में भी सर्वत्र संख्याओं का प्रयोग होता है। ... व्यर्थ में अधिक कहने से क्या लाभ। तीनों लोकों में जो तमाम चराचर (गतिशील और स्थिर) वस्तुएं हैं उनका अस्तित्व गणित से पृथक् नहीं है।

2. **यथा शिखा मयूराणां नागानां मणयो यथा।**
तद्वद्वेदाङ्गशास्त्राणां ज्योतिषं मूर्धनि स्थितम् ॥ —**ऋक् वेदांगज्योतिष,** 35.

(**याजुष् वेदाङ्गज्योतिष** (4) में 'ज्योतिष' शब्द के स्थान पर 'गणित' शब्द है।)

अर्थ : जैसे मोरों की शिखाएं और नागों के मणि सबसे ऊंचे स्थान पर रहते हैं, उसी प्रकार वेदांगशास्त्रों में गणित-ज्योतिष का स्थान सबसे ऊपर है।

अध्याय - 1

विषय-प्रवेश

उस समय की बात है जब मैं मैट्रिक की तैयारी कर रहा था, यानी दसवीं कक्षा का विद्यार्थी था। छुट्टी के दिनों में एक बार अपने गांव गया। उस समय हमारे गांव में एक भी मैट्रिक-उत्तीर्ण व्यक्ति नहीं था। इसलिए मैट्रिक का विद्यार्थी होने का मुझे बड़ा अभिमान था।

एक दिन गांव के एक बुजुर्ग ने मेरी पढ़ाई का हालचाल पूछा। फिर बोले : "मैं कुछ सवाल पूछता हूं। जबानी उत्तर दोगे?" मैं अपने को गणित में काफी होशियार समझता था। कह दिया : "हां, हां, जरूर पूछिए।"

उन्होंने चार-पांच सवाल पूछे। बड़े मज़ेदार सवाल थे, पहेली-नुमा सवाल। सवाल कुछ इस प्रकार बनाए गए थे कि मैं उन्हें सुनकर ही चकरा गया। एक का भी उत्तर नहीं दे पाया।

बुजुर्ग बोले : "बेटा, ये **लीलावती** पुस्तक के सवाल हैं। लीलावती कोई हलकी-फुलकी पुस्तक नहीं है। तुम्हारा आज का गणित लीलावती के गणित के सामने कुछ भी नहीं है। गणित में माहिर होना चाहते हो, तो लीलावती को पढ़ो।"

इस प्रकार, पहली बार मुझे 'लीलावती' पुस्तक का नाम सुनने को मिला। मेरे मन में लीलावती के बारे में कुतूहल तो पैदा हो गया, परंतु उस समय मुझे इस बात की कोई जानकारी नहीं थी कि यह पुस्तक किसने लिखी, कितनी पुरानी है, और किस भाषा में है। मैंने मान लिया कि होगी कोई गणित की पुरानी प्रसिद्ध पुस्तक, जैसे कि उन दिनों गोखले व चक्रवर्ती की अंकगणित की और बसु की बीजगणित की पुस्तकें प्रसिद्ध थीं।[1]

मैं बी. ए. में पहुंचा। मेरा एक विषय था गणित। तब तक मैं जान गया था कि **लीलावती** हमारे देश की गणित की एक काफी पुरानी पुस्तक है, लगभग साढ़े आठ सौ साल पुरानी। मूल पुस्तक संस्कृत भाषा में है, और इसके लेखक हैं हमारे देश के एक महान गणितज्ञ-ज्योतिर्विद–**भास्कराचार्य**।

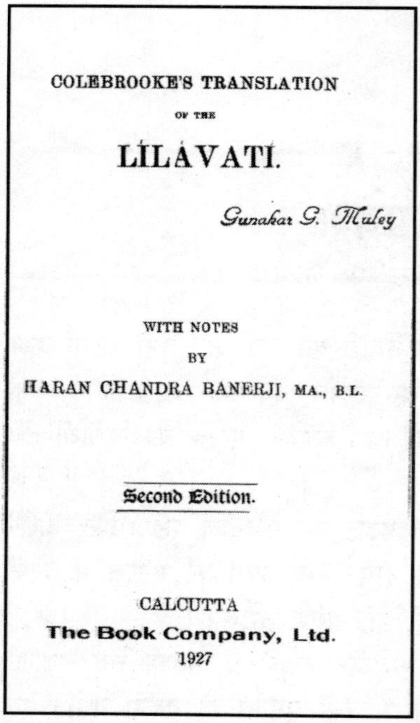

COLEBROOKE'S TRANSLATION
OF THE
LILAVATI.

Gunakar G. Muley

WITH NOTES
BY
HARAN CHANDRA BANERJI, MA., B.L.

Second Edition.

CALCUTTA
The Book Company, Ltd.
1927

चित्र 1.1 : हेनरी टॉमस कोलब्रूक के 'लीलावती' के अंग्रेजी अनुवाद का मुखपृष्ठ

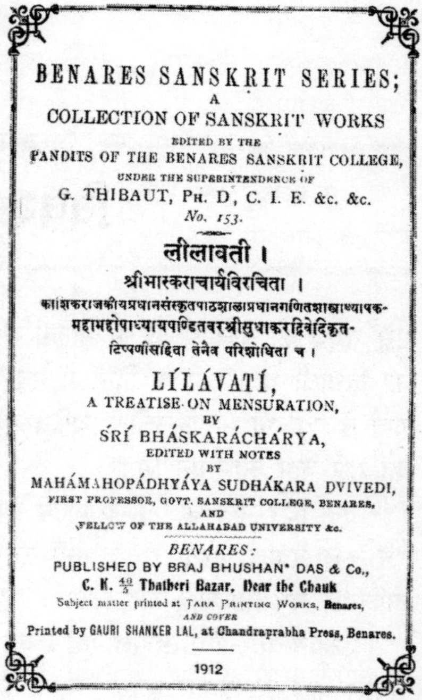

BENARES SANSKRIT SERIES;
A
COLLECTION OF SANSKRIT WORKS
EDITED BY THE
PANDITS OF THE BENARES SANSKRIT COLLEGE,
UNDER THE SUPERINTENDENCE OF
G. THIBAUT, PH. D, C. I. E. &c. &c.
No. 153.

लीलावती ।
श्रीभास्कराचार्यविरचिता ।
काशिकराजकीयप्रधानसंस्कृतपाठशालाप्रधानगणितशास्त्राध्यापक-
महामहोपाध्यायपण्डितवरश्रीसुधाकरद्विवेदिकृत-
टिप्पणीसहिता तेनैव परिशोधिता च ।

LÍLÁVATÍ,
A TREATISE ON MENSURATION,
BY
ŚRÍ BHÁSKARÁCHÁRYA,
EDITED WITH NOTES
BY
MAHÁMAHOPÁDHYÁYA SUDHÁKARA DVIVEDI,
FIRST PROFESSOR, GOVT. SANSKRIT COLLEGE, BENARES,
AND
FELLOW OF THE ALLAHABAD UNIVERSITY &c.
BENARES:
PUBLISHED BY BRAJ BHUSHAN DAS & Co.,
C. K. 43/5 Thatheri Bazar, Near the Chauk
Subject matter printed at TARA PRINTING WORKS, Benares,
AND COVER
Printed by GAURI SHANKER LAL, at Chandraprabha Press, Benares.
1912

चित्र 1.2 : पं. सुधाकर द्विवेदी द्वारा संपादित 'लीलावती' का मुखपृष्ठ

एक दिन अचानक यह पुस्तक मेरे हाथ लग गई। मूल संस्कृत और साथ में अंग्रेजी अनुवाद भी। मैं यह देखकर चकित रह गया कि लीलावती का यह अंग्रेजी अनुवाद हेनरी टॉमस कोलब्रूक (1765-1837 ई.) नामक अंग्रेज विद्वान ने किया है, (उस समय से) लगभग डेढ़ सौ साल पहले![2]

थोड़ी-बहुत संस्कृत मुझे आती थी। अंग्रेजी अनुवाद की मदद से मैं पूरी पुस्तक पढ़ गया। "पढ़ गया" इसलिए कह रहा हूं कि अब कॉपी-पेंसिल लेकर लीलावती का एक-एक सवाल हल करते जाना मेरे लिए जरूरी नहीं था। मैं जानना चाहता था कि लीलावती में किस तरह का गणित है, किस प्रकार के सवाल हैं। जानना चाहता था कि इस पुस्तक में क्या खास बात है कि गांवों के बड़े-बूढ़े भी लीलावती का नाम जानते हैं, और समझते हैं कि इसमें जो गणित है वह बहुत ऊंचे स्तर का है।

सचमुच ही, भास्कराचार्य की इस लीलावती पुस्तक का नाम देश के

कोने-कोने और गांव-गांव में सुनने को मिल जाता है। उत्तर भारत के गांवों के बड़े-बूढ़ों के मुंह से अभी कुछ दशक पहले तक सुनने को मिल जाता था : "बेटा, लीलावती पढ़ लो, तो न केवल पेड़ों की पत्तियां, बल्कि सिर के बाल और आकाश के तारे तक गिन सकते हो!"

है न मजेदार बात? वस्तुतः किसी एक आदमी के सिर के बालों की गिनती करने के लिए या किसी एक पेड़ की पत्तियों की गणना करने के लिए लीलावती पढ़ने की जरूरत नहीं है। किसी के पास पर्याप्त समय हो और उसे गिनती आती हो, तो यह काम कोई भी कर सकता है।

तारों की बात निराली है। आजकल तारों की जान-पहचान और उनका लेखा-जोखा दूसरे तरीकों से होता है। वह खगोल-विज्ञान का विषय है। लीलावती पढ़ने से आकाश के तारों की गिनती नहीं की जा सकती। गणित का ऐसा कोई तरीका नहीं है जिससे एक-एक करके आकाश के सारे तारों की ठीक-ठीक गिनती की जा सके।

खगोलविद हमें बताते हैं कि केवल हमारी आकाशगंगा-मंदाकिनी (Milky-way Galaxy) में ही छोटे-बड़े लगभग 200 अरब तारे हैं! इन सभी तारों को हम अपनी कोरी आंखों से तो देख ही नहीं सकते, आजकल की बड़ी-बड़ी दूरबीनों से भी इन सबको देख पाना संभव नहीं है। देख पाना संभव होता, तो भी एक व्यक्ति जीवन-भर में 200 अरब तारों की गिनती शायद नहीं कर पाएगा।

तो फिर गांवों के बड़े-बूढ़े इस लीलावती पुस्तक के बारे में ऐसी ऊटपटांग बातें क्यों कहते हैं?

मैंने इस सवाल के बारे में खूब सोचा है। **लीलावती** गणित की एक पुरानी पुस्तक है। संस्कृत भाषा में है। टीका-व्याख्या के बिना इसे समझ पाना भी सरल नहीं है। फिर भी देश के गांव-गांव में इसका प्रचार हुआ, और कभी-कभी अनपढ़ लोगों के मुंह से भी लीलावती का नाम व बखान सुनने को मिल जाता है।

अभी कुछ दिन पहले की बात है। दिल्ली की हमारी इस कॉलोनी में एक चौधरी साहब हैं। राजनीतिक बहस के शौकीन हैं। रोज उनके यहां अखबार आता है। एक-एक अक्षर करके अखबार के बड़े अक्षरों वाले शीर्षक पढ़ लेते हैं, और जैसे-तैसे अपना नाम भी लिख लेते हैं। लेकिन चौधरी साहब ने भी **लीलावती** का नाम सुन रखा है। वह देखते हैं कि मैं पढ़ता-लिखता रहता हूं। किसी ने उनको यह भी बताया है कि गणित की मेरी विशेष पढ़ाई हुई है। इसलिए उस दिन लीलावती का नाम लेकर मेरे ऊपर उन्होंने अपना रोब जमा

ही दिया। उनके कहने का सारांश यही था कि मैंने कितना भी गणित क्यों न पढ़ा हो, लीलावती से बढ़ा-चढ़ा दुनिया में कोई गणित नहीं है!

चौधरी साहब से बहस करने से कोई लाभ नहीं था। मैं उन्हें नहीं समझा सकता था कि लीलावती में क्या है, क्या नहीं है। जैसे-तैसे कुछ समझा भी दूं, तो भी वह अपने बाप-दादा या गांव के दूसरे बड़े-बूढ़ों से सुनी हुई बातों को झूठ कैसे मान सकते हैं?

दूसरी तरफ, मैं अक्सर अपने आसपास के विद्यार्थियों और अध्यापकों से भी पूछता हूं : "तुमने **लीलावती** पुस्तक का नाम सुना है? क्या तुम प्राचीन भारत के महान गणितज्ञ-ज्योतिर्विद **भास्कराचार्य** के बारे में कुछ जानते हो?"

शायद ही कोई विद्यार्थी हो जिसने **लीलावती** पुस्तक का नाम सुना हो। बहुत-से अध्यापक भी नहीं जानते कि लीलावती में किस तरह का गणित है और भास्कराचार्य कौन थे।

बड़ी विचित्र स्थिति है। हमारे विद्यार्थी यूक्लिड, आर्किमीदीज, कोपर्निकस, गैलीलियो, आइजेक न्यूटन आदि के नामों से भलीभांति परिचित हैं। वे यह भी जानते हैं कि पाश्चात्य जगत के इन महान वैज्ञानिकों ने क्या-कुछ खोजा है। परंतु बहुत कम विद्यार्थी या अध्यापक बता पाएंगे कि भास्कराचार्य कौन थे, उन्होंने क्या-कुछ खोजा, उन्होंने कौन-कौन से ग्रंथ लिखे हैं।

दूसरी ओर, गांवों के बड़े-बूढ़े भास्कराचार्य की लीलावती पुस्तक को आज भी याद करते हैं। याद तो करते हैं, पर इस पुस्तक के महत्व को ठीक से समझ नहीं पाते। इसीलिए वे खूब बढ़ा-चढ़ाकर लीलावती की तारीफ करते हैं।

किसी समय लीलावती पुस्तक हमारे देश की संस्कृत पाठशालाओं में पढ़ाई जाती थी। गणित और ज्योतिष पढ़नेवाले विद्यार्थियों के लिए लीलावती एक प्रकार की पाठ्य-पुस्तक थी। इसके अलावा, लीलावती बड़े रोचक ढंग से लिखी गई है। इसीलिए देश के गांव-गांव में इस पुस्तक की ख्याति फैल गई थी। इसीलिए गांवों के बुजुर्ग लोग आज भी इसे याद करते हैं।

लीलावती सचमुच ही एक अद्‌भुत पुस्तक है। लगभग साढ़े आठ सौ साल पहले लिखी गई इस पुस्तक का अब तक देश-विदेश की कई भाषाओं में अनुवाद हो चुका है। बादशाह अकबर (शासन : 1556-1605 ई.) के आदेश से उनके दरबार के कवि अबुल फैज फैजी[3] (1547-1595 ई.) ने 1587 ई. में लीलावती का फारसी भाषा में अनुवाद किया गया। फिर बादशाह शाहजहां (शासन : 1628-1658 ई.) के आदेश से अताउल्ला रशीदी ने 1634 ई. में भास्कराचार्य

के **बीजगणित** का फारसी में अनुवाद किया। अंग्रेज हमारे देश में आए। अंग्रेज विद्वानों ने हमारे देश की खास-खास पुस्तकों का अनुवाद करने का काम हाथ में लिया। पहले-पहल भारतीय गणित की जिन दो पुस्तकों का अंग्रेजी में अनुवाद हुआ, वे थीं भास्कराचार्य की यही दो पुस्तकें : **लीलावती** और **बीजगणित**। बाद में इन पुस्तकों के यूरोप की दूसरी भाषाओं में भी अनुवाद हुए।

इस प्रकार, यूरोप के विद्वानों को भारत के एक महान गणितज्ञ के बारे में पहली बार जानकारी मिली। उन्हें जानकारी मिली कि भास्कराचार्य के समय (ईसा की बारहवीं सदी) में भारत में गणित के अध्ययन की क्या स्थिति थी, उस समय तक भारतीय गणित कितना उन्नति कर चुका था और भारतीय गणितज्ञों ने गणित के क्षेत्र में नया क्या-कुछ खोजा था।

भास्कराचार्य की पुस्तकों को पढ़ने से इन सब बातों की जानकारी मिल जाती है। भास्कराचार्य अपने समय में, न केवल भारत के, बल्कि संसार के एक चोटी के गणितज्ञ और खगोलविद थे। विदेशी विद्वान भी इस बात को स्वीकार करते हैं।

आज हम एक पाठ्य-पुस्तक के रूप में 'लीलावती' का इस्तेमाल नहीं कर सकते। भास्कराचार्य की पुस्तकों में गणित के जो तरीके दिए गए हैं उनसे हम आज अंकगणित या बीजगणित नहीं पढ़ा सकते। आज गणित बहुत आगे बढ़ चुका है।

फिर भी, हमारे लिए यह जानना जरूरी है कि भास्कराचार्य कौन थे, कहां पैदा हुए, किस समय हुए और उन्होंने कौन-कौन से ग्रंथ लिखे। गणित पढ़ने के लिए आज हम भले ही भास्कराचार्य की **लीलावती** और **बीजगणित** पुस्तकों का इस्तेमाल न कर पाएं, फिर भी यह जानना उपयोगी होगा कि इन पुस्तकों में किस प्रकार के सवाल हैं और उन्हें किन तरीकों से हल किया गया है।

इस प्रकार, हमें अपने देश की गणित की प्रसिद्ध पुस्तकों के बारे में सही-सही जानकारी मिल जाएगी। हमें यह भी जानकारी मिल जाएगी कि आज से करीब साढ़े आठ सौ साल पहले हमारे देश में गणित की पढ़ाई किस प्रकार होती थी। और, हम यह भी जान पाएंगे कि उस समय तक गणित के क्षेत्र में हमारा देश कितना तरक्की कर चुका था। साथ ही, हमें अपने देश के एक महान वैज्ञानिक के बारे में भी जानकारी मिल जाएगी।

साहित्य की पुस्तकों में उस समय के समाज की परिस्थितियों के बारे में जानकारी मिलती है। इसीलिए कहते हैं कि 'साहित्य समाज का दर्पण होता है'। गणित की पुस्तकों में भी उस समय की समाज-व्यवस्था के बारे में, लेन-देन

के बारे में, मुद्रा-प्रणाली के बारे में, काफी जानकारी मिल जाती है। ऐसी जानकारी भास्कराचार्य की पुस्तकों में भी उपलब्ध है।

इस प्रकार, विज्ञान के विद्यार्थियों के लिए भास्कराचार्य और उनकी पुस्तकों के बारे में जानकारी प्राप्त करना तो उपयोगी है ही, इतिहास के विद्यार्थियों को भी आज से आठ-नौ सौ साल पहले के भारतीय समाज व संस्कृति के बारे में काफी जानकारी मिल जाती है। समकालीन समाज व संस्कृति की दशा गणित में भी बखूबी झलकती है।

तो अब हम भास्कराचार्य और उनकी कृतियों का सिलसिलेवार परिचय शुरू करते हैं ...

संदर्भ और टिप्पणियां

1. चक्रवर्ती और बसु की मराठी में अनूदित गणित की ये पाठ्य-पुस्तकें अतिरिक्त अध्ययन के लिए थीं। इन्हें वे विद्यार्थी पढ़ते थे जो अध्यापक बनने के लिए 'नार्मल स्कूल' की परीक्षा के लिए तैयारी करते थे। ऐसी ही एक और पुस्तक थी, गोपाल कृष्ण गोखले (1866-1915 ई.) की मराठी में लिखी हुई अंकगणित की पुस्तक। लोकमान्य तिलक (1856-1920 ई.) और गोखले, दोनों ने पुणे के न्यू इंग्लिश स्कूल और फर्ग्युसन कालेज में कुछ समय तक गणित पढ़ाया था।
2. कोलब्रूक ने **लीलावती** का अंग्रेजी अनुवाद 1817 ई. में किया था। इस पुस्तक के द्वितीय संस्करण (1927 ई.) की एक पुरानी प्रति मुझे कोलकाता के कॉलेज स्क्वायर के फुटपाथ पर मिली थी।

   हेनरी टॉमस कोलब्रूक (Henry Thomas Colebrooke : 1765-1837 ई.) : ब्रिटिश प्राच्यविद्या-पंडित। जन्म लंदन के एक सम्पन्न परिवार में। उनके पिता सर जॉर्ज कोलब्रूक बैंकरों के एक पुराने धनाढ्य परिवार के प्रमुख और 1769 ई. में ईस्ट इंडिया कंपनी के चेयरमैन थे। हेनरी टॉमस कोलब्रूक सत्रह साल की आयु में, 1782 ई. में, भारत आए और यहां कुल 32 साल रहे। सन् 1786 में वे तिरहुत के सहायक कलेक्टर नियुक्त हुए। पूर्णिया में काम करते समय उन्होंने संस्कृत का अध्ययन किया। फिर 1799-1801 ई. में नागपुर दरबार में रेजिडेंट रहे। अंत में 1807 ई. में वे गवर्नर जनरल की कौंसिल के सदस्य नियुक्त हुए। कोलब्रूक कोलकाता की एशियाटिक सोसायटी (स्थापना : 1774 ई.) के अध्यक्ष और वहीं के फोर्ट विलियम कॉलेज में संस्कृत के अध्यापक भी रहे। उन्हें 'यूरोप का पहला श्रेष्ठ संस्कृतज्ञ' माना जाता है। कोलब्रूक ने वेद, दर्शन, विधि, गणित, गणित-ज्योतिष आदि कई भारतीय विद्याओं पर विपुल ग्रंथ-रचना की। उन्होंने

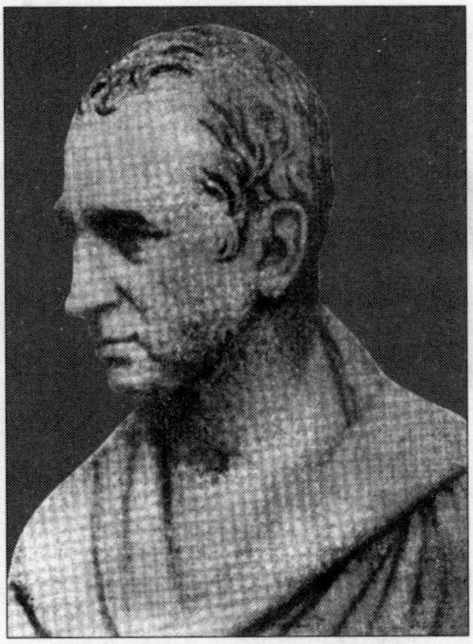

चित्र 1.3 : हेनरी टॉमस कोलब्रूक (1765-1837 ई.)

संस्कृत का व्याकरण और एक शब्दकोश भी तैयार किया था। कोलब्रूक का निधन लंदन में हुआ।

कोलब्रूक ने भास्कराचार्य की **लीलावती** का अंग्रेजी अनुवाद (मूल सहित) 1817 ई. में प्रकाशित किया था (सन् 1892 ई. में हाराणचंद्र बनर्जी ने इस अनुवाद के लिए टिप्पणियां प्रस्तुत कीं)। कोलब्रूक ने भास्कराचार्य की **बीजगणित** पुस्तक का अनुवाद करके 1817 ई. में एक विस्तृत प्रबंध भी प्रकाशित किया था : Algebra with Arithmetic and Mensuration from the Sanscrit of Brahmagupta and Bhascara। कोलब्रूक को, काफी प्रयास करने पर भी, आर्यभट (जन्म 476 ई.) की **आर्यभटीय** पुस्तक की हस्तलिपि नहीं मिली थी। केरल में आर्यभटीय की तीन हस्तलिपियों की खोज डा. भाऊ दाजी लाड (1824-1874 ई.) ने 1863 ई. में की। आर्यभटीय का पहली बार प्रकाशन लाइडेन (हॉलैंड) से 1874 ई. में हुआ।

आर्यभट के बारे में अधिक जानकारी के लिए देखिए मेरी पुस्तक **महान गणितज्ञ-ज्योतिषी आर्यभट** (द्वितीय संशोधित संस्करण), प्रकाशन विभाग, भारत सरकार, नई दिल्ली, 2007.

3. अबुल फैज फैजी (1547-1595 ई.) के लिए देखिए अध्याय 4, टिप्पणी 2.

अध्याय - 2

भास्कराचार्य की जीवन-गाथा

भास्कराचार्य हमारे देश के एक बहुत बड़े गणितज्ञ और खगोलविद थे। उनकी पुस्तकों का खूब प्रचार-प्रसार हुआ। यहां तक कि उनकी **लीलावती** पुस्तक की प्रशंसा अभी पिछली सदी के मध्य तक गांवों में भी सुनने को मिलती थी। ऐसी स्थिति में किसी का भी यह सोचना स्वाभाविक है कि भास्कराचार्य के जीवन के बारे में हमें ढेर सारी जानकारी मिल जाती होगी। पुराने जमाने में शायद किसी ने उनकी जीवनी भी लिखी होगी।

नहीं, ऐसा कुछ नहीं है। प्राचीन भारत के महापुरुषों के बारे में ऐसी जानकारी की आशा रखना व्यर्थ है। हमारे देश में काल्पनिक देवी-देवताओं के मनगढ़ंत चरित्रों के बारे में बड़े-बड़े पोथे लिखे गए। पुराणों में देवी-देवताओं के किस्सों के साथ राजाओं की वंशावलियां भी दी गई हैं। संस्कृत के कुछ साहित्यकारों ने कुछ राजाओं के चरित्र को आधार बनाकर नाटक और काव्य भी रचे हैं।

परंतु प्राचीन भारत में किसी कवि, नाटककार या वैज्ञानिक के जीवन के बारे में कोई ग्रंथ नहीं लिखा गया। संस्कृत के महाकवि कालिदास के जीवन के बारे में हमें कुछ भी प्रामाणिक जानकारी नहीं मिलती। हम यह भी नहीं बता सकते कि वे ठीक किस साल पैदा हुए थे। संस्कृत के सुप्रसिद्ध नाटक **मृच्छकटिक** के रचनाकार शूद्रक के बारे में भी हमें कोई जानकारी नहीं मिलती। यही हाल प्राचीन भारत के अन्य साहित्यकारों का है।

तुलना में प्राचीन भारत के गणितज्ञों और ज्योतिर्विदों की स्थिति कुछ बेहतर है। कारण यह है कि इन गणितज्ञों और ज्योतिर्विदों ने अपने ग्रंथों के एक-दो श्लोकों में अपने समय और कुल-गोत्र की थोड़ी जानकारी दे दी है। इससे कम-से-कम हमें इतना तो पता चल ही जाता है कि वह गणितज्ञ या ज्योतिर्विद किस समय हुआ या उसने अपने ग्रंथ की रचना किस साल की।

गणित-ज्योतिष के अपने ग्रंथ में अपने समय की सूचना देने की यह परंपरा

आर्यभट (प्रथम) से शुरू हुई। आर्यभट हमारे देश के पहले महान गणितज्ञ-ज्योतिर्विद थे। उनकी **आर्यभटीय** पुस्तक के एक श्लोक से हमें जानकारी मिलती है कि 476 ई. में उनका जन्म हुआ था। बस, इसके अलावा आर्यभट के जीवन के बारे में हमें कोई ठोस जानकारी नहीं मिलती।[1]

चूंकि आर्यभट के पहले के किसी भारतीय गणितज्ञ-ज्योतिर्विद के बारे में हमें इतनी भी ठोस जानकारी नहीं मिलती, इसलिए भारतीय विज्ञान के इतिहास के लिए इतनी ही सूचना का बहुत बड़ा महत्व है। आर्यभट के बाद हमारे देश में वराहमिहिर (मृत्यु 587 ई.), ब्रह्मगुप्त (जन्म 598 ई.), भास्कर-प्रथम (629 ई.), महावीराचार्य (लगभग 850 ई.) आदि अनेक प्रसिद्ध ज्योतिर्विद और गणितज्ञ हुए। इनके ग्रंथों में कम-से-कम इनके समय के बारे में सूचना मिल जाती है। कभी-कभी उनके निवासस्थान या जन्मस्थान के बारे में भी जानकारी मिलती है। किसी-किसी ने अपने पिता और कुल-गोत्र के बारे में भी सूचना दी है। बस, हमारे देश के इन गणितज्ञ-ज्योतिर्विदों के जीवन के बारे में इससे अधिक जानकारी नहीं मिलती।

लेकिन जिस देश में महापुरुषों के चरित्र लिखने की बिल्कुल ही परंपरा नहीं रही हो, जिस देश के कालिदास व शूद्रक जैसे महान साहित्यकारों के बारे में कहीं कुछ प्रामाणिक जानकारी न मिलती हो, जहां अजिंठा (अजंता) और वेरूळ (एलोरा) की महान कलाकृतियों के निर्माताओं के बारे में कहीं कोई विवरण उपलब्ध नहीं हो, वहां गणितज्ञों और ज्योतिर्विदों के समय, कुल और जन्मस्थान के बारे में प्रामाणिक जानकारी मिल जाना ही बहुत बड़ी बात है।

भास्कराचार्य ने स्वयं ही अपने ग्रंथों में अपने बारे में थोड़ी जानकारी दी है। इसलिए सबसे पहले यह जानना जरूरी है कि आज भास्कराचार्य के कौन-कौन से ग्रंथ उपलब्ध हैं।

जिस **लीलावती** पुस्तक की हमने पीछे चर्चा की है वह भास्कराचार्य के बड़े ग्रंथ **सिद्धांत-शिरोमणि** का एक भाग है। पूरा ग्रंथ संस्कृत श्लोकों में है। सिद्धांत-शिरोमणि के पहले भाग अथवा खंड को ग्रंथकार ने **लीलावती** नाम दिया है। उन्होंने इसे 'पाटीगणित' भी कहा है (**2.1**)[2]। पाटीगणित का अर्थ होता है, व्यावहारिक अंकगणित। दरअसल, लीलावती प्रमुखतः अंकगणित की ही पुस्तक है। परंतु इसमें क्षेत्रव्यवहार (पृष्ठ ज्यामिति व ठोस ज्यामिति) और थोड़े बीजगणित का भी समावेश है। **लीलावती** में कुल 278 श्लोक हैं और उनका स्पष्टीकरण गद्य में दिया गया है। भास्कराचार्य ने लीलावती में बहुत सारे उदाहरण भी दिए हैं।

'सिद्धांत-शिरोमणि' के दूसरे खंड का नाम **बीजगणित** है। जैसा कि नाम

से ही स्पष्ट है, यह बीजगणित की पुस्तक है और इसमें 213 श्लोक हैं। 'लीलावती' और 'बीजगणित' हालांकि भास्कराचार्य के 'सिद्धांत-शिरोमणि' ग्रंथ के दो खंड हैं, पर इन्हें सामान्यतः स्वतंत्र पुस्तकें ही माना जाता है।

'सिद्धांत-शिरोमणि' के शेष दो खंडों के नाम हैं—**गणिताध्याय** (ग्रहगणिताध्याय) और **गोलाध्याय**। इन दोनों अध्यायों में गणित-ज्योतिष का विवेचन है। गणिताध्याय में 4346 श्लोक हैं और इसमें ग्रहों से संबंधित गणित का विवेचन है। गोलाध्याय में 2100 श्लोक हैं और इसमें गोल के स्वरूप, भूगोल व खगोल, गोल की कृति, गोलीय त्रिकोणमिति, ग्रहणों का गणित, ग्रहों का उदयास्त, खगोलीय यंत्र, ऋतुवर्णन (काव्य) आदि 13 विभाग हैं। वस्तुतः गोलाध्याय में एक प्रकार से गणिताध्याय का ही विस्तृत विवेचन है।

भास्कराचार्य ने सिद्धांत-शिरोमणि के गणिताध्याय और गोलाध्याय पर स्वयं 'वासनाभाष्य' नामक टीका लिखी है।

सिद्धांत-शिरोमणि के अलावा भास्कराचार्य का एक और ग्रंथ मिलता है—**करण-कुतूहल**। इसमें 10 अध्याय और कुल 139 श्लोक हैं।

भारतीय ज्योतिष के जिन ग्रंथों में आकाश के ग्रह-नक्षत्रों की गतिविधियों को जानने के लिए व्यापक गणितीय नियम दिए रहते हैं उन्हें 'सिद्धांत' ग्रंथ कहते हैं। भास्कराचार्य (1150 ई.) ने अपने **सिद्धांत-शिरोमणि** में 'सिद्धांत' की परिभाषा दी है : **व्यक्ताव्यक्तभगोलवासनमयः सिद्धान्त आदिरिति** (व्यक्त-अव्यक्त गणित और वेधाश्रित गोलगणित आदि को 'सिद्धांत' कहते हैं)। सिद्धांत में बहुत लंबी अवधि के युगों के लिए गणनाएं की जाती हैं, इसलिए उनमें थोड़ा-सा भी संशोधन करने पर वर्तमान काल के लिए बड़े जटिल परिणाम प्राप्त होते हैं। इसके विपरीत, करण ग्रंथ, जो सिद्धांत पर ही आधारित होते हैं, किसी समकालीन युग का चयन करके आगे की गणनाएं करते हैं। इसलिए उनमें लघु संशोधनों पर आधारित अलग-अलग गणनाएं करके ऐसे परिणाम प्राप्त किए जा सकते हैं जो दृक्-प्रत्यय (प्रेक्षण) के काफी अनुरूप होते हैं। कहा भी गया है : **दृष्टानुरूपं करणं यदन्वहम्**; अर्थात्, करण से गणनाएं करके प्रतिदिन के ऐसे परिणाम प्राप्त किए जा सकते हैं जो प्रेक्षण से मेल खाते हैं। करण ग्रंथ प्रमुखतः पंचांग तैयार करने के लिए उपयोगी होते हैं। इस प्रकार, भास्कराचार्य का सिद्धांत-शिरोमणि ग्रंथ प्रमुखतः सैद्धांतिक अध्ययन के लिए है, और उनकी 'करण-कुतूहल' पुस्तक सरल और उपयोगी गणनाओं के लिए।

भास्कराचार्य ने संभवतः और भी कुछ ग्रंथ लिखे होंगे, परंतु आज उनके प्रमुखतः यही दो ग्रंथ उपलब्ध हैं।[3]

सिद्धांत-शिरोमणि के 'गोलाध्याय' का एक प्रकरण है–'प्रश्नाध्याय'। इसी प्रश्नाध्याय के एक श्लोक में भास्कराचार्य अपने जन्मकाल के बारे में जानकारी देते हैं। श्लोक है :

> **रसगुणपूर्णमही समशकनृपसमयेऽभवन्ममोत्पत्तिः।**
> **रसगुण वर्षेण मया सिद्धान्तशिरोमणी रचितः ॥ 58 ॥**

अर्थात्, शक-वर्ष 1036 (= रस-गुण-पूर्ण-मही) में मेरा जन्म हुआ, और 36 (= रस-गुण) वर्ष की आयु में मैंने सिद्धांत-शिरोमणि की रचना की।

भास्कराचार्य की पुस्तकें प्रमुखतः कविता में हैं। दूसरे गणितज्ञ-ज्योतिषियों ने भी अपने ग्रंथ काव्य में लिखे हैं। श्लोकों में अंकों या संख्या-संकेतों का प्रयोग नहीं किया जा सकता था। भास्कराचार्य ने संख्याओं के स्थान पर संख्या-सूचक शब्दों (शब्दांकों) का उपयोग किया है। जैसे, उन्होंने यहां संख्या 1036 के लिए 'रसगुणपूर्णमही' शब्द-समूह का प्रयोग किया है। भारतीय परंपरा में रस 6 माने गए हैं, और गुण तीन (3)–रज, तम, सत्व। 'पूर्ण' का अर्थ है शून्य (0), और 'मही' अर्थात् पृथ्वी एक (1) है। इसलिए 'रस-गुण-पूर्ण-मही' शब्दों का अंकों में क्रमशः अर्थ होगा 6, 3, 0 व 1। संख्याओं को शब्दों में व्यक्त करने की परंपरा भारत में भास्कराचार्य के काफी पहले से, ठेठ वैदिक काल से, प्रचलित रही है।

संख्याओं को शब्दों में लिखते समय उलटे क्रम में लिखा जाता था (नियम है : **अंकानां वामतो गतिः**), यानी पहले इकाई का शब्द, फिर दहाई का, फिर सैकड़े का, इत्यादि। इस प्रकार 'रस-गुण' का अर्थ होगा 36, और 'रस-गुण-पूर्ण-मही' का अर्थ होगा 1036।

भास्कराचार्य के ग्रंथों को समझने के लिए इन अंक-सूचक शब्दों (शब्दांकों या संख्यांकों) की जानकारी होना अत्यावश्यक है। ऐसी बात नहीं है कि शून्य सहित कुल दस अंक-संकेतों के लिए सुनिश्चित दस शब्दों का ही हमेशा इस्तेमाल हुआ हो। एक ही अंक या संख्या के लिए बदल-बदलकर कई शब्दों का प्रयोग होता था। जैसे, 6 के लिए रस, अंग, ऋतु, दर्शन, राग, शास्त्र आदि कई शब्दों का सुविधानुसार प्रयोग किया जा सकता है। अतः गणित-ज्योतिष के विषयों को पद्य में प्रस्तुत करने के लिए एक तरफ यह शब्दांक पद्धति उपयोगी थी, तो दूसरी तरफ इसमें काफी झमेला भी था।[4]

हां, तो भास्कराचार्य हमें बताते हैं कि शक-वर्ष 1036 में उनका जन्म हुआ

था। शक-वर्ष में 78 जोड़ने में ईसवी-सन् का वर्ष प्राप्त होता है। इस प्रकार, भास्कराचार्य का जन्म 1114 ई. में हुआ था। 36 वर्ष की आयु में यानी 1150 ई. में उन्होंने अपने **सिद्धांत-शिरोमणि** ग्रंथ की रचना की। भास्कर के जीवन से संबंधित ये दो तिथियां बहुत महत्व की हैं।

भास्कर की **करण-कुतूहल** पुस्तक में एक और तिथि की जानकारी मिलती है। करण-ग्रंथों में ज्योतिषीय गणनाओं के लिए वर्तमान गणितारंभकाल चुनने की प्रथा है। करण-कुतूहल में गणितारंभकाल शक-वर्ष 1105 (= पंच-दिक्-चंद्र), यानी 1183 ई. दिया गया है (**2.2**)। अर्थात्, भास्कर ने अपने करण-कुतूहल ग्रंथ की रचना 1183 ई. में की। उस समय उनकी आयु 69 वर्ष की थी।

हमें इस बात की कोई सूचना नहीं मिलती कि भास्कराचार्य की मृत्यु ठीक किस साल हुई। लेकिन इतना निश्चित है कि उन्हें लंबी आयु मिली थी।

सिद्धांत-शिरोमणि के **गोलाध्याय** अंतर्गत 'प्रश्नाध्याय' में ही आगे के कुछ श्लोकों में भास्कराचार्य ने अपने निवास-स्थान और कुल-गोत्र के बारे में जानकारी दी है। वे बताते हैं कि सह्य पर्वत (सह्याद्रि) के अंचल में स्थित विज्जडविड (या विज्जलविड) नामक स्थान में उनका जन्म हुआ था, शांडिल्य उनका गोत्र है, उनके पिता महेश्वर ज्योतिष के पंडित हैं और वे ही उनके गुरु थे (**2.3**)। बस, स्वयं भास्कर ने अपने बारे में इतनी ही जानकारी दी है। विज्जडविड गांव के बारे में आज स्पष्ट पता नहीं चलता।

बादशाह अकबर ने सन् 1587 ई. में कवि अबुल फैजी से भास्कराचार्य की लीलावती पुस्तक का संस्कृत से फारसी में अनुवाद करवाया था। उसमें अनुवादक ने लिखा है कि भास्कराचार्य का जन्मस्थान दक्षिण में बेदर (बीदर) है। आज यह नगर महाराष्ट्र और आंध्र प्रदेश की सीमा के नजदीक उत्तरी कर्नाटक में है–सोलापुर से करीब 150 किलोमीटर पूर्व में। दक्षिण के उत्तरकालीन चालुक्यों

आसीत् सह्यकुलाचलाश्रितपुरे त्रैविद्यविद्वज्जने
नानासज्जनधाम्नि विज्जडविडे शाण्डिल्यगोत्रो द्विजः।
श्रौतस्मार्तविचारसारचतुरो निःशेषविद्यानिधिः
साधूनामवधिर्महेश्वरकृती दैवज्ञचूडामणिः ॥ 61 ॥

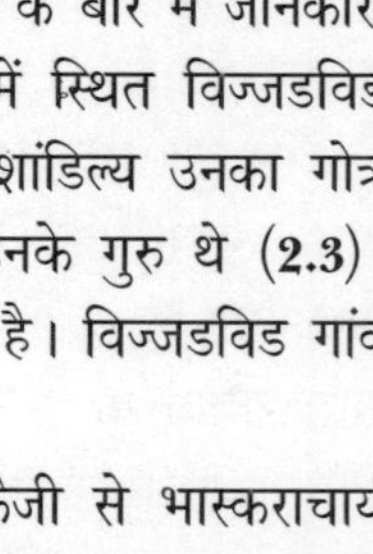

चित्र 2.1 : भास्कराचार्य की संक्षिप्त "आत्मकथा"

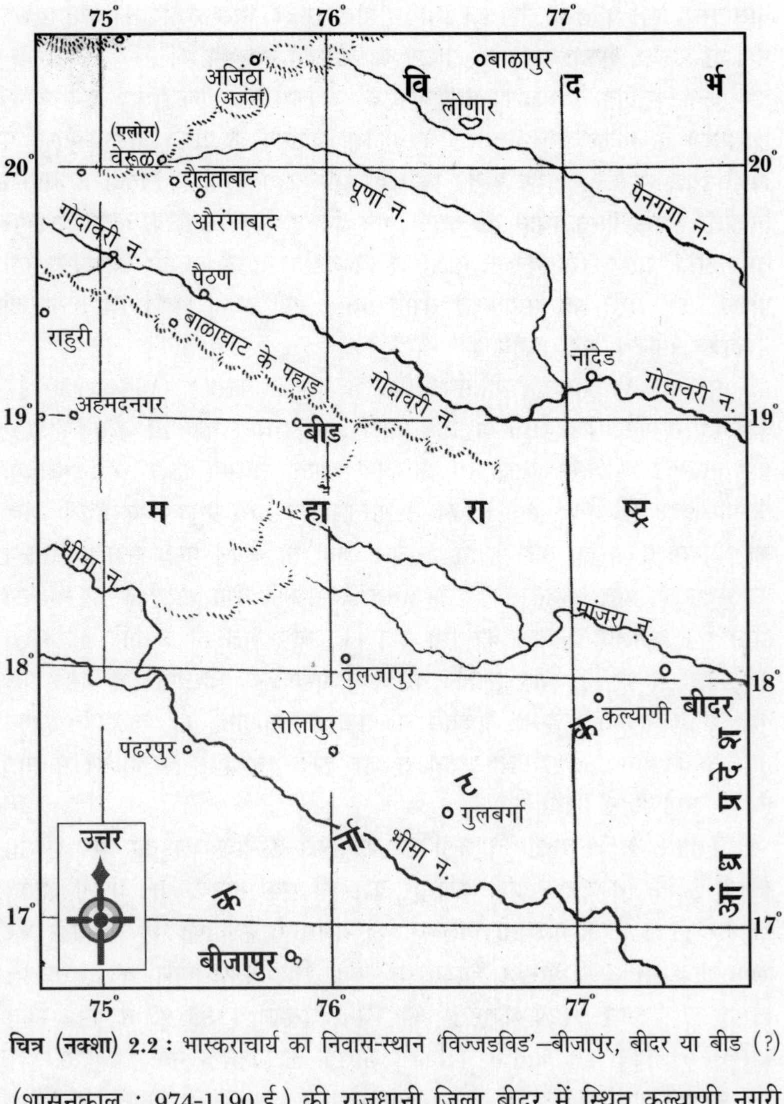

चित्र (नक्शा) 2.2 : भास्कराचार्य का निवास-स्थान 'विज्जडविड'–बीजापुर, बीदर या बीड (?)

(शासनकाल : 974-1190 ई.) की राजधानी जिला बीदर में स्थित कल्याणी नगरी थी। ईसा की 12वीं सदी में चालुक्य राज्य छिन्न-भिन्न हो गया और उसके बाद बीदर के इस इलाके में यादव और काकतीय राजाओं का शासन स्थापित हुआ।

चालुक्यवंश का राज्य काफी विस्तृत था, परंतु उनके किसी भी लेख में भास्कराचार्य के बारे में कोई सूचना नहीं मिलती। बीदर सह्य पर्वत से काफी दूर है, और उसके

पास दूसरा कोई पर्वत भी नहीं है। इसलिए बीदर (बेदर) भास्कराचार्य का वसतिस्थान नहीं हो सकता; शंकर बालकृष्ण दीक्षित का भी यही मत रहा है।[5]

कर्नाटक प्रांत के ब्राह्मणों में वैष्णवों की बहुलता है। भास्कराचार्य ने सिद्धांत-शिरोमणि के गोलाध्याय अंतर्गत 'भुवनकोश' प्रकरण के अपने वासना-भाष्य में **विष्णु-पुराण** से कई उद्धरण प्रस्तुत किए हैं, इसलिए पं. सुधाकर द्विवेदी ने निष्कर्ष निकाला है कि भास्कराचार्य का वसतिस्थान 'विज्जलविड' कर्नाटक स्थित बीजापुर नगर होना चाहिए (सह्यकुलाचलाश्रितपुरे विज्जडविडनाम्नि सम्प्रति बीजापुरनामतः प्रसिद्धे...)।[6] परंतु यह समीकरण संभव प्रतीत नहीं होता; भास्कराचार्य कानडी न होकर स्पष्टतः महाराष्ट्रीय थे।

महाराष्ट्र के प्रसिद्ध ज्योतिर्विद वेंकटेश बापूजी केतकर (1854-1930 ई.) का मत था कि बीड (Bir या Beed) ही भास्कराचार्य का 'बिज्जलबिड' है।[7] बीड महाराष्ट्र में उत्तरी अक्षांश 19 और पूर्वी देशांतर लगभग 75.7 पर (उज्जयिनी के याम्योत्तर पर) स्थित है। केतकर ने भास्कराचार्य द्वारा प्रयुक्त 'कुलाचल' शव्द की व्याख्या करते हुए कहा है कि 'अचल' शब्द तो केवल मुख्य सह्य पर्वतमाला का सूचक है, परंतु 'कुलाचल' (कुल+अचल) में उसकी सभी शाखाओं का समावेश होता है। इसलिए केतकर का मत रहा कि, बीड भले ही सह्याद्रि की मुख्य पर्वतमाला से दूर हो, किंतु सह्यादि की एक शाखा–जो 'बाळाघाट के पहाड़' के नाम से जानी जाती है–के एकदम नजदीक है। सह्यादि की यह पर्वत-शाखा नाशिक के पास के देवलाली स्थान से शुरू होकर गोदावरी के दक्षिण में बीड से भी आगे पहुंच जाती है।

केतकर के अनुसार 'विज्जलविड' का अर्थ है–'विज्जल का वीड'। पता चलता है कि बिज्जल ने, जो कलचुरि वंश का एक सैनिक था, अपनी शक्ति बढ़ाकर 1156 ई. में पश्चिमी चालुक्यों की राजधानी कल्याणी पर अधिकार कर लिया था। उस समय भास्कर जीवित थे; उनके 'सिद्धांत-शिरोमणि' का रचनाकाल 1150 ई. है और 'करण-कुतूहल' की रचना उन्होंने 1183 ई. में की। किंतु भास्कर ने अपनी इन कृतियों में किसी शासक का उल्लेख नहीं किया है।

भास्कराचार्य के बाद के अनेक ज्योतिषियों ने उनके ग्रंथों पर टीकाएं लिखी हैं। लेकिन उनमें भी भास्कर के जीवन के बारे में कोई विशेष जानकारी नहीं मिलती। भास्कर के बारे में कुछ अतिरिक्त सूचना एक शिलालेख से प्राप्त हुई है। महाराष्ट्र के खानदेश प्रदेश में चाळीसगांव से लगभग 16 किलोमीटर दक्षिण-पश्चिम में पाटण (पाटणे) नाम का एक पुराना गांव है। डा. भाऊ दाजी

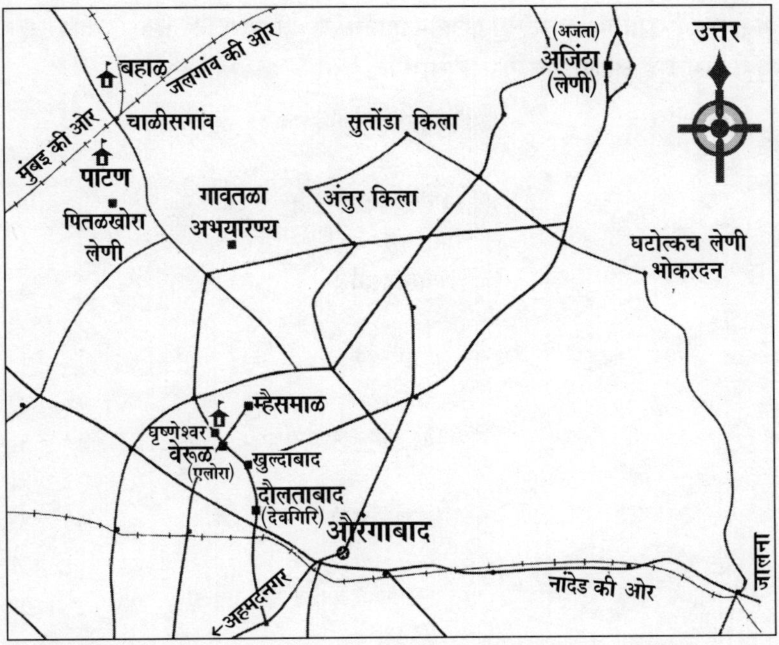

चित्र (नक्शा) 2.3 : खानदेश (महाराष्ट्र) में पाटण गांव और अन्य प्रमुख स्थल

लाड (1824-1874 ई.)[8] ने इस गांव के देवी के एक पुराने मंदिर की बाहरी दीवार में लगी एक शिला पर अंकित एक लेख की खोज की थी और इसका विवरण 1865 ई. में लंदन की रॉयल एशियाटिक सोसायटी के जर्नल में प्रकाशित किया था।[9] इस शिलालेख की भाषा संस्कृत व मराठी और लिपि यादवकालीन नागरी है। शिलालेख में बताया गया है कि यादव-नरेश सिंघण के ज्योतिषी चंगदेव ने अपने पितामह भास्कराचार्य के ग्रंथ **सिद्धांत-शिरोमणि** और अन्य ग्रंथों के अध्ययन के लिए पाटण में एक मठ (विद्यालय) की स्थापना की है। इस मठ के लिए निकुंभ वंश के सोइदेव और हेमाडिदेव ने जमीन तथा अन्य स्थायी उत्पादन के दान की व्यवस्था की थी। लेख का वर्ष व तिथि है : श्रावण पौर्णिमा, चंद्रग्रहण, प्रभव संवत्सर, शक 1128 (गुरुवार, 9 अगस्त 1207 ई.)। लेकिन लगता है कि यह लेख चंगदेव ने कुछ बाद में लिखवाया है, क्योंकि यादव-नरेश सिंघण या सिंहण (सिंह) का शासनकाल 1210 से 1246 ई. तक माना गया है। वस्तुतः सिंहण के राज्यारोहण का वर्ष सुनिश्चित नहीं है।

पाटण के इस शिलालेख में भास्कराचार्य के पूर्वापर पुरुषों का वृत्तांत दिया

गया है,[10] इसलिए भारतीय गणित-ज्योतिष के इतिहास के लिए इसका बहुत बड़ा महत्व है। इस लेख के अनुसार :

कविचक्रवर्ती त्रिविक्रम
↓
भास्करभट्ट 'विद्यापति'
↓
गोविंदसर्वज्ञ
↓
प्रभाकर
↓
कविश्वर महेश्वराचार्य
↓
भास्कराचार्य
↓
लक्ष्मीधर (यादव-नरेश जैत्रपाल के पंडित)
↓
चंगदेव (यादव-नरेश सिंघण के ज्योतिषी)

लेख में कहा गया है कि यादववंशी नरेश जैत्रपाल (1193-1210 ई.) ने **सिद्धांत-शिरोमणि** के रचनाकार भास्कराचार्य के पुत्र लक्ष्मीधर को इस पुर (शहर) से ले जाकर अपनी सभा का प्रमुख पंडित बनाया था। फिर जैत्रपाल के पुत्र राजा सिंघण (1210-1246 ई.) ने लक्ष्मीधर के पुत्र चंगदेव को अपनी सभा का ज्योतिषी बनाया। चंगदेव ने ही भास्कर के प्रमुख ग्रंथ सिद्धांत-शिरोमणि और उनके पूर्वजों तथा वंशजों के ग्रंथों के अध्ययन के लिए पाटण में एक मठ की स्थापना की थी। पाटण के दक्षिण में यादवों की राजधानी देवगिरि (आधुनिक दौलताबाद) बहुत दूर नहीं थी।

पाटण के इस शिलालेख की एक विशेषता यह है कि इसमें, यादव-नरेशों का वृत्तांत देने के पहले, आरंभ में ही भास्कराचार्य की स्तुति करके उनका अभिवादन किया गया है। इससे पता चलता है कि उस समय भास्कराचार्य और उनके कृतित्व का बहुत ज्यादा सम्मान था। इससे यह भी आभास मिलता है कि वे किसी राजा के आश्रित नहीं थे।

भास्कराचार्य के कुल के व्यक्तियों की जानकारी देने वाला एक और शिलालेख

चित्र 2.4 : देवगिरि (दौलताबाद, महाराष्ट्र) का दुर्ग

मिला है। यह लेख चाळीसगांव से करीब 15 किलोमीटर उत्तर में स्थित बहाळ गांव के सारजादेवी-भवानी के मंदिर में मिला था।[11] यादव नरेश सिंघण (सिंहण) के शासनकाल (1210-1246 ई.) के इस शिलालेख की भाषा संस्कृत और लिपि नागरी है। लेख में जानकारी है कि शांडिल्यगोत्रीय मनोरथ के पुत्र महेश्वर हुए। उनके पुत्र श्रीपति हुए। उनके पुत्र गणपति और गणपति के पुत्र अनंतदेव हुए। लेख में बताया गया है कि अनंतदेव सिंघण राजा के दरबार में ज्योतिषी थे। अनंतदेव ने ही शक 1144 (1222 ई.) में देवी का यह मंदिर बनवाया था। लेख से यह भी जानकारी मिलती है कि अनंतदेव ने ब्रह्मगुप्त (जन्म 598 ई.) के **ब्राह्मस्फुट-सिद्धांत** के 'छन्दश्चित्युत्तर' नामक 20वें अध्याय की और वराहमिहिर (मृत्यु 587 ई.) के **बृहज्जातक** की टीकाएं लिखी थीं। स्पष्ट है कि भास्कराचार्य के कुल में गणित-ज्योतिष का अध्ययन वंशपरंपरा से चला आ रहा था।

सभी उपलब्ध साक्ष्यों के आधार पर निष्कर्ष निकलता है कि भास्कराचार्य का कुल-परिवार खानदेश का निवासी था, महाराष्ट्रीय था। उस समय खानदेश विदर्भदेश के अंतर्गत था। काशीस्थ ज्योतिषी नृसिंह (जन्म 1586 ई.) ने भास्कराचार्य के **सिद्धांत-शिरोमणि** के 'वासनाभाष्य' पर 'वासना-वार्तिक' नामक टीका लिखी है (1621 ई.)। उसमें वे भास्कराचार्य को महाराष्ट्रीय ही बताते हैं (शांडिल्यमुनिवरगोत्रवतंसः ... सह्यकुलाचलाश्रित - विज्जलविड - नगरनिवासेन पवित्रितदण्डकारण्यो ... महाराष्ट्राणामाश्रयो महेश्वराचार्यनंदनः परमकारुणिकः

श्रीभास्कराचार्यः ... सिद्धान्तशिरोमणि प्रणिनाय)। मुनीश्वर ने 'सिद्धांत-शिरोमणि' पर अपनी 'मरीचि' नामक टीका (1635 ई.) में लिखा है कि भास्कराचार्य का वसतिस्थान विज्जलविड गोदावरी के उत्तर में महाराष्ट्र के विदर्भ प्रदेश के पास था (सह्यकुलपर्वतान्तर्गत-भूप्रदेशे महाराष्ट्रदेशान्तरर्गतविदर्भापरपर्यायविराटदेशादपि निकटे गोदावर्याः नातिदूरे पंचक्रोशान्तरे विज्जलविडम्)।

यहां भास्कराचार्य के वंशजों को आश्रय देनेवाले देवगिरि के यादवों का भी थोड़ा इतिहास जानना उपयोगी होगा। ईसा की बारहवीं सदी राजनीतिक उथल-पुथल का समय है। उस समय दक्षिण भारत में कई सारे राज्य थे। पुराने राज्य टूट रहे थे। राजाओं के सामंत और सरदार अपने नए-नए राज्य खड़े कर रहे थे। भास्कराचार्य के जीवन के अंतिम दिनों में ऐसा ही एक नया राज्य देवगिरि में स्थापित हुआ। देवगिरि, जिसे अब दौलताबाद कहते हैं, औरंगाबाद के नजदीक है।

राजा के दुर्बल होने पर उसके मंत्री अथवा सामंत उसका राज्य छीन लेते थे और स्वयं को राजा घोषित कर देते थे। ये सामंत या सरदार अपने को उच्च वंश का सिद्ध करने के लिए अक्सर किसी पुराने वंश से अपना नाता-रिश्ता जुड़वा लेते थे। ब्राह्मण-पुरोहित इस काम में उनकी मदद करते थे और बदले में भरपूर दान-दक्षिणा प्राप्त करते थे। भारत के कई राजवंशों का यही हाल है।

देवगिरि के यादववंशी राजाओं का उदय भी इसी प्रकार हुआ। कल्याणी के चालुक्य राजा के एक सामंत भिल्लम ने 1185 ई. के आसपास स्वतंत्र होकर राज्य के कुछ प्रदेश छीन लिए, अपने को स्वतंत्र राजा घोषित किया, पुराने यादववंश से अपना संबंध जोड़ा, और देवगिरि (आधुनिक दौलताबाद) में अपनी राजधानी स्थापित की। देवगिरि का प्रसिद्ध दुर्ग यादवों के समय में ही सुदृढ़ बना है।

यह उस समय की बात है जब भास्कराचार्य (जन्म 1114 ई.) अपनी **करण-कुतूहल** पुस्तक लिख चुके थे–1183 ई. में, 69 वर्ष की आयु में। यदि वह 75 साल की आयु तक जीवित रहे, तो उन्होंने देवगिरि में एक नए राज्य की स्थापना को स्वयं देखा होगा। एक बात स्पष्ट है कि स्वयं भास्कराचार्य का देवगिरि के यादववंशी राजाओं से कोई सरोकार नहीं रहा; उन्होंने अपनी किसी भी कृति में किसी राजा या सामंत का उल्लेख नहीं किया है।

भिल्लम (1185-1193 ई.) के बाद उसका बेटा जैत्रपाल यादवों की गद्दी पर बैठा। यह 1193 ई. की घटना है। पीछे पाटण के जिस लेख की हमने चर्चा की है उसमें जानकारी मिलती है कि इसी राजा जैत्रपाल (1193-1210 ई.) ने भास्कराचार्य के पुत्र लक्ष्मीधर को बुलाकर अपनी राजसभा में रखा। उस समय तक

भास्कराचार्य (जन्म 1114 ई.) जीवित थे या नहीं, इसके बारे में कुछ नहीं कहा जा सकता। बहुत संभव यही जान पड़ता है कि भास्कर की मृत्यु के बाद ही उनके पुत्र लक्ष्मीधर को राजसभा में सम्मान का स्थान दिया गया होगा।

जैत्रपाल के बाद उसका पुत्र सिंघण या सिंहण (1210-1246 ई.) राजा हुआ। सिंघण ने कई सारी लड़ाइयां लड़ीं और अपने राज्य का विस्तार किया। ये सारी लड़ाइयां हिंदू राजाओं में आपस में हुईं। सिंघण के समय में दिल्ली में सुलतान इल्तुतमिश (1211-1236 ई.) का शासन था।

पाटण के लेख से हमें जानकारी मिलती है कि लक्ष्मीधर का पुत्र यानी भास्कराचार्य का पौत्र चंगदेव इसी सिंघण राजा का राजज्योतिषी था। चंगदेव ने ही भास्कराचार्य और उनके वंश के अन्य विद्वानों के ग्रंथों के अध्ययन-अध्यापन के लिए पाटण में एक मठ (विद्यालय) स्थापित किया था।

सिंघण के बाद लगभग सौ साल तक देवगिरि के यादवों का राज्य टिका रहा। कृष्ण, महादेव, रामचंद्र आदि यादव राजा हुए। भास्कर के करीब सौ साल बाद यादव राजा रामचंद्र (1271-1311 ई.) के समय में हेमाद्रि या हेमाडपंत नाम के एक बड़े पंडित हुए। बड़ा दबदबा था उनका। पुराने धर्मशास्त्रियों ने हिंदू समाज के लिए व्रत, दान, तीर्थ आदि के बारे में पहले ही काफी कड़े नियम बना डाले थे। हेमाद्रि ने **चतुर्वर्गचिंतामणि** नामक एक महाग्रंथ लिखकर इन्हें और ज्यादा सख़्त बना दिया। जात-पात और धार्मिक रीति-रिवाजों के मामलों में हिंदू समाज और अधिक कट्टर बन गया।

यादव रामचंद्र के शासनकाल में अलाउद्दीन खिलजी (1296-1316 ई.) ने देवगिरि पर चढ़ाई की। रामचंद्र ने सुलह कर ली, और बदले में अपने राज्य का एक भाग और काफी धन-दौलत अलाउद्दीन को अर्पित की। आगे जाकर अलाउद्दीन के एक सेनापति मलिक काफूर ने देवगिरि के राज्य को सदा के लिए मिटा दिया (1312 ई.)।

जब हम अतीत के किसी महापुरुष के बारे में जानना चाहते हैं, तो केवल उसके ग्रंथों को ही समझना जरूरी नहीं है। यह भी जानना जरूरी है कि उस व्यक्ति के समय में राजनीतिक, सामाजिक, धार्मिक आदि परिस्थितियां कैसी थीं।

उस समय की भाषाओं पर हम थोड़ा विचार करेंगे। भास्कराचार्य ने अपने ग्रंथ संस्कृत में लिखे। हिंदू समाज के धार्मिक नियमों को और अधिक कठोर बनाने के लिए हेमाद्रि ने भी अपने ग्रंथ संस्कृत में ही लिखे। लेकिन भास्कर व हेमाद्रि के समय में उस प्रदेश की जनता की भाषा मराठी थी। मराठी केवल बोली ही

नहीं जाती थी, बल्कि मराठी में रचना भी होने लगी थी। चंगदेव के पाटण वाले लेख का अंतिम अंश तत्कालीन खानदेशी मराठी में लिखा गया है। हेमाद्रि के समय में ही उसी प्रदेश में ज्ञानेश्वर (1271-1296 ई.) एक बहुत बड़े संतकवि हुए। उन्होंने मराठी काव्य में **भगवद्गीता** की टीका (**ज्ञानेश्वरी**) लिखी। उस समय तक भारत के प्रायः सभी प्रदेशों में आज की प्रांतीय भाषाएं अस्तित्व में आ चुकी थीं।

सारांश यह कि संस्कृत के दिन लद चुके थे। ब्राह्मणों में से ही कुछ लोग संस्कृत में विद्वत्ता प्राप्त कर पाते थे। अधिकांश जनता के लिए संस्कृत के शास्त्रीय अध्ययन के दरवाजे बंद थे। भास्कराचार्य के पौत्र चंगदेव ने पाटण में ज्योतिष व गणित के अध्ययन के लिए जो विद्यालय स्थापित किया था उसमें केवल ब्राह्मणों के ही बालकों को प्रवेश मिलता होगा।

चंगदेव के लेख से पता चलता है कि भास्कर के वंश में उनके पहले के पुरुष भी अपनी विद्वत्ता के लिए प्रसिद्ध थे। इस लेख में सर्वप्रथम 'कविचक्रवर्ती' त्रिविक्रम का नाम आया है। ये महाराष्ट्र के विदर्भ प्रदेश के निवासी थे और इनका गोत्र भी शांडिल्य था। त्रिविक्रम ने गद्य और पद्य के मिश्रण में नल-दमयंती की कथा लिखी है। ऐसे मिश्रित काव्य को 'चम्पू' कहते हैं। त्रिविक्रम के इस चम्पू काव्य का संस्कृत साहित्य में बहुत ऊंचा स्थान है।

त्रिविक्रम के पुत्र का नाम भास्करभट्ट था। लेख में बताया गया है कि भास्करभट्ट राजा भोज के दरबारी पंडित थे और राजा ने इन्हें 'विद्यापति' की पदवी दी थी। भास्करभट्ट ज्योतिष के पंडित थे, और कुछ विद्वानों का मत है कि भोज के समय में लिखे गए ज्योतिष के एक प्रसिद्ध ग्रंथ **राजमृगांक** की रचना इन्होंने ही की होगी। जिस भोज राजा ने भास्करभट्ट को 'विद्यापति' की पदवी दी थी वह धारा नगरी का भोज न होकर वर्धा नदीतट पर स्थित कुंडिनपुर (आज का कौंडण्यपुर) का विद्यानुरागी विदर्भाधिपति भोज हो सकता है।

पाटण-लेख के अनुसार भास्करभट्ट के बाद इस वंश के पुरुषों के क्रमशः नाम हैं—गोविंद, प्रभाकर, मनोरथ और महेश्वर। महेश्वर, भास्कराचार्य के पिता थे, गुरु भी। भास्कराचार्य ने स्वयं जानकारी दी है कि उनके पिता ज्योतिष के पंडित थे। अन्य स्रोतों से पता चलता है कि महेश्वर ने ज्योतिष विषय पर कुछ पुस्तकें भी लिखी थीं।

इस प्रकार, हम देखते हैं कि भास्कराचार्य पंडितों के एक प्रसिद्ध कुल में पैदा हुए थे। उनका कुल ज्योतिषियों और कवियों का कुल था। स्वयं भास्कराचार्य एक महान गणितज्ञ और ज्योतिर्विद तो थे ही, वे उच्चकोटि के कवि भी थे।

भास्कर ने कविता में अपने ग्रंथों की रचना की। आगे हम देखेंगे कि भास्कर ने इस बात के पर्याप्त सबूत दिए हैं कि वे एक श्रेष्ठ कवि भी थे।

भास्कर के जीवन के बारे में कुल मिलाकर इतनी ही ठोस जानकारी मिलती है। यहां हमने भास्कर के समय की राजनीतिक परिस्थितियों की भी थोड़ी झलक दी है। महापुरुषों के बारे में कई सारी किंवदंतियां चल पड़ती हैं। भास्कर के जीवन के बारे में ऐसी कोई दिलचस्प कथा सुनने को नहीं मिलती। इसलिए भास्कर के बारे में इतनी ही जानकारी से हमें संतोष कर लेना पड़ता है।

भास्कर के जीवन के बारे में इतनी जो जानकारी मिलती है, यही बहुत बड़ी बात है। प्राचीन भारत के दूसरे महान वैज्ञानिकों के जीवन के बारे में इतनी भी प्रामाणिक जानकारी नहीं मिलती। प्राचीन भारत के महापुरुषों के बारे में वैसे भी बहुत सारी ऊटपटांग बातें कही जाती हैं। इसलिए वैज्ञानिकों के में बारे कुछ मनगढ़ंत किस्से देकर और अधिक अंधकार फैलाने की कोई आवश्यकता नहीं है।

हमें जानना है कि भास्कराचार्य के ग्रंथों में गणित और ज्योतिष की क्या-क्या बातें हैं। हमें यह भी जानना है कि इनमें से स्वयं भास्कर ने कौन-कौन सी नई बातें खोजीं। इसके लिए पहले हमें संक्षेप में यह जानना होगा कि भारत में भास्कर के समय तक गणित व ज्योतिष के क्षेत्र में क्या कुछ खोजा जा चुका था। हमें यह भी जानना होगा कि भास्कर के समय में संसार के दूसरे सभ्य देशों में गणित और ज्योतिष के अध्ययन की क्या स्थिति थी। इन सब बातों को हम थोड़ा जानेंगे, समझेंगे, तभी हम भास्कराचार्य के महान योगदान को ठीक से आंक पाएंगे।

हम लोग एक बहुत खतरनाक रोग के शिकार हैं। किसी एक महापुरुष की तारीफ में जुट जाते हैं, तो आगा-पीछा सारा भूल जाते हैं। हम भूल जाते हैं कि दूसरे विद्वान भी हुए हैं, दूसरे देशों में भी गणित और ज्योतिष का अध्ययन हुआ है।

इसलिए पहले हम यह देखेंगे कि भास्कर के पहले हमारे देश में, और दूसरे देशों में भी, गणित और ज्योतिष ने कितनी-कुछ तरक्की की थी।

संदर्भ और टिप्पणियां

1. आर्यभट (प्रथम) अपने **आर्यभटीय** ग्रंथ के एक श्लोक में बताते हैं :

   षष्ट्यब्दानां षष्टिर्यदा व्यतीतास्त्रयश्च युगपादाः।
   त्र्यधिका विंशतिरब्दास्तदेह मम जन्मनोऽतीता ॥10॥ —कालक्रियापाद

   अर्थात्, जब कलियुग के 60 वर्ष की 60 अवधियां ($60 \times 60 = 3600$ वर्ष) और युगों के तीन पाद (कृत, त्रेता, द्वापर) व्यतीत हो गए, तब मेरे जन्म के

बाद 23 वर्ष हो चुके थे।

यहां आर्यभट बता रहे हैं कि शक-संवत् 421 में वे 23 साल के थे, यानी उनका जन्म शक-संवत् 398 में हुआ था। शक-संवत् में 78 जोड़ने पर ईसवी-सन् का वर्ष मिलता है। अर्थात्, आर्यभट का जन्म 476 ई. में हुआ था और 499 ई. में वे 23 साल के थे। इसके अलावा, एक श्लोकार्द्ध में उन्होंने इतनी ही अतिरिक्त जानकारी दी है कि 'आर्यभट इस कुसुमपुर नगर में अतिशय पूजित ज्ञान का वर्णन करता है' (आर्यभटस्त्विह निगदति कुसुमपुरेऽभ्यर्चितं ज्ञानम्–*गणितपाद* 1, आर्यभटीय)। यहां कुसुमपुर का अर्थ पाटलिपुत्र (आधुनिक पटना) है। आर्यभट (प्रथम) के बारे में विस्तृत जानकारी के लिए देखिए मेरी पुस्तक **महान गणितज्ञ-ज्योतिषी आर्यभट** (द्वितीय संशोधित संस्करण, 2007), प्रकाशन विभाग, भारत सरकार, सूचना भवन, लोदी रोड़, नई दिल्ली-110003.

2. **महान गणितज्ञ-ज्योतिषी आर्यभट** पुस्तक के अंत में मैंने संपूर्ण **आर्यभटीय** पुस्तक दे दी है–महत्वपूर्ण श्लोकों के भावार्थ के साथ, क्योंकि मूल पुस्तक छोटी है (कुल 121 श्लोक) और सहज उपलब्ध भी नहीं है। परंतु यहां भास्कराचार्य के **सिद्धांत-शिरोमणि** ('लीलावती' व 'बीजगणित' सहित) और **करण-कुतूहल** ग्रंथों के जिन महत्वपूर्ण श्लोकों की चर्चा की गई है उन्हें मूल रूप में पुस्तक के अंत में **भास्कराचार्य मूलम्** के अंतर्गत प्रस्तुत कर दिया गया है। **(2.1)** का अर्थ है : देखिए 'भास्कराचार्य मूलम्' में **2.1** श्लोक। इसी तरह, **(4.21)** का अर्थ है : देखिए 'भास्कराचार्य मूलम्' में **4.21** श्लोक।

3. भास्कराचार्य द्वारा 'सर्वतोभद्र यंत्र', 'विवाह पटल', 'भास्कर व्यवहार' तथा 'बीजोपनयनम्' ग्रंथ लिखे जाने के बारे में जानकारी मिलती है। 'सर्वतोभद्र यंत्र' का उल्लेख स्वयं भास्कर ने किया है, किंतु आज यह उपलब्ध नहीं है। इसमें 'सर्वतोभद्र' नामक ज्योतिष-यंत्र की जानकारी रही होगी। 'विवाह पटल' व 'भास्कर व्यवहार' ग्रंथों के उल्लेख अन्य ज्योतिष-ग्रंथों में मिलते हैं, मगर आज ये प्राप्य नहीं हैं। ये मुहूर्त विषयक पुस्तकें होंगी। 'बीजोपनयनम्' पुस्तक मुद्रित रूप में उपलब्ध है, पर यकीन के साथ नहीं कहा जा सकता कि इसकी रचना भास्कर ने की है। इसमें ग्रहों के अंतरों को दूर करने के लिए बीज-संस्कार की जानकारी दी गई है।

4. शब्दांकों की सूची :
   0 = शून्य, ख, अनंत, अंबर, आकाश, व्योम, अंतरिक्ष, पूर्ण, रंध्र, बिंदु।
   1 = एक, आदि, इंदु, चंद्र, रूप और भू तथा मही जैसे पृथ्वीवाचक शब्द।
   2 = द्वौ, यम, यमल, नासत्य, नेत्र, बाहु, कर, कर्ण, कुच, युगल, पक्ष।

3 = त्रि, गुण, लोक, भुवन, काल, त्रिनेत्र, अग्नि, दहन, राम, पुर।
4 = चतुः, वेद, श्रुति, समुद्र, अब्धि, वर्ण, आश्रम, युग, दिश्।
5 = पंच, बाण, शर, पांडव, वायु, भूत, इंद्रिय, रत्न।
6 = षट्, रस, राग, अंग, ऋतु, दर्शन, तर्क, शास्त्र, षण्मुख।
7 = सप्त, ऋषि, स्वर, पर्वत, वार, हय, द्वीप।
8 = अष्ट, वसु, सर्प, नाग, गज, दिक्, मंगल।
9 = नव, अंक (शून्य को प्रायः अंक नहीं माना जाता), ग्रह, निधि, रंध्र।
10 = दश, दिश्, दिक्, अंगुली, रावणशिर, अवतार।
11 = एकादश, अक्षौहिणी, शिव और सभी रुद्रवाचक शब्द।
12 = द्वादश, राशि, मास और सभी सूर्यवाचक शब्द (रवि, भास्कर आदि)।
13 = त्रयोदश, विश्व, काम, विश्वेदेवा।
14 = चतुर्दश, मनु, विद्या, इंद्र, भुवन।
15 = पंचदश, तिथि, पक्ष, मासार्ध।
16 = षोडष, नृप, भूप, कला, अष्टि।
17 = सप्तदश, अत्यष्टि (अष्टि के आगे का अंक)।
18 = अष्टादश, धृति।
19 = एकोनविंशति, अतिधृति।
20 = विंशति, नख, कृति।
21 = एकविंशति, प्रकृति, मूर्छना।
22 = द्वाविंशति, जाति।
23 = त्रयोविंशति, आकृति, विकृति।
24 = चतुर्विंशति, गायत्री (एक वैदिक छंद), जिन, अर्हत्, सिद्ध।
25 = पंचविंशति, तत्व, अतिकृति।
26 = षड्विंशति, उत्कृति।
27 = सप्तविंशति, नक्षत्र, भ।
32 = द्वात्रिंशत्, दंत, रद।
33 = त्रयस्त्रिंशत्, सुर तथा देवतावाचक सभी शब्द
40 = नरक।
48 = जगती (एक वैदिक छंद)।
49 = ऊनपंचाशत, तान।
50 = पंचाशत।

5. शंकर बालकृष्ण दीक्षित : **भारतीय ज्योतिष** (हिंदी अनुवाद : शिवनाथ झारखंडी), प्रकाशन ब्यूरो, सूचना विभाग, लखनऊ, 1957, पृ. 345.

6. सुधाकर द्विवेदी : **गणकतरङ्गिणी**, बनारस, 1933, पृ. 34.
7. Venkatesh Bapuji Ketkar : **Indian and Foreign Chronology**, Bombay, 1923, p. 164-65.
8. डा. भाऊ दाजी लाड का जन्म 1824 ई. में पुर्तगाली गोवा की सीमा के भीतर के मांजरे गांव में हुआ था। उनका वास्तविक नाम रामकृण था, पर बचपन में उन्हें 'भाऊ' कहकर बुलाया जाता था, इसलिए आगे उनका यही नाम प्रचलित हो गया। पिता का नाम था विठ्ठल, पर वे 'दाजी' के नाम से जाने जाते थे। इस तरह 'भाऊ दाजी' नाम ही रूढ़ हो गया; उपनाम 'लाड' का कम ही प्रयोग होता है।

चित्र 2.5 : डा. भाऊ दाजी लाड (1824-1874 ई.)

भाऊ जब दस साल के थे, तब उनके पिता काम-धंधे की तलाश में सपरिवार मुंबई चले आए। यहीं पर भाऊ की पढ़ाई हुई–पहले एक मराठी स्कूल में, फिर एल्फिन्स्टन इंस्टीट्यूट में। कुछ समय तक इंस्टीट्यूट में रसायन व भौतिकी विषय पढ़ाने का कार्य करने के बाद वे मुंबई के ग्रैंड मेडिकल कॉलेज में दाखिल हुए और वहां से स्नातक की उपाधि प्राप्त की। कुछ अरसे तक कॉलेज में अध्यापन-कार्य करने के बाद उन्होंने अपना स्वतंत्र चिकित्सा-व्यवसाय शुरू कर दिया और उसमें काफी यश तथा पैसा कमाया। साथ ही, समाज-सेवा और विद्या-सेवा का कार्य भी जारी रखा। उन्होंने परंपरागत वनस्पतियों एवं जड़ी-बूटियों के अन्वेषण में काफी धन खर्च किया। महारोग (कुष्ठरोग) के सफल चिकित्सक के रूप में दूर-दूर तक उनकी ख्याति थी। डा. भाऊ दाजी ने देश के कई प्रदेशों की स्वयं यात्राएं कीं और डा. भगवानलाल इंद्रजी (1839-1888 ई.) जैसे योग्य तरुण पंडितों को पुरातात्विक महत्व के स्थलों पर भेजकर बड़ी तादाद में पुरानी हस्तलिपियां, पुरालेख तथा सिक्के आदि एकत्र किए और उनके बारे में खोजपरक लेख लिखे।

डा. भाऊ दाजी ने 1863 ई. में केरल की यात्रा करके वहां मलयालम लिपि में **आर्यभटीय** की तीन ताड़पत्र हस्तलिपियां प्राप्त कीं। उन हस्तलिपियों का अध्ययन करके डा. भाऊ दाजी ने अगले वर्ष आर्यभट और उनकी 'आर्यभटीय' पुस्तक के बारे में एक खोजपरक निबंध तैयार किया, जो 1865 ई. में लंदन की रॉयल एशियाटिक सोसायटी के जर्नल में प्रकाशित हुआ। तभी विद्वज्जगत को आर्यभट (जन्म 476 ई.) और उनके आर्यभटीय ग्रंथ का पहली बार प्रामाणिक परिचय मिला।

सन् 1873 में डा. भाऊ दाजी पक्षाघात के शिकार हुए और अगले वर्ष 21 मई, 1874 को उनका देहांत हो गया–पचास साल की आयु में। मुंबई के सबसे पुराने संग्रहालय Victoria & Albert Museum को अब 'डा. भाऊ दाजी लाड संग्रहालय' के नाम से जाना जाता है।

9. **Brief Notes on the Age and Authenticity of the Works of Aryabhata, Varahamihira, Bhattotpala and Bhaskaracharya**, *The Journal of the Royal Asiatic Society*, New Series, Vol. 1, London, 1865, pp. 392-418. इसी महत्वपूर्ण निबंध में डा. भाऊ दाजी ने आर्यभट के ग्रंथ 'आर्यभटीय' का भी परिचय प्रस्तुत किया है। इस निबंध के लिए देखिए **Writings and Speeches of Dr. Bhau Daji** (Eds. T. G. Mainkar & M. N. Dar), University of Bombay, 1974, pp. 124-146.

10. यहां हम शिलालेख के उन श्लोकों को दे रहे हैं जिनका संबंध भास्कराचार्य और उनके वंश के पुरुषों से हैं (शिलालेख की आरंभिक दो पंक्तियां खंडित हैं) :

    नमो गणाधिपतये ... गगनेचरवास्तोत ...
    उद्भटबुद्धिर्भट्टे सांख्ये संख्यः स्वतंत्रधीस्तन्त्रे।
    वेदेऽनवद्यविद्योऽनल्पः शिल्पादिषु कलासु ॥2॥

    स्वच्छन्दोऽथछन्दसि शास्त्रे वैशेषिके विशेषज्ञः।
    यः श्रीप्रभाकरसमः प्राभाकरदर्शने कविः काव्ये ॥3॥

    बहुगुणगणितप्रभृतिस्कन्धत्रितये त्रिनेत्रसमः।
    विबुधाभिवन्दितपदो जयति **श्रीभास्कराचार्यः** ॥4॥ ... ...

    शाण्डिल्यवंशे कविचक्रवर्ती **त्रिविक्रमो**ऽभूत्तनयोऽस्य जातः।
    यो भोजराजेन कृताभिधानो विद्यापति**र्भास्करभट्ट**नामा ॥17॥

    तस्माद्**गोविन्द**सर्वज्ञो जातो गोविन्दसन्निभः।
    प्रभाकरः सुतस्तस्मात् प्रभाकर इवापरः ॥18॥

    तस्मान्**मनोरथो** जातः सतां पूर्णमनोरथः।
    श्रीमान् **महेश्वराचार्य**स्ततोऽजनि कवीश्वरः ॥19॥

    तत्सूनुः कविवृन्दवन्दितपदः सद्वेदविद्यालताकन्दः कंसरिपुप्रसातपदः सर्वज्ञ-विद्यासदः।
    यच्छिष्यैः सह कोपि नो विवदितुं दक्षोविवादी क्वचित् श्रीमान्
    भास्करकोविदः समभवत् सत्कीर्त्तिपुण्यान्वितः ॥20॥

    लक्ष्मीधराख्योऽखिलसूरिमुख्यो वेदार्थवित्तकिंकचक्रवर्ती।
    क्रतुक्रियाकाण्डविचारसारविशारदो भास्करनन्दनोऽभूत् ॥21॥

सर्वशास्त्रार्थदक्षोऽयमितितज्चा पुरादतः।
जैत्रपालेनयो नीतः कृतश्य विबुधाग्रणीः ॥22॥

तत्मात् सुतः सिंघणचक्रवर्तिदैवज्ञवर्योऽजनि **चंगदेवः**।
श्रीभास्कराचार्यनिबद्धशास्त्रविस्तारहेतोः कुरुते मठं यः ॥23॥

भास्कररचितग्रन्थाः सिद्धान्तशिरोमणिप्रमुखाः।
तद्वंशकृताश्चान्ये व्याख्येया मन्मठे नियमात् ॥24॥

श्रीसोह्नदेवेन मठाय दत्तं हेमाद्रि (ना किञ्चदिहापरैश्च)।
भूम्यादि सर्वं परिपालनीयं भविष्यभूपैर्बहुपुण्यवृद्ध्यै ॥25॥
स्वस्ति श्रीशके 1128 प्रभवसंवस्तरे श्रीश्रावणे मासे पौर्णमास्यां चंद्रग्रहणसमये श्रीसोह्नदेवेन सर्वजनसन्निधौ हस्तोदकपूर्वकं निजगुरुरचितमठायाग्रस्थानं दत्तम्। तद्यथा

इस संस्कृत लेख के बाद तत्कालीन खानदेशी अपभ्रंश मराठी में एक संक्षिप्त लेख है, जिसका आशय है : इस पाटण गांव के व्यापारियों की राजा के पास जो अमानत थी वह सारी उन्होंने मठ को दान में देने की सम्मति दी है। उसी तरह, इस गांव के ब्राह्मणों को ग्रामवासियों की ओर से 'ब्रह्मोत्तर' नामक जो उत्पन्न मिलता था वह भी उन्होंने इस मठ को अर्पित कर दिया है। इस गांव से घी पर जितना कर लिया जाएगा वह सारा मठ को मिलेगा। इस गांव के तेली जो तेल निकालते हैं उसमें से पहली घानी से एक 'तपेली' और तदनंतर की प्रत्येक घानी से एक 'पळी' तेल मठ की मालकी का समझा जाए और उतनी रकम मठ को मिले। मठ को जो जमीन दी गई है उसकी तीन सीमाएं हैं—एक तरफ धामोजी की पहाड़ी, दूसरी तरफ पंडित की मालकी का चरागाह और तीसरी तरफ कामत की जमीन।

11. शां. भा. देव : **महाराष्ट्र व गोवे शिलालेख-ताम्रपटांची वर्णनात्मक संदर्भ-सूची**, महाराष्ट्र राज्य साहित्य संस्कृती मंडळ, पुणे, 1984, पृ. 276; और, शं. बा. दीक्षित : **भारतीय ज्योतिष**, पृ. 344-45 व 351.

अध्याय - 3

भास्कराचार्य-पूर्व का भारतीय गणित-ज्योतिष

भास्कराचार्य ईसा की बारहवीं सदी में हुए (जन्म 1114 ई.), आज से लगभग नौ सौ साल पहले। हम यह भी कह सकते हैं कि भास्कराचार्य के हाथों भारतीय गणित व ज्योतिष लगभग अपनी चरमोन्नति पर पहुंच गया था; उनके बाद भारतीय गणित और ज्योतिष का बहुत कम विकास हुआ। इसीलिए हम कहते हैं कि भास्कराचार्य हमारे देश के अंतिम बड़े गणितज्ञ-ज्योतिर्विद थे।

जब हम भास्कराचार्य की गणित व ज्योतिष के क्षेत्र की उपलब्धियों पर विचार करते हैं, तो हमें यह ध्यान में रखना होगा कि हम आज से लगभग नौ सौ साल पहले के भारतीय गणित-ज्योतिष का मूल्यांकन कर रहे हैं। हम भास्कर की **लीलावती** व **बीजगणित** पुस्तकों में प्रस्तुत अंकगणित, बीजगणित व ज्यामिति की तुलना आज के विकसित अंकगणित, बीजगणित व ज्यामिति से नहीं कर सकते। इसी प्रकार, हम यह नहीं कह सकते कि आज से लगभग साढ़े तीन हजार वर्ष पहले के वैदिक काल के हमारे ऋषि-मुनि भास्कराचार्य (जन्म 1114 ई.), ब्रह्मगुप्त (जन्म 598 ई.) या आर्यभट (जन्म 476 ई.) से ज्यादा गणित या ज्योतिष जानते थे। वेदों में पृथ्वी को अचला (स्थिर) माना गया है। आर्यभट ने इस गलत मान्यता का खुलकर विरोध किया था।[1] वेदों में और भी कई ऐसी बातें हैं जो आधुनिक विज्ञान की दृष्टि से सही नहीं हैं।

वेद विज्ञान की पुस्तकें नहीं हैं। वैदिक काल के पशुचारी समाज को छोटी-मोटी गिनती के लिए जितने गणित की और समय का हिसाब रखने के लिए कोरी आंखों से दिखाई देने वाली आकाश की ज्योतियों की जितनी जानकारी जरूरी थी, उसी का उल्लेख वेदों में जहां-तहां हुआ है।

वैदिक पुरोहित-कवि जब वेदों के सूक्तों की रचना कर रहे थे, उस समय मिस्र और सुमेर-बेबीलोन में गणित और ज्योतिष का स्वतंत्र रूप से अध्ययन हो रहा था, गणकों का स्वतंत्र पेशा अस्तित्व में आ गया था। मिस्र से आज से लगभग चार हजार वर्ष पहले की गणित की पेपीरस-पुस्तकें मिली हैं।

सुमेर-बेबीलोन से भी गणित और ज्योतिष के हजारों कीलाक्षर-लेख मिले हैं।

वैदिक काल से पहले हमारे देश में भी मिस्र और सुमेर-बेबीलोन के टक्कर की एक उन्नत सभ्यता–सिंधु सभ्यता (उन्नत काल : 2600-2000 ई.पू.)–का अस्तित्व था। मोहेंजो-दड़ो, हड़प्पा, कालीबंगा, लोथल, धौलावीरा आदि अनेक स्थानों से इस कांस्ययुगीन सभ्यता के पुरावशेष मिले हैं। इस सभ्यता के प्रमुखतः मुहरों पर अंकित छोटे-छोटे लेख तो प्राप्त हुए हैं, किंतु मिस्र या बेबीलोन की तरह लंबे अभिलेख नहीं मिले हैं। सिंधु सभ्यता की लिपि को अभी तक पढ़ा नहीं गया है। पर हम अनुमान लगा सकते हैं कि गणित व ज्योतिष के मामले में सिंधु सभ्यता के लोग मिस्र या सुमेर-बेबीलोन से ज्यादा पीछे नहीं रहे होंगे।

हमारे देश में वेदों के अंगों के रूप में सूत्ररूप जो महत्वपूर्ण साहित्य रचा गया, उसे **वेदांग** कहते हैं। प्राचीन भारतीय विज्ञान के इतिहास की दृष्टि से इस वेदांग साहित्य का बड़ा महत्व है। वेदांग छह हैं–शिक्षा, कल्प, व्याकरण, निरुक्त, ज्योतिष और छंद। यज्ञकर्म की जानकारी देने के लिए कल्पसूत्रों के अंतर्गत श्रौतसूत्र नामक जो पुस्तकें रची गईं, उनके परिशिष्टों में क्षेत्रमिति (ज्यामिति) के नियम देखने को मिलते हैं। इन परिशिष्टों को **शुल्वसूत्र** कहते हैं।

शुल्व शब्द का अर्थ है–डोरी या रस्सी। **शुल्ब्** धातु का अर्थ है–मापना या नापना। डोरी की सहायता से वेदी, अग्निचिति[2], मंडप आदि को नापने की सूत्ररूप जानकारी जिन पुस्तकों में दी गई है वे **शुल्वसूत्र** कहलाते हैं। अब तक आठ शुल्वसूत्र उपलब्ध हुए हैं–**बौधायन, आपस्तंब, सत्याषाढ, वाधुल, मानव, मैत्रायणी, वराह** व **कात्यायन**। ये इनके रचनाकारों के नाम हैं। **बौधायन शुल्वसूत्र** सबसे बड़ा, सबसे प्राचीन और ज्यादा व्यवस्थित रूप में रचा गया है।

शुल्वसूत्रों में यज्ञकर्म के लिए आवश्यक विभिन्न आकार-प्रकार की वेदियों तथा अग्निचितियों के माप, उनका आयोजन, ईंटों के आकार एवं उनकी रचना आदि के बारे में जानकारी दी गई है। इस जानकारी का संबंध क्षेत्रमिति यानी ज्यामिति से है। शुल्वसूत्रों में वेदियों के निर्माण से संबंधित ज्यामितीय कृत्यों और उन कृत्यों की पुष्टि करने वाले नियम दिए गए हैं।

वैदिक काल में देवताओं के मंदिर नहीं होते थे, यज्ञ होते थे। यज्ञ मुख्यतः दो प्रकार के थे–नित्य (या अनिवार्य) और काम्य (या वैकल्पिक)। यज्ञ निर्धारित आकार की वेदियों पर ही किए जाते थे। तरह-तरह की वेदियां बताई गई हैं। 'अग्नि' शब्द का मूल अर्थ आग था, परंतु बाद में यह वेदी और चिति का द्योतक बन गया। नित्य यज्ञ के लिए तीन अग्नियां अभिप्रेत थीं–गार्हपत्य,

आहवनीय और दक्षिणाग्नि। ये प्रतिदिन के यज्ञ के लिए होती थीं। ये अग्नियां या वेदियां निश्चित आकार की होती थीं। गार्हपत्य अग्नि को वर्तुलाकार बताया गया है, आहवनीय को वर्गाकार और दक्षिणाग्नि को अर्धवर्तुलाकार। परंतु इन तीनों ही अग्नियों का क्षेत्रफल समान यानी एक वर्ग व्याम (1 व्याम = 120 अंगुल = 5 अरत्नि = 1 पुरुष) होना चाहिए। इसके लिए ज्यामिति की दृष्टि से जमीन पर वृत्त या अर्धवृत्त या वर्ग की शुद्ध आकृतियां बनाने की विधियां ज्ञात होनी चाहिए। साथ ही, वर्ग को वृत्त या अर्धवृत्त में अथवा वृत्त को वर्ग में बदलने के लिए वर्ग की भुजा और वृत्त की त्रिज्या (अर्धव्यास) के परस्पर-संबंध की जानकारी होनी चाहिए; और, यह सब जानकारी शुल्वसूत्रों में दी गई है। सारांश यह कि, शुल्वसूत्रों के अध्ययन से पता चल जाता है कि श्रौतसूत्रों की रचना के समय भारतीय पंडित-पुरोहितों को कितनी ज्यामिति ज्ञात थी।

बोधायन और आपस्तंब के शुल्वसूत्रों के समय को हम 500 ई.पू. के आसपास मान सकते हैं। अन्य शब्दों में, शुल्वसूत्रों में जो भारतीय ज्यामिति उपलब्ध है वह कम-से-कम ढाई हजार साल पुरानी तो है ही। परंतु इन शुल्वसूत्रों में प्रस्तुत ज्यामितीय ज्ञान अधिक प्राचीन हो सकता है।

आज हिंदी और कुछ अन्य भारतीय भाषाओं में प्रयुक्त होने वाला 'ज्यामिति' शब्द यूनानी भाषा के 'ज्यॉमिट्री' (Geometry) शब्द से, न केवल ध्वनिसाम्य, अपितु अर्थसाम्य भी रखता है (ज्या = पृथ्वी और मिति = मापना)। मराठी में 'भूमिति' शब्द का प्रयोग होता है। 'रेखागणित' शब्द भी ज्यादा पुराना नहीं है। आमेर-जयपुर के राजा सवाई जयसिंह (1688-1743 ई.) के आश्रित गणितज्ञ-ज्योतिषी पं. जगन्नाथ सम्राट ने 1718 ई. में यूक्लिड के ज्यामिति के ग्रंथ का अरबी से संस्कृत में अनुवाद किया, तो उसे 'रेखागणित' का नाम दिया। पंडित बापूदेव शास्त्री (1821-1890 ई.) ने 'क्षेत्रमिति' शब्द को पसंद किया। उससे पहले के भारतीय गणितज्ञों ने ज्यामिति के अर्थ में 'क्षेत्र', 'क्षेत्रमिति', 'क्षेत्र-समास', 'क्षेत्र-व्यवहार' और 'क्षेत्र-गणित' जैसे शब्दों का प्रयोग किया है।

मगर ज्यामिति का सबसे प्राचीन भारतीय नाम 'शुल्व' ही है। **मानव** और **मैत्रायणी** शुल्वसूत्रों में ज्यामितिज्ञ को 'शुल्वविद्' कहा गया है। लेकिन उस समय ज्यामिति को 'रज्जु' भी कहा जाता था।[3] **कात्यायन शुल्वसूत्र** का पहला ही सूत्र है—**रज्जुसमासं वक्ष्यामः** (डोरी की सहायता से क्षेत्र के एकीकरण को बता रहा हूं)। 'रज्जु' और 'शुल्व' शब्द लगभग एक ही अर्थ के द्योतक रहे हैं। 'रज्जु' शब्द 'रेखा' और 'फीता' के अर्थ में भी प्रयुक्त हुआ है। पालि साहित्य में राजा

के भूमि-सर्वेक्षक के लिए 'रज्जुक' और 'रज्जु-ग्राहक' शब्दों का प्रयोग हुआ है। 'रज्जुक' शब्द सम्राट अशोक (ईसा-पूर्व तीसरी सदी) के अभिलेखों में भी आया है।[4] प्राचीन भारतीय साहित्य में ज्यामितिज्ञ के लिए अन्य शब्द हैं–संख्याज्ञ, परिमाणज्ञ, सूत्रधार, सूत्रग्राही, शुल्व-परिपृच्छज्ञ (शुल्व की पड़ताल करने वाला) और समसूत्रनिरञ्छक (समान गांठों वाली रस्सी फैलाने वाला)।

चित्र 3.1 : प्राचीन मिस्र में गांठों वाली रस्सी (ऊपर) से भूमि-मापन

एक यूनानी उल्लेख के अनुसार, प्राचीन मिस्र के ज्यामितिकार अथवा भूमि-सर्वेक्षक 'हार्पेडोनाप्टाई' (Harpedonaptae) कहलाते थे। इस शब्द का अर्थ है, 'रस्सी फैलाने वाला'। स्पष्ट है कि 'हार्पेडोनाप्टाई' और 'समसूत्रनिरञ्छक' शब्द समानार्थक हैं। लेकिन इस शब्दसाम्य के आधार पर यह कहना ठीक नहीं होगा कि मिस्रवासियों ने ज्यामितीय जानकारी भारतीयों से प्राप्त की थी। प्राचीन मिस्र में ज्यामिति की शुरुआत भूमि-मापन से हुई है। नील नदी में आने वाली बाढ़ के कारण उसके नजदीक की भूमि का किसानों में हर साल नए सिरे से बंटवारा करना पड़ता था और तदनुसार लगान निर्धारित करना होता था। भूमि-मापन के इसी प्रयास से प्राचीन मिस्र में क्षेत्रमिति का विकास हुआ। मंदिरों और पिरामिडों जैसे स्मारकों के निर्माण-कार्य ने भी वहां ज्यामिति के विकास में महत्वपूर्ण योग दिया।

मगर भारतीय ज्यामिति सर्वप्रथम हमें शुल्वसूत्रों में ही देखने को मिलती है। और, यह काफी विकसित ज्यामिति है। शुल्वसूत्रों में तथाकथित 'पाइथेगोरस

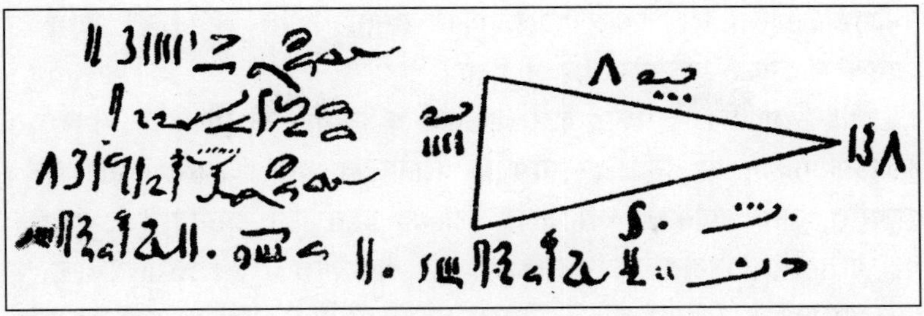

चित्र 3.2 : प्राचीन मिस्र की 'आह्मोस पेपीरस' पुस्तक (ईसा-पूर्व 16वीं सदी) से ज्यामिति का एक सवाल, जिसमें एक त्रिभुजाकार क्षेत्र का क्षेत्रफल मालूम किया गया है।

के प्रमेय' का व्यापक उपयोग देखने को मिलता है। शुल्वसूत्रों में $\sqrt{2}$ जैसी अपरिमेय संख्याओं के काफी शुद्ध मान दिए गए हैं।

लेकिन शुल्वसूत्रों की इस सारी ज्यामिति का संबंध यज्ञतंत्र से है। क्या भारतीय ज्यामिति का कर्मकांडीय उद्गम संभव है?

कोई भी विज्ञान मानव-समुदाय की भौतिक और बौद्धिक आवश्यकताओं को पूरा करने के लिए अस्तित्व में आता है। शुल्वसूत्रों के अनुसार वेदियों के निर्माण में पकाई ईंटों (इष्टका) का इस्तेमाल होता था और वे ईंटें विभिन्न आकार-प्रकार की होती थीं। राजगीर और बढ़ई को भी ज्यामिति की जरूरत पड़ती है। इन दोनों ही पेशों के कारीगरों को सीधी रेखा और समकोण का सतत सामना करना पड़ता है। इसलिए भू-मापन के साथ ही भवन-निर्माण का भी ज्यामिति के उद्भव में प्रमुख योगदान रहा है। इस तथ्य की पुष्टि शुल्वसूत्रों के निर्देशों से भी होती है। **कात्यायन शुल्वसूत्र** में उत्तम शुल्वकार की योग्यता के बारे में कहा गया है : "शुल्वसूत्रकार को गणित का जानकार, माप लेने में कुशल, सीधी रेखा में रस्सी खींचने वाला, समतल भूमि का ज्ञाता, विद्वान, शुल्वसूत्रों का जानकार और खूब सावधान रहने वाला होना चाहिए।" और, "शुल्वसूत्रकार को रज्जु के करणी, तत्करणी, अक्ष्णया आदि भेदों का जानकार और सदैव काम में लगे रहने वाला होना चाहिए। शास्त्रीय बुद्धि से चलने वाले और ईंटों के भेदोपभेद को जानने वाले शुल्वविद् को हमेशा शिल्पियों और स्थपतियों की सलाह लेते रहना चाहिए।[5] यज्ञमंडप तैयार करने के लिए बढ़इयों की और ईंटें बनवाकर उन्हें ठीक से रचने के लिए कुशल राजगीरों की जरूरत पड़ती थी।

इस प्रकार, हम कह सकते हैं कि शुल्वसूत्रों की ज्यामिति ईंटें बनाने वालों, राजगीरों, बढ़इयों और अन्य कारीगरों तथा पुरोहितों के बीच सहयोग से अस्तित्व

में आई है। ईंटों की जरूरत पहले मकान बनाने के लिए हुई। यज्ञवेदियों के निर्माण में इनका इस्तेमाल बाद में हुआ।

वैदिक साहित्य में पकाई ईंटों (इष्टका) के उल्लेख तो मिलते हैं, मगर उस काल के मकानों में इनके इस्तेमाल के पुरातात्विक प्रमाण उपलब्ध नहीं होते। दरअसल, आगे मौर्यकाल तक पकाई ईंटों का बहुत कम उपयोग हुआ है।

परंतु सिंधु सभ्यता के नगरावशेषों की बात निराली है। सिंधु सभ्यता के नगर योजना के अनुसार बने हैं; उनकी सड़कें सीधी व चौड़ी हैं और एक-दूसरे को समकोण में काटती हैं। हड़प्पा, मोहेंजो-दड़ो, लोथल और कालीबंगा जैसे सिंधु नगरों में पकाई हुई ईंटों का बड़े पैमाने पर इस्तेमाल हुआ है। वहां से आवें और भट्ठे भी मिले हैं। वहां ईंटें भी विभिन्न आकार-प्रकार की बनती थीं। गोलाकार कुओं में जिन ईंटों का इस्तेमाल हुआ है वे समलंब के आकार की हैं। स्नानघरों और नालियों के निर्माण में विशेष प्रकार की ईंटों का प्रयोग हुआ है। मकानों के कोने बनाने के लिए **L** के आकर की और नालियां ढकने के लिए **T** के आकार की ईंटों का इस्तेमाल हुआ है।

इसलिए हम इस निष्कर्ष पर पहुंचते हैं कि भारत में ज्यामिति की शुरुआत आज से करीब साढ़े चार हजार साल पहले सिंधु सभ्यता (उन्नत काल : 2600-2000 ई.पू.) के समय ही हो चुकी थी–कुम्हारों और राजगीरों के व्यवसायों के साथ। इस विज्ञान की नई शुरुआत वैदिक काल में पुनः हुई, जब हम तरह-तरह की वेदियों के निर्माण के लिए शुल्वविदों को बांस के शंकु और रस्सी (शुल्व या रज्जु) का उपयोग करते हुए देखते हैं।

शुल्वसूत्रों में किस तरह की जानकारी है, यह जानना उपयोगी होगा। **बौधायन शुल्वसूत्र** सबसे प्राचीन और सबसे विस्तृत है। इसमें कुल सूत्र 519 हैं।

प्रथम अध्याय में लंबाई के विभिन्न परिमाणों की सारणी, नित्याग्नियों के माप, उनके बीच के अंतर और उनकी रचना की जानकारी है। साथ ही, विविध प्रकार के यज्ञों के लिए वेदियों तथा मंडपों के माप और उनके आकार-विन्यास का वर्णन है। दूसरे अध्याय में प्रथम अग्निचिति के क्षेत्रफल, उसके लिए आवश्यक ईंटों की विशेषताएं और उन्हें रचते समय पाले जाने वाले नियमों की जानकारी है। तीसरे अध्याय में श्येनचिति के माप, उसे बनाने के लिए आवश्यक ईंटों के माप, उनके आकार और परतों में की जाने वाली उनकी रचना की जानकारी है। चौथे अध्याय में श्येन (बाज़) पक्षी के शरीर, सिर, पंख और पूंछ के अनुसार बनाई जाने वाली अग्निचिति की रचना के बारे में विस्तृत सूचनाएं

हैं। साथ ही, कंक और अलज पक्षियों के आकार वाली वेदियों की रचना-पद्धति के बारे में जानकारी है। उसी अध्याय में त्रिकोणाकृति वाली प्रउगचिति और समचतुर्भुजाकृति वाली उभयतः प्रउगचिति की रचना के नियम दिए गए हैं। आगे पांचवें अध्याय में दो प्रकार की रथचक्रचितियों, छठे व सातवें अध्यायों में दो प्रकार की द्रोणचितियों और आठवें अध्याय में श्मशानचिति का वर्णन है। नौवें अध्याय और दसवें अध्याय के आरंभ में कूर्मचिति का वर्णन है। दसवें अध्याय के शेष भाग में बताया गया है कि उपर्युक्त काम्य चितियों के लिए ईंटों की रचना करते समय किस तरह की गीली मिट्टी का प्रयोग करना चाहिए।

आज 'अग्नि' शब्द का अर्थ है आग। शुल्वसूत्रों में यह शब्द वेदी और चिति के अर्थ में प्रयुक्त हुआ है। प्रत्येक यज्ञ में ये तीन अग्नियां अवश्य होती हैं– गार्हपत्य, आहवनीय और दक्षिण। ऋत्विजों के होम-हवन के लिए वर्गाकार या वर्तुलाकार जो छोटी वेदियां बनाई जाती हैं उन्हें 'धिष्ण्या' कहते हैं। हर यज्ञ

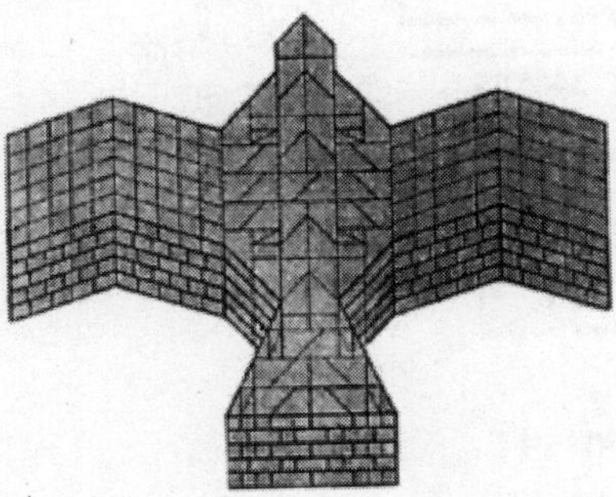

श्येन चिति

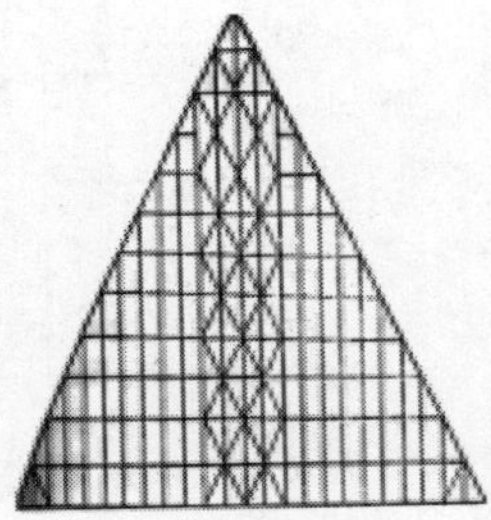

प्रउग चिति

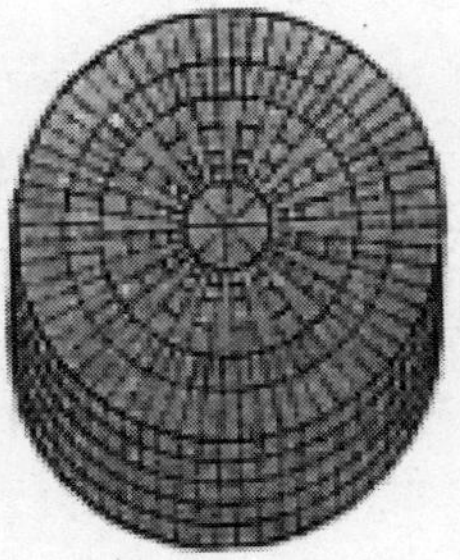

रथचक्र चिति

कूर्म चिति

चित्र 3.3 : कुछ प्रमुख चितियां

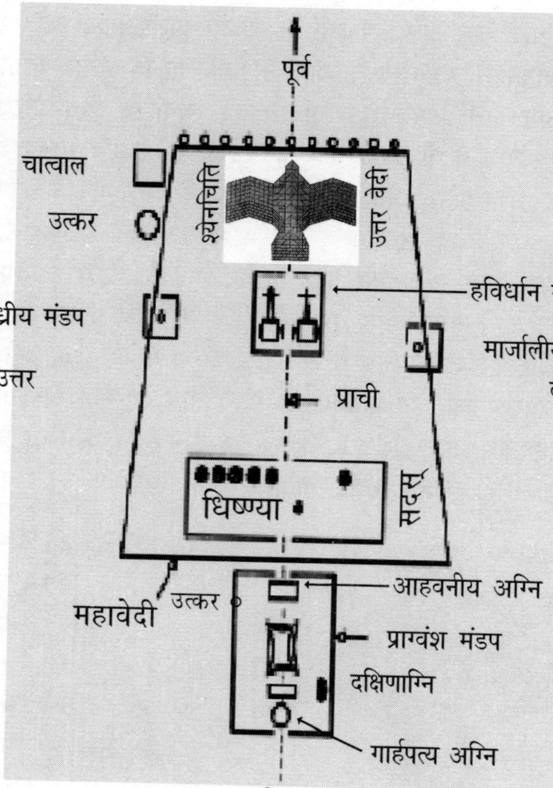

पश्चिम

चित्र 3.4 : यज्ञशाला

की अपनी जो विशिष्ट अग्नि होती है उसे वेदी कहते हैं।

वेदी के तीन प्रमुख प्रकार हैं : यजमान की वेदी प्राग्वंश मंडप में होती है, दूसरी **उत्तरवेदी** यज्ञगृह के पूर्व में होती है और तीसरी है **महावेदी**। यजमान की वेदी यज्ञों के प्रकार के अनुसार भिन्न-भिन्न आकार की होती है। जैसे, पशुबंध यज्ञ की वेदी चारक्य यानी रथ के माप के अनुसार बनती है। पितृमेध यज्ञ की वेदी वर्गाकार होती है और उसके कोने मुख्य दिशाओं की ओर रहते हैं।

उत्तरवेदी के छह प्रकार हैं। अलग-अलग यज्ञों में अलग-अलग उत्तरवेदी का उपयोग होता है। सभी प्रकार की उत्तरवेदियां वर्गाकार होती हैं। अधिकतर यज्ञों में उत्तरवेदी 36×36 अंगुल की होती है। बड़ा घेरा **महावेदी** कहलाता है। इसकी आकृति एक समद्विबाहु समलंब के समान होती है। इसमें एक रेखा पूर्व से

पश्चिम की ओर और दूसरी रेखा उत्तर से दक्षिण को जाती है। इनमें पूर्व-पश्चिम रेखा को 'प्राची' या पृष्ठ्या (यानी पीठ) कहते हैं और उत्तर-दक्षिण रेखा को 'उदिची' कहते हैं। महावेदी के पश्चिम में 'सदस्' यानी सभास्थान होता है।

अग्निचयन में विभिन्न आकार-प्रकार की ईंटों का इस्तेमाल होता था। शुल्वसूत्रों में इनको बनाने और इनकी रचना के बारे में विस्तृत जानकारी दी गई है। निर्देश है कि मिट्टी के अलावा अन्य किसी द्रव्य की ईंटें नहीं बनानी चाहिए। प्रत्येक अग्निचिति के लिए किस आकार की और किस माप की ईंटें इस्तेमाल की जानी चाहिए, इसकी स्पष्ट सूचना शुल्वसूत्रों में दी गई है। ईंटें बनाने के लिए लकड़ी के सांचों का उपयोग होता था। विभिन्न प्रकार की चितियों के लिए चतुष्कोण, पंचकोण, त्रिकोण, शूलपाद, हंसमुख आदि आकार की ईंटें बनती थीं।

जमीन पर वेदी, अग्निचिति तथा मंडप तैयार करने के प्रयोजन से शुल्वसूत्रों में ज्यामितीय नियमों का प्रतिपादन हुआ है। वेदी, अग्निचिति और मंडप का आकार डोरी (रज्जु, शुल्व) और खूंटी (शंकु) की सहायता से तैयार किया जाता था। शण (सन), कुश या मुंज से तीन लड़ियों वाली डोरी बनाई जाती थी। डोरी के दोनों सिरों पर गांठें होती थीं। अलग-अलग प्रयोजन के लिए अगल-अलग लंबाई की डोरियां होती थीं। श्येनचिति का विशेष महत्व था, इसलिए उसके आयोजन में विशेष प्रकार की डोरी का उपयोग होता था। शंकु शायद बांस या खैर की लकड़ी के बनाए जाते थे।

नियम था कि प्रत्येक चिति पूर्वाभिमुख होनी चाहिए (इह प्राञ्चमग्निमुद्धरति)। किसी भी चिति की रचना के पहले सर्वप्रथम 'प्राची' यानी यज्ञशाला के मध्यभाग से जाने वाली (सममिति अक्ष वाली) पूर्व-पश्चिम रेखा निश्चित करनी होती थी। इतना ही नहीं, मंडप भी पूर्वाभिमुख (प्राग्वंश) अथवा उत्तराभिमुख (उदग्वंश) बनाए जाते थे। इसलिए दिशाज्ञान की जानकारी अत्यावश्यक थी। दिन के समय शंकुछाया की सहायता से और रात के समय नक्षत्रों को देखकर दिशा मालूम की जाती थी। कात्यायन ने शुरू में ही शंकुछाया की सहायता से पूर्व दिशा निर्धारित करने के लिए सूत्र दिया है।[6]

सूर्य छह महीने उत्तरायण और छह महीने दक्षिणायन में रहता है, इसलिए सूर्योदय की दिशा बदलती रहती है। इसके लिए जो थोड़ा संशोधन आवश्यक है उसका शुल्वसूत्रकारों ने उल्लेख नहीं किया है। कृत्तिका, श्रवण व पुष्य नक्षत्र वैदिक काल में शायद पूर्व दिशा में उदित होते थे, इसलिए इनकी सहायता से

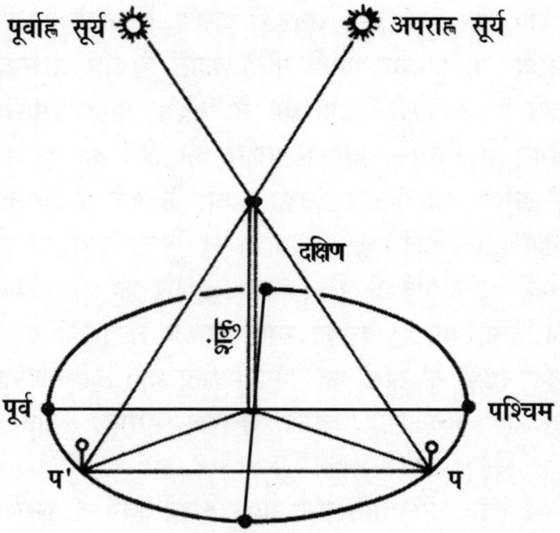

चित्र 3.5 : 'कात्यायन शुल्वसूत्र' के अनुसार शंकुछाया से पूर्व-पश्चिम दिशा का निर्धारण

समतल भूमि पर एक ऐसा वृत्त बनाइए जिसका अर्धव्यास शंकु की ऊंचाई (12 अंगुल) के बराबर है। तब वृत्त के केंद्र में 12 अंगुल का एक शंकु सीधा खड़ा कीजिए। फिर वृत्त पर ऐसे दो बिंदु प और प' बनाइए जहां क्रमशः पूर्वाह्न और अपराह्न में सूर्य की छाया के सिरे वृत्त को स्पर्श करते हैं। तब पप' रेखा को द्विविभाजित करने वाला लंब उत्तर-दक्षिण दिशा दरशाएगा। और, इस उत्तर-दक्षिण रेखा को द्विविभाजित करने वाला लंब पूर्व-पश्चिम दिशा दरशाएगा।

पूर्व दिशा निश्चित की जाती थी। अब ये नक्षत्र पूर्व दिशा से हट गए हैं।

शुल्वसूत्र ज्यामिति की पाठ्य-पुस्तकें नहीं हैं। उनमें केवल वेदी, अग्निचिति और मंडप की रचना के लिए आवश्यक ज्यामितीय नियमों की ही जानकारी दी गई है। शुल्वसूत्र यूक्लिड (लगभग 300 ई.पू.) की ज्यामिति की पुस्तक की तरह की रचनाएं नहीं हैं। इनमें प्रमेयों की उपपत्तियां नहीं हैं। लेकिन केवल इसी के आधार पर हम यह नहीं कह सकते कि शुल्वसूत्रकारों को उनके द्वारा प्रस्तुत नियमों अथवा प्रमेयों की उपपत्तियों की जानकारी नहीं थी। आगे भी आर्यभट (जन्म 476 ई.), ब्रह्मगुप्त, (जन्म 598 ई.) आदि भारतीय गणितज्ञों ने उपपत्तियां नहीं दी हैं, केवल नियम दिए हैं। भास्कराचार्य (जन्म 1114 ई.) 'पाइथेगोरस के प्रमेय' की एक विशिष्ट उपपत्ति प्रस्तुत करने वाले पहले भारतीय गणितज्ञ हैं (देखिए भास्कर के **बीजगणित** का 'एकवर्णमध्यमाहरण' प्रकरण)।

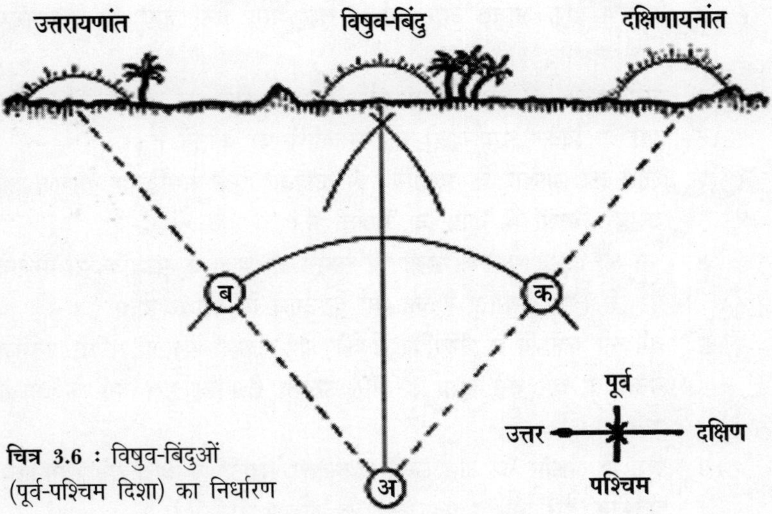

चित्र 3.6 : विषुव-बिंदुओं (पूर्व-पश्चिम दिशा) का निर्धारण

चित्र 3.6 : विषुव-बिंदुओं (पूर्व-पश्चिम दिशा) का निर्धारण

सूर्योदय (या सूर्यास्त) के स्थानों का अवलोकन करते जाकर क्षितिज पर उत्तरायणांत बिंदु या ग्रीष्म अयनांत (21 जून) और दक्षिणायनांत बिंदु या शिशिर अयनांत (21 दिसंबर) निर्धारित किए जाते थे। फिर **अ** से समान दूरी के **ब** और **क** बिंदुओं पर शंकु गाड़कर उत्तरायणांत-बिंदु और दक्षिणायनांत-बिंदु के ठीक मध्य का विषुव-बिंदु (वसंत-विषुव या शरद-विषुव) मालूम किया जाता था। इस तरह क्षितिज पर पूर्व और पश्चिम दिशाओं के बिंदु निर्धारित किए जाते थे। विषुव-बिंदुओं पर (21 मार्च और 23 सितंबर) रात-दिन समान होते हैं। प्राचीन कर्मकांड में विषुव-बिंदुओं (पूर्व-पश्चिम दिशा) की जानकारी का बड़ा महत्व था।

शुल्वसूत्रों की अभिधारणाएं

शुल्वसूत्रकारों ने ज्यामितीय कृतियों के लिए कुछ अभिधारणाएं (postulates) गृहीत मान ली थीं (वस्तुतः ये यूक्लिड की तरह की अभिधारणाएं नहीं हैं)। शुल्वसूत्रों की ये अभिधारणाएं सरल रेखा, आयत, वर्ग और त्रिभुज के विभाजन से संबंधित हैं। प्रमुख अभिधारणाएं हैं–

1. दी हुई निश्चित लंबाई की सरल रेखा को समान लंबाई के कितने भी भागों में बांटा जा सकता है।
2. वृत्त का व्यास खींचकर उसके समक्षेत्र व समरूप कितने भी भाग किए जा सकते हैं।
3. आयत या वर्ग का हर विकर्ण उसे दो समान भागों में बांटता है।

4. विकर्ण द्वारा आयत और वर्ग के चार भाग किए जाएं, तो वे समरूप और समक्षेत्र होते हैं।
5. समचतुर्भुज के विकर्ण एक-दूसरे को समकोण पर काटते हैं।
6. वर्ग के विकर्ण एक-दूसरे को समकोण पर काटते हैं।
7. शीर्ष को आधार के मध्यबिंदु से जोड़कर एक समद्विबाहु त्रिभुज को बराबर हिस्सों में बांटा जा सकता है।
8. वर्ग की किसी भुजा के छोरों को सामने की भुजा के मध्यबिंदु से मिलाने पर जो त्रिभुज बनता है वह वर्ग के आधे के बराबर होता है।
9. वर्ग की भुजाओं के मध्यबिंदुओं को जोड़ने वाली रेखाओं से जो चतुर्भुज बनता है वह वर्ग होता है और उसका क्षेत्रफल मूल वर्ग के आधा होता है।
10. एक ही आधार पर और उन्हीं समानांतर रेखाओं के बीच बने समानांतर चतुर्भुज और आयत एक-दूसरे के बराबर होते हैं।
11. किसी वृत्त के भीतर सबसे बड़ा जो वर्ग बन सकता है वह वही होगा जिसके कोने वृत्त की परिधि पर होंगे।

शुल्वसूत्रों की कुछ महत्वपूर्ण ज्यामितीय रचनाएं

1. दी हुई भुजा पर वर्ग बनाना। इसके चार तरीके दिए गए हैं।
2. दी हुई भुजाओं का आयत बनाना।
3. दिए हुए वर्ग के 'न' गुने के बराबर वर्ग बनाना।
4. दो विभिन्न वर्गों के बराबर वर्ग बनाना।
5. आयत को वर्ग में बदलना।
6. वर्ग को आयत में बदलना।
7. वर्ग को ऐसे आयत में बदलना जिसकी एक भुजा दी गई है।
8. वर्ग या आयत को त्रिभुज में बदलना।
9. वर्ग या आयत को समचतुर्भुज में बदलना।

पाइथेगोरस का प्रमेय

यूक्लिड (लगभग 300 ई.पू.) की ज्यामिति का एक प्रसिद्ध प्रमेय है–'कर्ण के वर्ग का प्रमेय', जिसे 'पाइथेगोरस के प्रमेय' के नाम से जाना जाता है। यूनानी दार्शनिक-गणितज्ञ पाइथेगोरस 540 ई.पू. के आसपास हुए। स्वयं यूक्लिड ने इसे

'पाइथेगोरस का प्रमेय' नहीं कहा है; उन्होंने इसकी केवल उपपत्ति प्रस्तुत की है। काफी बाद में यूक्लिड की ज्यामिति के प्रोक्लुस (लगभग 460 ई.) आदि टीकाकारों ने इसे 'पाइथेगोरस का प्रमेय' कहा है, लेकिन इस मान्यता के लिए ठोस सबूत उपलब्ध नहीं हैं। हां, जानकारी मिलती है कि पाइथेगोरस ने $3^2 + 4^2 = 5^2$ और ऐसे ही कुछ अन्य संबंध-सूत्रों का प्रयोग किया था। यूक्लिड का वह प्रमेय है (पुस्तक 1.47) : "किसी भी समकोण त्रिभुज में समकोण के सामने वाली भुजा पर बना वर्ग शेष दो भुजाओं पर बने वर्गों के योग के बराबर होता है।"

लेकिन यह प्रमेय लगभग इन्हीं शब्दों में शुल्वसूत्रों में भी प्रस्तुत किया गया है। **बोधायन** का सूत्र है :

दीर्घचतुरस्रस्याक्ष्णयारज्जुः पार्श्वमानी तिर्यङ्मानी च यत् पृथग्भूते कुरुतस्तदुभयं करोति। (1.48)

इस प्रमेय की प्रस्तुति आपस्तंब और कात्यायन शुल्वसूत्रों में भी लगभग इन्हीं शब्दों में की गई है।

इन सूत्रों का भावार्थ है–'किसी आयत के विकर्ण पर खींचा गया वर्ग क्षेत्रफल में उन दोनों वर्गों के समान होता है जो दोनों भुजाओं पर खींचे जाएं।'

शुल्वसूत्रों में उपर्युक्त प्रमेय की पुष्टि में कई परिमेय संबंध-सूत्र प्रस्तुत किए गए हैं। उदाहरणार्थ–

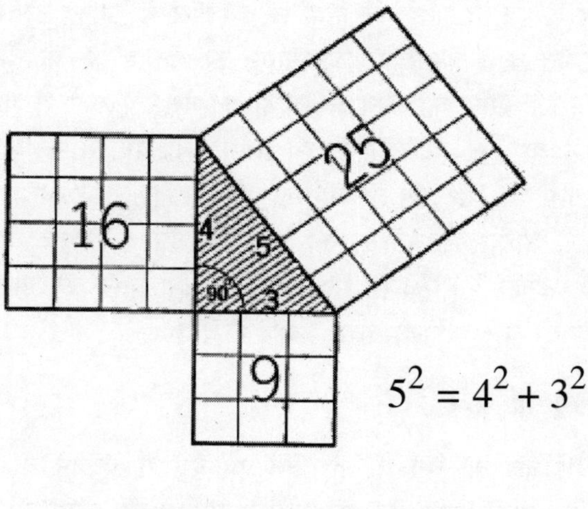

चित्र 3.7 : पाइथेगोरस का प्रमेय

$$3^2 + 4^2 = 5^2$$
$$9^2 + 12^2 = 15^2$$
$$12^2 + 16^2 = 20^2$$
$$15^2 + 20^2 = 25^2, \text{ इत्यादि।}$$

विशेष बात यह है कि शुल्वसूत्रों में ऐसे संबंध-सूत्र अपरिमेय संख्याओं में भी दिए गए हैं। जैसे, $1^2 + (\sqrt{2})^2 = (\sqrt{3})^2$

प्रश्न है : इस तथाकथित 'पाइथेगोरस के प्रमेय' की खोज सर्वप्रथम किसने की? संभव है कि भारतीयों को पाइथेगोरस के भी पहले इस प्रमेय की जानकारी रही हो, लेकिन केवल इसी के आधार पर हम यह नहीं कह सकते कि सर्वप्रथम इसकी खोज शुल्वसूत्रकारों ने की और पाइथेगोरस ने इसे भारतीयों से सीखा है। वजह यह है कि इस प्रमेय की जानकारी प्राचीन मिस्र, बेबीलोन और चीन वालों को भी रही है। प्राचीन मिस्र के बारहवें राजवंशकाल (लगभग 2000 ई. पू.) के 'काहुन पेपीरस' में $3^2 + 4^2 = 5^2$ संबंध-सूत्र दिया गया है। प्राचीन मिस्र के भूसर्वेक्षकों (हार्पेडोनाप्टाइ) और पिरामिड निर्माताओं को निश्चय ही इस प्रमेय की जानकारी रही है। प्राचीन चीन की गणित की पुस्तक 'चाउ पेइ सुआन छिङ' (ईसा-पूर्व चौथी या तीसरी सदी) में भी आयत की भुजाओं और उसके विकर्ण के संबंध में $3^2 + 4^2 = 5^2$ सूत्र दिया गया है। प्राचीन बेबीलोन से मिले ईसा-पूर्व दूसरी सहस्राब्दी के कीलाक्षर अभिलेखों में इस तरह के वर्ग-संबंध देखने को मिलते हैं, जिनसे पता चलता है कि व्यवहार में उनका इस्तेमाल होता था। प्राचीन गणित के इतिहासकार नेउगेबौएर का मत है कि पाइथेगोरस ने उसके नाम से प्रसिद्ध प्रमेय का ज्ञान बेबीलोनी कीलाक्षर फलकों से प्राप्त किया था।

सारांश यह कि, 'पाइथेगोरस का प्रमेय', पाइथेगोरस के काफी पहले, कई देशों में ज्ञात था, और इसे व्यावहारिक उपयोग के जरिए खोजा गया था। यह प्रमेय हमारी प्राचीन सभ्यताओं की सामूहिक देन है, समूचे मानव-समाज की सार्वभौमिक धरोहर है। यूक्लिड (300 ई.पू.) ने इस प्रमेय को, अन्य अनेक प्रमेयों को भी, पहली बार तार्किक ढांचा प्रदान किया।

π और $\sqrt{2}$ के मान

शुल्वसूत्रों में वृत्त को वर्ग में और वर्ग को वृत्त में बदलने के नियम व कृत्य दिए गए हैं। इनके लिए वृत्त की परिधि और उसके व्यास के अनुपात, यानी π (पाई) का मान जानना अत्यावश्यक है। बोधायन ने π का स्थूल मान 3

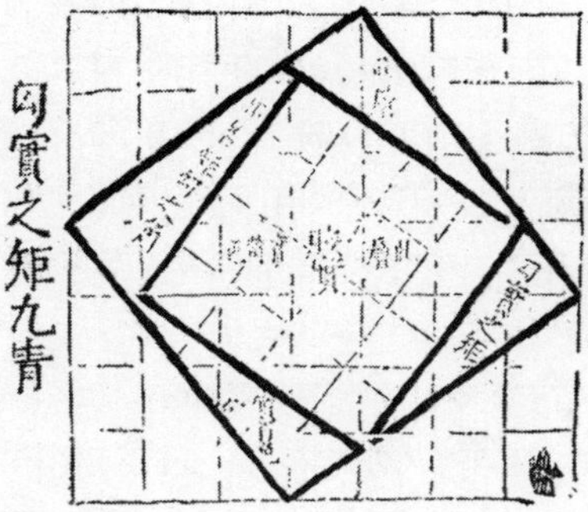

(अ)

(आ)

चित्र 3.8 : (अ) ठप्पों से मुद्रित प्राचीन चीनी पुस्तक 'चाउ पेइ सुआन छिङ' में 'पाइथेगोरस का प्रमेय' (चीनी 'गोउगु'), जिसकी पाइथेगोरस के काफी पहले से चीनियों को जानकारी रही है।

(आ) 'पाइथेगोरस के प्रमेय' वाला बेबीलोनी फलक, जिसमें विकर्ण-युक्त एक वर्ग की आकृति के साथ कीलाक्षर अंक-संकेत दिए गए हैं। इसमें $\sqrt{2}$ का मान 1.4142 प्राप्त किया गया है।

दिया है। अन्यत्र यह मान 3.1163 भी दिया गया है। **मानव शूल्वसूत्र** से यह भी पता चलता है कि π का मान 3.1604 लिया गया होगा।

वृत्त को वर्ग में बदलने के प्रयास में शुल्वसूत्रकारों ने $\sqrt{2}$ का, जिसे उन्होंने 'द्विकरणी' कहा है, एक अच्छा मान प्राप्त किया था। **बौधायन शुल्वसूत्र** (1.61) में यह मान है : **प्रमाणं तृतीयेन वर्धयेत्तच्च चतुर्थेनात्मचतुस्त्रिंशोनेन**, जिसे आधुनिक संकेतों में रखने पर–

$$\sqrt{2} = 1 + \frac{1}{3} + \frac{1}{(3\times4)} - \frac{1}{(1\times4\times34)} = 1.414256.$$

$\sqrt{2}$ का आधुनिक मान 1.414213... है।

इसी तरह $\sqrt{3}$ (त्रिकरणी) का भी मान दिया गया है।

यह है शुल्वसूत्रों में वर्णित हमारे देश की प्राचीन ज्यामिति का संक्षिप्त परिचय। इसका संबंध स्पष्टतः यज्ञीय कर्मकांड से है। लेकिन यह संभव नहीं लगता कि यज्ञतंत्र ने ही भारतीय ज्यामिति को जन्म दिया है। शुल्वसूत्रकारों ने पहले से उपलब्ध ज्यामितीय जानकारी का यज्ञतंत्र के लिए प्रयोग किया। यूक्लिड ने भी पहले से उपलब्ध ज्यामितीय जानकारी को संकलित किया था,

लेकिन एक विशिष्ट तार्किक पद्धति से। यूक्लिड की ज्यामिति का धर्मकर्म से कोई संबंध नहीं रह गया था। इसीलिए हमारे समय तक, 2300 साल बाद भी, उसका उपयोग होता आ रहा है। दुर्भाग्य से शुल्वसूत्रों की ज्यामिति के साथ वैसा नहीं हुआ। आगे जाकर आर्यभट, ब्रह्मगुप्त, भास्कराचार्य आदि द्वारा जिस ज्यामिति का विकास किया गया उसका संबंध प्रमुखतः आकाश की ज्योतियों के अध्ययन (ज्योतिष) से था।

भारतीय गणित के विकास में जैन मुनियों का महत्वपूर्ण योगदान रहा है। 'संख्यान' यानी अंकगणित और ज्योतिष से संबंधित गणनाओं को उनकी साधना का एक मुख्य अंग समझा जाता था। जैनों के धार्मिक साहित्य को जिन चार अनुयोगों यानी भागों में विभक्त किया जाता है उनमें एक 'गणितानुयोग' है। गणित का कोई प्राचीन जैन ग्रंथ तो उपलब्ध नहीं है, परंतु **सूर्यप्रज्ञप्ति, चंद्रप्रज्ञप्ति, भगवतीसूत्र, अनुयोगद्वारसूत्र, उत्तराध्ययनसूत्र** जैसी धार्मिक पुस्तकों में गणित और ज्योतिष के बारे में काफी जानकारी मिल जाती है। ये पुस्तकें ईसा की आरंभिक सदी के कुछ आगे-पीछे की हैं।

जैनों ने वेदांग परंपरा के गणित व ज्योतिष को काफी हद तक कायम रखा। जैसे, वेदांगकालीन ज्यामिति को शुल्व (रस्सी) कहा गया है, तो जैन साहित्य में इसके लिए रज्जु (रस्सी) शब्द है। उमास्वाति (प्रथम सदी ई.) के **तत्वार्थाधिगम-सूत्र-भाष्य** में रज्जु-संख्यान (भूमिति) से संबंधित कई सूत्र प्राप्त होते हैं। जैनों ने $\pi = \sqrt{10}$ को अपनाया था और आर्यभट-प्रथम (जन्म 476 ई.) द्वारा बेहतर मान ($\pi = 3.1416$) दिए जाने पर भी वे उसी का उपयोग करते रहे।

आज से करीब दो हजार साल पहले भारत में गणित के अंतर्गत किन-किन दस विषयों का अध्ययन होता था, यह जैन ग्रंथ **स्थानांग-सूत्र** की इस सूची से पता चलता है : परिकर्म (मूलभूत क्रियाएं), व्यवहार (व्यावहारिक गणित), रज्जु (ज्यामिति), राशिक (त्रैराशिक), कलासवर्ण (भिन्न), यावत्-तावत् (सरल समीकरण), वर्ग, घन, वर्ग-वर्ग (चतुर्थ घात का समीकरण) व विकल्प (क्रमचय तथा संचय)।

क्रमचय और संचय (permutation and combination) के उल्लेख पहली बार जैन ग्रंथों में ही देखने को मिलते हैं। प्रदत्त संख्या में से एक, दो, तीन आदि का बारी-बारी से चयन करते जाने पर कुल कितने संचय बनते हैं, यह जानने को जैनों ने 'विकल्प' कहा है। बाद में दक्षिण भारत के जैन गणितज्ञ महावीराचार्य (लगभग 850 ई.) ने इस विषय को काफी विकसित किया और इसके लिए व्यापक सूत्र प्राप्त किए।

आचार्य पिंगल (लगभग 150 ई.पू.) के **छंदःसूत्र** (8.3) में अक्षरों के संचय से संबंधित सवालों को हल करने के लिए जिस संख्या-त्रिभुज की व्यवस्था प्रतिपादित की गई है उसका नाम 'वर्णमेरु' या 'मेरु-प्रस्तार' है। चीन में इस संख्या-त्रिभुज की जानकारी गणितज्ञ जिया खियान (11वीं सदी ई.) ने दी थी। यूरोप में इसकी जानकारी 16वीं सदी से मिलती है। फ्रांसीसी गणितज्ञ ब्लाइस पास्कल (1623-1662 ई.) ने इस संख्या-त्रिभुज के गुणधर्म बताए, इसलिए वहां यह 'पास्कल का त्रिभुज' कहलाया। इस संख्या-त्रिभुज से $(अ + ब)^{न}$ जैसे द्विपद व्यंजक (binomial expression) के प्रसरण के गुणांक जाने जा सकते हैं।

जैन और बौद्ध ग्रंथों में बड़ी-बड़ी संख्याओं के उल्लेख मिलते हैं। बौद्ध ग्रंथ **ललित-विस्तर** (ईसा की दूसरी सदी) में 'कोटि' के आगे की शतगुणोत्तर गणना की जो सूची है उसमें सबसे बड़ी संख्या **तल्लक्षणा** (10^{53}) है। पालि भाषा के **कच्चायन व्याकरण** में संख्या-संज्ञाओं की सूची **असंख्येय** (10^{140}) तक पहुंचा दी गई है। जैन ग्रंथ **अनुयोगद्वार-सूत्र** में संसार के समस्त जीवों की संख्या 2^{96} बताई गई है। जैन ग्रंथों में पायी जाने वाली दूसरी बड़ी संख्या-संज्ञा **शीर्षप्रहेलिका** $(84,00,000^{28})$ है। यह संख्या 194 अंकों की है। जाहिर है कि यह सब दिमागी कसरत थी। उस समय के भौतिक जीवन के व्यापारों के लिए, ज्योतिषीय गणनाओं के लिए भी, इतनी बड़ी संख्याओं की जरूरत नहीं थी। आर्यभट-प्रथम ने वृंद

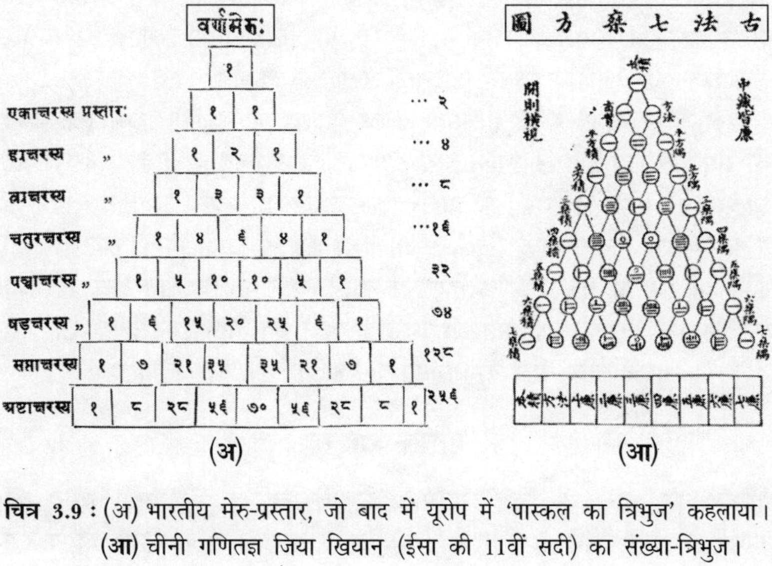

(अ) (आ)

चित्र 3.9 : (अ) भारतीय मेरु-प्रस्तार, जो बाद में यूरोप में 'पास्कल का त्रिभुज' कहलाया। **(आ)** चीनी गणितज्ञ जिया खियान (ईसा की 11वीं सदी) का संख्या-त्रिभुज।

(1,00,00,00,000) तक संख्या-संज्ञाएं देकर नियम दे दिया है : **स्थानात् स्थानं दशगुणं स्यात्**; अर्थात्, (दाईं ओर से) प्रत्येक अगले स्थान वाला अंक पिछले स्थान वाले अंक से दस गुना होता है।

आज शुल्वसूत्रों या जैन ग्रंथों की ज्यामिति का सिर्फ ऐतिहासिक और सांस्कृतिक महत्व है। शुल्वसूत्रों की ज्यामिति का उपयोग करके आज कोई भी यज्ञवेदियों की रचना नहीं करता; आज के हवन-कुंड शुल्वसूत्रों के नियमों के अनुसार नहीं बनाए जाते। आज शुल्वसूत्रों की मदद से ज्यामिति नहीं पढ़ाई जा सकती। शुल्वसूत्रों के बाद की भारतीय ज्यामिति का सरोकार प्रमुखतः विभिन्न प्रकार के त्रिभुजों तथा चतुर्भुजों के मापन के लिए नियम (सूत्र) खोजने और उन्हें हल करने से रहा है। इसमें भारतीय गणितज्ञों ने काफी योग्यता का परिचय दिया और कुछ अद्भुत परिणाम भी प्राप्त किए; जैसे, 'पाइथेगोरस के प्रमेय' की नई उपपत्ति, त्रिभुजों व चक्रीय चतुर्भुजों के परिमेय हल, आदि। बाद के भारतीय गणितज्ञों ने अंकगणित (पाटीगणित) की अपनी पुस्तकों में ही ज्यामिति का समावेश किया–'क्षेत्रव्यवहार' के अंतर्गत पृष्ठ ज्यामिति का, और खात (गड्ढा), चिति (ईंटों की चुनाई), राशि (ढेरी) व क्रकच (लकड़ी की चिराई) के अंतर्गत ठोस ज्यामिति का। महावीराचार्य (लगभग 850 ई.) के **गणितसार-संग्रह** और भास्कराचार्य की **लीलावती** पुस्तक में ऐसी ही व्यवस्था है। परंतु यह समूची भारतीय ज्यामिति प्रमुखतः व्यावहारिकता के दायरे में ही सीमित रही। परिभाषाएं, अभिगृहीत और प्रमेयों की उपपत्तियां कहीं देखने को नहीं मिलतीं। संक्षेप में कहें तो भारतीय ज्यामिति ने तर्कशास्त्र पर आधारित एक वैज्ञानिक विषय का स्तर प्राप्त नहीं किया।

आज हम जानते हैं कि शुल्वसूत्रों अथवा यूक्लिड की ज्यामिति वास्तविक विश्व की ज्यामिति नहीं है। यह ज्यामिति तीन विमाओं (आयामों) वाली है। मगर अल्बर्ट आइंस्टाइन (1879-1955 ई.) के आपेक्षिकता-सिद्धांत के अनुसार विश्व चार विमाओं वाला है–तीन विमाएं दिक् (space, आकाश) की और एक विमा काल (time) की। हम यह भी जानते हैं कि विश्व में स्थान-स्थान पर विद्यमान द्रव्य की दशा के अनुसार दिक् की ज्यामिति भी बदलती रहती है। पिछले करीब दो सौ वर्षों में अनेक अयूक्लिडीय और बहुआयामी ज्यामितियों को जन्म दिया गया है।

गणित-ज्योतिष

वेदियों की रचना के लिए ज्यामिति की जरूरत पड़ी, तो सही समय की जानकारी प्राप्त करने के लिए सूर्य, चंद्र आदि आकाशस्थ ज्योतियों की गतियों

का लेखा-जोखा रखना जरूरी था। काल-गणना की तीन सुपरिचित इकाइयां हैं–रातंदिन (अहोरात्र), मास व वर्ष। इनके बीच संबंध खोजने के प्रयासों के साथ ही ज्योतिषशास्त्र की शुरुआत हुई।

काल-गणना के लिए जिन वेदांगसूत्रों की रचना की गई, उन्हें **वेदांग-ज्योतिष** कहते हैं। इसे हम अपने देश की गणित-ज्योतिष की पहली स्वतंत्र पुस्तक मान सकते हैं। इस पुस्तक के दो पाठों (**ऋक्** व **याजुष्**) को मिलाकर लगभग 45 श्लोक हैं। एक श्लोक से पता चलता है कि उस समय ज्योतिष और गणित के अध्ययन को काफी महत्व दिया जाता था। श्लोक है :

यथा शिखा मयूराणां नागानां मणयो यथा।
तद्वद्वेदाङ्गशास्त्राणां ज्योतिषं मूर्धनि स्थितम् ॥–ऋक् वेदांगज्योतिष, 35.

याजुष् वेंदाङ्गज्योतिष (4) में 'ज्योतिष' शब्द के स्थान पर 'गणित' शब्द है।

अर्थ : जैसे मोरों की शिखाएं और नागों के मणि सबसे ऊंचे स्थान पर रहते हैं, उसी प्रकार वेदांगशास्त्रों में ज्योतिष (गणित) का स्थान सबसे ऊपर है।

लगता है कि भास्कराचार्य ने अपने ग्रंथ को जब **सिद्धांत-शिरोमणि** नाम दिया, तो वेदांग-ज्योतिष के इस श्लोक को उन्होंने अवश्य स्मरण किया होगा। 'शिरोमणि' का अर्थ है–'शिर के मणि की तरह सबसे ऊंचा', श्रेष्ठतम।

संस्कृत के 'ज्योतिः' शब्द का मूल अर्थ है–प्रकाश, तेज, सूर्य।[7] अतः 'ज्योतिष' का अर्थ होगा–आकाशीय ज्योतियों यानी सूर्यादि नक्षत्रों तथा ग्रहों आदि की गतियों को और इनके जरिए काल-विभाजन को जानने की विद्या।[8] भारतीय ज्योतिष की सबसे प्राचीन उपलब्ध पुस्तक महात्मा लगध द्वारा उपदिष्ट **वेदांग-ज्योतिष** (लगभग 600 ई.पू.) का प्रमुख विषय ही काल-गणना है।[9] लगध के बारे में कोई ऐतिहासिक जानकारी नहीं मिलती।

'वेदांग-ज्योतिष' में 27 नक्षत्रों की, उनके देवताओं के साथ, सूची दी गई है। वर्ष 366 दिनों का तथा युग 5 वर्षों का बताया गया है। चंद्र की गति का इन नक्षत्रों के साथ संबंध जोड़ा गया है। इस प्रकार, चांद्र-पंचांग को सौर-पंचांग के साथ जोड़ने का प्रयत्न किया गया है। वेदांग-ज्योतिष में त्रैराशिक का नियम दिया गया है। मगर इसमें ग्रहों, 12 राशियों और सप्ताह के 7 वारों की कोई चर्चा नहीं है। उस समय भारत में नक्षत्र-पद्धति का प्रचलन था, इसलिए केवल नक्षत्रों को ही थोड़ा-बहुत शुभाशुभ माना जाता था।

प्राचीन मानव ने पहचान लिया था कि आकाशीय पिंडों के चक्र धरती पर

घटित होने वाले प्राकृतिक चक्रों व परिवर्तनों से जुड़े हुए हैं। जैसे, सूर्य उत्तरायण में प्रवेश करता है, तो फसल लहलहा उठती है; और सूर्य जब दक्षिणायन में होता है, तो शीत ऋतु आरंभ होती है, पौधे प्रसुप्तावस्था में रहते हैं। उसी प्रकार, पूर्णिमा नजदीक आने पर समुद्र में अधिकाधिक ऊंची लहरें उठने लगती हैं। ऐसा ही एक चक्र स्त्री के मासिक धर्म में भी प्रकट होता है। ऐसी अनेक नियमित घटनाओं को देखकर प्राचीन मानव का यह सोचना सहज स्वाभाविक था कि आकाश में नियमित रूप से घटित होने वाली घटनाएं यदि धरती के पर्यावरण को प्रभावित करती हैं, तो वे मनुष्य के जीवन को भी प्रभावित कर सकती हैं। परिणामतः आकाशीय घटनाओं के प्रभाव (फलित-ज्योतिष) में एक प्रकार की आस्था स्थापित हो गई, कारण-कार्य संबंध पर ठीक से विचार किए बिना ही।

आरंभ में व्यावहारिक ज्योतिष का धर्म-कर्म व भविष्य-कथन के साथ अभिन्न संबंध रहा है। हालांकि फलित-ज्योतिष अंधविश्वास पर आधारित था, मगर आरंभिक दौर में इससे आकाशीय ज्योतियों का अवलोकन करने और उनका लेखा-जोखा रखने के लिए प्रोत्साहन ही मिला। प्रायः सभी प्राचीन सभ्यताओं में पुरोहित ही ज्योतिषी रहे हैं। वैदिक काल में अत्रि कुल के पुरोहितों को उत्तरायण-दक्षिणायन की जानकारी थी और **ऋग्वेद** में आए स्वर्भानु के आख्यान से पता चलता है कि वे चंद्र व सूर्य के ग्रहणों का भी लेखा-जोखा रखते थे।[10] प्राचीन बेबीलोन में भी पुरोहित ही वेधकर्ता-ज्योतिषी और फलित-ज्योतिषी, दोनों की भूमिका अदा करते थे। वैदिक काल के पहले की सिंधु सभ्यता (उन्नत काल : लगभग 2600-2000 ई.पू.) में भी संभवतः यही स्थिति रही है।

वेदों में ज्योतिषीय उल्लेख बहुत कम हैं। **ऋग्वेद** में तिष्य (पुष्य), चित्रा और रेवती जैसे कुछ ही नक्षत्रों का उल्लेख है। कृत्तिका से शुरू होने वाली 27 या 28 नक्षत्रों की सूची **यजुर्वेद** और **अथर्ववेद** में देखने को मिलती है।[11] वस्तुतः वैदिक काल में, और बाद में भी कई सदियों तक, हमारे देश में नक्षत्र-पद्धति का ही प्रचलन रहा है, राशि-पद्धति का नहीं। **वेदांग-ज्योतिष** और **महाभारत** में राशियों और वारों का कोई उल्लेख नहीं है। इसलिए उस समय जिस तरह के फलित-ज्योतिष का प्रचलन था वह नक्षत्रों पर आधारित था। भारतरत्न डा. पांडुरंग वामन काणे (1880-1972 ई.) अपने **धर्मशास्त्र का इतिहास** में स्पष्ट लिखते हैं : "ईसा से कई शताब्दियों पूर्व वैदिक और घरेलू कृत्यों के लिए केवल शुभ नक्षत्र का निर्धारण होता था, न कि किसी तिथि का। सप्ताह के दिनों का भी उल्लेख नहीं किया जाता था, राशियां भी वर्णित नहीं हैं और ग्रहों की

ओर भी संकेत नहीं है; केवल शुभ नक्षत्र में कृत्य-संपादन की व्यवस्था है।... (उन) प्रारंभिक युगों में कोई ऐसे नियम नहीं बन पाए थे जिनसे ग्रहों का किसी नक्षत्र में प्रभाव जाना जा सके और न कुंडलियां ही बनती थीं, जिनमें ग्रहों, नक्षत्रों एवं राशियों के घर आदि बने हों।"[12]

डा. काणे आगे बताते हैं : "**महाभारत** के कथनों में एक द्रष्टव्य बात यह है कि जहां वे सूर्य, चंद्र एवं ग्रहों की स्थितियों को उनके नक्षत्रों के संबंध में बताते हैं, वहां वे कहीं भी ग्रहों की स्थितियों को उनकी राशियों अथवा सप्ताह-दिनों (यथा मंगल, रवि आदि) के संबंध में नहीं बताते।"[13]

तात्पर्य यह कि ईसा-पूर्व की सदियों में भारत में ज्योतिष (गणित-ज्योतिष) का जितना विकास हुआ था उसके दर्शन हमें प्रमुखतः **वेदांग-ज्योतिष** में होते हैं। और, उस समय तक भारत में जिस तरह के फलित-ज्योतिष का प्रचलन था वह नक्षत्रों पर आधारित था, आज की तरह राशियों व वारों पर नहीं। दिलचस्प बात यह है कि नक्षत्रों पर आधारित उस समय के भविष्य-कथन को भी प्राचीन भारत में प्रायः निंदनीय ही माना जाता था।[14]

आज जिस तरह के फलित-ज्योतिष का प्रचलन है उसके स्रोत प्राचीन बेबीलोन (मेसोपोटामिया) में हैं। बारह राशियों और सात वारों का मूल भी बेबीलोन में ही है। वहां आरंभ में प्रमुखतः ग्रह-नक्षत्रों के आधार पर शकुन बताए जाते थे। माना जाता था कि आकाश में होने वाली घटनाओं के प्रतिरूप पृथ्वी पर मौजूद हैं। इसलिए आकाश के अवलोकन (वेधकार्य) को शकुनकथन या भविष्यकथन का ही एक अंग समझा जाता था। शकुनों का संग्रह करके उनका संबंध चंद्र, सूर्य, उस समय तक ज्ञात आकाशस्थ पांच ग्रहों (बुध, शुक्र, मंगल, बृहस्पति व शनि) और मौसमी घटनाओं के साथ जोड़ दिया गया था। सूर्य व चंद्र सहित सात 'ग्रहों' के नामों पर आधारित सप्ताह भी बेबीलोन की ही देन है।

प्राचीन बेबीलोन में शकुनकथनों का संबंध प्रमुखतः शासक, शासन और सैनिक गतिविधियों से था। ग्रह-नक्षत्रों पर आधारित व्यक्तिगत भविष्यकथन और राशिचक्र-कुंडली का चलन कुछ बाद में हुआ। मेसोपोटामिया से सबसे प्राचीन जो जन्म-कुंडली मिली है वह 29 अप्रैल, 410 ई.पू. को पैदा हुए एक बालक की है। उस समय तक बेबीलोन पर ईरान के हख़ामनी सम्राटों का शासन स्थापित हो चुका था। प्राचीन भारत के गंधार प्रदेश पर भी हख़ामनियों का शासन था। उसी समय से भारतीयों को बेबीलोनी ज्योतिष की जानकारी मिलने लग गई थी।

बेबीलोन पर सिकंदर की विजय (330 ई.पू.) के बाद यूनानियों ने भी वहां

के फलित-ज्योतिष को अपनाना शुरू किया। बेबीलोनी फलित-ज्योतिष प्रमुखतः राज्य और राजकुल से संबंधित था; यूनानियों ने उसे आम जनता से जोड़ दिया। लगभग 300 ई.पू. से 300 ई. तक की कालावधि में भारत में बेबीलोनी और यूनानी ज्योतिष की, साथ में फलित-ज्योतिष की भी, अनेक बातों को अपनाया गया। परिणामस्वरूप, भारत में ज्योतिषशास्त्र के एक नए युग का, 'सिद्धांत युग' का, सूत्रपात हुआ। वराहमिहिर (ईसा की छठी सदी) ने अपने **पंचसिद्धांतिका** ग्रंथ में जिन पांच पुराने ज्योतिष-सिद्धांतों का संक्षिप्त परिचय दिया है उनमें से दो (रोमक और पौलिश) स्पष्टतः यूनानी ज्योतिष पर आधारित हैं। भारतीयों ने यवनों से ज्योतिष (गणित व फलित, दोनों) की कई बातें सीखीं, यह बात वराहमिहिर की **बृहत्संहिता** (2.14) में आए इस कथन से भी सुस्पष्ट होती है–

म्लेच्छा हि यवनास्तेषु सम्यक् शास्त्रमिदं स्थितम्।
ऋषिवत्तेऽपि पूज्यन्ते किं पुनर्दैवविद् द्विजः ॥

अर्थात्, म्लेच्छ होने पर भी यवनों (यूनानियों) को ज्योतिषशास्त्र का अच्छा ज्ञान है, इसलिए वे ऋषिवत् पूज्य हैं। इस शास्त्र को जानने वाला यदि द्विज हो, तो फिर बात ही क्या!

लगता है कि यूनानी ज्योतिष को मुक्त रूप से सबसे पहले उज्जयिनी में अपनाया गया था, शकों के शासनकाल में। ज्योतिषियों द्वारा व्यापक रूप से प्रयुक्त शक-संवत् (प्रारंभ 78 ई.) भी शकों की ही देन है। कनिष्क की तरह के ऊंचे बूट व चोगा धारण करने वाले नए सूर्य की पूजा का भारत में आगमन शकों के समय में ही हुआ–सूर्य-पूजक शाकद्वीपी ब्राह्मण-पुरोहितों के जरिए। वराहमिहिर सूर्य-पूजक ब्राह्मण परिवार के ही थे। भारत में पहली बार नए किस्म के फलित-ज्योतिष की पोथियां वराह ने ही लिखी हैं।

वराहमिहिर के समय (ईसा की छठी सदी) से भारतीय ज्योतिष स्पष्ट रूप से तीन स्कंधों (भागों) में बँट गया था–सिद्धांत या तंत्र (गणित-ज्योतिष), संहिता (मुहूर्त, प्राकृतिक फलादेश) और होरा (जातक)। गुप्तकाल में लिखी गई **नारदीय संहिता** का कथन है : **सिद्धान्तसंहिताहोरारूपस्कन्धत्रयात्मकम्।**

इस तरह स्पष्ट हो जाता है कि आज भारत में प्रचलित फलित-ज्योतिष काफी हद तक एक आयातित अंधविश्वास है, बेबीलोनी-यूनानी मूल का है। वैदिककालीन ज्योतिष से, वेदांग-ज्योतिष से, इसका कोई सरोकार नहीं है। वराहमिहिर के समय से ही गणित-ज्योतिष (सिद्धांत) और फलित-ज्योतिष (होरा, जन्म-कुंडली आदि) की परंपराएं अलग-अलग हो चली थीं। आर्यभट (जन्म 476 ई.), ब्रह्मगुप्त (628 ई.),

भास्कराचार्य (1150 ई.) आदि ने स्वयं वेधकार्य करके अपने सिद्धांत-ग्रंथ लिखे थे और उनमें उन्होंने अपने पूर्ववर्तियों का खूब खंडन-मंडन भी किया है। इन सिद्धांत-ग्रंथों में प्रस्तुत ज्योतिष को हमें खगोल-विज्ञान ही मानना चाहिए। आगे जाकर भारत में सिद्धांत-ज्योतिष की परंपरा दिनोंदिन क्षीण होती गई और फलित-ज्योतिष की दिनोंदिन प्रबल। **सिद्धांत-ज्योतिष** का अंतिम ग्रंथ उड़ीसा के सामंत चंद्रशेखर सिंह (1835-1904 ई.) का है–**सिद्धांत-दर्पण** (प्रकाशन : 1899 ई.), जिसमें महान भास्कराचार्य के **सिद्धांत-शिरोमणि** (1150 ई.) की भी कुछ समालोचना है।[15]

प्राचीन भारत में ज्योतिष मूलतः एक प्रत्यक्ष शास्त्र रहा है (प्रत्यक्षं ज्योतिषं शास्त्रम्)–चिकित्साशास्त्र की तरह। मगर बाद के फलित-ज्योतिष का वेधकार्य यानी आकाश के प्रत्यक्ष अवलोकन (दृक्प्रत्यय) से कोई संबंध नहीं रहा। आज भी फलित-ज्योतिषी को खगोल-विज्ञान की नित नई जानकारी से कोई मतलब नहीं है। वह तो वराहमिहिर के समय से लिखी जा रही मुहूर्त व जातक संबंधी कुछ पोथियों का उपयोग करके ही अंधविश्वास का अपना गोरखधंधा चलाता है। स्पष्टतः फलित-ज्योतिष विज्ञान नहीं है। लेकिन दुर्भाग्य से आज 'ज्योतिष' का अर्थ 'फलित-ज्योतिष' हो गया है।[16]

वेदांग-ज्योतिष के बाद आगे लगभग एक हजार वर्षों का लंबा काल भारतीय गणित व ज्योतिष के मामले में एक प्रकार से अंधकार का युग है। निश्चय ही इस लंबी कालावधि में गणित व ज्योतिष के क्षेत्र में काफी कुछ खोजबीन हुई होगी, लेकिन इन विषयों का कोई सुव्यवस्थित ग्रंथ आज उपलब्ध नहीं है। **महाभारत** में ज्योतिषीय घटनाओं के अनेक उल्लेख मिलते हैं। जैनों के धार्मिक ग्रंथों में भी गणित व ज्योतिष की काफी जानकारी है। लेकिन ईसा की पांचवीं सदी के अंत तक हमें वैज्ञानिक पद्धति से लिखा हुआ गणित व ज्योतिष का कोई भारतीय ग्रंथ नहीं मिलता।

मगर हम जानते हैं कि इस काल में भी गणित व ज्योतिष के क्षेत्र में काफी खोजबीन हुई, और कुछ ग्रंथ भी लिखे गए थे। जैसे, ज्योतिष पर ईसा की आरंभिक तीन-चार सदियों में पांच सिद्धांत-ग्रंथों की रचना हुई थी। ईसा की छठी सदी में हुए प्रसिद्ध ज्योतिषी वराहमिहिर (मृत्यु : 587) ने अपने **पंचसिद्धांतिका** ग्रंथ में उन पांच सिद्धांतों का संक्षिप्त परिचय दिया है।

ईसा की आरंभिक सदियों में भारतीय पंडित यूनानी गणित-ज्योतिष के संपर्क में आए। ज्ञान का आदान-प्रदान हुआ। यूनानियों के माध्यम से बेबीलोनी ज्योतिष की मान्यताएं भी भारत में पहुंचीं। कुछ यूनानी ग्रंथों का संस्कृत में अनुवाद भी

हुआ। स्फुजिध्वज का **यवनजातक** (270 ई.) ऐसा ही एक ग्रंथ है।

यूनानी ज्योतिष के आधार पर हमारे देश में कुछ सिद्धांत-ग्रंथों की रचना हुई। यूनानी लोग गणित व ज्योतिष के अध्ययन में हमसे पीछे नहीं थे, बल्कि हम यह भी कह सकते हैं कि ईसा की दूसरी-तीसरी सदी तक यूनानी गणित और ज्योतिष ही आगे था। यूनानी संस्कृति ने यूक्लिड (लगभग 300 ई.पू.), आर्किमीदीज (287-212 ई.पू.) तथा एपोलोनियस (260-180 ई.पू.) जैसे महान गणितज्ञ और अरिस्टार्कस (लगभग 320-250 ई.पू.), हिप्पार्कस (ईसा-पूर्व दूसरी सदी) तथा टॉलमी (ईसा की दूसरी सदी) जैसे चोटी के खगोलविद पैदा किए। अरिस्टार्कस ने कहा था कि सूर्य स्थिर है और पृथ्वी तथा अन्य ग्रह इसकी परिक्रमा करते हैं। यूनानी गणितज्ञ-खगोलविद हिप्पार्कस ने त्रिकोणमिति और अयन-चलन (precession of the equinoxes) की खोज की। उन्होंने 850 तारों की एक सारणी भी तैयार की थी। हिप्पार्कस नीशिया (क्षुद्र एशिया) में पैदा हुए थे, परंतु बाद में उन्होंने ह्रोडे द्वीप व सिकंदरिया (मिस्र) में रहकर वेधकार्य किया।

ईसा की दूसरी सदी में सिकंदरिया के मिस्री-यूनानी खगोलविद टॉलमी ने हिप्पार्कस की गवेषणाओं का उपयोग करके अपने महान ग्रंथ **सिन्टैक्सिस** (अरबी में 'अलमजिस्ती') की रचना की, हिप्पार्कस की तारा-सारणी का विस्तार किया और भूकेंद्री विश्व की इतनी सुदृढ़ता से स्थापना की कि उसे यूरोप में मध्ययुग तक, कोपर्निकस (1473-1543 ई.) के समय तक, पत्थर की लकीर माना जाता रहा। लेकिन टॉलमी के बाद यूनानी सभ्यता की अवनति शुरू हुई, और हमारे देश में गणित व ज्योतिष के अध्ययन का एक नया युग शुरू हुआ।

नए प्रभाव के अंतर्गत भारतीय ज्योतिष में एक नए युग का सूत्रपात हुआ, जिसे 'सिद्धांत-ज्योतिष' के नाम से जाना जाता है।[16] सिद्धांत-ज्योतिष में नई गणितीय विधियों का प्रयोग होने लगा, ग्रहों की गतियों को शामिल किया गया, ग्रहों के भगण (एक निश्चित कालावधि में ग्रह की आकाश-परिक्रमाओं की संख्या) निर्धारित किए जाने लगे। वैदिक काल से चली आ रही 27 नक्षत्रों की पद्धति को गौण बनाकर उसकी जगह बेबीलोनी मूल की 12 राशियों को अपनाया गया। कल्प और कलियुग जैसी लंबी कालावधियों (युगों) की कल्पना करके उनके आरंभकाल से काल-गणना होने लगी। दिन और वर्ष के काफी सही मान मालूम किए गए। उत्केंद्र (eccentric) और अधिचक्र (epicycle) का उपयोग करके ग्रहों की स्पष्ट स्थितियां निर्धारित की जाने लगीं। ज्योतिषीय गणनाओं में त्रिकोणमिति और अनिर्णीत समीकरणों का भी उपयोग होने लगा।

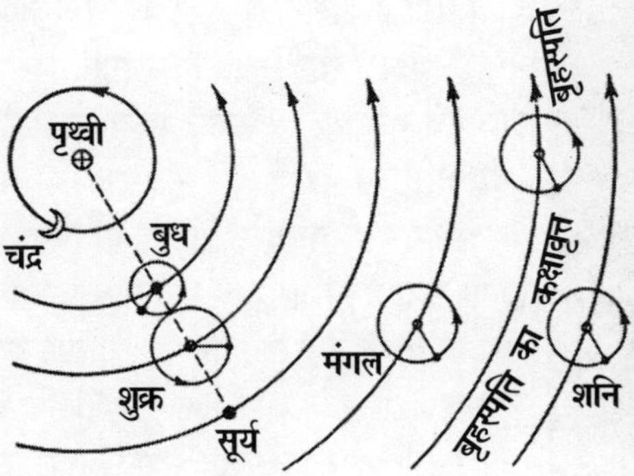

चित्र 3.10 : टॉलमी (दाएं) और सौर मंडल की उनकी व्यवस्था

परंपरा से 18 ज्योतिष-सिद्धांतों के बारे में जानकारी मिलती है, परंतु उनमें से अधिकांश लुप्त हो गए हैं।[17] ईसा की आरंभिक तीन-चार सदियों के दौरान के जिन पांच सिद्धांतों के बारे में वराहमिहिर (मृत्यु 587 ई.) की **पंचसिद्धांतिका** से मोटी-मोटी जानकारी मिलती है, वे हैं—पैतामह, वासिष्ठ, पौलिश, रोमक व सौर। मगर आज वे पुराने सिद्धांत उपलब्ध नहीं हैं। जो **सूर्य-सिद्धांत** आज उपलब्ध है वह बाद में कई सदियों तक संशोधित होता गया ग्रंथ है। जैसा कि नाम से ही स्पष्ट है, रोमक और पौलिश सिद्धांत यूनानी ज्योतिष पर आधारित हैं। वराहमिहिर ने पैतामह-सिद्धांत को सबसे भ्रष्ट बताया है। यह वेदांग-ज्योतिष से जुड़नेवाला सबसे पुराना सिद्धांत था। वराह ने सूर्य-सिद्धांत को सबसे अधिक शुद्ध बताया है।

उपर्युक्त पांच सिद्धांतों की परंपरा में लिखा गया जो सबसे प्राचीन ज्योतिष-सिद्धांत आज उपलब्ध है वह है आर्यभट (476 ई.) का **आर्यभटीय** ग्रंथ।

प्रमुख गणितज्ञ-ज्योतिषी

आर्यभट (जन्म 476 ई.) : आर्यभट प्राचीन भारत के पहले वैज्ञानिक हैं जिन्होंने अपने समय के बारे में स्पष्ट सूचना दी है।[18] इनका अब तक एक ही ग्रंथ मिला है—**आर्यभटीय**, जिसमें कुल 121 श्लोक हैं और जो कुसुमपुर (पाटलिपुत्र, आधुनिक पटना) में लिखा गया था; इसे भारतीय गणित-ज्योतिष की प्रथम 'पौरुषेय' कृति माना जाता है।[19]

'आर्यभटीय' में 43,20,000 वर्षों के युग (महायुग) को चार समान 'युगपादों' में

चित्र 3.11 : आर्यभट (जन्म 476 ई.)

बांटा गया है, ग्रहणों के सही कारण बताए गए हैं, केवल चार मूलतत्वों (मिट्टी, जल, अग्नि व वायु) को स्वीकार किया गया है और भारत में पहली बार भूभ्रमण (पृथ्वी के अक्षभ्रमण) के सिद्धांत का प्रतिपादन किया गया है। मगर बाद के लगभग सभी ज्योतिषियों ने, सही होने पर भी, आर्यभट के भूभ्रमण के सिद्धांत को स्वीकार नहीं किया। आर्यभट ने चार दशमलव स्थानों तक π का शुद्ध मान (3.1416) प्रस्तुत किया, और इसे भी उन्होंने 'आसन्न' (सन्निकट) मान कहा है। आर्यभट ने पहली बार प्रथम घात के अनिर्णीत समीकरण को हल करने की व्यापक विधि प्रस्तुत की है। त्रिकोणमिति की नींव भले ही यूनानी गणितज्ञों ने डाली हो, परंतु पाश्चात्य विद्वान भी स्वीकार करते हैं कि आज सारे संसार में जो त्रिकोणमिति पढ़ाई जाती है वह आर्यभट की विधि पर आधारित है। उन्होंने संस्कृत वर्णमाला का उपयोग करके एक नई अक्षरांक-पद्धति को जन्म दिया और उसमें संख्याओं को दाशमिक स्थानमान पद्धति के अनुसार प्रस्तुत किया। **आर्यभटीय** पहला सिद्धांत-ग्रंथ है, जिसमें गणित पर एक स्वतंत्र अध्याय जोड़ा गया है। यह परंपरा आगे भी जारी रही।

आर्यभटीय में फलित-ज्योतिष की कोई चर्चा नहीं है; यह एक विशुद्ध वैज्ञानिक कृति है। भारतीय गणित-ज्योतिष की इस महान कृति की हस्तलिपियां पिछली कई सदियों से भारत के अधिकांश प्रदेशों से लुप्त रही हैं; 'आर्यभटीय' का पुनरुद्धार डा. भाऊ दाजी (1824-1874 ई.) ने 1865 ई. में किया। आर्यभट का एक अन्य ग्रंथ 'आर्यभट-सिद्धांत' आज भी उपलब्ध नहीं है।[20]

वराहमिहिर (मृत्यु 587 ई.) : ये कायथा[21] (उज्जैन से करीब 20 किलोमीटर पूर्व की ओर) के निवासी थे। इनके समय (ईसा की छठी सदी) तक ज्योतिष तीन स्कंधों (भागों) में बंट चुका था–सिद्धांत (गणित-ज्योतिष), संहिता (मुहूर्त) और होरा (जातक)। वराह ने इन तीनों स्कंधों पर ग्रंथ-रचना की–**पंचसिद्धांतिक** (गणित-ज्योतिष), **बृहत्संहिता** (मुहूर्त, प्राकृतिक फल-ज्योतिष) और **बृहज्जातक**

(जातक, होरा)।

वराह ने 'पंचसिद्धांतिका' (18 अध्याय और कुल 442 श्लोक) में अपने पहले के पांच सिद्धांतों (पैतामह, वासिष्ठ, रोमक, पौलिश व सौर) का सार-संक्षेप प्रस्तुत किया है। वराह का यह ग्रंथ भारतीय ज्योतिष के इतिहास की दृष्टि से बड़े महत्व का है। पितामह-सिद्धांत में युग पांच वर्ष का था; यह वेदांग-ज्योतिष की परंपरा का ग्रंथ था। रोमक-सिद्धांत स्पष्टतः यूनानी ज्योतिष पर आधारित था; इसमें रोमक, यवनपुर (सिकंदरिया, अलेक्जेंड्रिया), यवनाचार्य आदि शब्द आए हैं। पौलिश-सिद्धांत भी सिकंदरिया के ज्योतिष से प्रभावित था। वासिष्ठ-सिद्धांत काफी हद तक पैतामह-सिद्धांत की तरह का था; वराह ने इन दोनों सिद्धांतों को भ्रष्ट बताया है।

वराह के अनुसार, पांचों सिद्धांतों में सबसे शुद्ध था–**सूर्य-सिद्धांत**। पता चलता है कि यह सिद्धांत भी यूनानी ज्योतिष से प्रभावित था। परंतु वराह द्वारा वर्णित 'सूर्य-सिद्धांत' आज उपलब्ध नहीं है। आज जो 'सूर्य-सिद्धांत' उपलब्ध है वह वराह के बाद चार-पांच सदियों तक संशोधित होती गई कृति है।

पंचसिद्धांतिका में 'त्रैलोक्य-संस्थान' नामक जो एक अध्याय है वह संभवतः वराह की अपनी स्वतंत्र रचना है। इसके एक श्लोक में वह लिखते हैं कि यह गोल पृथ्वी किसी चीज पर टिकी हुई नहीं है; यह आकाश में निराधार लटकी हुई है।[22] लेकिन वराह ने आर्यभट (499 ई.) के इस सही मत को स्वीकार नहीं किया कि पृथ्वी अपने अक्ष पर भ्रमण करती है।

वराह ने 'पंचसिद्धांतिका' के 14वें अध्याय में कुछ ज्योतिष-यंत्रों की संक्षिप्त जानकारी दी है। इनमें सबसे अधिक उपयोग शंकु (खड़ा या तिरछा डंडा) का होता था। भास्कराचार्य ने शंकु को 'यष्टियंत्र' कहा है। वराह ने दो श्लोकों में 'चक्रयंत्र' की भी जानकारी दी है। लेकिन लिखा है इन यंत्रों की जानकारी स्थिर-बुद्धि शिष्यों को ही देनी चाहिए।

वराह ने ग्रहणों के सही कारण बताए, और सुझाव दिया था कि दृक्प्रत्यय (प्रत्यक्ष प्रेक्षण) के आधार पर पंचांगों में निरंतर सुधार करते रहना चाहिए। **बृहत्संहिता** अपने समय के भूगोल, मूर्ति-शिल्प, विज्ञान, विभिन्न तकनीकों और प्रचलित अंधविश्वासों की जानकारी देने वाला एक प्रकार का विश्वकोश ही है।

सूर्य-सिद्धांत (लेखक अज्ञात) : वराहमिहिर (मृत्यु 587 ई.) ने अपनी 'पंचसिद्धांतिका' में अपने पहले के जिन पांच सिद्धांतों का सार-संक्षेप प्रस्तुत किया है उनमें एक है 'सूर्य-सिद्धांत'। परंतु आज जो सूर्य-सिद्धांत मिलता है, और जिसकी भारतीय ज्योतिष में बहुत महिमा रही है, वह पुराने सूर्य-सिद्धांत

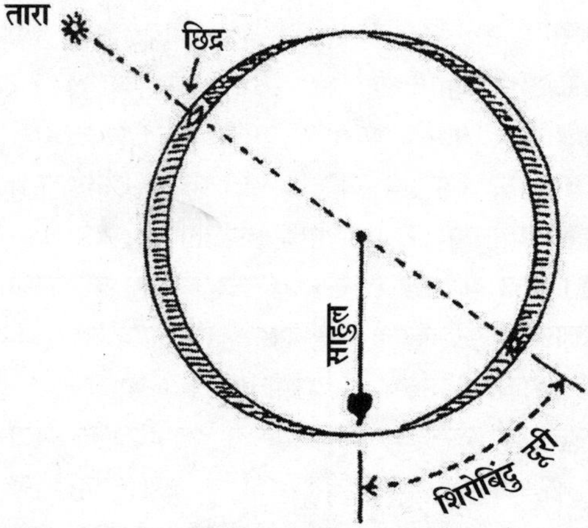

चित्र 3.12 : वराहमिहिर द्वारा वर्णित चक्रयंत्र

का लगभग 1200 ई. तक संशोधित होता रहा नया संस्करण है। अंत में कासी-निवासी ज्योतिषी रंगनाथ ने 1603 ई. में सूर्य-सिद्धांत की टीका लिखकर इसके पाठ को पक्का कर दिया। सूर्य-सिद्धांत के आरंभ में जानकारी है कि सतयुग के अंत में मय नामक असुर ने ज्योतिष का ज्ञान प्राप्त करने के प्रयोजन से सूर्य भगवान की तपश्चर्या की। तपस्या से प्रसन्न होने पर सूर्य ने मयासुर को 'ग्रहों के चरित' यानी ज्योतिष का ज्ञान देने के लिए अपने एक अंश-पुरुष को नियुक्त किया।[23] इस प्रकार, सूर्य-सिद्धांत 'देववाणी' है, एक 'अपौरुषेय' कृति है। स्पष्ट है कि पुस्तक के ज्ञान को अलौकिक बताने के प्रयोजन से ही लेखक ने अपना नाम गुप्त रखा है। वस्तुतः यह सूर्य-सिद्धांत भी यूनानी प्रभाव से सर्वथा मुक्त नहीं है।

वर्तमान सूर्य-सिद्धांत में 14 'अधिकार' यानी अध्याय हैं (कुल 500 श्लोक)। प्रथम अध्याय 'मध्यमाधिकार' में गणना की सुविधा के लिए सूर्य, चंद्र, बुध आदि को समान कोणीय वेग से गतिमान मानकर इनकी मध्यम स्थितियां निकाली गई हैं। इसी अध्याय में काल की इकाइयां बताकर अहर्गण (सृष्टि के आरंभकाल से सावन दिनों की संख्या) निकालने की विधि बताई गई है। लेकिन यह भी बताया गया है कि व्यवहार के लिए नजदीक के किसी इष्ट युग को चुनकर मध्यम स्थितियां जान लेनी चाहिए।

दूसरे अध्याय 'स्पष्टाधिकार' में मध्यम स्थितियों में संशोधन करके स्पष्ट स्थितियां (आकाश में दिखाई देने वाली वास्तविक स्थितियां) जानने की गणितीय

विधियां बताई गई हैं। गणना के लिए इसमें 'ज्या-सारणी' भी दी गई है।

तीसरे अध्याय 'त्रिप्रश्नाधिकार' में तीन विषयों–दिक् (दिशा), देश व काल–पर विचार किया गया है। दिशा जानने के लिए शंकु के उपयोग के बारे में बताया गया है। इसी अध्याय के दो महत्वपूर्ण श्लोकों में 'अयनांश' की गणना की गई है। रविमार्ग विषुववृत्त को जिन दो बिंदुओं में काटता है, उन्हें 'विषुव-बिंदु' कहते हैं। तारों के सापेक्ष वसंत विषुव-बिंदु (शरत विषुव बिंदु भी) के धीरे-धीरे पीछे सरकने को 'अयन' या 'अयन-चलन' कहते हैं। वराह-कृत सूर्य-सिद्धांत में 'अयन' की कोई चर्चा नहीं है। ब्रह्मगुप्त (628 ई.) ने भी अयन का उल्लेख नहीं किया है। परंतु वर्तमान सूर्य-सिद्धांत में 'अयन' की जानकारी है और कहा गया है कि विषुव-बिंदु एक ही दिशा में नहीं चलता; यह लोलक की तरह 27 अंश इधर-उधर दोलन करता रहता है।

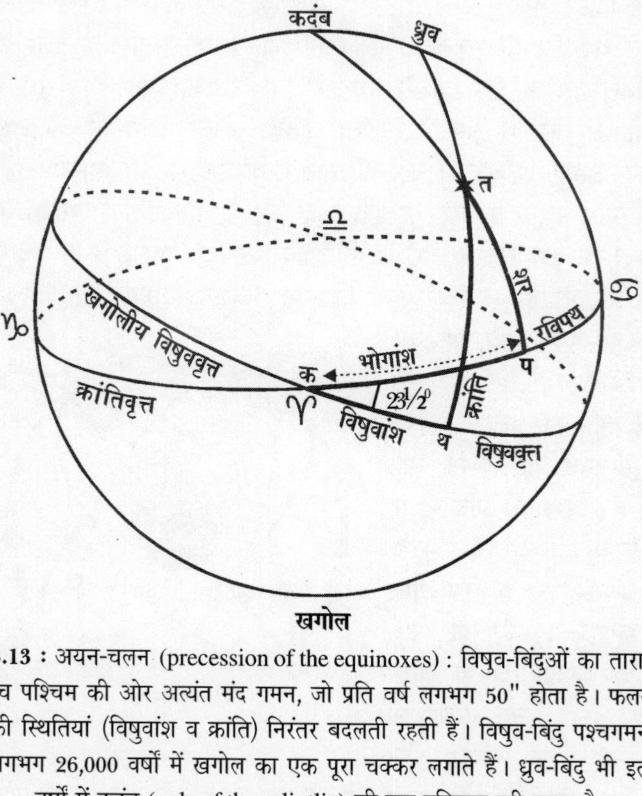

खगोल

चित्र 3.13 : अयन-चलन (precession of the equinoxes) : विषुव-बिंदुओं का तारा-मंडलों के बीच पश्चिम की ओर अत्यंत मंद गमन, जो प्रति वर्ष लगभग 50" होता है। फलस्वरूप, तारों की स्थितियां (विषुवांश व क्रांति) निरंतर बदलती रहती हैं। विषुव-बिंदु पश्चगमन करते हुए लगभग 26,000 वर्षों में खगोल का एक पूरा चक्कर लगाते हैं। ध्रुव-बिंदु भी इतने ही वर्षों में कदंब (pole of the ecliptlic) की एक परिक्रमा पूरी करता है।

भास्कराचार्य ने 'सिद्धांत-शिरोमणि' (गोलबंधाधिकार, 18) में ज्योतिर्विद् मुंजाल (या मंजुल, 932 ई.) की बताई अयन-गति देकर लिखा है कि विषुव-बिंदु बराबर एक ही दिशा में चलता है,[24] लेकिन उनके भाष्यकारों ने उनकी इस सही बात को स्वीकार नहीं किया और वे विषुव-दोलन की गलत धारणा को ही मानते रहे।

अयन-चलन की खोज यूनानी खगोलविद हिप्पार्कस (ईसा-पूर्व दूसरी सदी) ने की थी।

चौथे और पांचवें अध्यायों में चंद्र व सूर्य के ग्रहणों की गणना करने की रीतियां बताई गई हैं। आर्यभट (499 ई.) ने स्पष्ट कहा था : "(सूर्य-ग्रहण के समय) चंद्रमा सूर्य को ढक लेता है और (चंद्र-ग्रहण के समय) पृथ्वी की बड़ी छाया चंद्रमा को ढक लेती है।"[25] सूर्य-सिद्धांत में भी ग्रहणों के ठीक यही कारण बताए गए हैं।[26] वस्तुतः सभी भारतीय ज्योतिर्विद जानते थे कि ग्रहण छायाओं के कारण घटित होते हैं, और वे इनकी गणनाएं कर सकते थे, इनकी आकृतियां भी बनाते थे। राहु व केतु की पुराणकथाएं जनता की संतुष्टि के लिए थीं।

सूर्य-सिद्धांत के छठे 'परिलेखाधिकार' (या 'छेद्यकाधिकार') में सूर्य व चंद्र के ग्रहणों को ठीक से समझने के लिए इनकी आकृतियां बनाने की जानकारी है। सातवें 'ग्रहयुत्यधिकार' में ग्रहों की युतियों के बारे में और आठवें 'नक्षत्रग्रह-युत्यधिकार' में नक्षत्रों व ग्रहों की युतियों के बारे में जानकारी है। सातवें अध्याय में आकाश के कुछ विशेष तारों के निर्देशांक भी दिए गए हैं।

सूर्य-सिद्धांत के 13वें अध्याय का नाम 'ज्योतिषोपनिषदध्याय' है। इसमें ज्योतिष-यंत्रों—भूभगोलयंत्र, यष्टियंत्र, कपाल (घटीयंत्र), चापयंत्र और नरयंत्र (शंकु)—की अल्प जानकारी है। भूभगोलयंत्र का वर्णन बड़ा दिलचस्प है। 'भूभगोल' शब्द भू, भ, गोल, इन तीन शब्दों से बना है, इसलिए इसका अर्थ है, ऐसा गोल जिसमें भूगोल (पृथ्वी) के साथ आकाश का वह गोल भी हो जिसमें ग्रह-नक्षत्र भ्रमण करते दिखाई देते हैं। इस यंत्र के विविध गोल संभवतः बांस की तीलियों से बनाए

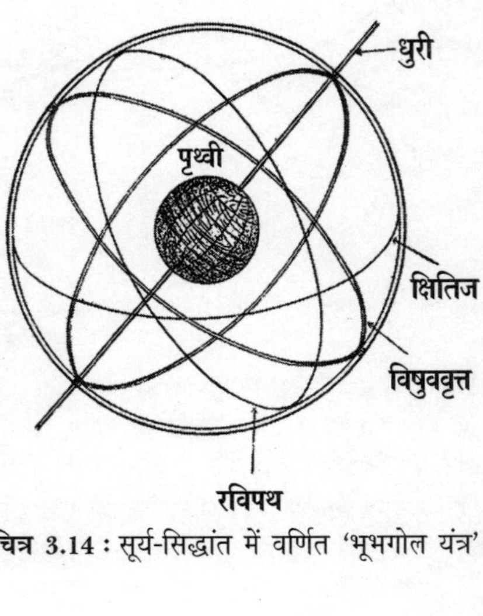

चित्र 3.14 : सूर्य-सिद्धांत में वर्णित 'भूभगोल यंत्र'

जाते होंगे। पर इसके निर्माण व उपयोग की बातें स्पष्ट नहीं हैं; यह यंत्र संभवतः विषय को समझाने के लिए था।

सूर्य-सिद्धांत के अंतिम 'मानाध्याय' में समय की इकाइयों का विवेचन है।

लाटदेव (लगभग 505 ई.) : भास्कर-प्रथम (629 ई.) ने अपने 'आर्यभटीय-भाष्य' (629 ई.) में आर्यभट के तीन शिष्यों का उल्लेख किया है–लाटदेव, प्रभाकर और निःशंकु। लाटदेव को उन्होंने 'आचार्य' और 'सर्व-सिद्धांत-गुरु' कहा है। वराहमिहिर ने 'पंचसिद्धांतिका' में लाटदेव को 'रोमक-सिद्धांत' व 'पौलिश-सिद्धांत' का व्याख्याता बताया है। लाटदेव ने कोई सिद्धांत या तंत्र भी लिखा था, पर आज वह उपलब्ध नहीं है। भास्कर-प्रथम के उल्लेखों से यह भी पता चलता है कि आचार्य प्रभाकर ने अपने गुरु के 'आर्यभटीय' ग्रंथ पर टीका लिखा थी, परंतु वह भी आज उपलब्ध नहीं है।

बक्षाली हस्तलिपि : गणित की यह खंडित हस्तलिपि 1881 ई. में पेशावर से करीब 80 किलोमीटर दूर के बक्षाली गांव में प्राप्त हुई थी। भोजपत्र पर लिखी गई यह हस्तलिपि शारदा लिपि में है, इसलिए इसका काल काफी बाद का है। कई विद्वानों का मत है कि यह हस्तलिपि ईसा की तीसरी-चौथी सदी की किसी

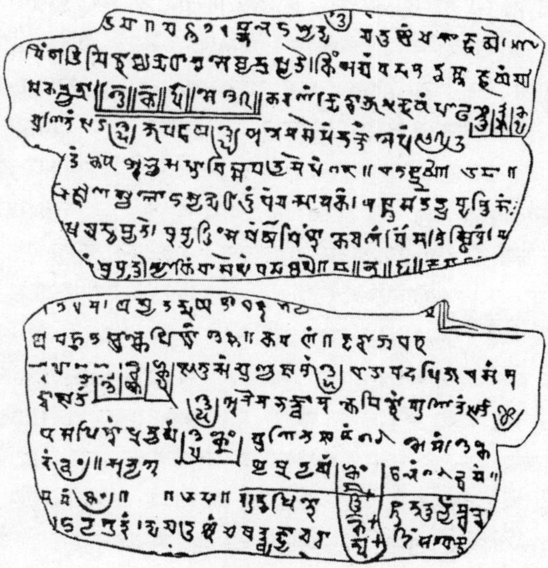

चित्र 3.15 : बक्षाली हस्तलिपि के दो खंडित भूर्जपत्र

मूल पुस्तक की प्रतिलिपि है। परंतु संभव यही जान पड़ता है कि मूल बक्षाली हस्तलिपि आर्यभट (499 ई.) के कुछ समय बाद की रचना है। इस पुस्तक की भाषा अनियमित संस्कृत (गाथा संस्कृत) है। यह प्रमुखतः अंकगणित की पुस्तक है। पुस्तक में भिन्न-परिकर्म, वर्ग, घन, एकघात समीकरण, वर्ग-समीकरण, श्रेणी, त्रैराशिक, समांतर श्रेढी, व्याज, क्रय-विक्रय, सुवर्ण-गणित, क्षेत्रमिति आदि से संबंधित नियम हैं, सूत्र हैं और उदाहरण भी हैं, मगर उपपत्तियां नहीं हैं। उदाहरणों में नई दाशमिक स्थानमान पद्धति के संख्यांकों का प्रयोग हुआ है। शून्य के लिए बिंदु है। प्राचीन ग्रंथों में घटाने के अर्थ में शून्य-बिंदु का प्रयोग हुआ है, जिसे घटाई जाने वाली संख्या के ऊपर रखा जाता था। परंतु बक्षाली हस्तलिपि में क्षय (घटाना) के लिए + चिह्न का प्रयोग देखने को मिलता है और इसे घटाई जाने वाली संख्या के दाईं ओर रखा गया है। इसमें **भा** (भाग), **शे** (शेष), **मू** (मूल), **छे** (छेद) जैसे आद्याक्षरों का भी व्यवहार हुआ है।[27]

ब्रह्मगुप्त (जन्म 598 ई.) : ये भिन्नमाल (राजस्थान) के निवासी थे। इनके **ब्राह्मस्फुट-सिद्धांत** (रचना : 628 ई.) में गणित व ज्योतिष की विस्तृत जानकारी है। इन्होंने संभवतः पुरोहित-वर्ग के दबाव में आकर नाहक ही आर्यभट के भूभ्रमण के सिद्धांत का विरोध किया; आर्यभट के दोष दिखाने के लिए इन्होंने अपने ग्रंथ में एक स्वतंत्र अध्याय ('तंत्रपरीक्षाध्याय') लिखा है। तिथि, नक्षत्र और ग्रहों की गणना को सुगम बनाने के लिए इन्होंने **खंडखाद्यक** नामक करण-ग्रंथ लिखा।

ब्रह्मगुप्त बीजगणित के महान आचार्य थे। इन्होंने शून्य व्यवहार के नियम प्रस्तुत किए। अपने ग्रंथ के 'कुट्टकाध्याय' में ब्रह्मगुप्त ने विशेष प्रकार के अनिर्णीत समीकरण (वर्ग-प्रकृति) को हल करने की विधि दी है। ब्रह्मगुप्त की क्षेत्रमिति (ज्यामिति) के क्षेत्र की उपलब्धियां भी महत्वपूर्ण हैं। इन्होंने अ, ब, क, ड भुजाओं वाले चक्रीय या वृत्तीय चतुर्भुज (cyclic quadrilateral) का क्षेत्रफल दिया है : $\sqrt{(\text{स}-\text{अ})\ (\text{स}-\text{ब})\ (\text{स}-\text{क})\ (\text{स}-\text{ड})}$, जहां 2 स = अ + ब + क + ड।

यही सूत्र बाद के गणितज्ञ श्रीधर (900 ई.), महावीर (850 ई.) और श्रीपति (1039 ई.) ने भी दिया है। मगर पहली बार भास्कराचार्य (1150 ई.) ने ही यह सुस्पष्ट किया कि यह सूत्र केवल चक्रीय चतुर्भुज के लिए सही है। बग़दाद में 771-72 ई. में ब्रह्मगुप्त के दोनों ग्रंथों का अरबी में अनुवाद हुआ, तो अरबों को पहली बार भारतीय गणित व ज्योतिष के बारे में जानकारी मिली।

भास्कराचार्य ने अपने **सिद्धांत-शिरोमणि** ('गणिताध्याय') के आरंभ में ब्रह्मगुप्त

को श्रद्धापूर्वक स्मरण करके उन्हें 'गणकचक्रचूडामणि' कहा है (**3.1**)। स्पष्ट हो गया कि भास्कर आगे अपने सिद्धांत में ब्रह्मगुप्त के ही खगोलीय स्थिरांकों को अपनाने जा रहे हैं, न कि आर्यभट (जन्म 476 ई.) के। भास्कर ने, न तो आर्यभट की युग-पद्धति को स्वीकार किया, न ही उनके भूभ्रमण के सिद्धांत को।

भास्कर-प्रथम (629 ई.) : ये आर्यभट (जन्म 476 ई.) के अनुयायी थे। आज 'आर्यभटीय' पर जो सबसे प्राचीन और सबसे उत्तम भाष्य उपलब्ध है उसकी रचना भास्कर-प्रथम ने वलभी (सौराष्ट्र, गुजरात) में की थी, 629 ई. में। 'सिद्धांत-शिरोमणि' के रचनाकार भास्कराचार्य से पृथक् पहचान के लिए इन्हें प्रायः 'भास्कर-प्रथम' कहा जाता है। इनके दो अन्य ग्रंथ हैं–**महाभास्करीय** व **लघुभास्करीय**। आर्यभट की तरह भास्कर-प्रथम ने भी अपने जन्मस्थान और माता-पिता तथा विद्यागुरु के बारे में कोई जानकारी नहीं दी है। लेकिन माना जाता है कि आर्यभट की तरह इनका जन्म भी अश्मक देश में हुआ था, परंतु बाद में ये सौराष्ट्र की तत्कालीन राजधानी वलभी (भावनगर से करीब 25 किलोमीटर पश्चिमोत्तर में) जाकर वहां बस गए थे। इनका 'महाभास्करीय' सिद्धांत-ज्योतिष का एक विस्तृत ग्रंथ है और 'लघुभास्करीय' उसका संक्षिप्त रूप है। इन दोनों ग्रंथों का दक्षिण भारत में खूब प्रचार रहा और इन पर कई टीकाएं भी लिखी गईं। **आर्यभटीय-भाष्य** को इतना उपयोगी और विद्वत्तापूर्ण माना गया कि इसके लेखक (भास्कर-प्रथम) को 'सर्वज्ञ-भाष्यकार' कहा जाता था।

लल्ल (ईसा की आठवीं सदी) : इनका गणित-ज्योतिष का **शिष्यधीवृद्धिद** (= विद्यार्थियों की बुद्धि को बढ़ाने वाला) ग्रंथ उपलब्ध है। पता चलता है कि लल्ल ने अपने इस तंत्र की रचना 748 ई. में की थी। ये संभवतः लाटदेश (दक्षिण गुजरात) के निवासी थे। लल्ल ने कई बातों में आर्यभट का अनुकरण किया है, परंतु भूभ्रमण के सिद्धांत को इन्होंने स्वीकार नहीं किया। आर्यभट के इस मत (पृथ्वी पश्चिम से पूरब अपने अक्ष पर घूमती है) का खंडन करते हुए लल्ल लिखते हैं : "यदि पृथ्वी घूमती है, तो पक्षी अपने घोंसलों में कैसे लौटते हैं? और, तब तो आकाश की ओर छोड़े गए बाण पश्चिम की ओर आकर गिरेंगे।"[28]

यहां विशेष उल्लेखनीय बात यह है कि भास्कराचार्य (जन्म 1114 ई.) ने लल्ल के 'शिष्यधीवृद्धिदतंत्र' पर अपना 'विवरण' (भाष्य) लिखा था–गणिताध्याय के नौवें प्रकरण (चन्द्रशृङ्गोन्नत्यधिकारः) तक, जो उपलब्ध है। भास्कर ने लल्ल

को 'आचार्य' कहा है। यह भी पता चलता है कि भास्कर ने यह विवरण 'सिद्धांत-शिरोमणि' की रचना (1150 ई.) के पहले लिखा था।

पद्‌मनाभ (लगभग 725 ई.) : भास्कराचार्य ने अपने 'बीजगणित' में पद्‌मनाभ का उल्लेख बीजगणित के आचार्य के रूप में किया है, किंतु आज इनका कोई ग्रंथ उपलब्ध नहीं है।

श्रीधराचार्य (750 ई.) : महावीराचार्य (850 ई.) और भास्कराचार्य (1150 ई.), दोनों ने ही इनका उल्लेख किया है। भास्कर ने इन्हें 'आचार्य' कहकर कई जगह उद्‌धृत किया है, किंतु आज श्रीधर का बीजगणित का ग्रंथ उपलब्ध नहीं है। इनकी अंकगणित पर दो पुस्तकें उपलब्ध हैं—**पाटीगणित** और **त्रिशतिका**। पाटीगणित में अंकगणित और क्षेत्रमिति का विवेचन है। श्रीधर ने पाटीगणित के 29 परिकर्मों और 9 व्यवहारों में उस समय तक ज्ञात सभी विषयों की चर्चा की है। त्रिशतिका (300 श्लोक) में पाटीगणित के ही विषयों का विवेचन है। भास्कराचार्य ने इनकी वर्ग-समीकरण हल करने की एक विधि को अपने 'बीजगणित' में उद्‌धृत किया है।

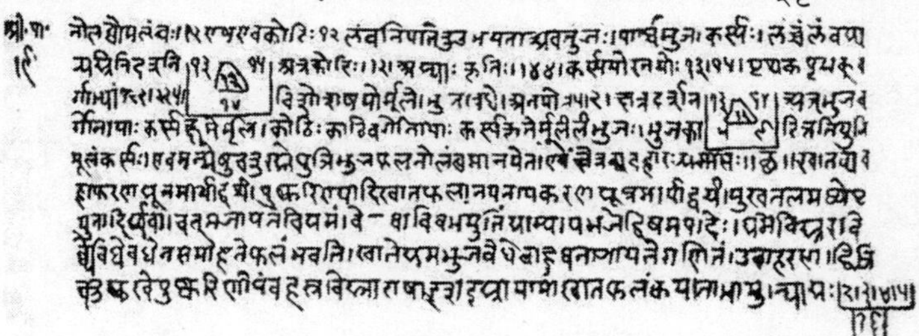

चित्र 3.16 : श्रीधर की 'त्रिशतिका' की हस्तलिपि का एक पृष्ठ

महावीराचार्य (लगभग 850 ई.) : आर्यभट और ब्रह्मगुप्त ने अपने सिद्धांतों में गणित के भी अध्याय जोड़े हैं, परंतु जैनाचार्य महावीर का **गणितसार-संग्रह** ग्रंथ ज्योतिष से मुक्त है और इसमें केवल विशुद्ध गणित का विवेचन है। महावीराचार्य ने इस ग्रंथ की रचना 850 ई. के आसपास दक्षिण (कर्नाटक) के राष्ट्रकूट नरेश अमोघवर्ष (814-877 ई.) के शासनकाल में की थी।

महावीराचार्य ने गणितशास्त्र की जैसी प्रशंसा की है, वैसी अन्यत्र कहीं देखने को नहीं मिलती। ग्रंथ के आरंभ में वे लिखते हैं : "सांसारिक, वैदिक, धार्मिक आदि सब कार्यों में गणित उपयोगी है; व्यापार में भी सर्वत्र संख्याओं का प्रयोग होता है। ... व्यर्थ में अधिक कहने से क्या लाभ। तीनों लोकों में जो तमाम चराचर (गतिशील और स्थिर) वस्तुएं हैं उनका अस्तित्व गणित से पृथक् नहीं है।"[29]

कुल नौ अधिकारों (अध्यायों) में रचित 'गणितसार-संग्रह' पुस्तक संस्कृत श्लोकों में है और यह एक प्रकार की पाठ्य-पुस्तक है। पुस्तक के प्रथम 'संज्ञा अधिकार' में विविध पैमाने दिए गए हैं। तीर्थंकरों की संख्या 24 है, इसलिए इसमें 24 संख्या-संज्ञाएं गिनाई गई हैं। पुस्तक पद्य में है, इसलिए इसमें प्रमुखतः शब्दांकों का ही प्रयोग हुआ है। दूसरे अध्याय में गुणन, भाग, वर्ग-वर्गमूल, घन-घनमूल, श्रेढियों आदि से संबंधित नियम व रोचक प्रश्न हैं। महावीर ने गुणन की क्रिया से संबंधित कुछ ऐसे उदाहरण दिए हैं जिनमें गुणनफल की संख्या के अंक बाएं से दाएं या दाएं से बाएं पढ़ने पर एक-से रहते हैं। ऐसी संख्याओं को 'कंठाभरण' या 'कंठाहार' संख्याएं कहा गया है। एक रोचक उदाहरण है : $279946681 \times 441 = 12345654321$; इस कंठाभरण संख्या को महावीर ने मनोरंजक शब्दों में लिखा है : 'एकादिषडन्तानि क्रमेण हीनानि'; अर्थात्, वह संख्या जिसमें (इकाई के स्थान से आरंभ करने पर) अंक पहले 1 से 6 तक क्रमशः बढ़ते हैं और फिर क्रमशः घटते हैं। इस उदाहरण से स्पष्ट पता चलता है कि ईसा की नौवीं सदी के मध्यकाल तक भारत में नई दाशमिक स्थानमान अंक-पद्धति (देखिए आगे) का व्यापक उपयोग होने लग गया था।

पुस्तक के तीसरे 'कलासवर्ण व्यवहार' में भिन्नों का विवेचन है। चौथे 'प्रकीर्णक व्यवहार' में भिन्नों के बारे में रोचक उदाहरण दिए गए हैं। महावीर ने एकांशक भिन्नों (ज़िनके अंश स्थान में 1 होता है) को बड़ा महत्व दिया है। पांचवें अध्याय में त्रैराशिक का विवेचन है। छठे 'मिश्रक व्यवहार' अध्याय में व्याज, सुवर्ण की मिलावट आदि से संबंधित व्यावहारिक सवाल दिए गए हैं। 'गणितसार-संग्रह' के छठे और सातवें अध्यायों में क्षेत्र-गणित और खात-व्यवहार (ठोस ज्यामिति) की चर्चा है। 'खात' का अर्थ है, खोह या गढ़ा। ब्रह्मगुप्त की तरह महावीर ने भी वृत्त की परिधि तथा व्यास के अनुपात (π) का मान 3 या $\sqrt{10}$ लिया है। दीर्घवृत्त (ellipse) का विवेचन करने वाले महावीर पहले भारतीय गणितज्ञ हैं; इसे उन्होंने 'आयतवृत्त' कहा है। अंतिम नौवें 'छाया व्यवहार' में शंकुछाया से संबंधित रोचक उदाहरण हैं।

इस प्रकार, महावीराचार्य ने उस समूचे गणित का परिचय दे दिया है जो ईसा की नौवीं सदी के मध्यकाल तक भारत में खोजा जा चुका था। इसमें उनकी अपनी कतिपय उपलब्धियां भी शामिल हैं। भास्कराचार्य (1150 ई.) के समय तक महावीराचार्य का 'गणितसार-संग्रह' ग्रंथ दक्षिण भारत में काफी प्रसिद्धि प्राप्त कर चुका था, इसका तेलुगु में अनुवाद भी हो गया था, पर आश्चर्य की बात

है कि भास्कराचार्य ने महावीराचार्य का कहीं कोई उल्लेख नहीं किया है। जो भी हो, महावीराचार्य भारत के एक श्रेष्ठ गणितज्ञ थे। यह भी स्मरण रखना जरूरी है कि भारतीय गणित के विकास में जैनों का महत्वपूर्ण योगदान रहा है।

पृथूदक स्वामी (लगभग 864 ई.) : इन्होंने ब्रह्मगुप्त के 'ब्राह्मस्फुट-सिद्धांत' और 'खंडखाद्यक' पर टीकाएं लिखी हैं। भास्कराचार्य ने अपने ग्रंथों में कई स्थानों पर इनकी चर्चा की है।

वटेश्वर (जन्म 880 ई.) : ये उत्तर गुजरात के निवासी थे और इन्होंने अपने पिता का नाम भट्ट महादत्त बताया है। इनके तीन ज्योतिष-ग्रंथों के बारे में जानकारी मिलती है—**वटेश्वर-सिद्धांत, गोल** व **करणसार**। 'करणसार' आज उपलब्ध नहीं है। 'गोल'(Spherics) के केवल पांच ही अध्याय मिले हैं। वटेश्वर-सिद्धांत पूर्ण उपलब्ध है। वटेश्वर ने इसकी रचना 24 वर्ष की आयु में 904 ई. में की थी। यह उपलब्ध सिद्धांतों में सबसे बड़ा है। जहां **आर्यभटीय** में कुल 121 श्लोक हैं, ब्रह्मगुप्त के **ब्राह्मस्फुट-सिद्धांत** में 1008 श्लोक हैं, **सूर्य-सिद्धांत** में 500 श्लोक हैं, वहां **वटेश्वर-सिद्धांत** में 1326 श्लोक हैं।

भास्कर-प्रथम (629 ई.) और लल्ल (748 ई.) की तरह वटेश्वर भी आर्यभट-प्रथम (499 ई.) के अनुयायी थे। ब्रह्मगुप्त ने आर्यभट के दोष दिखाने के लिए अपने सिद्धांत में एक स्वतंत्र अध्याय लिखा, तो वटेश्वर ने भी ब्रह्मगुप्त के दोष दिखाने के लिए अपने सिद्धांत में एक अलग अध्याय ('ब्राह्मस्पुटसिद्धान्त-परीक्षाध्याय') लिखा। वटेश्वर ने आर्यभट के π के मान के सरल रूप $\frac{3927}{1250}$ को अपनाया और कहा कि यह ब्रह्मगुप्त द्वारा प्रयुक्त मान $\pi = \sqrt{10}$ से बेहतर है। वटेश्वर ने आर्यभट की युग-पद्धति को भी अपनाया।

वटेश्वर के सिद्धांत ने बाद के कई ज्योतिर्विदों को प्रभावित किया। भास्कराचार्य ने भी वटेश्वर से काफी-कुछ ग्रहण किया, पर कहीं पर उनके नाम का उल्लेख नहीं किया है।

आर्यभट-द्वितीय (लगभग 950 ई.): इनका 18 अध्यायों और लगभग 625 श्लोकों का **महासिद्धांत** नामक एक ग्रंथ है, जिसमें ज्योतिष व गणित दोनों विषयों की चर्चा है। इनका नाम भले ही आर्यभट रहा हो, परंतु इनमें आर्यभट-प्रथम (जन्म 476 ई.) जैसी प्रतिभा व मौलिकता देखने को नहीं मिलती, न ही इन्होंने आर्यभट-प्रथम के मतों का अनुकरण किया है। आर्यभट-द्वितीय ने अपने ग्रंथ में अंकगणित (पाटीगणित), क्षेत्रमिति और कुट्टक गणित (अनिर्धार्य समीकरण)

की, पहले के गणितज्ञों की अपेक्षा, अधिक जानकारी दी है। आर्यभट-प्रथम ने अपनी एक स्वतंत्र अक्षरांक-पद्धति का निर्माण किया था। आर्यभट-द्वितीय ने संख्याएं लिखने के लिए एक नई 'कटपयादि' अक्षरांक-पद्धति का उपयोग किया। इस पद्धति के अनुसार–

क	ट	प	य	= 1	च	त	ष	=	6
ख	ठ	फ	र	= 2	छ	थ	स	=	7
ग	ड	ब	ल	= 3	ज	द	ह	=	8
घ	ढ	भ	व	= 4	झ	ध		=	9
ङ	ण	म	श	= 5	ञ	न		=	0

इस पद्धति में 1 के लिए **क, ट, प, य**, 2 के लिए **ख, ठ, फ, र**, इत्यादि अक्षर प्रयुक्त होते हैं, इसलिए इसे 'कटपयादि' के नाम से जाना जाता है। इस पद्धति में मात्राओं का कोई मूल्य नहीं है। जैसे, क, का, कि, कू आदि का मूल्य 1 ही है। शून्य के लिए **ञ** तथा **न** का प्रयोग हुआ है। संयुक्त व्यंजन को अलग-अलग व्यंजन माना गया है। विशेष बात यह है कि आर्यभट-प्रथम ने जहां अक्षरांक दाईं ओर से बाईं ओर लिखने का नियम (अंकानां वामतो गतिः) निभाया, वहां आर्यभट-द्वितीय की इस पद्धति में अक्षरांक क्रमशः बाईं ओर से दाईं ओर लिखे गए हैं। उदाहरणार्थ : मथथमगग्लभननुना = 57753334000 (एक युग में चंद्र के भगण)। यह कटपयादि पद्धति आर्यभट-प्रथम की अक्षरांक-पद्धति से बेहतर थी, परंतु इसमें एकरूपता न होने से इसका व्यापक प्रयोग न हो सका। स्पष्ट पता चलता है कि भास्कराचार्य को आर्यभट-द्वितीय के कृतित्व की जानकारी थी।

मंजुल या **मुंजाल** (950 ई.) : आज इनका 932 ई. में रचित **लघुमानस** नामक एक ही ज्योतिष-ग्रंथ (करण) उपलब्ध है। ये संभवतः उत्तर भारत के किसी स्थान के निवासी थे। कुछ विद्वान इन्हें दाक्षिणात्य भी मानते हैं। आरंभिक लेखकों ने इन्हें 'मंजुल' के नाम से स्मरण किया है, किंतु बाद में दक्षिण भारत में ये 'मुंजाल' के नाम से जाने गए। भास्कराचार्य ने 'गोलाध्याय' के 'गोलबंधाधिकार' में मुंजाल नाम से इनके अयन-चलन (precession of the equinoxes) संबंधी मत का उल्लेख किया है। ये आर्यभट-प्रथम (जन्म 476 ई.) के अनुयायी, वेधकर्ता ज्योतिषी थे। अयन-चलन की चर्चा करने वाले मंजुल पहले भारतीय ज्योतिर्विद् हैं। इन्होंने चंद्र की गति के लिए भी एक नया संस्कार (evection) सुझाया था।

भट्टोत्पल (966 ई.) : ये ज्योतिष-ग्रंथों के बहुत बड़े टीकाकार हुए हैं, और संभवतः कश्मीर के निवासी थे। इन्होंने प्राचीन ज्योतिष-ग्रंथों का गहन अध्ययन

करके वराहमिहिर (मृत्यु 587 ई.) की 'बृहत्संहिता' व 'बृहज्जातक' और ब्रह्मगुप्त (628 ई.) के 'खंडखाद्यक' पर जो विस्तृत टीकाएं लिखी हैं उनसे भारतीय ज्योतिष के इतिहास पर प्रचुर प्रकाश पड़ता है। वराह को प्रसिद्धि दिलाने में भट्टोत्पल की टीकाओं का भारी योगदान रहा है।

श्रीपति (लगभग 1000 ई.) : ये उज्जयिनी के पास रोहिणीखंड के निवासी थे। इनके गणित-ज्योतिष के दो ग्रंथ हैं–**सिद्धांत-शेखर** और **धी-कोटिद-करण**। इनके अन्य दो ग्रंथ हैं–**रत्नमाला** (मुहूर्त-ग्रंथ) और **जातक-पद्धति** (जातक-ग्रंथ)। श्रीपति की **गणित-तिलक** नामक पाटीगणित की एक पुस्तक मिलती है।

शतानंद (1100 ई.) : ये जगन्नाथपुरी के निवासी थे। इन्होंने वराहमिहिर की 'पंचसिद्धांतिका' में वर्णित 'सूर्य-सिद्धांत' के आधार पर 1099 ई. में **भास्वती** नामक करण-ग्रंथ की रचना की थी। यह ग्रंथ बहुत प्रसिद्ध रहा और इस पर संस्कृत में कई टीकाएं लिखी गईं; एक टीका हिंदी में भी बनी थी, 1428 ई. में।

महेश्वर (जन्म लगभग 1078 ई.) : भास्कराचार्य के पिता और विद्यागुरु। भास्कर ने 'बीजगणित' के अंत में पिता महेश्वर को 'आचार्यवर' पदवी से विभूषित बताया है **(4.1)**। 'गोलाध्याय' में 'प्रश्नाध्याय' के अंत में उन्होंने अपने पिता को 'श्रौतस्मार्तविचारसारचतुर', 'निःशेष विद्यानिधि' और 'दैवज्ञचूडामणि' कहा है **(2.3)**। भास्कराचार्य के पौत्र चंगदेव के पाटण वाले शिलालेख में महेश्वराचार्य को 'कवीश्वर' कहा गया है। इन सभी उल्लेखों से पता चलता है कि महेश्वर ज्योतिष के अलावा और भी कई शास्त्रों में पारंगत थे। महेश्वर के प्रपौत्र अनंतदेव के बहाळ-शिलालेख के आधार पर शं. बा. दीक्षित बताते हैं कि महेश्वर ने ज्योतिष के कुछ ग्रंथ भी लिखे थे।[30]

भास्कराचार्य (जन्म 1114 ई.) : **लीलावती, बीजगणित, सिद्धांत-शिरोमणि** (गणिताध्याय व गोलाध्याय) तथा **करण-कुतूहल** के कर्ता; इस ग्रंथ के चरित्र-नायक।

दाशमिक स्थानमान अंक-पद्धति

ईसा की पहली-दूसरी सदी में गणित के क्षेत्र में भारत में एक अद्भुत आविष्कार हुआ। किसी भारतीय पंडित या पंडित-मंडली ने शून्य (0) सहित केवल दस अंक-संकेतों से सभी संख्याओं को लिखने का एक नया तरीका खोज निकाला। विज्ञान के क्षेत्र में संसार को भारत की यह सबसे बड़ी देन है–शून्य की धारणा

पर आधारित **दाशमिक स्थानमान अंक-पद्धति** (Decimal place-value notation)। आज सारे संसार में इसी अंक-पद्धति का प्रचलन है।

हमारी वर्तमान अंक-पद्धति में शून्य (0) को मिलाकर कुल दस संकेत हैं। इन दस संकेतों से हम बड़ी-से-बड़ी संख्या को व्यक्त कर सकते हैं। हमारी इस अंक-पद्धति की खास बात यह है कि इसमें प्रत्येक संकेत के दोहरे मान हैं–एक निजी मान और दूसरा स्थानमान। जैसे, संख्या 12,321 में अंतिम 1 का मूल्य सिर्फ 'एक' है, परंतु पहले 1 का मूल्य 'दस हजार' (10,000) है; इसी प्रकार, दहाई के स्थान के 2 का मूल्य 'बीस' (20) है, परंतु हजार के स्थान के 2 का मूल्य 2000 है। इसीलिए स्थान-स्थान के अनुसार मान बदलने वाले कुल दस अंकों पर आधारित इस अंक-पद्धति को हम **दाशमिक स्थानमान अंक-पद्धति** कहते हैं। अब देश-विदेश के सभी विद्वान स्वीकार करते हैं कि इस दाशमिक स्थानमान अंक-पद्धति की खोज भारत में हुई थी।

लेकिन 1, 2, 3, 4, 5, 6, 7, 8 व 9–ये अंक-संकेत कहां से आए?

हिंदी या मराठी के साथ जिन अंक-संकेतों (१, २, ३, ४, ५, ६, ४, ५, ६, ७, ८, ९, 0) का प्रयोग होता है, उनके बारे में हम जानते हैं कि इनका विकास सम्राट अशोक के समय (ईसा-पूर्व तीसरी सदी) के प्राचीन ब्राह्मी के 1 से 9 तक के अंक-संकेतों से हुआ है। लेकिन अंग्रेजी और यूरोप की दूसरी भाषाओं के साथ आज जिन अंक-संकेतों (1, 2, 3, 4, 5, 6, 7, 8 व 9) का इस्तेमाल होता है, वे कहां से आए? बहुत-से लोग आज भी इन्हें 'अंग्रेजी अंक' कहते हैं। यूरोप के लोग इन्हें अक्सर 'अरबिक अंक' या 'इंडो-अरबिक अंक' कहते हैं। दोनों नाम सही नहीं हैं। 'अंग्रेजी अंक' या 'अंग्रेजी लिपि' जैसी कोई चीज नहीं है।[31] अरबी के अपने भिन्न अंक हैं। दरअसल, ये (1, 2, 3, 4, 5, 6, 7, 8 व 9) भारतीय मूल के अंक-संकेत हैं। इनका विकास भी प्राचीन भारत के ब्राह्मी अंकों से हुआ है। भारतीय अंक-पद्धति के साथ ब्राह्मी के ये अंक-संकेत पहले इस्लामी देशों में पहुंचे थे; फिर यूरोप में इनका प्रचार-प्रसार हुआ। आज भारत के ये अंक-संकेत सारे संसार में फैल चुके हैं। इसीलिए आज हमारे संविधान में इन्हें **भारतीय अंतर्राष्ट्रीय अंक** नाम गया दिया है।[32]

भारतीय अंक-संकेतों के इस जागतिक फैलाव की कथा बहुत ही दिलचस्प है। पर लगता है कि हम स्वयं ही प्राचीन भारत की महान उपलब्धियों का अक्सर सही मूल्यांकन नहीं कर पाते। अक्सर देखने में आता है कि हम अपनी श्रेष्ठतम उपलब्धियों को महत्व देने की बजाए नितांत भ्रामक और मनगढ़ंत बातों

को अद्वितीय मानने लग जाते हैं।

वैदिक काल में लिपि का ज्ञान भले ही न रहा हो, सरल-से अंक-संकेतों का व्यवहार अवश्य होता था। अंक-संकेतों का ज्ञान आदिवासियों को भी होता है। वैदिक जनों को उतना हिसाब अवश्य आता था जितने की उन्हें जरूरत थी—गायों, घोड़ों और औजारों आदि की गिनती के लिए। **ऋग्वेद** में एक, द्वि, त्रि, चतुर्, पंच, षट्, सप्त, अष्ट, नव, दश, शत, सहस्र, आदि संख्या-संज्ञाएं देखने को मिलती हैं। गिनती की सबसे बड़ी इकाई **अयुत** (10,000) है और इसी इकाई का उपयोग करके 'चालीस हजार' को **चत्वारि-अयुत** से व्यक्त किया गया है। ऋग्वेद में पायी जाने वाली सबसे बड़ी संख्या **षष्टिं सहस्रा नवतिं नव** (60,099) है।[33] **यजुर्वेद** (17.2) में यह गिनती परार्ध (दस खरब = 10,00,00,00,00,000) तक पहुंचा दी गई है। सिंधु सभ्यता (उन्नत काल : 2600-2000 ई.पू.) के लोगों की अपनी लिपि थी, अंक-संकेत थे। लगता है कि दस के अलावा सोलह भी उनकी गणना का आधार था।

हमारे दोनों हाथों की उंगलियां दस हैं, इसलिए प्रायः सभी प्राचीन सभ्यताओं में गणना का आधार दस और संख्याओं का क्रम दशगुणोत्तर देखने को मिलता है। वैदिक काल की गणनाएं भी दशगुणोत्तर हैं, पर वैदिक काल में 'शून्य' की धारणा पर आधारित दाशमिक स्थानमान अंक-पद्धति अभी अस्तित्व में नहीं आई थी। वैदिक काल में अभी शून्य की धारणा ने जन्म नहीं लिया था। **ऋग्वेद** में 'शून्य' शब्द नहीं है।[34] हां, एक मंत्र (8.91.7) में 'खे' शब्द मिलता है, जिसका अर्थ है—सूराख या छेद। दरअसल, आज से तीन-चार हजार साल पहले की किसी भी प्राचीन सभ्यता में हमें आधुनिक अंक-पद्धति के दर्शन नहीं होते।

ब्राह्मी के प्राचीनतम अभिलेख हैं—सम्राट अशोक (ईसा-पूर्व तीसरी सदी) के शिलालेख और स्तंभलेख। अशोक के कुछ लेखों में संख्या 256 अंक-संकेतों में लिखी गई है। इस संख्या को पुरानी पद्धति से लिखा गया है; अर्थात्, इसे लिखने में क्रमशः 200, 50 और 6 के तीन स्वतंत्र संकेतों का इस्तेमाल हुआ है। यदि यह संख्या नई दाशमिक स्थानमान अंक-पद्धति में लिखी गई होती, तो 2, 5 और 6 के अंकों की ही जरूरत पड़ती।

अशोक के और उसके बाद के भारत तथा मध्य-एशिया के खरोष्ठी लेखों में भी हमें नई अंक-पद्धति के दर्शन नहीं होते। सारांश यह कि, ईसा की आरंभिक सदियों तक हमारे देश में नई दाशमिक स्थानमान अंक-पद्धति ने जन्म नहीं लिया था।

वैदिक काल और अशोक के समय में तो नई अंक-पद्धति की खोज नहीं ही हुई थी, शकों और कुषाणों के लेखों में भी नई अंक-पद्धति की संख्याएं नहीं हैं। महाराष्ट्र के नाणेघाट, नासिक आदि स्थलों की गुफाओं में सातवाहनों के करीब दो हजार साल पुराने जो लेख मिले हैं उनमें बड़ी-बड़ी संख्याओं के उल्लेख तो हैं, पर ये संख्याएं भी नई स्थानमान अंक-पद्धति में नहीं लिखी गई हैं।

और, इससे भी अधिक दिलचस्प बात यह है कि तथाकथित 'स्वर्णयुगीन' गुप्तकाल के किसी भी लेख में हमें नई अंक-पद्धति के दर्शन नहीं होते। किसी भी गुप्त या वाकाटक नरेश के लेख में नई पद्धति की संख्याओं का इस्तेमाल नहीं हुआ है। पुरानी पद्धति में 1 से 9 और 10, 20, 100, 1000 आदि के लिए अलग-अलग स्वतंत्र संकेत थे और इन्हीं के मेलजोल से संख्याएं लिखी जाती थीं।

स्वयं गुप्तों के अभिलेखों में, संभवतः पुरातन के मोह के कारण, भले ही नई अंक-पद्धति का इस्तेमाल न हुआ हो, पर स्पष्ट जानकारी मिलती है कि गुप्तकाल तक हमारे देश में शून्ययुक्त दाशमिक स्थानमान अंक-पद्धति की खोज हो चुकी थी। **आर्यभट** (जन्म 476 ई.) और उन्हीं के लगभग समकालीन **वराहमिहिर** (मृत्यु 587 ई.) की कृतियों से यह बात स्पष्ट हो जाती है। गणित-ज्योतिष की ये कृतियां पद्य में हैं, इसलिए इनमें अक्षरांकों या शब्दांकों[35] का प्रयोग हुआ है। आर्यभट (जन्म

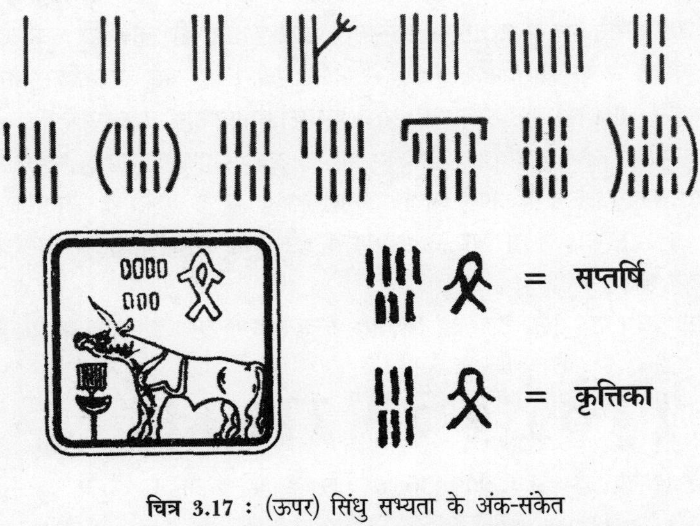

चित्र 3.17 : (ऊपर) सिंधु सभ्यता के अंक-संकेत
(नीचे) सिंधु सभ्यता की मुहरों पर उत्कीर्ण 'सात खड़ी लकीरे + मछली' संभवतः सप्तर्षि की सूचक हैं और 'छह खड़ी लकीरें + मछली' कृत्तिका की सूचक।

476 ई.) ने संस्कृत वर्णमाला के अक्षरों को संख्यामान देकर एक नई अक्षरांक-पद्धति को जन्म दिया था। अन्य गणितज्ञ-ज्योतिषियों ने भिन्न प्रकार की अक्षरांक-पद्धतियां बनाईं या शब्दांकों का प्रयोग किया। संख्या-सूचक शब्दों का प्रयोग काफी पहले से होता आ रहा था। जैसे, 'शून्य' के लिए 'ख' या 'आकाश', 'एक' के लिए चंद्र या पृथ्वी, 'दो' के लिए चक्षु या कर्ण, 'छह' के लिए रस या ऋतु, इत्यादि। स्थानमान अंक-पद्धति की खोज होने पर इन शब्दांकों को **अंकानां वामतो गतिः** (अंक दाईं ओर से बाईं ओर लिखे जाते हैं) नियम के अनुसार लिखा गया है। जैसे, भास्कराचार्य ने अपने जन्मकाल के बारे में एक श्लोक में जानकारी दी है :

रसगुणपूर्णमही समशकनृपसमयेऽभवन्ममोत्पत्तिः।
रसगुण वर्षेण मया सिद्धान्तशिरोमणी रचितः ॥

अर्थात्, शक-वर्ष 1036 (= रस^6- गुण^3- पूर्ण^0- मही^{1}) में मेरा जन्म हुआ, और 36 (= रस^6- गुण^3) वर्ष की आयु में मैंने 'सिद्धांत-शिरोमणि' की रचना की।

गणित-ज्योतिष के पद्य-ग्रंथों में अंक-संकेत तो नहीं हैं, पर अंकगणित की **बक्षाली हस्तलिपि** में शून्य सहित दस अंक-संकेत हैं और इनका स्थानमान के अनुसार उपयोग हुआ है। उपलब्ध बक्षाली हस्तलिपि ईसा की दसवीं सदी के कुछ बाद की है, शारदा लिपि में है, पर कुछ विद्वानों का मत है कि मूल बक्षाली हस्तलिपि ईसा की तीसरी-चौथी सदी की रचना है। जो भी हो, ईसा की पहली-दूसरी सदी तक हमारे देश में दाशमिक स्थानमान अंक-पद्धति की खोज हो चुकी थी। किस पंडित ने या किस पंडित-मंडली ने, किस स्थान पर और ठीक किस समय यह महान खोज की, इसके बारे में आज हमें कोई जानकारी नहीं मिलती।

गणितज्ञों और ज्योतिषियों के लिए ही नई अंक-पद्धति का ज्यादा महत्व था, इसलिए उन्होंने इसे जल्दी अपना लिया। अभिलेख प्रायः पुरानी पद्धति के अनुसार लिखे जाते थे, इसलिए उनमें नई अंक-पद्धति को कुछ बाद में और धीरे-धीरे अपनाया गया।

सर्वप्रथम एक गुर्जर राजा दद्द (तृतीय) के दानपत्र में हमें नई पद्धति के संख्यांक

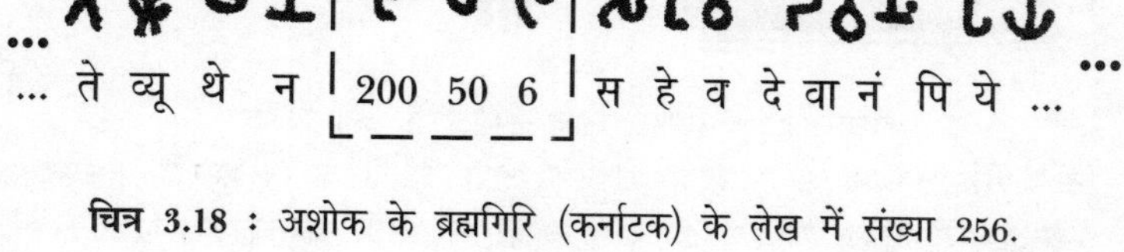

चित्र 3.18 : अशोक के ब्रह्मगिरि (कर्नाटक) के लेख में संख्या 256.

देखने को मिलते हैं। संखेड़ा (गुजरात) से प्राप्त यह दानपत्र 594 ई. का है।

यहां शब्दों और अंक-संकेतों, दोनों में तिथि दी गई है। जिस संवत् का इस्तेमाल हुआ है वह कलचुरि (चेदि) संवत् है। कलचुरि संवत् का आरंभ 248-49 ई. से माना जाता है। अतः कलचुरि संवत् 346 का अर्थ हुआ 594 ई.। दानपत्र में यह संख्या क्रमशः 3, 4 और 6 के अंकों में लिखी गई है। यदि पुरानी अंक-पद्धति का उपयोग किया जाता, तो यही संख्या क्रमशः 300, 40 और 6 के स्वतंत्र संकेतों से लिखी जाती। दानपत्र में संख्या 346 गुप्तकालीन ब्राह्मी के 3, 4 और 6 के अंकों में लिखी गई है। अतः स्पष्ट है कि नई अंक-पद्धति को अपनाने पर 1 से 9 तक के पुराने ब्राह्मी संकेतों को ही कायम रखा गया। संखेड़ा के दानपत्र की संख्या में शून्य (0) नहीं है। राघोली (बालाघाट जिला, मध्यप्रदेश) से प्राप्त शैलवंशी राजा जयवर्धन-द्वितीय के एक दानपत्र (आठवीं सदी) में हमें पहली बार शून्य का संकेत (एक लघुवृत्त) देखने को मिलता है। उसके बाद अनेक लेखों में नई पद्धति की संख्याएं देखने को मिलती हैं। लेकिन इसका मतलब यह नहीं है कि पुरानी पद्धति का प्रचलन एकदम बंद हो गया। वस्तुतः पुरानी और नई, दोनों ही पद्धतियों का प्रयोग हमारे देश में ईसा की दसवीं सदी तक जारी रहा। साथ-साथ अक्षरांकों और शब्दांकों का भी व्यवहार होता रहा।

लेकिन ईसा की आठवीं-नौवीं सदी तक इस नई भारतीय अंक-पद्धति की

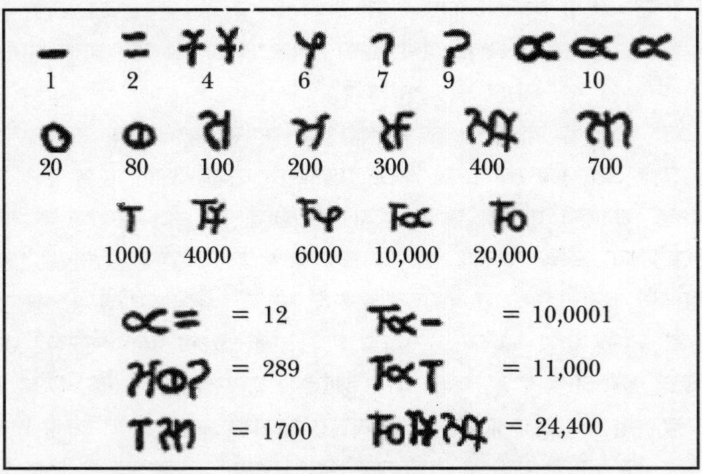

चित्र 3.19 : सातवाहन रानी नागनिका के नाणेघाट-गुफालेख (ईसा-पूर्व प्रथम सदी का द्वितीयार्ध) के पुरानी शैली के अंक-संकेत

ख्याति पूर्व में जावा-सुमात्रा-कंबोडिया तक और पश्चिम में स्पेन तक फैल चुकी थी। इस नई अंक-पद्धति के साथ शून्य और ब्राह्मी के 1 से 9 तक के अंक भी दूर-दूर के देशों तक पहुंचे। दक्षिण-पूर्व एशिया के देशों में भारतीय भाषाएं (संस्कृत और पालि-प्राकृत) और भारतीय लिपि (ब्राह्मी) पहुंच चुकी थी। छठी-सातवीं सदी में नई भारतीय अंक-पद्धति भी वहां पहुंच गई। कंबुज देश से मिले एक संस्कृत लेख में शक-संवत् 605 (682 या 683 ई.) नई पद्धति के अंक-संकेतों में दिया गया है। इस प्रकार के और भी कई लेख मिले हैं, जिनमें शकाब्द की संख्याएं नई अंक-पद्धति में और भारतीय मूल के अंक-संकेतों में दी गई हैं।

ईसा की आरंभिक सदियों में रोम और सिकंदरिया के साथ भारत के व्यापक व्यापारी संबंध स्थापित हो चुके थे। लगता है कि व्यापारियों के जरिए नई भारतीय अंक-पद्धति की ख्याति पांचवीं सदी में ही सिकंदरिया तक पहुंच चुकी थी। सिकंदरिया से भारतीय अंक-पद्धति की ख्याति भूमध्यसागर-तटवर्ती यूरोप और पश्चिमी एशिया के देशों में फैली। पश्चिमी एशिया से इसके स्पष्ट सबूत भी मिलते हैं। इस्लाम के उदय के समय, ईसा की सातवीं सदी में, सीरियाई पंडितों ने अपनी भाषा को काफी समृद्ध बना लिया था। हम देखते हैं कि फ़रात नदी के तट पर एक ईसाई मठ में रहने वाला सीरियाई बिशप **सेवेरस सेबोख़्त** 662 ई. में रचित अपनी एक पुस्तिका में नौ अंकों (शून्य को प्रायः अंक नहीं माना जाता; शब्दांक-पद्धति में 'अंक' शब्द 9 का सूचक है) से की जाने वाली भारतीय अंक-पद्धति की भूरि-भूरि प्रशंसा करता है।[36]

अतः स्पष्ट है कि ईसा की सातवीं सदी के मध्यकाल तक नई भारतीय अंक-पद्धति और अंक-संकेत, न केवल दक्षिण-पूर्व एशिया के देशों में फैल चुके थे, बल्कि पश्चिमी एशिया के देशों में भी पहुंच गए थे। इस्लाम के उदय (622 ई.) तक अरबी में कोई साहित्य नहीं था। अरबी पंडितों ने सबसे पहले, संस्कृत और यूनानी ग्रंथों से परिचित होने के पहले, सीरियाई ग्रंथों का अनुवाद करके ही अपनी भाषा को समृद्ध बनाया था। अरबी के भी पहले सीरियाई भाषा में **पंचतंत्र** का अनुवाद हो चुका था। इसलिए, जान पड़ता है कि अरबों को पहली बार भारतीय अंक-पद्धति की जानकारी सीरियाई स्रोतों से ही मिली होगी।

ईसा की आठवीं सदी के मध्यकाल तक इस्लामी शासन पूर्व में सिंध प्रांत तथा मध्य-एशिया तक और पश्चिम में स्पेन तक फैल चुका था। अब्बासी खलीफा **अल्-मंसूर** (753-774 ई.) ने दजला नदी के पश्चिमी तट पर 762 ई.

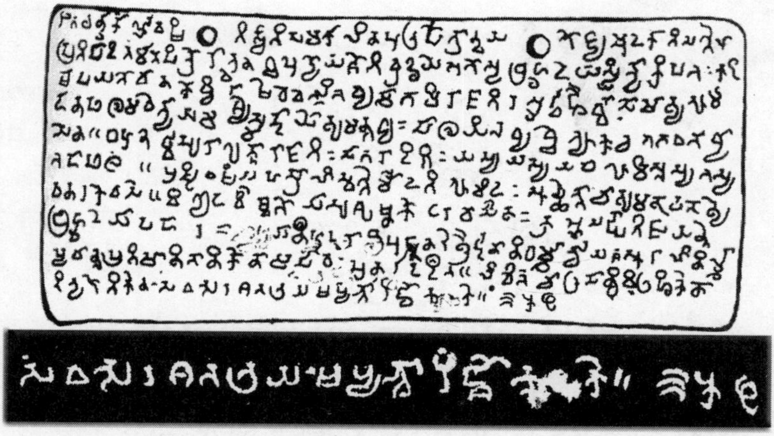

चित्र 3.20 : संखेड़ा (गुजरात) से प्राप्त गुर्जर राजा दद्द (तृतीय) के कलचुरि संवत् 346 (= 594 ई.) का दानपत्र और नीचे उसकी अंतिम पंक्ति की छाप।

लिप्यंतर : **संवत्सरशतत्रयं**(ये) **षट्चत्वारिंशो**(शदु)**त्तरके ॥ 346**

यहां नई शैली की संख्या (346) को उस समय के ब्राह्मी अंकों में लिखा गया है।

में राजधानी बग़दाद की स्थापना की थी। बग़दाद का वैभव तेजी से बढ़ता गया। अल्-मंसूर के शासनकाल में ही पहली बार गणित-ज्योतिष के संस्कृत ग्रंथों का अरबी में अनुवाद-कार्य शुरू हुआ।

जानकारी मिलती है कि सिंध से एक दूत-मंडली अल्-मंसूर के दरबार में पहुंची थी। इस मंडली में कंक या मंक नाम के एक भारतीय पंडित भी थे, जो अपने साथ भारतीय गणित-ज्योतिष के कुछ ग्रंथ बग़दाद ले गए थे। अल्-मंसूर के आदेश से अरबी में इन ग्रंथों का अनुवाद किया गया। यह 772-773 ई. की घटना है।

अरबी में गणित-ज्योतिष के **सिंदहिंद** और **अल्-अरकंद** नामक ग्रंथों की बड़ी ख्याति रही है, हालांकि ये ग्रंथ अब उपलब्ध नहीं हैं। ये ग्रंथ महान भारतीय गणितज्ञ-ज्योतिर्विद ब्रह्मगुप्त (जन्म : 598 ई.) के क्रमशः **ब्राह्मस्फुट-सिद्धांत** और **खंड-खाद्यक** के अरबी अनुवाद थे। पता चलता है कि भारतीय पंडितों के सहयोग से फारस के विद्वान याकूब इब्न तारिक और अरब के इब्राहिम अल्-फजारी तथा उनके बेटे मुहम्मद ने ब्रह्मगुप्त के इन ग्रंथों का अरबी में अनुवाद किया था।

इस प्रकार, पहली बार ब्रह्मगुप्त के ग्रंथों से ही अरबी पंडितों को भारतीय गणित और ज्योतिष-सिद्धांतों की जानकारी मिली थी। अरबी में टॉलमी (लगभग 150 ई.) के ज्योतिष-ग्रंथ (**अल्-मजिस्ती**) का और यूक्लिड की ज्यामिति के ग्रंथ

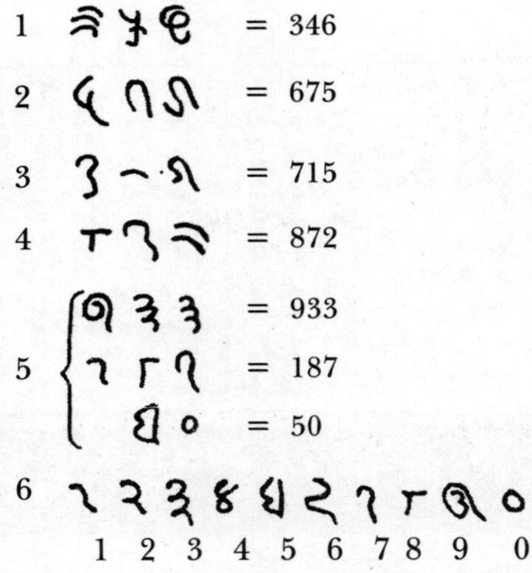

चित्र 3.21 : आरंभिक अभिलेखों में प्रयुक्त नई अंक-पद्धति की संख्याएं

1. संखेड़ा (गुजरात) से प्राप्त गुर्जर राजा दद्द (तृतीय) के दानपत्र से (594 ई.)
2. राष्ट्रकूट शासक दंतिदुर्ग के दानपत्र से (753 ई.)
3. राष्ट्रकूट शासक शंकरगण के दानपत्र से (793 ई.)
4. प्रतीहार शासक नागभट के लेख से (815 ई.)
5. प्रतीहार शासक भोजमिहिर के समय के एक लेख से (876 ई.)
6. प्रतीहार शासक भोजमिहिर की ग्वालियर प्रशस्ति से (870 ई.)

का अनुवाद कुछ बाद में हुआ। अल्-बिरूनी (973-1048 ई.) कृत **भारत** के अंग्रेजी अनुवादक डा. एडवर्ड सी. साचाउ ने भी लिखा है : "ब्रह्मगुप्त की दोनों कृतियों ने अरबी विद्वानों को बड़ा प्रभावित किया और उन्होंने इनका खूब इस्तेमाल किया। इन ग्रंथों से अरबों को पहली बार ज्योतिष के वैज्ञानिक सिद्धांतों की जानकारी मिली। उन्हें टॉलमी के ग्रंथ की जानकारी मिलने के पहले ब्रह्मगुप्त ने गणित-ज्योतिष सिखाया।"[37]

भारतीय अंकों की जानकारी अरबों को शायद पहले ही मिल गई थी। पर ब्रह्मगुप्त (628 ई.) के ग्रंथों के साथ उन्होंने भारतीय अंक-पद्धति को पूरी तरह अपना लिया। भारतीय अंक-पद्धति के साथ उन्होंने भारतीय अंक-संकेतों को भी स्वीकार कर लिया। इन भारतीय अंकों को वे **हिंदिसा, अल्-अरकाम अल्-हिंद** (हिंद के अंक) या **हरूफ़ अल्-गुबार** कहते थे।

संबोर (सुमात्रा)		605 शकाब्द = 683 ई.
पालेंबंग (सुमात्रा)	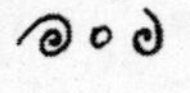	606 शकाब्द = 684 ई.
कोटाकपुर (बंका द्वीप)		608 शकाब्द = 686 ई.
पो-नगर (चंपा)		735 शकाब्द = 813 ई.

चित्र 3.22 : दक्षिण-पूर्व एशिया के देशों के चार आरंभिक संस्कृत अभिलेखों में नई पद्धति में दी गई शकाब्द-सूचक संख्याएं

ब्रह्मगुप्त पहले भारतीय गणितज्ञ हैं जिन्होंने बीजगणित को अंकगणित से पृथक् किया और इसे 'कुट्टक-गणित' का नाम दिया। भारतीय गणित-ग्रंथों में अंकगणित के लिए प्रायः 'पाटीगणित' शब्द का प्रयोग हुआ है। लेकिन लगता है कि यह 'पाटी' शब्द संस्कृत मूल का नहीं है। तख़्ती या जमीन पर धूल बिछाकर गणनाएं की जाती थीं, इसलिए अंकगणित को कभी-कभी 'धूलिकर्म' भी कहा जाता था।[38] पाटीगणित और धूलिकर्म शब्दों के आधार पर ही अरबी के क्रमशः **इल्म-हिसाब अल्-तख़्त** और **हिसाब अल्-गुबार** शब्द बने हैं। धूलिकर्म में जिन भारतीय अंकों का इस्तेमाल होता था उन्हें अरबी में **हरूफ अल्-गुबार** कहा गया। अनेक अरबी गणितज्ञों ने हिंद के इन गुबार अंकों की भूरि-भूरि प्रशंसा की है। पर भारतीय मूल के इन गुबार अंकों का पहले पश्चिमी एशिया में और बाद में यूरोप के देशों में प्रचार-प्रसार करने में सबसे बड़ी भूमिका अदा की महान इस्लामी गणितज्ञ मुहम्मद अल्-ख़्वारिज्मी (783-850 ई.) ने।

अब्बासी खलीफा अल्-मंसूर (753-74 ई.), हारूँ अल्-रशीद (786-809 ई.) और अल्-मामू (813-33 ई.) का काल इस्लामी शासन का स्वर्णयुग माना जाता है। ये खलीफा ज्ञान-विज्ञान के प्रेमी थे। इनके समय में भारतीय और यूनानी ग्रंथों के अनुवादों से अरबी भाषा ज्ञान-विज्ञान के मामले में खूब समृद्ध बनी। खलीफा अल्-मामू ने बग़दाद में एक विद्यापीठ (बैत अल्-हिकमत) की स्थापना की और वहां देश-विदेश के अनेक पंडितों को आमंत्रित किया। उन्होंने बग़दाद में एक अच्छी वेधशाला बनवाई और एक ग्रंथालय भी स्थापित किया। अल्-ख़्वारिज्मी बग़दाद के इस ग्रंथालय के अध्यक्ष बनाए गए थे।

लेकिन अल्-ख़्वारिज़्मी, जिनका पूरा नाम मुहम्मद इब्न-मूसा अल्-ख़्वारिज्मी था, अरब नहीं थे। उनका जन्म मध्य-एशिया के ख्वारेज्म प्रदेश के खीवा नगर (वर्तमान उज़्बेकिस्तान) में 783 ई. में हुआ था। उनके करीब दो सौ साल

बाद अलू-बिरूनी ख्वारेज्म में ही पैदा हुए थे। अलू-ख़्वारिज़्मी के केवल सात दशक पहले ही ख्वारेज्म प्रदेश पर खलीफाओं का शासन स्थापित हुआ था। अलू-ख्वारिज्मी के दादा या परदादा बौद्ध ही रहे होंगे। इस्लाम के पहले मध्य-एशिया में बौद्धों का भौतिकवादी वैभाषिक संप्रदाय काफी फैला हुआ था। अब्बासी खलीफाओं के बरामिक परिवार के मंत्री, जिन्होंने बग़दाद को एक महान विद्याकेंद्र बनाने में बड़ा योग दिया, मूलतः मध्य-एशिया के थे। अरबी का यह 'बरामिक' (या 'ब्रमुक') शब्द 'प्रमुख' से बना है। इस्लाम में दीक्षित होने से पहले इस परिवार के व्यक्ति मध्य-एशिया के बौद्ध विहारों के प्रमुख या संरक्षक थे। अलू-ख़्वारिज़्मी के पूर्वज भी शायद बौद्ध ही रहे होंगे। मध्य-एशिया में कई साल तक अलू-मामू का निवास रहा। वहीं पर उन्हें अलू-ख़्वारिज़्मी की प्रतिभा का परिचय मिला था। पता चलता है कि 819 ई. में अलू-मामू जब बग़दाद लौटने लगे, तो 36 वर्षीय अलू-ख़्वारिज़्मी को भी अपने साथ ले गए। अलू-ख़्वारिज़्मी का शेष जीवन बग़दाद में ही बीता। वहीं पर इस्लामी साम्राज्य की राजभाषा अरबी में उन्होंने अंकगणित, बीजगणित, ज्योतिष, भूगोल और इतिहास से संबंधित अपने ग्रंथों की रचना की।

अलू-ख़्वारिज़्मी को भारतीय अंक-पद्धति और अंक-संकेतों की जानकारी शायद मध्य-एशिया में ही मिल गई थी। उस समय के भारत (गंधार प्रदेश) की पश्चिमोत्तर सीमा से ख़्वारेज्म प्रदेश ज्यादा दूर नहीं था। अलू-ख़्वारिज़्मी के समय तक लिखी जा चुकी अंकगणित की **बक्षाली हस्तलिपि,** जिसमें नई अंक-पद्धति का प्रयोग हुआ है, पेशावर के पश्चिमोत्तर में स्थित बक्षाली गांव से मिली है। इसलिए असंभव नहीं कि अलू-ख़ारिज़्मी मध्य-एशिया के अपने निवासकाल में ही नई भारतीय अंक-पद्धति और अंक-संकेतों का परिचय प्राप्त कर चुके थे।

बग़दाद पहुंचने पर अलू-ख़्वारिज़्मी ने भारतीय अंकगणित और अंक-पद्धति के बारे में एक ग्रंथ लिखा। इस ग्रंथ का अरबी नाम था–**हिसाब अलू-हिंद** या **किताब अलू-जामः व तफरीक बि हिसाब अलू-हिंद** (हिंद के हिसाब में जोड़ और घटा की पुस्तक)। इस पुस्तक में शून्य पर आधारित दाशमिक स्थानमान

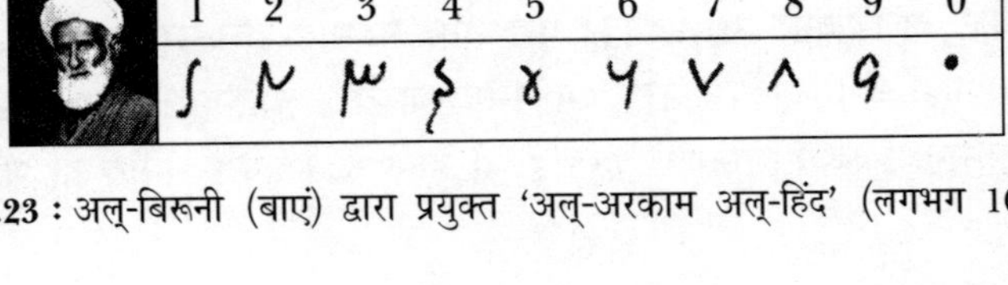

चित्र 3.23 : अलू-बिरूनी (बाएं) द्वारा प्रयुक्त 'अलू-अरकाम अलू-हिंद' (लगभग 1000 ई.)

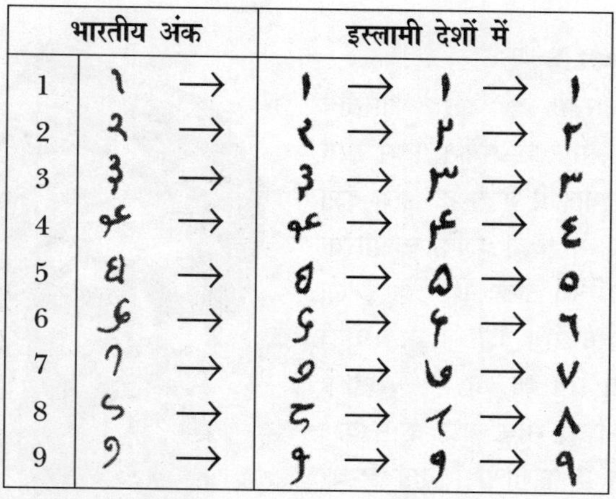

चित्र 3.24 : पश्चिम एशिया के इस्लामी देशों में भारतीय अंकों का विकासक्रम

अंक-पद्धति में अंकगणित को समझाया गया है। इस अंक-पद्धति का आविष्कार भारत में हुआ था, इसीलिए अल्-ख़्वारिज्मी तथा अन्य अनेक अरबी गणितज्ञों ने इसे **हिसाब अल्-हिंद** कहा है। अल्-ख़्वारिज्मी ने अपनी पुस्तक में भारतीय मूल के गुबार अंकों का ही इस्तेमाल किया था। इस पुस्तक ने भारतीय अंक-पद्धति और अंक-संकेतों को पहले इस्लामी देशों में और बाद में यूरोप के देशों में फैलाने में बड़े महत्व की भूमिका अदा की है।

हिंद के हिसाब के बारे में अल्-ख़्वारिज्मी की यह पुस्तक मूल अरबी में आज उपलब्ध नहीं है, पर इसका लैटिन अनुवाद प्राप्य है। इंग्लैंड के बाथ-निवासी एडेलार्ड ने 1125 ई. के आसपास स्पेन के एक अरबी विद्याकेंद्र में बैठकर इस पुस्तक का अनुवाद किया था। लैटिन में इसका नाम है–**लिबेर अल्गोरिज्मी दे न्यूमेरो इंदोरम्** (हिंद के अंकों के बारे में अल्-ख़्वारिज्मी की पुस्तक)। इस पुस्तक ने यूरोप के गणितज्ञों को इतना अधिक प्रभावित किया कि वहां नई भारतीय अंक-पद्धति से की जाने वाली गणनाओं के लिए अल्-ख़्वारिज्मी का नाम ही प्रचलित हो गया। **अल्-ख़्वारिज़्मी** का अपभ्रंश हो गया **अल्गोरिज्म** या **अल्गोरिथम,** और इन शब्दों का अर्थ हो गया–शून्य पर आधारित दाशमिक स्थानमान पद्धति से की जाने वाली गणनाएं। आज भी यह शब्द प्रचलित है। अब 'अलगोरिथम' (algorithm) का अर्थ है–क्रमिक गणनाओं के लिए उपयोगी बनने वाले व्यापक संबंध-सूत्र। आधुनिक कंप्यूटरों के गणितीय प्रोग्रामों के लिए अलगोरिथमों का

बुनियादी महत्व है

मूरों (अरबों) के जरिए भारतीय अंक-पद्धति और अंक-संकेत पहले स्पेन में पहुंचे और बाद में यूरोप के अन्य देशों में फैले। यह भी संभव है कि व्यापारियों के जरिए भारतीय अंक यूरोप के इटली आदि भूमध्यसागरीय देशों में कुछ पहले ही पहुंच गए थे। जो भी हो, यूरोप में भारतीय अंकों की स्पष्ट चर्चा करने वाले पहले व्यक्ति हैं फ्रांसीसी विद्वान झेरबर (Gerbert : लभगभ 975 ई.), जो बाद में पोप सिल्वेस्टर-द्वितीय बने। यूरोप की जिस प्राचीनतम हस्तलिपि में पहली बार भारतीय मूल के नौ अंक-संकेत देखने को मिलते हैं वह स्पेन में 976 ई. में लिखी गई थी। स्पेन के यहूदी विद्वान रब्बी बेन एजरा (1095-1167 ई.) ने भी भारतीय अंक तथा अंकगणित की जानकारी देने के लिए एक पुस्तक लिखी थी।

चित्र 3.25 : मुहम्मद अल्-ख़्वारिज़्मी (783-850 ई.)

लेकिन यूरोप में भारतीय अंकों के प्रचार-प्रसार का प्रभावकारी काम इटली के पिसा नगर के गणितज्ञ लियोनार्दो 'फिबोनाकी' (लगभग 1170-1245 ई.) ने किया। लियोनार्दो एक व्यापारी का बेटा था और उसने भूमध्यसागर के अनेक द्वीपों तथा देशों की यात्राएं की थीं। उसने देखा कि भारतीय गणना-पद्धति की तुलना में अन्य सभी गणना-पद्धतियां निकृष्ट हैं। इसलिए उसने 1202 ई. में **लिबेर एबैकी** नामक एक ग्रंथ लिखा और उसमें अंकगणित और बीजगणित की जानकारी दी। पंद्रह प्रकरणों में विभाजित इस ग्रंथ के पहले प्रकरण में उसने 'नौएम फिगुरे इंदोरम्' यानी 'हिंद की पद्धति में लिखे और पढ़े जाने वाले नौ अंकों' की जानकारी दी। उस समय तक अल्-ख़्वारिज़्मी के अंकगणित के ग्रंथ का लैटिन में अनुवाद हो चुका था। अल्-ख़्वारिज़्मी और लियोनार्दो 'फिबोनाकी' (= 'बोनाकी' का पुत्र) के ग्रंथों ने यूरोप में भारतीय अंक-पद्धति और अंक-संकेतों के प्रचार-प्रसार में बड़े महत्व की ऐतिहासिक भूमिका अदा की है।

उस समय यूरोप में रोमन अंकों (I, II, III, IV, V, VI, ... X, L, D, ...) का प्रचलन था। गणित के ग्रंथों में यूनानी अक्षरांकों (α-अल्फा, β-बीटा, γ-गामा

आदि) का भी प्रयोग होता था। रोमन अंकों को ईसाई चर्च का प्रश्रय मिला हुआ था। इसलिए आरंभ में यूरोप के सब लोग भारतीय अंक-पद्धति और अंक-संकेतों को अपनाने के लिए तैयार नहीं थे। पुरातन का मोह आसानी से नहीं छूटता। इसलिए जब इटली के व्यापारी अपने बहीखाते भारतीय अंकों में लिखने लगे, तो आरंभ में उनका विरोध हुआ। सन् 1299 में फ्लोरेंस नगर की बैंकों के नाम आदेश जारी किया गया था कि वे नए भारतीय अंकों का इस्तेमाल न करें। कारण शायद यह बताया गया था कि इन नए अंकों में शून्य (0) को बड़ी आसानी से 6 या 9 में बदला जा सकता है। सन् 1348 में इटली के पदुआ विश्वविद्यालय के अधिकारियों ने भी आदेश जारी किया था कि पुस्तकों की सूचियां नए अरबी (भारतीय) अंकों में न तैयार की जाएं। पर इन आदेशों से ही पता चलता है कि चौदहवीं सदी में यूरोप में बड़ी तेजी से भारतीय अंकों का प्रसार हो रहा था। गणितज्ञ और व्यापारी बड़ी खुशी से भारतीय अंक-पद्धति और अंकों को अपना रहे थे, क्योंकि इनसे गणनाएं करने में उन्हें बड़ी सुविधा होती थी। फिर भी यूरोप के स्कूलों और बैंकों में 1600 ई. तक रोमन अंकों का इस्तेमाल होता रहा। उसके बाद प्रायः सभी क्षेत्रों में भारतीय अंकों को अपना लिया गया।

ईसा की बारहवीं सदी से अनेकानेक यूरोपीय हस्तलिपियों में हमें भारतीय मूल के अंक देखने को मिलते हैं। पंद्रहवीं सदी में छापाखाने स्थापित हुए, पुस्तकें छपने लगीं, तो इन भारतीय अंकों के स्वरूपों में स्थिरता आई। तब से इन अंकों में नगण्य परिवर्तन हुआ है। अब हमारे समय में ही इलेक्ट्रॉनिक टेक्नालॉजी की सुविधा के लिए इन अंक-संकेतों के स्वरूपों में थोड़ा-सा बदल हुआ है।

इस प्रकार, आज सारी दुनिया में जिस अंक-पद्धति का प्रचलन है वह भारतीय प्रतिभा की खोज है। और, यूरोप, अमरीका आदि महाद्वीपों में आज प्रचलित 1, 2, 3, 4, 5, 6 आदि अंक-संकेत भी भारतीय मूल के हैं, प्राचीन ब्राह्मी अंकों से विकसित हुए अंक हैं। यूरोप के साथ ये अंक पुनः भारत में आए। यूरोप के लोग इन्हें प्रायः 'अरबी-अंक' कहते हैं। पर ये 'अरबी अंक' नहीं हैं; अरबी अंक भिन्न किस्म के हैं। यूरोप के कुछ लोग इन्हें 'इंडो-अरबिक' अंक भी कहते हैं, पर असलियत में ये विशुद्ध भारतीय मूल के अंक हैं। अरबों ने इन्हें 'हिंद के गुबार अंक' कहा था और आरंभ में यूरोप के पंडितों ने भी इन्हें हिंद के अंक (न्यूमेरो इंदोरम्) ही कहा है। अतः आज सारी दुनिया में प्रचलित अंक-पद्धति तो भारत की खोज है ही, अंक-संकेत भी भारतीय मूल

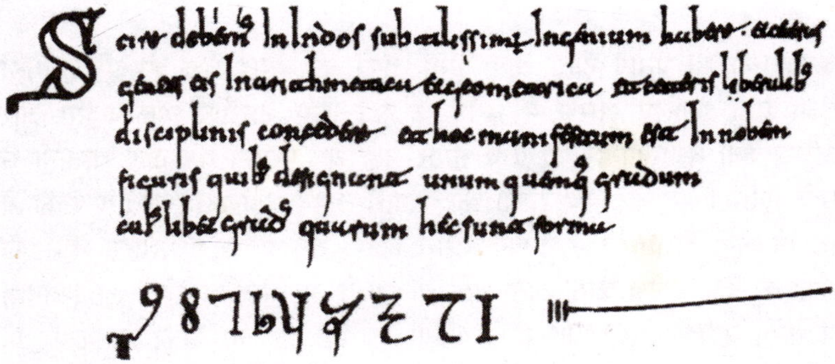

चित्र 3.26 : उत्तरी स्पेन से 976 ई. की एक लैटिन हस्तलिपि (कोडेक्स विजिलानुस) में भारतीय मूल के नौ अंक

के हैं। विज्ञान के क्षेत्र में यह संसार को भारत की सबसे बड़ी देन है।

यह समझना भी गलत है कि यूरोप का समूचा आधुनिक गणित प्राचीन यूनानी गणित से विकसित हुआ है। भारत और इस्लामी देशों में जब आर्यभट (जन्म : 476 ई.), ब्रह्मगुप्त (जन्म : 598 ई.), महावीराचार्य (लगभंग 850 ई.), भास्कराचार्य (जन्म : 1114 ई.) और अल्-ख़्वारिज्मी (783-लगभग 850 ई.) जैसे महान गणितज्ञ गणित के अनुसंधान में जुटे हुए थे, तब यूरोप में ज्ञान-विज्ञान के अंधकार का लंबा दौर चल रहा था। अरबी ग्रंथों से यूरोप वालों को भारतीय और यूनानी विज्ञान की जानकारी मिली, तभी बारहवीं सदी से वहां बौद्धिक नवजागरण का नया युग शुरू हुआ। यूरोप वालों को सबसे पहले अरबी ग्रंथों से ही यूक्लिड, आर्किमीदीज, टॉलमी आदि यूनानी वैज्ञानिकों का परिचय मिला था। मूल यूनानी ग्रंथों से उनका साक्षात्कार बाद में हुआ। इसी प्रकार, यूरोप वालों को भारतीय गणित और ज्योतिष के अनेक सिद्धांतों की जानकारी अरबी ग्रंथों से ही मिली। अरबी गणितज्ञों ने भारतीय गणित की अनेक विधियों को अपनाया था। ब्रह्मगुप्त के ग्रंथों का अरबी में अनुवाद हुआ था। आर्यभट (जन्म 476 ई.) के **आर्यभटीय** ग्रंथ का भी 800 ई. के लगभग **जीज़ अल् अर्जबहर** (आर्यभट का ज्योतिष-सिद्धांत) नाम से अरबी में अनुवाद हुआ था। आर्यभट ने अपने ग्रंथ में अंकगणित के प्रमुख परिकर्मों के अलावा त्रिकोणमिति और बीजगणित के समीकरणों का, पहली बार प्रथम घात के अनिर्णीत समीकरणों (कुट्टक गणित) का भी, विवेचन किया है। भारतीय गणितज्ञों ने बीजगणित के अध्ययन को बहुत आगे बढ़ा दिया था; ब्रह्मगुप्त ने अपने **ब्राह्मस्फुट-सिद्धांत** में

चित्र 3.27 : लियोनार्दो 'फिबोनाकी' (लगभग 1170-1245 ई.)

बीजगणित पर एक स्वतंत्र अध्याय (कुट्टकाध्याय) ही लिखा है। भारतीय बीजगणित की ये विधियां पहले इस्लामी देशों में पहुंचीं और फिर यूरोप में फैलीं।

अल्-ख़्वारिज्मी ने बीजगणित पर भी एक पुस्तक लिखी थी, जिसमें उन्होंने भारतीय बीजगणित की विधियों का भी समावेश किया था। अल्-ख़्वारिज्मी की इस पुस्तक का नाम है : **किताब अल्-जब्र व अल्-मुकाबिलः।** यहां 'जब्र' का अर्थ है 'पुनर्स्थापना' और 'मुकाबिलः' का अर्थ है 'समान करना'। ये समीकरणों की रचना (न्यास) से संबंधित क्रियाएं हैं। अल्-ख्वारिज्मी ने बीजगणित की अपनी यह पुस्तक बग़दाद में 825 ई. के आसपास लिखी थी।

अल्-ख़्वारिज्मी की इस पुस्तक का इंग्लैंड के चेस्टर-निवासी रॉबर्ट ने 1145 ई. के लगभग स्पेन के एक अरबी विद्याकेंद्र में बैठकर लैटिन में अनुवाद किया था। अल्-ख़्वारिज्मी की मूल अरबी पुस्तक और उसका लैटिन अनुवाद, दोनों ही आज उपलब्ध हैं। लैटिन में बीजगणित पर यह पहली पुस्तक थी, इसलिए इसके अरबी नाम का 'अल्-जब्र' शब्द 'अलजब्रा' (Algebra) बनकर यूरोप की भाषाओं में बीजगणित के अर्थ में प्रचलित हो गया। हम देख ही चुके हैं कि अल्-ख़्वारिज्मी का नाम भारतीय अंक-पद्धति से की जाने वाली गणनाओं के अर्थ में प्रचलित हो गया था। अरबी मूल के इन्हीं दो नामों से स्पष्ट हो जाता है कि अंकगणित और बीजगणित के आरंभिक विकास के लिए यूरोप वस्तुतः अरबी और भारतीय गणितज्ञों का कितना ऋणी है।

एक और शब्द पर विचार करने पर यह तथ्य अधिक स्पष्ट हो जाता है। पाश्चात्य त्रिकोणमिति का एक बुनियादी शब्द है साइन (Sine)। यह 'साइन' शब्द संस्कृत के 'जीवा' शब्द के आधार पर बना है। वृत्त के दो बिंदुओं को जोड़ने वाली सीधी रेखा को 'जीवा' कहते हैं। जीवा को 'ज्या' भी लिखते हैं। आर्यभट ने अर्धज्याओं को आधार बनाकर अपनी त्रिकोणमिति की रचना की थी।

चित्र 3.28 : यूरोप में 10वीं से 15वीं सदी तक भारतीय अंकों का विकासक्रम

भारतीय गणित के ग्रंथ बग़दाद पहुंचे और उनका अरबी में अनुवाद होने लगा, तो 'जीवा' शब्द को देखकर अरबी पंडित सोच में पड़ गए। उन्हें अरबी में 'जीवा' का कोई समानार्थी शब्द नहीं सूझा, तो उन्होंने इसे ज्यों-का-त्यों अपना लिया। अरबी में स्वराक्षर नहीं लिखे जाते, इसलिए उन्होंने 'जीवा' को 'ज-ब' के रूप में लिखा।

स्पेन के अरबी विद्याकेंद्रों में जब गणित के अरबी ग्रंथों का लैटिन में अनुवाद होने लगा, तो यूरोप के पंडित इस 'ज-ब' शब्द को देखकर चक्कर में पड़ गए। वे जानते थे कि यह त्रिकोणमिति का एक पारिभाषिक शब्द है, पर उन्हें पता नहीं था कि यह मूलतः संस्कृत का 'जीवा' शब्द है। उन्होंने 'ज-ब' में स्वराक्षर स्थापित करके अनुमान लगाया कि यह अरबी का 'जेब' शब्द होगा। अरब लोग अपने कुरतों में भीतर की तरफ, छाती के ऊपर, जेब बनाते थे। इसलिए 'ज-ब' को 'जेब' समझकर लैटिन में इसका अनुवाद किया गया— 'सिनुस्' (Sinus) यानी 'छाती'। यही 'सिनुस्' शब्द बाद में 'साइन' (Sine) में बदल गया। संस्कृत के 'जीवा' से बना हुआ लैटिन का यह 'साइन' शब्द स्पष्ट जानकारी देता है कि यूरोपवालों को आरंभ में त्रिकोणमिति का परिचय भारतीय गणित पर आधारित अरबी ग्रंथों से मिला था। आज भी सारी दुनिया में त्रिकोणमिति की पढ़ाई आर्यभट (जन्म 476 ई.) के मूल ढांचे के अनुसार ही होती है, टॉलमी के तरीके से नहीं।

ब्रह्मगुप्त संसार के पहले गणितज्ञ हैं जिन्होंने अनिर्णीत वर्ग-समीकरण यानी अ$\text{य}^2 + 1 = \text{र}^2$ का हल प्रस्तुत किया था। इस हल के लिए उन्होंने दो

प्रमिकाएं (Lemmas) खोजी थीं। ब्रह्मगुप्त के उपर्युक्त समीकरण को यूरोप के महान गणितज्ञ आयलर (Euler : 1707-83 ई.) ने ही **पेल समीकरण** (Pell's equation) का नाम दिया था। पर जॉन पेल (1668 ई.) के एक हजार साल पहले ब्रह्मगुप्त इस समीकरण का हल प्रस्तुत कर चुके थे। बाद में भास्कराचार्य (1150 ई.) ने इस समीकरण का एक बेहतर हल प्रस्तुत कर दिया।

भारतीय गणित का योगदान : विदेशी विद्वानों की दृष्टि में

भारतीय गणित ने आधुनिक विज्ञान में किस हद तक प्रवेश किया है, यह जानना अत्यंत जरूरी है। आधुनिक अंकगणित और बीजगणित के भाव एवं तरीके भारतीय हैं, यूनानी नहीं। भारतीय अंक-पद्धति के उन परिपूर्ण एवं शुद्ध चिह्नों पर विचार करो ...और फिर सोचो कि भारतीय पंडित किस श्रेय के भागी हैं। दुर्भाग्य से भारत के कई अमूल्य आविष्कार यूरोप में काफी बाद में पहुंचे। यदि वे दो-तीन सदियों पहले पहुंचते, तो उनका प्रभाव निश्चय ही अधिक पड़ता।

—गणित के इतिहासकार **फ्लोरियन काजोरी**

शून्य के आविष्कार की जितनी भी स्तुति की जाए, कम है। 'कुछ नहीं' वाले इस शून्य को, न केवल एक स्थान, नाम, चिह्न या संकेत प्रदान करना, बल्कि उसमें उपयोगी शक्ति भरना, उस भारतीय मस्तिष्क की एक विशेषता है जिसने इसे जन्म दिया है। यह 'निर्वाण' को विद्युत-शक्ति में बदलने जैसा है। गणित के किसी भी अन्य आविष्कार ने मानव बुद्धि और शक्ति को इतना अधिक बलशाली नहीं बनाया है।

—प्रो. जॉर्ज ब्रूस हालस्टेड

अरबों ने ही सबसे पहले स्पेन में भारतीय अंक-पद्धति का प्रचार किया। यह एक नई और क्रांतिकारी अंक-पद्धति थी। इसी अंक-पद्धति ने आधुनिक विज्ञान और इंजीनियरी का पथ प्रशस्त किया है।

—गणित के इतिहासकार **अल्फ्रेड हूपर**

केवल दस संकेतों से संख्याओं को व्यक्त करने की यह अद्भुत विधि हमें भारत से प्राप्त हुई है। इसमें प्रत्येक संकेत का एक निजी मान के अलावा भिन्न-भिन्न स्थानमान भी होते हैं। ...गणनाओं को सुगम बनाने की इसकी क्षमता हमारे अंकगणित को प्रथम श्रेणी का उपयोगी आविष्कार

चित्र 3.29 : 1453 ई. में निर्मित यूरोपीय धूपघड़ी में भारतीय मूल के अंक-संकेत

बना देती है।

—फ्रांसीसी गणितज्ञ **प्योर-सिमाँ लाप्लास** (1749-1827 ई.)

भारतीयों की संसार को सिर्फ दाशमिक स्थानमान अंक-पद्धति की एक ही देन होती, अन्य कुछ नहीं होता, तो भी यूरोप भारत का असीम ऋणी रहता।

—मैक्स मूलर (1823-1900 ई.)

जिस समय भारत में भास्कराचार्य (1150 ई.) हुए, उस समय यूरोप में ज्ञान-विज्ञान के जागरण का नया युग शुरू होने जा रहा था। यूरोप के विद्वान अरबी और यूनानी ग्रंथों का अनुवाद करके अपने ज्ञान-भंडार को समृद्ध बना रहे थे। उनमें नया जोश था, उनकी ज्ञान-पिपासा तीव्र थी। और यही सबसे बड़ी बात है। दो-तीन सौ साल के बाद ही इसके परिणाम भी सामने आए। यूरोप में आधुनिक विज्ञान के नए युग की शुरुआत हुई।

हम यह मानते हैं कि भास्कराचार्य एक प्रतिभाशाली गणितज्ञ और ज्योतिर्विद्

थे। परंतु एक व्यक्ति की प्रतिभा से कुछ नहीं होता। हमें देखना होगा कि भास्कर के समय के भारतीय गणित व ज्योतिष में कितनी शक्ति थी। हमें देखना होगा कि क्या भास्कर के ग्रंथों का गणित व ज्योतिष आधुनिक गणित व ज्योतिष में विकसित हो सकता था।

हमने संक्षेप में जाना है कि भास्कराचार्य के समय तक भारत में और दूसरे देशों में गणित और ज्योतिष का कितना-कुछ विकास हो चुका था। अब हम भास्कर की प्रतिभा और गणित-ज्योतिष के इतिहास में उनके योगदान का सही मूल्यांकन कर सकते हैं। अब हम भास्कराचार्य के ग्रंथों को उनके सही रूप में समझ सकते हैं।

संदर्भ और टिप्पणियां

1. पृथिवी ... प्रतिष्ठाम् – **अथर्ववेद**, 6.77.1. विस्तृत जानकारी के लिए देखिए मेरी पुस्तक **महान गणितज्ञ-ज्योतिषी आर्यभट**, द्वितीय संशोधित संस्करण, प्रकाशन विभाग, भारत सरकार, नई दिल्ली, 2007.

2. वेदि = यज्ञ के लिए तैयार किया गया स्थान। 'चिति' शब्द 'चि' धातु से बना है, जिसका अर्थ है–रचना करना। पकाई हुई ईंटों (इष्टका) का उपयोग करके जो रचना की जाती है उसे 'चिति' कहते हैं। श्येन, कंक, प्रउग, रथचक्र आदि चिति के प्रकार हैं। आज 'अग्नि' का अर्थ है–आग। शुल्वसूत्रों में यही शब्द चिति के अर्थ में प्रयुक्त हुआ है। विभिन्न यज्ञों में कामनानुसार जिस प्रमुख वेदी पर हव्यकव्य किया जाता है उसे 'अग्निचिति' कहते हैं। इनके आकार भिन्न-भिन्न हैं।

3. 'शुल्व' शब्द का प्रयोग केवल शीर्षकों में हुआ है; सूत्रों में सर्वत्र 'रज्जु' शब्द ही आया है।

4. अशोक के चतुर्थ स्तंभलेख में 'लजूका' (= राजुक = रज्जुक) शब्द आया है, जिसे कुछ विद्वान 'सर्वेक्षक' का सूचक मानते हैं, तो कुछ अन्य विद्वान 'राज्य का एक अधिकारी'। हमें प्रथम अर्थ ही ज्यादा ग्राह्य लगता है।

   मौर्यकाल में राज्य की ओर से नदियों पर बांध बांधकर उनमें से खेतों की सिंचाई के लिए नहरें निकाली जाती थीं। एक ठोस सबूत है–जूनागढ़ (सौराष्ट्र) के समीप निर्मित "सुदर्शन" नामक जलाशय। इसके पास एक ही चट्टान पर भारत के तीन महान शासकों–अशोक मौर्य (273-232 ई.पू.), शकक्षत्रप रुद्रदामन् (लगभग 128-155 ई.) व गुप्त सम्राट स्कंदगुप्त (455-467 ई.)–के लेख खुदे हुए हैं। तीनों लेखों का प्रयोजन है–"सुदर्शन" जलाशय का जीर्णोद्धार। इस जलाशय का निर्माण

पहली बार चंद्रगुप्त मौर्य (शासनारंभ लगभग 322 ई.पू.) के सौराष्ट्र के शासनाधिकारी ने पास के किसानों के खेतों को पानी पहुंचाने के प्रयोजन से किया था। आगे जाकर यह जलाशय बार-बार टूटता रहा, तो अशोक मौर्य, रुद्रदामन् व स्कंदगुप्त के सौराष्ट्र के शासनाधिकारियों ने इसकी मरम्मत करवाई, इसे मजबूत बनाया, इसमें से खेतों की सिंचाई के लिए नई नहरें निकालीं।

स्पष्ट है कि शासन की ओर से सिंचाई का इस तरह का प्रबंध था, तो खेतों का मापन करके किसानों से समुचित शुल्क भी वसूल किया जाता था। चंद्रगुप्त मौर्य के दरबार के यूनानी दूत मेगास्थनीज ने भी लिखा है : साम्राज्य के अधिकारी "भूमि का मापन करते थे, जैसा कि मिस्र में होता है, और वे उन नहरों की जांच-पड़ताल करते थे जिनके जरिए शाखा-नहरों में पानी पहुंचता था, ताकि हरेक को अपने हिस्से का आवश्यक पानी मिल सके।" देखिए V. A. Smith, **The Early History of India**, Oxford, pp. 139-140.

स्पष्ट है कि मिस्र की तरह भारत में भी भूमि-मापन ने ज्यामिति के आरंभिक विकास में महत्वपूर्ण भूमिका अदा की है।

5. संख्याज्ञः परिमाणज्ञः समसूत्रनिरञ्छकः ॥
समभूमौ भवेद्विद्वान् शुल्बवित् परिपृच्छकः।—**कात्यायन शुल्वसूत्र,** 7.2-3.

करणीनां विभागज्ञो नित्योद्युक्तश्च कर्मसु।
शास्त्रबुद्ध्या विभागज्ञः परशास्त्रकुतूहलः ॥
शिल्पिभ्यः स्थपतिभ्यश्च आददीत मतीः सदा।—**कात्यायन शुल्वसूत्र,** 7.5-6.

6. समे शंकुं निखाय शंकुसम्मितया रज्ज्वा मण्डलं परिलिख्य यत्र लेखयोः
शंक्वग्रच्छाया निपतति तत्र शंकू निहन्ति, सा प्राची ॥ —**कात्यायन शुल्वसूत्र,** 1.2.

7. **ज्योतिः सूर्यादिगत्यादिकं प्रतिपाद्यतयाऽस्त्यस्य अच्।**

8. **ज्योतिषां सूर्यादिग्रहाणां बोधकं शास्त्रम्।**

9. **कालज्ञानं प्रवक्ष्यामि लगधस्य महात्मनः ॥—ऋक्-वेदाङ्गज्योतिष**, 2.

10. **ऋग्वेद**, 5.40.5-9. इस सूक्त के ऋषि अत्रि हैं। ऋचा 5-9 में स्वर्भानु (बाद का राहु) द्वारा सूर्य को ग्रसित करने से पृथ्वी पर सूर्य-ग्रहण घटित होने का वर्णन है। पांचवीं ऋचा में सूर्य-ग्रहण से पृथ्वी पर मचे हाहाःकार का वर्णन है। छठी ऋचा में अत्रि द्वारा स्वर्भानु का नाश करके पृथ्वी को पुनः सूर्य प्राप्त कर दिए जाने का निर्देश है। नौवीं ऋचा में बताया गया है कि सूर्य को ग्रस्त करने वाले स्वर्भानु को अत्रि ने खोज निकाला है। छठी ऋचा में वर्णन है कि ग्रहण से निस्तेज हुए सूर्य को अत्रि ने 'तुरीय' यंत्र (?) से देखा।

11. **अथर्ववेद** (19.7) में कृत्तिका से आरंभ होने वाले जिन 28 नक्षत्रों की सूची दी गई है उनमें उत्तरी आकाश का 'अभिजित्' (Vega) अतिरिक्त नक्षत्र है। बाद में 'अभिजित्' को छोड़ दिया गया। **वेदांग-ज्योतिष** में 27 नक्षत्रों की ही सूची है।
12. काणे, पांडुरंग वामन : **धर्मशास्त्र का इतिहास** (चतुर्थ भाग, अध्याय 15), हिंदी समिति, लखनऊ, 1984, पृ. 266 व 262.
13. वही, पृ. 265.
14. **मनुस्मृति** (3.162) का कथन है कि नक्षत्र-विद्या से जीविका चलाना (नक्षत्रैर्यश्च जीवति) ब्राह्मण के लिए वर्जित है।

    एक अन्य श्लोक में **मनु** कहते हैं : "भूकंप आदि उत्पातों, आंख फड़कना-जैसी शारीरिक गतियों या आज अमुक नक्षत्र है, इसका अमुक फल होगा, इस प्रकार की नक्षत्रविद्या से या अंगविद्या (हाथ देखना आदि) से, नीतिमार्ग का उपदेश देकर और शास्त्रार्थ करके भिक्षा प्राप्त नहीं करनी चाहिए।" (**मनुस्मृति**, 6.50)

    महाभारत का एक श्लोक है :

    बहवः संप्रदृश्यन्ते तुल्य नक्षत्र मंगलाः।
    महत्तुफलवैषम्यं दृश्यते कर्मसंगिषु ॥

    अर्थात्, बहुत से लोग एक ही नक्षत्र आदि के दिखते हैं, यानी एक ही नक्षत्र में पैदा होते हैं, परंतु अपने-अपने जीवन के कर्म के अनुसार उन्हें अलग-अलग फल मिलते हैं।

    बौद्धों के **नक्खत्त जातक** (नं. 49) की पालि-गाथा है :

    नक्खत्तं पतिमानेन्तं अत्थो बालं उपच्चगा।
    अत्थो अत्थस्स नक्खत्तं किं करिस्सन्ति तारका ॥

    अर्थात्, जो मूर्ख (बालम्) आदमी लगातार नक्षत्र-कथनों पर आश्रित रहता है, वह अपने लक्ष्य को प्राप्त नहीं कर सकता। धन (अर्थ) की प्राप्ति के लिए तो धन ही नक्षत्र है; उसमें नक्षत्र (तारे) क्या मदद कर सकते हैं?

    ठीक इसी तरह के अर्थ एवं शब्दों वाला एक संस्कृत श्लोक कौटिल्य (चाणक्य) के **अर्थशास्त्र** (अधिकरण 9, अध्याय 4.26) में भी देखने को मिलता है :

    नक्षत्रमति पृच्छन्तं बालमर्थोऽतिवर्तते।
    अर्थो अर्थस्य नक्षत्रं किं करिष्यन्ति तारकाः ॥

    प्राचीन भारत में ऐसी अनेक 'सूक्तियां' प्रचलित रहीं जिनमें 'कुगणकों' यानी फलित-ज्योतिषियों की निंदा है।

15. सामंत चंद्रशेखर सिंह के बारे में विस्तृत जानकारी के लिए देखिए **परिशिष्ट 3.**

16. आज मीडिया में भी 'फलित-ज्योतिष' के अर्थ में 'ज्योतिष' शब्द का प्रयोग धड़ल्ले से हो रहा है, जो ऐतिहासिक दृष्टि से गलत है, भ्रांतिजनक है।

16. भास्कराचार्य ने **सिद्धांत-शिरोमणि** के अपने 'वासना-भाष्य' में लिखा है :
व्यक्ताव्यक्तभगोलवासनमयः सिद्धान्त आदिरिति।

अर्थात्, जिसमें व्यक्त गणित (अंकगणित), अव्यक्त गणित (बीजगणित), ग्रहगणित और गोलगणित होता है वह 'सिद्धांत' कहलाता है।

17. पं. सुधाकर द्विवेदी ने **गणकतरङ्गिणी** के आरंभ में एक श्लोक दिया है, जिसमें ज्योतिषशास्त्र के 18 प्रवर्तकों के नाम हैं :

सूर्यः पितामहो व्यासो वसिष्ठोऽत्रिः पराशरः।
कश्यपो नारदो गर्ग्गो मरीचिर्मनुरङ्गिराः॥
लोमशः पौलिशश्चैव च्यवनो यवनो भृगुः।
शौनकोऽष्टादशाश्चैते ज्योतिःशास्त्रप्रवर्तकाः॥

18. षष्ट्यब्दानां षष्टिर्यदा व्यतीतास्त्रयश्च युगपादाः।
त्र्यधिका विंशतिरब्दास्तदेह मम जन्मनोऽतीताः ॥ 10 ॥–कालक्रिया, **आर्यभटीय.**

अर्थात्, 'जब 60 वर्षों की 60 अवधियां (60 × 60 = 3600 वर्ष) और युगों के तीन पाद (कृत, त्रेता, द्वापर) व्यतीत हो गए, तब मेरे जन्म के बाद 23 वर्ष हो चुके थे।' यहां आर्यभट अपने जन्म-वर्ष (476 ई.) की जानकारी दे रहे हैं।

19. जो ग्रंथ ईश्वर-कृत या ऋषि-मुनियों द्वारा रचित माने गए थे, उन्हें 'अपौरुषेय' रचनाएं कहा गया; जैसे, भगवान सूर्य ने अपने पुरुष-प्रतिनिधि के जरिए मयासुर को 'ग्रहों के चरित्र' (ज्योतिष) का जो उपदेश दिया था वही **सूर्य-सिद्धांत** में संकलित है। आर्यभट ऐतिहासिक व्यक्ति थे, उन्होंने अपने समय के बारे में स्पष्ट जानकारी दी है और अपने ग्रंथ के साथ अपना नाम जोड़ा है, इसलिए उनकी कृति को 'पौरुषेय' माना गया।

20. विस्तृत जानकारी के लिए देखिए मेरी पुस्तक **महान गणितज्ञ-ज्योतिषी आर्यभट**, द्वितीय संशोधित संस्करण, प्रकाशन विभाग, भारत सरकार, नई दिल्ली, 2007.

21. वराहमिहिर भारत के उन चंद ज्योतिर्विदों में हैं जिन्होंने अपने समय के बारे में स्पष्ट सूचना नहीं दी है। अपने **बृहज्जातक** के 'उपसंहाराध्याय' के पांचवें श्लोक में उन्होंने सिर्फ इतना ही बताया है :

आदित्यदासतनयस्तदवाप्तबोधः कापित्थके सवितृलब्धवरप्रसादः।
आवन्तिको मुनिमतान्यवलोक्य सम्यग् होरां वराहमिहिरो रुचिरां चकार॥

अर्थात्, वह आदित्यदास के पुत्र हैं, कापित्थक में उन्होंने सूर्य का वर प्राप्त किया है और अवंति (उज्जैन, मालवा) में अध्ययन किया है। कुछ विद्वानों ने कालपी और संकिसा (दोनों उत्तर प्रदेश में) के साथ कापित्थक का समीकरण स्थापित किया है। पं. सुधाकर द्विवेदी ने 'कापित्थके' के स्थान पर 'काम्पिल्लके' पाठ पढ़कर इसे यमुनातट का आधुनिक कालपीनगर माना, तो कनिंघम व कीलहॉर्न ने इसे गंगातट के संकिसा (प्राचीन 'किया-पि-थ') के साथ जोड़ा। मगर अधिक संभव यही लगता है कि उज्जैन से नातिदूर का कायथा ही वराहमिहिर का कापित्थक है। कायथा बहुत पुराना गांव है। विक्रम विश्वविद्यालय के पुरातत्ववेत्ताओं द्वारा किए गए उत्खनन में यहां से ताम्र-पाषाण संस्कृति की पुरावस्तुएं मिली हैं, सूर्य सहित कई देवताओं की मूर्तियां भी मिली हैं। 'कापित्थक' नाम का संबंध संभवतः 'कपित्थ' (हिंदी 'कैथ', मराठी 'कवठ') वृक्ष और इसके फल से है। कायथा के नजदीक की 'छोटी काली सिंधु' नदी (जो आगे चंबल से जाकर मिलती है) के तट पर आज भी कैथे के कई पेड़ पाये जाते हैं। कायथा के निवासियों ने अब अपने गांव को 'कापित्थनगरी' कहना शुरू कर दिया है।

22. **पंचमहाभूतमयस्तारागणपञ्जरे महीगोलः ।**
खेऽयस्कान्तान्तःस्थो लोह इवावस्थिता वृत्तः ॥–'त्रैलोक्य-संस्थान', **पंचसिद्धांतिका.**

अर्थात्, पंचमहाभूत से निर्मित यह गोल पृथ्वी खगोल में उसी प्रकार (अधर) टिकी हुई है, जिस प्रकार चुंबकों के बीच लोहा।

23. **तोषितस्तपसा तेन प्रीतस्तस्मै वरार्थिने।**
ग्रहाणां चरितं प्रादात् मयाय सविता स्वयम् ॥ 4 ॥

न मे तेजः सहः कश्चिदाख्यातुं नास्ति मे क्षणः ।
मदंशः पुरुषोऽयं ते निःशेषं कथयिष्यति ॥ 9 ॥–मध्यमाधिकार, **सूर्य-सिद्धांत.**

अर्थात्, उसकी तपस्या से संतुष्ट व प्रसन्न होकर सूर्य ने स्वयं वर चाहने वाले मय को 'ग्रहों के चरित्र' यानी ज्योतिषशास्त्र का उपदेश दिया। सूर्य ने कहा : 'मेरा तेज कोई सह नहीं सकता और उपदेश देने के लिए मुझे समय भी नहीं है, इसलिए मेरा यह अंश-पुरुष तुझे भलीभांति उपदेश देगा।'

24. अयन-चलन के बारे में सही मत प्रस्तुत करने वाले मुंजाल या मंजुल पहले भारतीय गणितज्ञ-ज्योतिर्विद हैं। आज मंजुल का केवल एक ही ग्रंथ उपलब्ध है–**लघुमानम**, जिसे उन्होंने 932 ई. में लिखा और जो 60 श्लोकों का एक छोटा करण-ग्रंथ है; उनका बड़ा ग्रंथ **बृहन्मानस** आज उपलब्ध नहीं है। 'लघुमानस' में विषुव-बिंदुओं के अयन-चलन (precession of the equinoxes) से संबंधित महत्वपूर्ण श्लोक है :

अयनचलनाष्षडंशाः पंचांशल्लिप्तिका(6°50')स्तथैकैकाः(1')।
प्रत्यब्दं तत्सहितो रविरुत्तरविषुवदादिः स्यात् ॥5॥–प्रथम अध्याय, **लघुमानस**

मंजुल के अनुसार, शक-वर्ष 444 (522 ई.) में अयन-चलन शून्य था और इसकी प्रति-वर्ष गति 1' थी। इस तरह, शक-वर्ष 854 या 932 ई. में अयन-चलन 6°50' था, जैसा कि मंजुल ने उपर्युक्त श्लोक में कहा है।

मंजुल के जन्म-स्थान के बारे में स्पष्ट जानकारी नहीं मिलती, मगर उनका करण-ग्रंथ **लघुमानस** उत्तर में कश्मीर से लेकर दक्षिण में आंध्र, कर्नाटक, केरल व तमिलनाडु तक प्रसिद्ध रहा है। श्लोक भी है :

आर्यभटो ग्रहगणितं गोलं दामोदरो विजानाति।
यंत्रज्ञो जिष्णुसुतो सर्वं जानाति मंजुलाचार्यः ॥

अर्थात्, आर्यभट ग्रह-गणित जानते हैं, दामोदर गोल-गणित जानते हैं, और जिष्णुपुत्र ब्रह्मगुप्त व्यावहारिक गणित-ज्योतिष जानते हैं, मगर मंजुलाचार्य इन सभी को जानते हैं।

25. **छादयति शशी सूर्यं शशिनं महती च भूच्छाया** ॥ 38 ॥–गोलपाद, **आर्यभटीय.**

26. **छादको भास्करस्येन्दुरधःस्थो धनवद्भवेत्।**
भूछायां प्राङ्मुखश्चन्द्रो विशत्यस्य भवेदसौ ॥ 9 ॥–चंद्रग्रहणाधिकार, **सूर्य-सिद्धांत.**

अर्थात्, सूर्य से नीचे रहने के कारण चंद्रमा उसे बादल की तरह ढक लेता है (इसलिए सूर्य-ग्रहण लगता है)। पूर्व की ओर भ्रमण करता हुआ चंद्रमा भूछाया में प्रवेश कर जाता है, इसलिए चंद्रमा को ग्रहण लगता है।

27. विस्तृत जानकारी के लिए देखिए, **The Bakhshali Manuscript,** Edited by Swami Satya Prakash & Usha Jyotishmati, Allahabad, 1979.

28. यदि च भ्रमति क्षमा तदा स्वकुलायं कथमाप्नुयुः खगाः।
इषवोऽभिनभः समुज्झितानिपतन्तः स्युरपाम्पतेर्दिशि ॥ 42 ॥–मिथ्याज्ञानाध्याय.

29. लौकिके वैदिके वापि तथा सामायिकेऽपि यः
व्यापारस्तत्र सर्वत्र संख्यानमुपयुज्यते ॥ 9 ॥ ... ...
बहुभिर्विप्रलापैः किं त्रैलोक्ये सचराचरे ।
यत्किंचिद्वस्तु तत्सर्वं गणितेन विना न हि ॥ 16 ॥ **गणितसार-संग्रह,** 1, 9 व 16.

30. शं. बा. दीक्षित, **भारतीय ज्योतिष**, पृ. 341.

31. अंग्रेजी और यूरोप की अन्य अनेक भाषाएं जिस लिपि में लिखी जाती हैं वह रोमन अथवा लैटिन लिपि है। और, रोमन अंक ये हैं : I, II, III, IV, V, VI, IX, X, L ... आदि।

32. "संघ की राजभाषा हिंदी और लिपि देवनागरी होगी।

संघ के राजकीय प्रयोजनों के लिए प्रयोग होने वाले अंकों का रूप भारतीय अंकों का अंतर्राष्ट्रीय रूप होगा।"–**भारत का संविधान, 343 (1)**

33. ऋग्वेद, 1.53.9.

34. वेदों का अंग्रेजी में अनुवाद करने वाले आर्यसमाजी विज्ञानी डा. स्वामी सत्यप्रकाश ने भी स्वीकार किया है कि 'शून्य' शब्द ऋग्वेद में नहीं पाया जाता। देखिए उनका ग्रंथ **वैज्ञानिक विकास की भारतीय परंपरा**, पटना, 1954, पृ. 324.

35. शब्दांकों की सूची के लिए देखिए इस पुस्तक के अध्याय 2 की टिप्पणी 3.

36. सेवेरस सेबोख्त (662 ई.) कहता है : "हिंद के निवासी सीरियाई लोगों से भिन्न हैं। ... मैं उनकी वर्णनातीत गणना-पद्धति का भी जिक्र नहीं करूंगा। मैं सिर्फ इतना कहना चाहता हूं कि ये गणनाएं केवल नौ अंकों से की जाती हैं। जो लोग यूनानी भाषा के जानकार होने के कारण यह समझते हैं कि वे विज्ञान के शिखर पर पहुंच चुके हैं, वे यदि हिंदवालों की इस अंक-पद्धति को जानें, तो उन्हें यकीन हो जाएगा कि उनके अलावा दुनिया में और भी लोग हैं, जो कुछ जानते हैं।"

37. Sachau, Edward C. : **Alberuni's India**, N. Delhi, 1964, Preface, xxxi.

38. स्वयं भास्कराचार्य ने 'ग्रहगणित' के 'चंद्रग्रहणाधिकार' प्रकरण के श्लोक 4 के अपने वासना-भाष्य में 'धूलिकर्म' शब्द का प्रयोग किया है ('अत्र धूलीकर्मणा प्रत्यक्षप्रतीतिः')।

अध्याय - 4

लीलावती

भास्कराचार्य की प्रसिद्ध पुस्तक **लीलावती** प्रमुखतः अंकगणित की पुस्तक है, परंतु उस समय की परंपरा को निभाते हुए भास्कर ने इसमें 'क्षेत्र व्यवहार', 'खात व्यवहार', 'चिति व्यवहार', 'राशि व्यवहार', 'छाया व्यवहार' जैसे पृष्ठ ज्यामिति तथा ठोस ज्यामिति के कुछ विषयों का भी समावेश कर दिया है। इनके अलावा 'कुट्टक व्यवहार' के नाम से बीजगणित का एक प्रकरण भी इसमें है। यही प्रकरण उनकी **बीजगणित** पुस्तक में भी दोहराया गया है। अंत में 'अंकपाश' नामक व्यवहार है, जिसमें अंकों को उलट-पलटकर उनके भेदों की संख्या (क्रमचय) और भेदों की संख्या का योग जानने की रीति बताई गई है–रोचक उदाहरणों के साथ।

एक बात स्पष्ट रूप से समझ लेना जरूरी है। भास्कर की 'लीलावती' या उनका 'बीजगणित' अपने समय की एक तरह की पाठ्य-पुस्तकें हैं, गणित के शोधग्रंथ नहीं हैं। इनमें गणित की जो विधियां हैं वे सारी स्वयं भास्कर ने नहीं खोजी हैं। भास्कर की इन पुस्तकों का अधिकांश गणित भारत में आर्यभट (जन्म 476 ई.) और ब्रह्मगुप्त (जन्म 598 ई.) के समय तक खोजा जा चुका था।

भास्कर के पहले के कुछ गणितज्ञों ने भी इस प्रकार की पाठ्य-पुस्तकें लिखी थीं। प्रमुखतः अंकगणित की पुस्तक **बक्षाली हस्तलिपि** (छठी-सातवीं सदी ई.) एक तरह से पाठ्य-पुस्तक ही है। भास्कर से कोई तीन सौ साल पहले मान्यखेट (कर्नाटक) में महावीराचार्य (लगभग 850 ई.) नाम के एक जैन गणितज्ञ हुए। इनकी **गणितसार-संग्रह** नामक जो पुस्तक है वह भी एक तरह से पाठ्य-पुस्तक ही है। इसमें भी कई रोचक उदाहरण हैं। भास्कर ने इन उदाहरणों का अनुकरण किया है, हालांकि उन्होंने महावीराचार्य का कहीं कोई उल्लेख नहीं किया है।

फिर ईसा की आठवीं या नौवीं सदी में, संभवतः कर्नाटक में ही, श्रीधराचार्य नाम के एक बड़े गणितज्ञ हुए। भास्कर ने अपनी पुस्तकों में कई स्थानों पर श्रीधर का उल्लेख किया है। श्रीधर की **पाटीगणित** और **त्रिशतिका** (300 श्लोक)

अथवा 'गणितसार' नामक अंकगणित की पुस्तकें मिलती हैं।[1] भास्कर ने श्रीधर की बीजगणित की पुस्तक का भी उल्लेख किया है, पर आज वह उपलब्ध नहीं है। भास्कर ने गणित की अपनी पुस्तकों की रचना में श्रीधर की पुस्तकों से काफी सहायता ली है। भास्कर के कुछ दशक पहले हुए मालवा के गणितज्ञ श्रीपति की **गणित-तिलक** नामक अंकगणित की एक पुस्तक मिलती है।

चित्र 4.1 : लीलावती की ताड़पत्र हस्तलिपि (लगभग 1400 ई. की प्रतिलिपि)

भास्कर की पुस्तकों की विशेषता यह है कि ये पहले की पुस्तकों से बेहतर हैं। इनमें गणित के विषयों को उत्तम रीति से प्रस्तुत किया गया है। उदाहरण भी रोचक हैं। भास्कर ने गणित की कुछ पुरानी विधियों में सुधार भी किया है। उनकी भाषा में आकर्षण है, माधुर्य है। भास्कर उच्चकोटि के कवि भी थे।

पुस्तक के 'लीलावती' नाम को लेकर अनेक प्रकार की अटकलें लगाई गई हैं। संभवतः यह किसी बालिका या युवती का नाम है। भास्कर ने पुस्तक में कई स्थानों पर लीलावती को संबोधित करके नियम बताए हैं, और उससे सवाल पूछे हैं; जैसे, 'अये बाले लीलावति!' भास्कर ने लीलावती के नेत्रों की प्रशंसा करते हुए उसे 'चंचलाक्षि' (चंचल आंखोंवाली) और 'बाले बालकुरंगलोलनयने' (जिसकी आंखें मृगछौने की आंखों की तरह हैं) कहकर भी संबोधित किया है। परंतु अन्यत्र उन्होंने उसे 'सखे' कहकर भी संबोधित किया है। और, यही बात हमें उलझन में डाल देती है। लीलावती पुस्तक में 'मित्र', 'गणक', 'सुवर्णगणितज्ञ' आदि अन्य संबोधनों का भी प्रयोग हुआ है।

कौन थी लीलावती? उससे भास्कर का क्या नाता था?

एक मत यह है कि लीलावती भास्कर की पत्नी का नाम था। परंतु इस अनुमान के लिए कोई आधार नहीं है।

एक किम्वदंती है : भास्कर जब गुरुकुल में पढ़ते थे, तो इनके गुरु ने इन्हें कुलीन व सर्वगुणसम्पन्न देखकर अपनी कन्या के साथ इनका विवाह कर देने का निश्चय किया; कन्या की इच्छा भी इन्हीं के साथ विवाह करने की थी। परंतु विद्याध्ययन के अनंतर भास्कर जब स्वगृह जाने को तैयार हुए, तो गुरु ने अपनी कन्या के विवाह की बात चलाई। भास्कर ने गुरुपुत्री के साथ विवाह करने से इनकार कर दिया और स्वगृह चले गए। गुरुपुत्री आगे विवाह किए बिना ही जीवन व्यतीत करती रही। तब भास्कराचार्य ने उसी के नामानुसार 'लीलावती' पुस्तक की रचना की।

यह किस्सा सत्य प्रतीत नहीं होता। भास्कर ने अपनी 'बीजगणित' पुस्तक के अंत में पिता महेश्वर को ही अपना विद्यागुरु बताकर उनकी स्तुति की है **(4.1)**।

एक परंपरा के अनुसार, लीलावती भास्कर की पुत्री का नाम था। बादशाह अकबर (शासन : 1556-1605 ई.) की आज्ञा से उसके दरबार के कवि अबुल फैज फैजी[2] ने 1587 ई. में लीलावती पुस्तक का फारसी में अनुवाद किया था। इस अनुवाद की भूमिका में फैजी ने लीलावती के बारे में एक कथा दी है।

फैजी लिखते हैं कि लीलावती भास्कर की पुत्री थी। भास्कर ने लीलावती की जन्म-कुंडली से जान लिया था कि उसके जीवन में विवाह का योग नहीं है। परंतु भास्कर ने एक शुभ मुहूर्त खोज ही निकाला, और पुत्री के विवाह की

चित्र 4.2 : घटिका-यंत्र में झांकती हुई लीलावती की सहेलियां

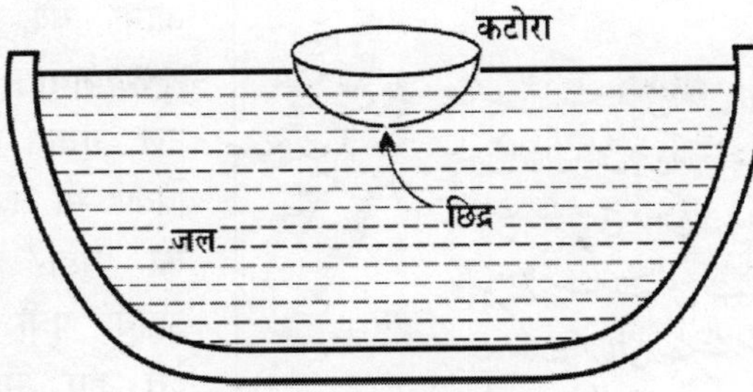

चित्र 4.3 : घटिका-यंत्र

तैयारी की। शुभ मुहूर्त का ठीक समय जानने के लिए भास्कर ने घटिका-यंत्र का उपयोग किया। यह घटिका-यंत्र पेंदी में बारीक छेद किया हुआ कटोरे-नुमा एक पात्र होता था, जिसे पानी-भरे एक बड़े बर्तन में तरंगता छोड़ दिया जाता था। छेद में से धीरे-धीरे पानी पात्र के भीतर चढ़ता था, और एक निश्चित अवधि में वह डूब जाता था। इस प्रकार समय का हिसाब रखा जाता था।

आगे कथा यह है कि दुल्हन के वस्त्रों से सजी हुई लीलावती कुतूहलवश इस घटिका-यंत्र के पास पहुंची और उसमें झांकने लगी। इसी समय उसके वस्त्रों में जड़ा एक मणि घटिका-यंत्र में गिरकर उसकी पेंदी में जा बैठा। भीतर पानी

चित्र 4.4 : 'लीलावती' के फैजी कृत फारसी अनुवाद की 1857 ई. में तैयार की गई हस्तलिपि में लीलावती और उसके मंगेतर पानी-भरे बर्तन में तरंगते छोड़े गए घटिका-यंत्र (नीचे बीच में) से विवाह का शुभ मुहूर्त जानने का प्रयास कर रहे हैं। (सालारजंग संग्रहालय, हैदराबाद)

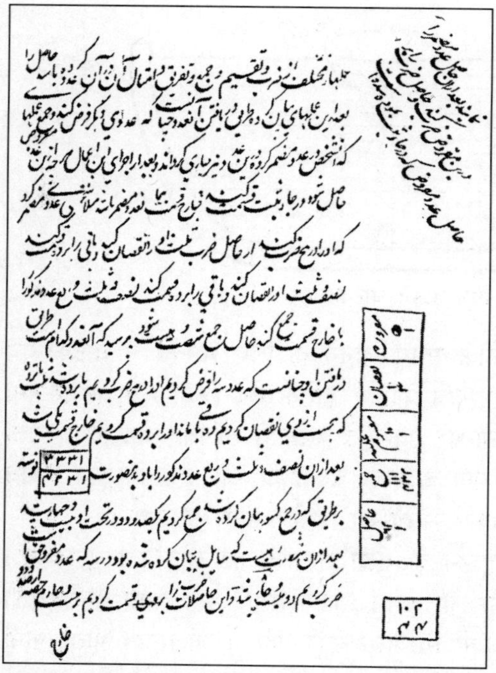

चित्र 4.5: फैजी द्वारा फारसी में किए गए लीलावती के अनुवाद (1587 ई.) की हस्तलिपि (1731 ई.) का एक पृष्ठ। यहां लीलावती से 'इष्टकर्म' के एक उदाहरण का फारसी अनुवाद दिया गया है।[3]

आना रुक गया। समय चूक गया। शुभ मुहूर्त टल गया। लीलावती का विवाह भी रुक गया। पिता को बड़ा दुःख हुआ। अपनी पुत्री को सांत्वना देते हुए भास्कर बोले : "मैं तुम्हारे नाम से एक ऐसी पुस्तक लिखूंगा जो युगों तक सम्मानित होगी।"

इस किस्से को सही मानने में अनेक कठिनाइयां हैं। 'लीलावती' के अंतिम श्लोक से, जिसका दोहरा अर्थ निकलता है, पता चलता है कि लीलावती एक दिलचस्प नाम के अलावा कुछ नहीं है। इस श्लोक में भास्कर कहते हैं कि इस शुद्ध, सुरुचि और सुमधुर लीलावती को कंठाग्र से लगाने पर यानी कंठस्थ करने पर सुखप्राप्ति होगी (**4.2**)। अतः संभव यही जान पड़ता है कि लीलावती एक रोचक नाममात्र है। पुस्तक को 'लीलावती' नाम देने की परंपरा भास्कर के काफी पहले से मौजूद रही है; जैसे, कवि कौतूहल (लगभग 800 ई.) की महाराष्ट्री प्राकृत काव्य में लिखी गई प्रेमाख्यात्मक पुस्तक 'लीलावईकहा' (लीलावती-कथा)।

लीलावती पुस्तक के अंत में इसे 'सिद्धांत-शिरोमणि' का 'पाट्यध्याय' यानी पाटीगणित भी कहा है (**4.3**)। यह नाम भी नया नहीं है। श्रीधराचार्य (ईसा की आठवीं सदी, उत्तराध) की **पाटीगणित** नामक पुस्तक मिलती है। विद्यार्थी आज भी पाटी पर गणनाएं करते हैं। पुराने जमाने में पाटी या फलक पर धूल बिछाकर अंक लिखे जाते थे, इसलिए पाटीगणित को 'धूलिकर्म'[4] भी कहते थे।

लीलावती में श्लोकों के अलावा प्रश्नों को समझाने के लिए गद्य का भी

प्रयोग हुआ है। बाद के टीकाकारों ने सुविधा के लिए इस पुस्तक को 13 प्रकरणों में बांटा है। पहला श्लोक मंगलाचरण है, जिसमें गणेश की वंदना है। आगे के सात श्लोक परिभाषा के हैं, यानी इनमें मुद्रा-चलन, माप-तौल आदि में प्रयुक्त होनेवाले शब्दों को समझाया गया है। जैसे, उस समय की मुद्राएं थीं :

20 वराटक (कौड़ियां)	= 1 काकिणी,	16 पण	=1 द्रम्म
4 काकिणी	= 1 पण,	16 द्रम्म	=1 निष्क

तौल थे :

2 यव (जौ)	= 1 गुंजा (रत्ती),	8 वल्ल	=1 धरण
3 गुंजा (रत्ती)	= 1 वल्ल,	2 धरण	=1 गद्याणक
14 वल्ल	= 1 धटक,		
5 गुंजा (रत्ती)	= 1 माषा,	4 कर्ष	=1 पल
16 माषा	= 1 कर्ष,	1 कर्ष सुवर्ण	=1 सुवर्ण

और, माप थे :

8 यव (जौ)	= 1 अंगुल,	2000 दंड	=1 कोस (क्रोश)
24 अंगुल	= 1 हस्त,	4 कोस	=1 योजन
4 हस्त	= 1 दंड,	10 हस्त	=1 बांस (वंश)

20 बांस लंबे और 20 बांस चौड़े चौरस क्षेत्र को 'निवर्तन' कहा गया है। इसी प्रकार,

4 कुडव	= 1 प्रस्थ,	4 आढक	=1 द्रोण
4 प्रस्थ	= 1 आढक,00	16 द्रोण	=1 खारी

एक हाथ लंबा, एक हाथ चौड़ा और एक हाथ गहरा जो गड्ढा होता है, उसे 'घनहस्त' कहते हैं। धान्यादि के तौल में जो घनहस्त तौल है उसे 'खारी' कहते हैं।

भास्कराचार्य ने काल संबंधी परिभाषाएं 'सिद्धांत-शिरोमणि' के 'ग्रहगणित' के मध्यमाधिकार के 'कालमान' प्रकरण में दी हैं।

यहां दी गई माप-तौल की इन परिभाषाओं का लीलावती में आगे आए अनेक उदाहरणों में प्रयोग हुआ है, इसलिए इन्हें स्मरण रखना आवश्यक था। इनके अध्ययन से तत्कालीन समाज एवं संस्कृति के बारे में काफी उपयोगी जानकारी मिल जाती है। 'साहित्य समाज का दर्पण होता है' की तरह हम यह भी कह सकते हैं कि 'गणित-ज्योतिष भी समकालीन समाज और संस्कृति का आईना होता है।'

भास्कराचार्य (1150 ई.) के समय में देश के कई भागों में सबसे छोटी मुद्रा

के रूप में कौड़ियों का काफी इस्तेमाल होता था। लीलावती में एक पण को 80 कौड़ियों के बराबर बताया गया है। आज लेन-देन में भले ही कौड़ियों का इस्तेमाल न होता हो, किंतु हमारे समाज में कौड़ियों से संबंधित वाक्-प्रचारों का आज भी प्रयोग होता है; जैसे, 'कौड़ी के मोल', 'दो कौड़ी का होना', 'कौड़ी-कौड़ी को तरसना', आदि।[5] संतवाणी भी है :

रात गँवाई सोय के, दिवस गँवायो खाय।
हीरा जनम अमोल था, कौड़ी बदले जाय ॥

यादव शासनकाल (बारहवीं-तेरहवीं सदी) में 'पण' और 'द्रम्म' का खूब चलन था। भास्कर ने 16 पण को एक द्रम्म के बराबर और 16 द्रम्म को एक निष्क के बराबर बताया है। 'द्रम्म' शब्द यूनानी के 'द्रख़्म' (drachma) से बना है। भारत में जिन मुद्राओं के लिए द्रख़्म के मानक भार को अपनाया गया उन्हें 'द्रम्म' नाम दिया गया था। यादव काल में 'द्रम्म' चांदी का सिक्का था, और भास्कराचार्य बताते हैं कि 16 द्रम्म एक निष्क (स्वर्णमुद्रा) के बराबर होता है।

(अ)

(आ)

चित्र 4.6 : यादव शासकों की आहत पद्मटंक स्वर्णमुद्राएं

(अ) यादव शासक भिल्लम-पंचम (1173-1191 ई.) की आहत पद्मटंक स्वर्णमुद्रा। बीच में अष्टदल कमल (पद्म) के चिह्न का ठप्पा ठोकने से मुद्रा कुछ कटोरी-नुमा बन गई है। ऊपर नागरी में 'श्री भिल्लमदेव' नाम और किनारे पर चार आहत चिह्न हैं। (प्राप्ति : देवलझरी, औरंगाबाद जिला, महाराष्ट्र)

(आ) यादव शासक रामचंद्र (1271-1311 ई.) की 'पद्मटंक' स्वर्णमुद्रा। बीच में अष्टदल पद्म का आहत चिह्न। ऊपर नागरी में 'श्री राम' नाम और किनारे पर चार आहत चिह्न हैं। ऐसी ही आहत पद्मटंक स्वर्णमुद्राएं यादवों के पूर्ववर्ती कल्याणी (बीदर जिला, कर्नाटक) के चालुक्य व कलचुरि (भास्कराचार्य के समकालीन) शासकों ने भी चलाई थीं।

यदि द्रम्म और निष्क का भार समान था, तो निष्कर्ष निकलता है कि भास्कर के समय में सोना, चांदी से 16 गुना कीमती था।

यादवकालीन अभिलेखों में ब्राह्मणों को भूमिदान देने के संदर्भ में 'निवर्तन' शब्द का काफी प्रयोग हुआ है। वस्तुतः भिन्न-भिन्न समयों में 'निवर्तन' के मान भिन्न-भिन्न रहे हैं। कौटिल्य के **अर्थशास्त्र** में एक निवर्तन को 900 (30×30) वर्ग-दंडों के बराबर बताया गया है।[6] परंतु 'लीलावती' में इसे 400 (20×20) वर्ग-दंडों के बराबर कहा गया है।

स्पष्ट है कि लीलावती में दी गई इन परिभाषाओं से तत्कालीन समाज की आर्थिक, सामाजिक और सांस्कृतिक दशा के बारे में काफी उपयोगी जानकारी प्राप्त की जा सकती है।

दूसरा प्रकरण पुनः मंगलाचरण (गणेश की वंदना) से शुरू होता है **(4.4)**। आगे के दो श्लोकों में परार्ध (1,00,00,00,00,00,00,00,00,000) तक की दशगुणोत्तर संख्या-संज्ञाओं के नाम दिए गए हैं **(4.5)** :

एक	1	अब्ज	1,00,00,00,000
दश	10	खर्व	10,00,00,00,000
शत	100	निखर्व	1,00,00,00,00,000
सहस्र	1000	महापद्म	10,00,00,00,00,000
अयुत	10,000	शंकु	1,00,00,00,00,00,000
लक्ष	1,00,000	जलधि	10,00,00,00,00,00,000
प्रयुत	10,00,000	अंत्य	1,00,00,00,00,00,00,000
कोटि	1,00,00,000	मध्य	10,00,00,00,00,00,00,000
अर्बुद	10,00,00,000	परार्ध	1,00,00,00,00,00,00,00,000

इसके आगे भास्कर ने अंकगणित के आठ परिकर्म (logistics)—संकलन (जोड़), व्यवकलन (घटाना), गुणन, भाग, वर्ग, वर्गमूल, घन और घनमूल—समझाए हैं। उदाहरण के लिए, ढाई श्लोकों में वे गुणन के पांच तरीके समझाते हैं : 1. रूपगुणा, 2. स्थानगुणा, 3. विभागगुणा, 4. खंडगुणा, और 5. इष्टगुणा। जिसको गुणा किया जाता है उसे भास्कर ने 'गुण्य' और जिससे गुणा किया जाता है उसे 'गुणक' कहा है। आगे वे एक श्लोक में मृगछौने-जैसी नेत्रोंवाली लीलावती से 135 और 12 का गुणनफल पूछते हैं **(4.6)**। फिर स्वयं ही गद्य में इस सवाल को हल करने की पांच विधियां समझाते हैं।

गुणन की ये भारतीय विधियां काफी पुरानी हैं। ईसा की आठवीं सदी में

ये विधियां पहले पश्चिम एशिया के इस्लामी देशों में पहुंचीं और वहां से उनका यूरोप में प्रवेश हुआ। उदाहरण के लिए, गुणन की 'कपाट-संधि' नामक विधि का अल्-ख़्वारिज्मी (825 ई.), अल्-नसवी (लगभग 1025 ई.) आदि कई गणितज्ञों ने प्रयोग किया है, और इसे 'अल्-अमल अल्-हिंदी' (हिंद की विधि) कहा है।

गुणन के बाद भास्कर ने भाग, वर्ग, वर्गमूल, घन व घनमूल के नियम और उदाहरण दिए हैं। भास्कर के पहले के भारतीय गणितज्ञों ने भी इन परिकर्मों की जानकारी दी है। घनमूल का विवरण पहली बार आर्यभट (जन्म 476 ई.) की कृति **आर्यभटीय** में देखने को मिलता है।

भास्कर ने आगे भिन्न-परिकर्म को समझाया है। भिन्न (fraction) शब्द का अर्थ है–टुकड़े करना। भारत में बहुत प्राचीन काल से भिन्नों का प्रयोग होता आ रहा है। जैसे, **ऋग्वेद** में 'अर्ध' ($\frac{1}{2}$) व 'त्रिपाद' ($\frac{3}{4}$) भिन्नों का प्रयोग किया गया है ('पाद' का अर्थ $\frac{1}{4}$ है, इसलिए 'त्रिपाद' का अर्थ होता है $\frac{3}{4}$)। प्राचीन काल से भारत में भिन्नों को उसी प्रकार से लिखते आ रहे हैं, जैसे आजकल लिखते हैं; अंतर केवल इतना है कि प्राचीन काल में अंश और हर को विभाजित करने वाली रेखा का व्यवहार नहीं होता था। भिन्नों को जोड़ने या घटाने के लिए उनका समच्छेदीकरण करने (यानी 'समहर करने') की आवश्यकता पड़ती है। भारतीय गणितज्ञों ने समच्छेदीकरण को विशेष महत्व दिया था।

भिन्नों को सरल करने से संबंधित लीलावती का एक रोचक प्रश्न, (**4.7**), जिसे यहां कुछ अधिक स्पष्ट करके दिया जा रहा है : "एक भिखारी किसी कंजूस से याचना करता है–'महानुभाव, आप मुझे एक द्रम्म दें; इतना नहीं दे सकें, तो द्रम्म का आधा ही दें; आधा नहीं तो उसका $\frac{2}{3}$ ही दे दीजिए; कुछ नहीं तो इस हिस्से का $\frac{3}{4}$ ही दे दो। कम से कम $\frac{3}{4}$ का $\frac{1}{5}$ तो दे ही दीजिए। अच्छा इतना भी नहीं, तो $\frac{1}{5}$ का $\frac{1}{16}$ और इस $\frac{1}{16}$ का चौथाई हिस्सा तो दो।' हे सुमते! बताओ भिखारी को अंततः कितना दान मिला?"

चूंकि $\frac{1}{1}$ का $\frac{1}{2}$ का $\frac{2}{3}$ का $\frac{3}{4}$ का $\frac{1}{5}$ का $\frac{1}{16}$ का $\frac{1}{4}$ $= \frac{6}{7680}$ $= \frac{1}{1280}$ द्रम्म = 1 कौड़ी (क्योंकि भास्कर द्वारा शुरू में दिए गए मुद्रा-पैमाने के अनुसार, 1 द्रम्म = 1280 कौड़ियां)

शून्य की धारणा पर आधारित दाशमिक स्थानमान अंक-पद्धति (Decimal Place-value System) की खोज भारत में हुई–ईसा की आरंभिक सदियों में। शून्य के गणित का विवेचन ब्रह्मगुप्त (628 ई.) और बाद के गणितज्ञों ने भी किया

चित्र 4.7 : भास्कराचार्य बेटी लीलावती को गणित पढ़ा रहे हैं।

है। भारतीय गणितज्ञों ने शून्य की परिभाषा दी है : अ – अ = 0 ।

लीलावती के दूसरे प्रकरण के अंत में भास्कर ने शून्य परिकर्म को समझाया है। आर्या छंद के दो श्लोकों में वे बताते हैं **(4.8)** : "शून्य में किसी संख्या को जोड़ने पर योगफल जोड़ी हुई संख्या के तुल्य आता है। शून्य का वर्ग इत्यादि (वर्ग, वर्गमूल, घन, घनमूल) करने पर भी फल शून्य मिलता है। किसी संख्या में शून्य से भाग देने पर हर में शून्य ही रहता है। किसी संख्या को शून्य से गुणा करने पर गुणनफल शून्य होता है, परंतु बाद में यदि और परिकर्म करने हैं, तो (गुणनफल को शून्य न लेकर) शून्य को गुणक की तरह रखना चाहिए। यदि किसी संख्या का गुणक शून्य हो और और हर भी शून्य हो, तो समझना चाहिए कि उस संख्या में कोई परिवर्तन नहीं हुआ है। इसी प्रकार, शून्य को जोड़ने या घटाने पर भी संख्या में कोई परिवर्तन नहीं होता।"

यहां भास्कर ने यह जो कहा है कि "यदि किसी संख्या का गुणक शून्य हो और हर भी शून्य हो, तो समझना चाहिए कि उस संख्या में कोई परिवर्तन नहीं हुआ है", पूर्णतः सही नहीं है। क्योंकि $\frac{अ \times 0}{0} = \frac{0}{0}$ अनिर्णीत है। स्थिति के अनुसार $\frac{0}{0}$ का मान कुछ भी हो सकता है–शून्य भी, कोई परिमित संख्या भी अथवा अनंत भी।

'अनंत' की धारणा की व्याख्या भास्कर ने अपने **बीजगणित** में की है।

तीसरे प्रकरण में व्यस्तविधि, इष्टकर्म, संक्रमण, वर्गकर्म और त्रैराशिक को समझाया गया है। व्यस्तविधि अथवा विलोम विधि (inversion) का नियम आर्यभट (499 ई.) और ब्रह्मगुप्त (628 ई.) ने भी दिया है। इसमें विलोमगति से यानी उलटा चलकर सवाल हल किया जाता है। अर्थात्, इसमें गुणा के स्थान पर भाग, भाग के स्थान पर गुणा, जोड़ के स्थान पर घटाना, घटाने के स्थान पर जोड़,

वर्ग के स्थान पर वर्गमूल और वर्गमूल के स्थान पर वर्ग किया जाता है। भास्कर ने विलोम विधि का उदाहरण दिया है **(4.9)** :

"हे चंचल नेत्रों वाली बाले! यदि तुम शुद्ध विलोम की विधि जानती हो, तो बताओ वह कौन-सी संख्या है जिसे 3 से गुणा किया, फिर अपने तीन चरणों ($\frac{3}{4}$) से युक्त किया (जोड़ा), फिर 7 से भाग दिया; तब जो संख्या आई उसका तृतीयांश ($\frac{1}{3}$) उसमें घटाया, फिर जो संख्या आई उसका वर्ग करके उसमें 52 घटाया, तब जो शेष रहा उसका मूल लेकर 8 जोड़ दिए; तदनंतर 10 का भाग देने पर तुम्हें अंत में 2 मिलेंगे।"

क्रमशः उलटी क्रियाएं करते जाने पर : $2,\ 2 \times 10 = 20,\ 20 - 8 = 12;$

$12^2 = 144;\ 144 + 52 = 196;\ \sqrt{196} = 14;\ 14 + 7 = 21;$

$21 \times 7 = 147,\ 147 \times \frac{3}{7} = 63,\ 147 - 63 = 84,\ 84 \div 3 = 28.$

उत्तर : 28.

इष्टकर्म ('कल्पना का नियम')[7] प्राचीन काल से ही भारतीय गणितज्ञों का प्रिय विषय रहा है। भास्कर ने इसे बड़ा महत्व दिया है, और एक श्लोक में इसका नियम दिया है **(4.10)** :

"किसी कल्पित संख्या को प्रश्न के कथनानुसार गुणा करना, भाग देना, घटाना अथवा जोड़ना चाहिए। दी हुई (इष्ट) संख्या को कल्पित संख्या से गुणा करके उसे उपर्युक्त विधि से प्राप्त संख्या द्वारा भाग देना चाहिए। इस प्रकार इष्ट राशि प्राप्त होती है। यही इष्टकर्म कहलाता है।"

भास्कर ने इष्टकर्म के बड़े रोचक उदाहरण दिए हैं। लीलावती से इष्टकर्म का एक उदाहरण इसी अध्याय की टिप्पणी 3 में दिया गया है। लीलावती का एक और उदाहरण है :

अमल-कमल-राशेस्त्र्यंशपंचांगषष्ठैः त्रिनयन-हरि-सूर्या येन तुर्येण चर्या।
गुरुपदमयषड्भिः पूजितं शेषपद्मैः सकल-कमल-संख्यां क्षिप्रमाख्याहि तस्य ॥

अर्थात्, निर्मल कमलों के जिस समूह के तृतीयांश, पंचमांश और षष्ठमांश से क्रमशः शिव, विष्णु और सूर्य की, चतुर्थांश से पार्वती की, और शेष छह कमलों से गुरुचरणों की पूजा की गई; उस कमल-समूह के संपूर्ण कमलों की संख्या शीघ्र बताओ।

लीलावती में भास्कर ने इस प्रश्न का हल यूं दिया है :

न्यासः $\frac{1}{3}$ $\frac{1}{5}$ $\frac{1}{6}$ $\frac{1}{4}$ **दृश्यम् 6** ।

अत्रेष्टमेकं 1 राशिं प्रकल्प्य प्राग्वज्जातो राशिः 120 ।

अर्थात्, कथन : $\frac{1}{3}$ $\frac{1}{5}$ $\frac{1}{6}$ $\frac{1}{4}$; ज्ञात 6।

कल्पित राशि को एक मानकर और उपर्युक्त विधि से करने पर 120 संख्या मिलती है।

यही तरीका है भास्कर का। पहले नियम, फिर उदाहरण और फिर हल। कहीं पर भी यह नहीं बताया गया है कि नियम को किस प्रकार प्राप्त किया जाता है। कहीं पर भी नियमों को सिद्ध करने का प्रयत्न नहीं किया गया है।

आजकल हम ऐसे सवाल में कल्पित राशि को 'क्ष' मानकर सरल समीकरण तैयार करते हैं और फिर उसे सहजता से हल कर लेते हैं।

लीलावती से एक उदाहरण **(4.11)** :

"हे मृगाक्षि! भ्रमरों के एक समूह का पंचमांश कदंब को गया और तृतीयांश शिलींध्र पुष्प पर गया, और उन दोनों भागों के अंतर का तीन गुणित कुटज पुष्प पर गया। केतकी और मालती की सुगंधि में लुब्ध हुआ केवल एक भ्रमर आकाश में भ्रमण कर रहा था। तो बताओ वहां कुल कितने भ्रमर थे?

यदि कुल भ्रमरों की संख्या क्ष माने, तो समीकरण बनता है :

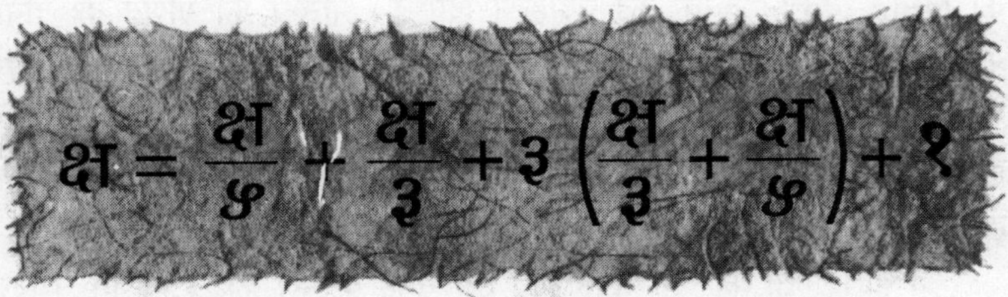

चित्र 4.7 : $क्ष = \frac{क्ष}{5} + \frac{क्ष}{3} + 3\left(\frac{क्ष}{3} - \frac{क्ष}{5}\right) + 1$

अतः क्ष = 15, कुल भ्रमर **(उत्तर)**।

लीलावती से इष्टकर्म का एक विशेष उदाहरण लीजिए **(4.12)** :

"यदि तुम इष्टकर्म में शेषजाति[8] जानते हो, तो यह बताओ कि किसी तीर्थयात्री ने अपने धन में से आधा ($\frac{1}{2}$) प्रयाग में दिया; शेष से द्विगुणित नवम भाग ($\frac{2}{9}$) काशी में दिया; फिर जो शेष रहा उसमें से चौथा भाग ($\frac{1}{4}$) मार्ग में किराए का दिया; तब जो शेष रहा उसमें से $\frac{6}{10}$ गया में दिया; तब भी 63 निष्क शेष बचे, जिनको लेकर वह घर वापस लौटा। तो बताओ उस यात्री के पास कुल निष्क कितने थे।" **(उत्तर : 540 निष्क)**

आगे भास्कर आधे श्लोक में 'संक्रमण' (Rule of concurrence or mutual penetration in the shape of sum and difference) करने की रीति बताकर उसका एक उदाहरण देते हैं। पहले उदाहरण लीजिए **(4.13)** : "दो संख्याओं का योग 101 है और वियोग (अंतर) 25 है। हे वत्स, संक्रमण जानते हो, तो वे दोनों संख्याएं बताओ।"

भास्कर का 'संक्रमण' का नियम है : योग की संख्या से अंतर की संख्या घटाकर उसका आधा करने से एक संख्या मिलती है। फिर योग की संख्या में अंतर की संख्या जोड़कर उसका आधा करने से दूसरी संख्या मिलती है।[9]

इस नियम के अनुसार, उपर्युक्त प्रश्न को हल करने पर :

101 - 25 = 76, इसका आधा है 38, जो पहली संख्या है।

101 + 25 = 126, इसका आधा है 63, जो दूसरी संख्या है।

आर्यभट (499 ई.) वर्ग-समीकरण (Quadratic Equation) और इसके हल से भलीभांति परिचित थे।[10] श्रीधर (750 ई.) ने वर्ग-समीकरण को हल करने का नियम दिया था; भास्कर ने अपने **बीजगणित** में उस नियम को उद्धृत किया है। महावीराचार्य (लगभग 850 ई.) ने भी अपने **गणितसार-संग्रह** में वर्ग-समीकरण का विस्तृत विवेचन करके कई उदाहरण दिए हैं। भास्कर की गणित की दोनों पुस्तकों (लीलावती और बीजगणित) में वर्ग-समीकरण के उदाहरण हैं। भास्कराचार्य ने अपने पूर्ववर्तियों का अनुकरण करके अधिक रोचक उदाहरण दिए हैं। आगे हम लीलावती से वर्ग और वर्गमूल (वर्ग-समीकरण) से संबंधित कुछ प्रश्न देते हैं। एक प्रश्न है **(4.14)** :

"हे बाले! हंसों का एक समूह था। उस समूह के मूल का $\frac{7}{2}$ गुणित सरोवर के तट पर देखा गया। बाकी एक जोड़ा जल में क्रीड़ा करता देखा गया। बताओ, उस समूह में कुल कितने हंस थे?"

यदि कुल हंस क्ष थे, तो समीकरण बनता है : $\frac{7}{2}\sqrt{\text{क्ष}} + 2 = \text{क्ष}$

$\therefore$ 49 क्ष = 4(क्ष - 2)^2, जिसके दो मूल मिलते हैं : क्ष = 16 और क्ष = $\frac{1}{4}$; दूसरा मूल अस्वीकार करने पर उत्तर मिलता है : कुल 16 हंस।

दूसरा प्रश्न है **(4.15)** :

रण में क्रुद्ध होकर अर्जुन ने कर्ण को मारने के लिए बाण चलाए। उनमें से आधे बाणों से कर्ण के बाणों को काट डाला और चलाए गए समस्त बाणों के वर्गमूल के चौगुने से उसके घोड़ों को मार डाला। छह बाणों से उसके सारथी शल्य

चित्र 4.9 : अर्जुन-कर्ण युद्ध[11]

का वध किया। फिर तीन बाणों से छत्र, ध्वजा और धनुष को तोड़ डाला। अंत में एक बाण से कर्ण का सिर काट डाला। तो बताओ, अर्जुन ने कुल कितने बाण चलाए?

यदि अर्जुन ने कुल क्ष बाण चलाए थे, तो प्रश्न बनता है :

$$\frac{1}{2}\text{क्ष}+4\sqrt{\text{क्ष}}+6+3+1=\text{क्ष},$$

जिसे हल करने पर मिलता है :

क्ष = 100 बाण (**उत्तर**)।

लीलावती से वर्ग-समीकरण का एक और उदाहरण लीजिए (**4.16**) : "भ्रमर-समूह के आधे के वर्गमूल तुल्य भ्रमर मालती वृक्ष की ओर गए हैं; उसी ओर समस्त भ्रमरों के $\frac{8}{9}$ भी गए हैं। एक भ्रमरी उस भ्रमर के गुंजन को प्रतिध्वनित कर रही है जो रात्रि में परिमल के लोभ से वशीभूत होकर कमल के भीतर बंद हो गया था (और अब अंदर ही अंदर गुंजन कर रहा है)। हे सुंदरी! भ्रमरों की संख्या बताओ।"

यदि कुल भ्रमर क्ष हैं, तो समीकरण बनता है :

$$\sqrt{\frac{1}{2}\text{क्ष}}+\frac{8}{9}\text{क्ष}+2=\text{क्ष} \;\therefore\; \text{क्ष}=72,\ \text{कुल}$$  (**उत्तर**)

इन प्रश्नों में वर्ग-समीकरण के केवल एक ही मूल को स्वीकार किया गया है।

'त्रैराशिक' शब्द भास्कर से भी लगभग डेढ़ हजार साल पुराना है। **वेदांग-ज्योतिष** (लगभग 600 ई.पू.) में त्रैराशिक का नियम मिलता है।[12] **आर्यभटीय** (499 ई.) और **बक्षाली हस्तलिपि** (लगभग 550 ई.) में भी यह नियम दिया गया है। भारतीय गणितज्ञों ने त्रैराशिक के नियम की बड़ी प्रशंसा की है। भास्कराचार्य ने 'लीलावती' में कहा है (**4.17**) : "समस्त पाटीगणित अर्थात् अंकगणित त्रैराशिक से व्याप्त है, और बीजगणित निर्मलबुद्धिस्वरूप है। परंतु कुशाग्रबुद्धिवालों को क्या नहीं मालूम है? अर्थात्, सब मालूम है; तथापि मंदबुद्धिवालों की बुद्धि

बढ़ाने के लिए यहां कहा है।" आगे 'सिद्धांत-शिरोमणि' के गोलाध्याय-अंतर्गत 'प्रश्नाध्याय' में भास्कर लिखते हैं **(4.18)** : "वर्ग-वर्गमूल और घन-घनमूल के अलावा जो कुछ भी गणना की जाती है वह सब त्रैराशिक का भिन्न-भिन्न रूप हैं, कोई अन्य चीज नहीं है।"

ईसा की आठवीं सदी में त्रैराशिक का भारतीय नियम पश्चिम एशिया के इस्लामी देशों में पहुंचा। पता चलता है कि मध्य-एशिया के विद्वान अल्-बिरूनी (973-1048 ई.) ने इस विषय पर 'फी राशिकात अल्-हिंद' (हिंद के राशिक) नाम से एक स्वतंत्र पुस्तिका लिखी थी। पश्चिम एशिया से इस नियम का प्रवेश यूरोप में हुआ। यूरोप में त्रैराशिक के नियम की खूब प्रशंसा हुई और वहां इसे 'स्वर्णिम नियम' (The Golden Rule) कहा गया। सत्रहवीं सदी के अंग्रेज अंकगणित-लेखक होडर ने लिखा है : "त्रैराशिक के नियम को बहुधा 'स्वर्णिम नियम' कहा जाता है; और, इसका यह नाम उचित ही है, क्योंकि जिस तरह स्वर्ण सभी वस्तुओं में सर्वश्रेष्ठ है, उसी प्रकार समूचे अंकगणित में त्रैराशिक सर्वश्रेष्ठ है।"[13]

त्रैराशिक में तीन राशियां होती हैं–प्रमाण (argument), फल (fruit) तथा इच्छा (requisition), और चौथी राशि जाननी होती है, जिसे इच्छाफल (fruit of the requisition) कहते हैं। त्रैराशिक के प्रश्न का स्वरूप इस प्रकार का होता है : यदि 'प्रमाण' में यह 'फल' मिलता है, तो 'इच्छा' में क्या 'इच्छाफल' मिलेगा? भास्कराचार्य ने लीलावती के एक श्लोक में त्रैराशिक की विधि बताई है **(4.19)** : "प्रमाण और इच्छा एक जाति के होते हैं, उन्हें आदि और अंत में रखना चाहिए। फल अन्य जाति का होता है, उसे मध्य में रखना चाहिए। तब फल को इच्छा से गुणा करके प्रमाण से भाग देना चाहिए। तब जो लब्धि आती है वही इच्छाफल है। यदि विलोम का उदाहरण हो, तो व्यस्त विधि से करना चाहिए।" भास्कर के नियम के अनुसार :

इच्छाफल = (फल × इच्छा) ÷ प्रमाण

एक उदाहरण **(4.20)** : हे वणिग्वर! यदि $\frac{3}{7}$ निष्क का $2\frac{1}{2}$ पल कुंकुम मिलता है, तो शीघ्र बताओ कि वही कुंकुम 9 निष्क का कितना मिलेगा?

(**उत्तर :** $52\frac{1}{2}$ पल; अथवा, 52 पल और 2 कर्ष; क्योंकि एक पल = 4 कर्ष)।

भास्कर व्यस्त या विलोम त्रैराशिक (Inverse Rule of Three) की विधि को स्पष्ट करते हुए लिखते हैं **(4.21)** : "जहां इच्छा के बढ़ने से फल न्यून हो और इच्छा के न्यून होने से फल अधिक हो, वहां गणित में प्रवीण पुरुष को

व्यस्त त्रैराशिक समझना चाहिए।" फिर वे यह भी स्पष्ट कर देते हैं कि जीवित प्राणी (दास-दासी या मवेशी) को खरीदने में, जाज्वल्यमान स्वर्ण के तौल में और राशियों (ढेरों) को भाग देने में व्यस्त त्रैराशिक का प्रयोग होता है (**4.22**)।

भास्कर व्यस्त त्रैराशिक का एक दिलचस्प उदाहरण प्रस्तुत करते हैं (**4.23**) : "यदि सोलह वर्ष की स्त्री 32 (निष्क) में मिलती है, तो 20 वर्ष की स्त्री कितने में मिलेगी? और, यदि दो साल तक जोते गए बैल का 4 निष्क मिलता है, तो छह साल जोते गए बैल का कितना मिलेगा?" (**उत्तर** : $25\frac{3}{5}$ निष्क और $1\frac{1}{2}$ निष्क)

इस उदाहरण से साफ पता चलता है कि उस समय (ईसा की 12वीं सदी में) भारत में दास-दासी खरीदने की प्रथा प्रचलित थी, स्त्री को खरीदा जाता था और बढ़ती उम्र के साथ उनका मूल्य घटता जाता था।[14] भास्कराचार्य के पहले के गणितज्ञ श्रीधराचार्य (लगभग 750 ई.) ने अपनी **पाटीगणित** पुस्तक में 'जीव-विक्रय' शीर्षक से एक स्वतंत्र परिकर्म दिया है। श्रीधर का एक प्रश्न है : "यदि 16 वर्ष की 5 स्त्रियां 200 प्राप्त करती हैं, तो 20 वर्ष की 2 स्त्रियों को कितने मिलेंगे?" (**उत्तर** : 64)। जैन गणितज्ञ महावीराचार्य (लगभग 850 ई.) ने भी अपने **गणितसार-संग्रह** में 'जीव-क्रय-विक्रय' के कुछ उदाहरण दिए हैं। एक उदाहरण है : प्रत्येक 10 वर्ष की उम्र वाली 9 नवाङ्गनाओं का मूल्य 300 स्वर्ण मुद्राएं हैं। प्रत्येक 16 वर्ष की उम्र वाली 36 नवाङ्गनाओं का मूल्य क्या होगा?[15] (**उत्तर** : 750 स्वर्ण मुद्राएं)

आगे भास्कर ने पंचराशिक, सप्तराशिक, नवराशिक और एकादशराशिक की विधियां समझाकर इनके उदाहरण दिए हैं। सरल त्रैराशिक वस्तुतः अनुपात (Simple Proportion) है, तो बहुराशिक मिश्रानुपात (Compound Proportion)।

लीलावती के 'मिश्र व्यवहार' नामक चौथे प्रकरण में व्यावसायिक विषयों के प्रश्न हैं। जैसे, ब्याज, क्रय-विक्रय, विनिमय (जिसे 'भाण्ड-प्रति-भाण्ड' कहते थे), साझा, सुवर्ण के वर्ण की गणना, आदि। भास्कर ने इन्हें हल करने के नियम देकर प्रश्न दिए हैं। इन प्रश्नों से भास्कर के समय की सामाजिक व आर्थिक परिस्थितियों के बारे में काफी उपयोगी जानकारी मिलती है।

भारत में ब्याज लेने की प्रथा बहुत पुरानी है। परंतु प्राचीन भारत में 'सूद' (interest) के अर्थ में यह 'ब्याज' शब्द नहीं, बल्कि 'वृद्धि' (मूलधन में बढ़ोतरी करने वाला), 'कुसीद' (बुरी तरह दुःख देने वाला) तथा 'कलांतर' शब्द प्रयुक्त

होते थे। संस्कृत में 'व्याज' शब्द का मूल अर्थ है–छल, कपट, चालाकी आदि। अरबी मूल के 'सूद' शब्द के अर्थ में 'व्याज' शब्द का प्रयोग पिछले लगभग सात-आठ सौ साल से होने लगा है।

व्याज (वृद्धि) दो प्रकार का होता था–सरल और चक्रवृद्धि। चक्रवृद्धि में व्याज पर व्याज और फिर व्याज पर व्याज लगता है, यानी व्याज का एक चक्र-सा चलता है। व्याज प्रतिमाह देय होता था और इसकी दर प्रायः प्रतिशत होती थी। व्याज की दरें भिन्न-भिन्न स्थानों पर भिन्न-भिन्न होती थीं, परंतु 15 प्रतिशत प्रतिवर्ष का व्याज उचित समझा जाता था। कौटिल्य ने लिखा है : "$1\frac{1}{4}$ पण प्रतिशत प्रतिमास की वृद्धि (व्याज) उचित है। व्यवसाय में व्याज की दर 5 पण प्रतिशत प्रतिमास है। 10 पण प्रतिशत प्रतिमास अरण्यों में प्रचलित है। और, 20 पण प्रतिशत प्रतिमास समुद्री व्यापार में प्रचलित है।"[16]

लीलावती से व्याज का एक उदाहरण **(4.24)** : "यदि 100 पर एक महीने में 5 व्याज मिलता है, और एक वर्ष में व्याज सहित मूलधन 1000 होता है, तो उस 1000 में मूलधन कितना है और व्याज कितना है, यह अलग-अलग कहो।" (**उत्तर** : मूलधन 625, व्याज 375)

भारतीय अंकगणित की सभी पुस्तकों में 'भाण्ड-प्रति-भाण्ड' अर्थात् वस्तु-विनिमय-गणित (computation of the exchange of goods) से संबंधित प्रश्न मिलते हैं। साथ ही, यह भी बताया जाता है कि विनिमय के प्रश्नों का आधार मिश्रानुपात है और इन्हें पंचराशिक आदि के नियमों से हल किया जा सकता है। प्रस्तुत है लीलावती से वस्तु-विनिमय का एक उदाहरण **(4.25)** : "यदि इस बाजार में एक द्रम्म में 300 आम मिलते हैं और एक पण में 30 बढ़िया अनार मिलते हैं, तो हे मित्र! शीघ्र बताओ कि 10 आमों के बदले में कितने अनार मिलेंगे (एक द्रम्म = 16 पण)।" (**उत्तर** : 16 अनार)

भारत में क्रमचय (Permutations) और संचय (Combinations) का अध्ययन काफी प्राचीन काल से होता आया है। जैनों के धर्मग्रंथों में इनके लिए 'विकल्प' और 'भंग' शब्द मिलते हैं। पिंगल (लगभग 200 ई.पू.) के **छंदःसूत्र** (8.34, हलायुध वृत्ति) में छंदों के संचय निकालने के लिए जो नियम है उसे 'प्रस्तार मेरु' कहा गया है। श्रीधर और महावीर ने भी इस विषय का विवेचन किया है। भास्कर ने लीलावती के दो पृथक् प्रकरणों में इनके लिए नियम दिए हैं। वे लिखते हैं : छंदों के प्रस्तार (भेद) जानने और छंदशास्त्रियों के लिए इसका

उपयोग होता है। वास्तुशास्त्र में वायु-द्वार के भेद जानने के लिए, छंदशास्त्र के खंडमेरु में, शिल्पशास्त्र में और वैद्यक में रसभेदों को जानने में इसका उपयोग होता है (**4.26**)। भास्कर ने लीलावती के अंतिम प्रकरण में इस विषय (संचय) को 'अंकपाश' व 'गणितपाश' नाम दिए हैं और इसे बहुत कठिन बताकर कहा है कि इसमें बड़े-बड़ों का घमंड चूर-चूर हो जाता है (**4.27**)। लीलावती से क्रमचय व संचय के दो उदाहरण लीजिए :

(1) एक ही रसोई में मीठा, कडुआ, कसीला, बकसा, खारा व चरपरा, इन छह रसों से एक-एक, दो-दो, तीन-तीन, चार-चार, पांच-पांच, छह-छह रसों के अलग-अलग स्वाद के भोजन बनाए जाएं, तो हे गणक! बताओ कि कुल कितनी तरह के व्यंजन बनेंगे? (**4.28**)

यह संचय का प्रश्न है। छह चीजों को एक बार में 1, 2, ... 6 लेने से अलग-अलग स्वाद वाले 6, 15, 20, 15, 6, 1 यानी कुल 63 व्यंजन बनेंगे।

(2) एक हाथ से दूसरे हाथ में पलटने से गदा, चक्र, पद्म व शंख से विष्णु के भेदों की तरह शिव के खड्वाङ्ग, शक्ति (कटार), बाण, धनुष, पाश, अंकुश, सर्प, डमरू, कपाल और त्रिशूल को क्रम से दसों हाथों से धारण करने से मूर्तियों के कितने भेद होंगे? (**4.29**)। (देखिए आगे चित्र 4.10)

उत्तर : विष्णु की मूर्ति के भेद $4! = 24$

शिव की मूर्ति के भेद $10! = 36,28,800$

चित्र 4.10 : चतुर्भुज विष्णु (बाएं) और दशभुज शिव (दाएं)

लीलावती के पांचवें प्रकरण 'श्रेढी व्यवहार' में समांतर व गुणोत्तर श्रेढियों के सूत्र (नियम) और उदाहरण हैं। संस्कृत के 'श्रेढी' शब्द से ही आज का हमारा 'सीढ़ी' शब्द बना है। सीढ़ी में डंडों की कतार होती है; उसी प्रकार गणितीय श्रेणी या श्रेढ़ी में पदों की कतार होती है। श्रेणी और श्रेढी शब्द मूलतः एक ही अर्थ के द्योतक रहे हैं, परंतु आधुनिक गणित में इन्हें अलग-अलग अर्थों में ग्रहण किया जाता है–Series के लिए लिए 'श्रेणी' और Progression के लिए 'श्रेढी' का प्रयोग होता है।

आजकल श्रेढियों के तीन भेद बताए जाते हैं : (1) समांतर श्रेढी (Arithmetical Progression), जिसमें उत्तरोत्तर पदों का अंतर समान रहता है; (2) गुणोत्तर श्रेढी (Geometrical Progression), जिसमें उत्तरोत्तर पद एक संख्या से गुणित होते जाते हैं, और (3) हरात्मक श्रेढी (Harmonic Progression), जिसमें समांतर पद हर के रूप में आते हैं, यानी उलटे हो जाते हैं। यह तीसरे प्रकार की श्रेढी यूनानियों की देन है। शेष दो प्रकार की श्रेढियों के उल्लेख भारत में काफी प्राचीन काल से मिलते हैं। वैदिक संहिताओं में भी समांतर श्रेणियों की चर्चा है। जैन धर्मग्रंथों में श्रेढियों पर अधिक विचार किया गया है। परंतु संहिताओं में या जैन ग्रंथों में श्रेढियों के लिए व्यापक नियम देखने को नहीं मिलते। ऐसे नियम पहली बार आर्यभट (जन्म 476 ई.) ने अपने **आर्यभटीय** ग्रंथ के 'गणितपाद' में प्रस्तुत किए हैं।

भारतीय गणितज्ञों ने श्रेढी व्यवहार में इन विशिष्ट शब्दों का प्रयोग किया है :

मुख, आदि, आद्य	(अ)	प्रथम पद,
उत्तर, चय	(च)	सामान्य अंतर
पद, गच्छ, इष्ट	(प)	पदों की संख्या
धन, सर्वधन, संकलित	(स)	श्रेढी का योग
मध्य पद	(म)	मध्य का पद
अंत्य	(ल)	अंतिम पद

यहां बीच के स्तंभ के कोष्ठकों में बाईं ओर के शब्दों के एकाक्षरी संकेत दिए गए हैं।

समांतर श्रेढी के लिए सूत्र हैं :

अंतिम पद (ल) = अ + च(प–1)

प्रथम प पदों का योग (स) = $\frac{\text{प}}{2}$ (अ + ल)

भास्कर के श्रेढी व्यवहार के नियम पहले के गणितज्ञों से अधिक स्पष्ट हैं, परंतु उन्होंने कहीं पर भी इन नियमों (सूत्रों) की उपपत्ति नहीं दी है।

लीलावती से समांतर श्रेढी का एक उदाहरण लीजिए (**4.30**) : "हे मित्र! जो पुरुष पहले दिन ब्राह्मण को 4 द्रम्म देकर प्रतिदिन पांच-पांच बढ़ाकर देने को प्रवृत्त हुआ, तो उस पुरुष ने पक्ष-भर (15 दिन) में कितने द्रम्म दिए, यह शीघ्र बताओ।" (भास्कर के नियम से अथवा उपर्युक्त सूत्रों का उपयोग करने पर सही **उत्तर** मिलता है, 585 द्रम्म)

लीलावती से गुणोत्तर श्रेढी का एक उदाहरण है (**4.31**) : "किसी दाता ने पहले दिन दो कौड़ियां देकर यह प्रतिज्ञा की कि वह एक माह (30 दिन) तक प्रति दिन दूना धन देगा, तो बताओ कि उसने कुल कितना धन दिया?" (**उत्तर** : 2147483646 कौड़ियां; अथवा, कौड़ियों को तत्कालीन बड़ी मुद्राओं में बदलने पर कुल धन : 104857 निष्क, 9 द्रम्म, 9 पण, 2 काकिणी और 6 कौड़ियां)।

आगे **लीलावती** में 'क्षेत्र व्यवहार' यानी ज्यामिति विषयक लंबा प्रकरण है। इसके अंतर्गत भास्कर ने निम्नलिखित विषयों का समावेश किया है–

(क) समकोण त्रिभुज के कर्ण (विकर्ण) व भुजाओं से संबंधित सवाल।

(ख) त्रिभुजों व चतुर्भुजों के क्षेत्रफल।

(ग) π का मान और वृत्त का क्षेत्रफल।

(घ) गोले का तल और आयतन।

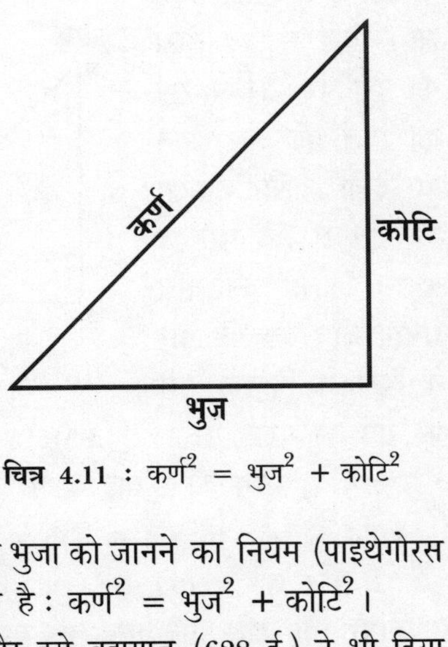

चित्र 4.11 : कर्ण^2 = भुज^2 + कोटि^{2}

भास्कर ने सर्वप्रथम समकोण त्रिभुज की तीन भुजाओं (भुज, कोटि व कर्ण) में से दो के ज्ञात होने पर तीसरी भुजा को जानने का नियम (पाइथेगोरस का प्रमेय) दिया है। यह प्रसिद्ध नियम है : कर्ण^2 = भुज^2 + कोटि^{2}।

यह नियम शुल्वसूत्रों में आया है और इसे ब्रह्मगुप्त (628 ई.) ने भी दिया है। भास्कर ने समकोण त्रिभुजों पर कई रोचक प्रश्न दिए हैं, जिनमें से कुछ

हम यहां दे रहे हैं। ये प्रश्न भास्कर ने अपने 'बीजगणित' में भी दिए हैं।

(1) हे गणक! 32 हाथ लंबा एक सीधा बांस समतल भूमि में खड़ा है। वह वायु के वेग से टूट गया और उसका ऊपरी हिस्सा (अग्रभाग) पृथ्वी पर अपने मूल से 16 हाथ पर जाकर लगा। तो बताओ कि बांस अपने मूल से कितनी ऊंचाई पर टूटा था और उसके टूटे हुए खंड की लंबाई क्या है **(4.32)**।

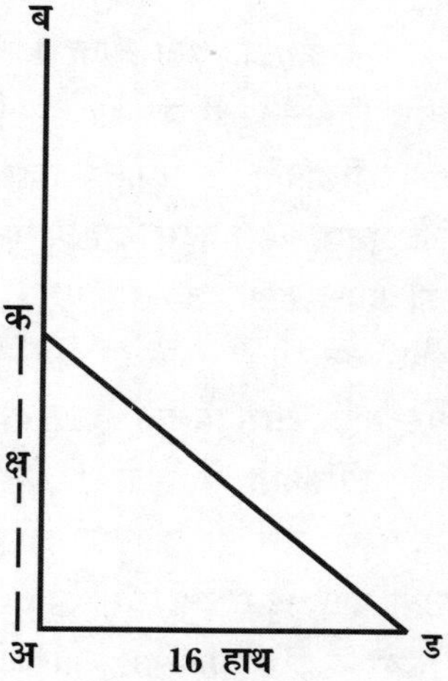

चित्र 4.12

अब = बांस की लंबाई = 32, अड = 16.

क बिंदु पर बांस टूटा।

यदि अक = क्ष,

बक = कड = 32 - क्ष

$\therefore$ क्ष^2 + 16^2 = (32 - क्ष)^2,

$\therefore$ क्ष = 12 हाथ, और टूटे खंड की लंबाई = 20 हाथ **(उत्तर)**।

(2) 9 हाथ ऊंचे एक स्तंभ पर एक मोर बैठा था। उसी स्तंभ के ठीक नीचे एक सर्प का बिल था। बिल से 27 हाथ की दूरी पर मोर ने सर्प को बिल की ओर आते हुए देखा, और एकदम कर्णगति से उस पर टूट पड़ा। दोनों की गति समान थी। बताओ, मोर ने बिल से कितनी दूरी पर सर्प को पकड़ लिया? **(4.33)**

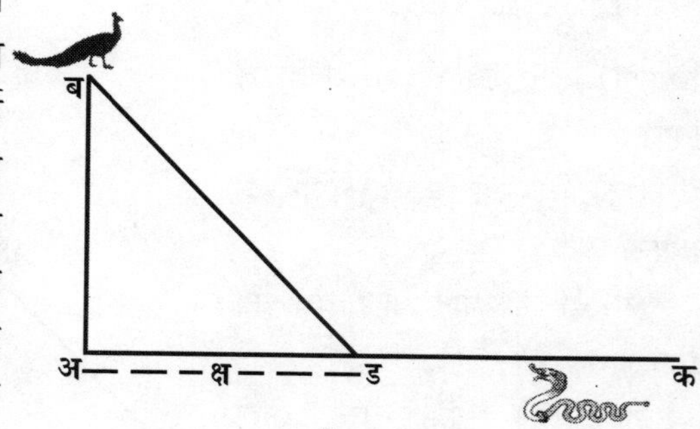

चित्र 4.13

अब = स्तंभ की ऊंचाई = 9. अक = 27.

यदि अड = क्ष, बड = डक = 27–क्ष.

$\therefore$ 9^2+ क्ष^2 = (27–क्ष)^2, $\therefore$ क्ष = 12 हाथ **(उत्तर)**।

(3) 100 हाथ ऊंचे एक वृक्ष पर दो बंदर बैठे हुए हैं। वृक्ष की जड़ से 200 हाथ की दूरी पर एक कुआं है। एक बंदर पेड़ से उतरकर कुएं पर गया।

दूसरा बंदर वृक्ष से कुछ ऊपर उछलकर कर्णमार्ग से कुएं पर कूदकर गिरा। यदि दोनों बंदरों को समान मार्ग चलना पड़ा, तो हे विद्वान! यदि चतुर हो और गणित में कुछ परिश्रम किया हो, तो शीघ्र बताओ कि दूसरा बंदर वृक्ष से कितना ऊंचा उछला था। **(4.34)**

चित्र 4.14 : दो बंदर

अ ब = वृक्ष की ऊंचाई = 100 हाथ

क = कुआं, अ क = 200 हाथ, ब ड = क्ष

ब अ + अ क = पहले बंदर का मार्ग = 300 हाथ

∴ ब अ + अ क = ब ड + ड क

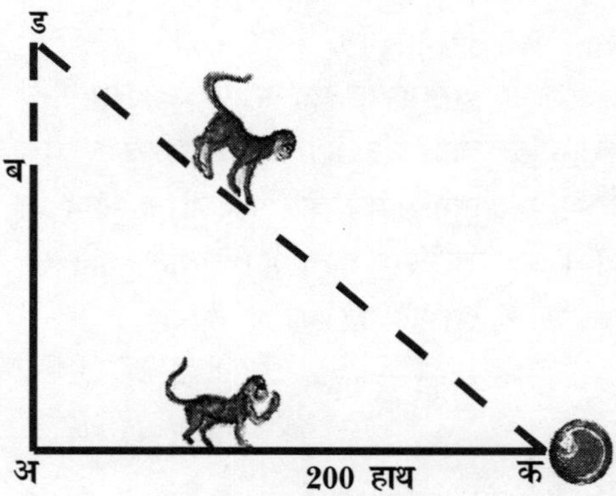

चित्र 4.15 : दो बंदर

यदि ब ड = क्ष, तो

क ड = 300–क्ष

∴ $(300\text{–क्ष})^2 = (100 + \text{क्ष})^2 + 200^2$

∴ क्ष = 50 हाथ (**उत्तर**)।

(4) किसी तालाब में चकवी, चकवा, हंस आदि पक्षियों से जल शोभित हो रहा था। उस तालाब में कमल की कलिका का ऊपरी हिस्सा जल से एक वितस्ति (अर्थात्, बित्ता = $\frac{1}{2}$ हाथ) ऊंचा था। इतने में मंद-मंद हवा चली। उससे कमल की वह कली झुककर 2 हाथ आगे जाकर डूबी। हे गणक! बताओ कि उस तालाब में जल कितना गहरा था **(4.35)**।

अ ब = कमल, अ क = जल की गहराई,

क ड = जल की सतह, ब क = $\frac{1}{2}$ हाथ,

क ड = 2 हाथ

यदि अ क = क्ष, अ ब = अ ड = क्ष + $\frac{1}{2}$

$\therefore$ (क्ष + $\frac{1}{2}$)^2 = क्ष^2 + 4

$\therefore$ क्ष = $3\frac{3}{4}$ हाथ **(उत्तर)**।

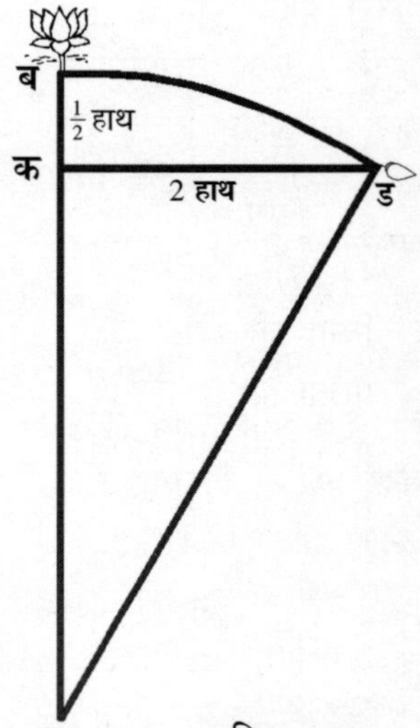

चित्र 4.16

सभी भारतीय गणितज्ञों ने त्रिभुज के क्षेत्रफल के लिए यह सूत्र दिया है : $\frac{1}{2}$आधार × लंब।

साथ ही, ब्रह्मगुप्त, महावीर और भास्कर ने अ, ब, क भुजाओं वाले त्रिभुज के क्षेत्रफल के लिए यह सूत्र भी दिया है :

$\sqrt{\text{स (स-अ) (स-ब) (स-क)}}$,

जहां स = $\frac{1}{2}$(अ + ब + क)

सभी प्राचीन सभ्यताओं में एक सर्वमान्य नियम प्रचलित रहा है : चतुर्भुज का स्थूल क्षेत्रफल आमने-सामने की भुजाओं के योग के आधे का गुणनफल होता है। अर्थात्, यदि अ, ब, क, ड चतुर्भुज की भुजाएं हैं, तो

चतुर्भुज का क्षेत्रफल = $\frac{\text{अ + क}}{2} \times \frac{\text{ब + ड}}{2}$

यह सूत्र ब्रह्मगुप्त (628 ई.) ने भी दिया है। साथ ही, उन्होंने चतुर्भुज के क्षेत्रफल के लिए सूक्ष्म सूत्र भी दिया,[17] जिसके अनुसार :

$\sqrt{\text{(स–अ) (स–ब) (स–क) (अ–ड)}}$,

जहां स = $\frac{1}{2}$ (अ + ब + क + ड)

ब्रह्मगुप्त का त्रिभुज के क्षेत्रफल के लिए दिया उपर्युक्त सूत्र सही है। परंतु चतुर्भुज के क्षेत्रफल के लिए प्रस्तुत अपने सूत्र को उन्होंने 'सूक्ष्म' भले ही कहा हो, किंतु यह स्पष्ट नहीं किया कि यह सूत्र सिर्फ चक्रीय या वृत्तीय चतुर्भुज (cyclic quadrilateral) के क्षेत्रफल के लिए ही सही है। श्रीधर, महावीर और श्रीपति भी इस सूत्र की सीमा को स्पष्ट नहीं कर पाए।

भास्कर ने इस त्रुटि को समझा और लिखा (**4.36**) : "बिना विकर्ण के जाने चतुर्भुज अनियमित रहता है। एक ही क्षेत्र में अनेक विकर्ण हो सकते हैं। यदि हम चारों भुजाओं की लंबाइयां स्थिर रखें और आमने-सामने के दो कर्णों को खींचे, तो एक विकर्ण बढ़ेगा, दूसरा घटेगा, किंतु भुजाओं के परिमाण में कोई अंतर नहीं पड़ेगा। अतः ऐसी स्थिति में विकर्ण कई प्रकार के हो सकते हैं।

इसलिए यदि चतुर्भुज के क्षेत्रफल का प्रश्न हो, तो एक विकर्ण अथवा एक लंब का होना आवश्यक है।"

आगे भास्कर यहां तक लिखते हैं **(4.37)** : "विकर्ण अथवा लंब दिए बिना जो कोई चतुर्भुज का क्षेत्रफल पूछता है, वह पिशाच है। और जो ऐसे प्रश्न का उत्तर देने का प्रयत्न करता है, वह महापिशाच है।"

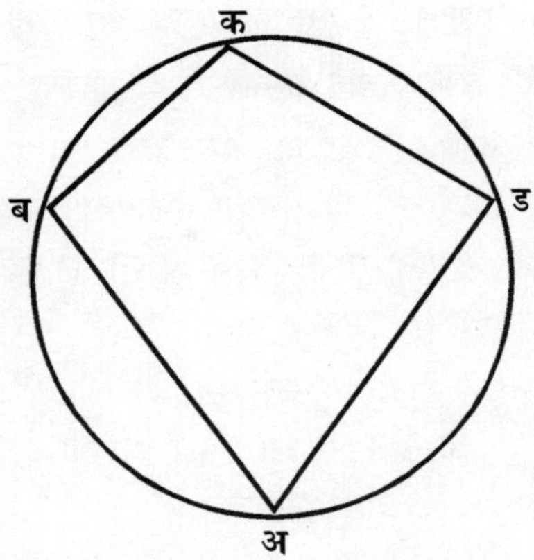

चित्र 4.17 : चक्रीय चतुर्भुज

रोचक होने पर भी लीलावती के इन सवालों में कोई मौलिकता नहीं है। पाइथेगोरस का प्रमेय प्राचीन काल से संसार के कई देशों के गणितज्ञों को मालूम था। भास्कर के उदाहरणों में भी नवीनता नहीं है। जैसे, ऊपर का मोर व सर्प वाला सवाल भास्कर के पहले के गणितज्ञ पृथूदकस्वामी (864 ई.) ने भी दिया है। पृथूदकस्वामी के सवाल में मोर व सर्प के स्थान पर बिल्ली व चूहा है।

दरअसल, ज्यामिति के अध्ययन के मामले में भारतीय गणितज्ञ यूनानियों से आगे नहीं बढ़ पाए। यूक्लिड (लगभग 300 ई.पू.) की ज्यामिति की टक्कर का वैज्ञानिक ग्रंथ किसी भी अन्य देश में नहीं लिखा गया। इस्लामी गणितज्ञों ने भारतीय अंकगणित व बीजगणित की विधियों को तो अपनाया, परंतु यूक्लिड की ज्यामिति से परिचित होने पर भारतीय क्षेत्रमिति उन्हें आकर्षित नहीं कर सकती थी।

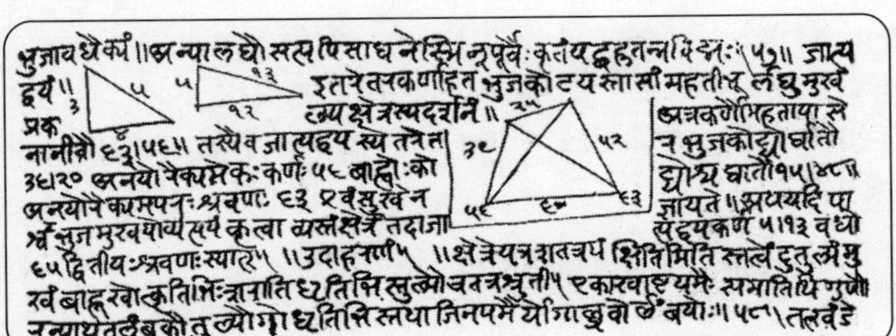

चित्र 4.18 : लीलावती की हस्तलिपि का एक पृष्ठ, जिसमें त्रिभुजों व चतुर्भुजों के विवेचन के साथ प्राचीन गणितज्ञों पर आक्षेप हैं।

गणित में वृत्त की परिधि और इसके व्यास के अनुपात (π) का विशेष महत्व है। सभी प्राचीन सभ्यताओं के गणितज्ञ इस अनुपात ($\frac{\text{परिधि}}{\text{व्यास}} = \pi$) का अधिक से अधिक बेहतर मान प्राप्त करने का प्रयास करते रहे हैं। यह भी कहा जा सकता है कि किसी भी सभ्यता में प्राप्त व प्रयुक्त π का सन्निकट मान मोटे तौर पर उस सभ्यता में गणित की प्रगति का परिचायक होता है।[18]

π के विभिन्न मान :

प्राचीन बेबीलोन	$\pi = 3.125$
आह्मोस पेपीरस, मिस्र (1650 ई.पू.)	$\pi = 3.1605$
पुरानी बाइबल	$\pi = 3$
बौधायन शुल्वसूत्र (400 ई.पू.)	$\pi = 3$ या 3.004
जैन ग्रंथ (लगभग 300 ई.पू.)	$\pi = \sqrt{10}$ या 3
आर्किमिदीज (287-212 ई.पू.)	$3.140845 < \pi < 3.142857$
झू-झोङ्-झी (429-500 ई.), चीन	$\pi = \frac{355}{113}$
आर्यभट (जन्म 476 ई.)	$\pi = \frac{62832}{20000} = 3.1416$
ब्रह्मगुप्त (जन्म 598 ई.)	$\pi = \sqrt{10}$ या 3
भास्कराचार्य (जन्म 1114 ई.)	$\pi = \frac{3927}{1250}$
	$= \mathbf{3.1416}$ (सूक्ष्म मान) या
	$\pi = \frac{22}{7}$ (स्थूल मान)
माधव (1340-1425 ई.), केरल	$\pi = 3.141592653592...$

भास्कर ने वृत्तक्षेत्र में व्यास या परिधि में से एक को जानकर दूसरे को जानने की रीति एक श्लोक में दी है **(4.38)** : "वृत्तक्षेत्र के कल्पित व्यास को 3927 से गुणा कर 1250 से भाग दें, तो परिधि का सूक्ष्म प्रमाण प्राप्त होता है। यदि कल्पित व्यास को 22 से गुणा कर 7 से भाग दें, तो परिधि का स्थूल मान प्राप्त होता है।"

अतः, $\frac{\text{परिधि}}{\text{व्यास}} = \frac{3927}{1250} = 3.1416$ (सूक्ष्म मान)

इसी तरह, $\frac{\text{परिधि}}{\text{व्यास}} = \frac{22}{7}$ (स्थूल यानी कामचलाऊ मान)। यह स्थूल मान आर्यभट-द्वितीय (950 ई.) ने अपने **महासिद्धांत** में भी दिया है। इसे काफी पहले यूनानी गणितज्ञों ने प्राप्त कर लिया था।

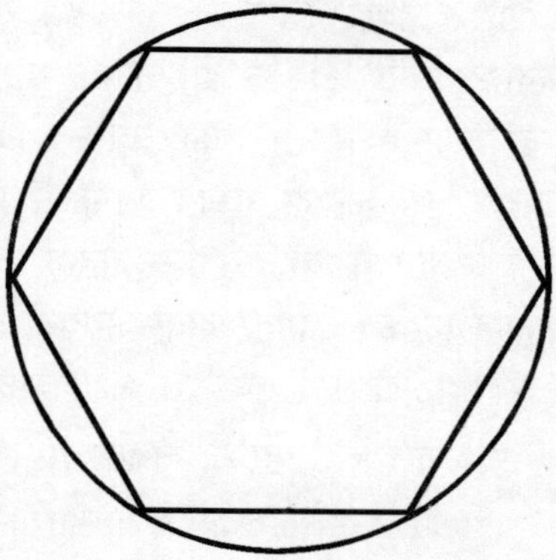

चित्र 4.19 : वृत्त के भीतर नियमित षड्भुज

भास्कराचार्य ने वृत्तक्षेत्र के भीतर समषट्भुज (regular hexagon) की स्थापना से शुरू करके अंत में 384 भुजाओं वाली नियमित बहुभुजाकृति (polygon) स्थापित की और इस प्रकार परिधि का सूक्ष्म मान प्राप्त किया। आज स्कूल-कालेजों में अधिकतर भास्कराचार्य के इन्हीं सूक्ष्म व स्थूल मानों का उपयोग होता है।

वृत्त की परिधि और इसके व्यास के अनुपात (π) का मान देने के बाद भास्कर ने अगले एक ही श्लोक (**4.39**) में वृत्त के क्षेत्रफल और गोले की सतह तथा आयतन के भी सही मान प्रस्तुत कर दिए : "वृत्तक्षेत्र में व्यास के चौथे भाग को परिधि से गुणा करने पर उसका क्षेत्रफल मिलता है। उसी क्षेत्रफल को 4 से गुणा करने पर उस गोले के चारों ओर गूंथा हुआ गेंद के जाल के समान क्षेत्रफल (गोले की सतह का क्षेत्रफल) मिलता है। फिर उसको व्यास से गुणा करके 6 से भाग देने पर गोले के भीतर का घनफल मिलता है।"

अर्थात्, यदि वृत्त का अर्धव्यास (त्रिज्या) 'अ' है, तो

$$\text{वृत्त का क्षेत्रफल} = \text{परिधि} \times \frac{1}{4}\ \text{व्यास} = \pi \text{अ}^2$$

$$\text{गोले की सतह} = \text{वृत्त का क्षेत्रफल} \times 4 = 4\pi \text{अ}^2$$

$$\text{गोले का आयतन} = \frac{1}{6} \times 4\ \pi \text{अ}^2 \times 2\text{अ}$$

$$= \frac{4}{3}\ \pi \text{अ}^3$$

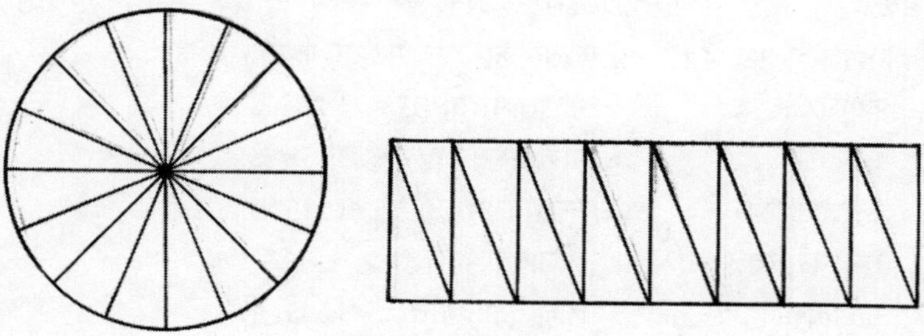

चित्र 4.20 : वृत्त का क्षेत्रफल

गणेश दैवज्ञ[19] (जन्म 1507 ई.) ने भास्कराचार्य की **लीलावती** पर 'बुद्धिविलासिनी' (1545 ई.) नामक एक उत्तम टीका लिखी है। उसमें उन्होंने स्पष्ट किया है कि वृत्त का क्षेत्रफल किस प्रकार प्राप्त किया जा सकता है। सर्वप्रथम वृत्त को दो समान भागों में विभक्त कीजिए। फिर प्रत्येक भाग के समान आकार के बहुत-से त्रिभुजात्मक टुकड़े काटिए–अर्धव्यासों को परिधि तक रेखांकित करके। तदनंतर दोनों अर्धवृत्तों के त्रिभुजात्मक टुकड़ों को निम्न आकृति के अनुसार जोड़िए। तब वृत्त का क्षेत्रफल मिलता है :

अर्धव्यास $\times \frac{1}{2}$ परिधि, अथवा π अ^2।

इसी प्रकार, भास्कराचार्य ने 'गोलाध्याय' (भुवनकोश, श्लोक 52-61) में गोले की सतह (पृष्ठफल) और गोले का आयतन (घनफल) ज्ञात करने के तरीके बताए हैं।

क्षेत्रव्यवहार के आगे के छोटे-छोटे प्रकरणों–खात व्यवहार, चिति व्यवहार और क्रकच व्यवहार–में खाद भरने के गढ़ों, होमकुंडों तथा अनाज की कोठियों के आयतनों के बारे में सवाल दिए हैं। क्रकच व्यवहार में लकड़ी चीरने पर उसके होनेवाले टुकड़ों और उनके आयतनों पर प्रश्न हैं। इसके आगे अनाज की ढेरियों और छायाओं की लंबाई के बारे में प्रश्न हैं।

बारहवें प्रकरण का नाम 'कुट्टक व्यवहार' है। यह प्रकरण वस्तुतः बीजगणित से संबंधित है और इसे भास्कर की **बीजगणित** पुस्तक में भी दोहराया गया है, इसलिए हम इस पर आगे विचार करेंगे।

लीलावती का अंतिम तेरहवां प्रकरण है : अंकपाश (क्रमचय व संचय)। इसकी चर्चा हम पहले कर चुके हैं।

लीलावती के बाद इस विषय पर संस्कृत में इससे बेहतर मौलिक पुस्तक नहीं लिखी गई। भास्कर के बाद अनेक गणितज्ञों ने लीलावती पर टीकाएं लिखीं। संभवतः भारतीय गणित की इसी पुस्तक पर सबसे अधिक–लगभग पचास–टीकाएं लिखी गई हैं।[20] लीलावती की कुछ महत्वपूर्ण टीकाएं हैं :

गंगाधर	गणितामृतसागरी	1420 ई.
सूर्यदास	गणितामृतकूपिका	1538 ई.
गणेश दैवज्ञ	बुद्धिविलासिनी	1545 ई.
धनेश्वर दैवज्ञ	लीलावतीभूषण	
मुनीश्वर	लीलावतीविवृत्ति	1635 ई.
रंगनाथ	लीलावतीविलास	1643 ई.

महीदास	लीलावतीविवरण 1587 ई.
महीधर	लीलावतीविवरण
रामकृष्ण	गणितामृतलहरी
नारायण	कर्मप्रदीपक
रामकृष्णदेव	मनोरंजना
रामचंद्र	गणितामृतकूपिका
विश्वेश्वर	लीलावत्युदाहरण
विश्वरूप	निसृष्टदूती

लीलावती पर लिखी गई कुछ टीकाएं आज उपलब्ध नहीं हैं। लीलावती की ऐसी भी कई टीकाएं हैं जिनके लेखक अज्ञात हैं। विशेष बात यह है कि स्वयं भास्कराचार्य की लिखी हुई कोई भी हस्तलिपि आज कहीं पर भी उपलब्ध नहीं है।

जैसा कि इसी अध्याय में पहले बताया गया है, बादशाह अकबर (शासन : 1556-1605 ई.) की आज्ञा से उसके दरबार के कवि फैजी ने 1587 ई. में लीलावती का फारसी में अनुवाद किया था। किसी विदेशी भाषा में लीलावती का यह पहला अनुवाद था। जेम्स टेलर (James Taylor) ने 1816 ई. में लीलावती का अंग्रेजी में मुक्त अनुवाद किया। फिर 1817 ई. में अंग्रेज संस्कृतज्ञ हेनरी टॉमस कोलब्रूक (Henry Thomas Colebrooke) ने लीलावती का मूल से अंग्रेजी में अनुवाद किया–भरपूर टिप्पणियों सहित। फिर हाराणचंद्र बनर्जी ने कोलब्रूक के इस अंग्रेजी अनुवाद में नई टिप्पणियां जोड़कर 1892 ई. में इसे प्रकाशित किया। पंडित बापूदेव शास्त्री, पंडित सुधाकर द्विवेदी आदि ने मूल संस्कृत और अपनी टिप्पणियों के साथ लीलावती को प्रकाशित किया। भारत की लगभग सभी प्रमुख भाषाओं में लीलावती का अनुवाद हो चुका है। अभी कुछ साल पहले जापानी भाषा में भी लीलावती का अनुवाद प्रकाशित हुआ है।[22]

संदर्भ और टिप्पणियां

1. देखिए Kripa Shankar Shukla : **The Patiganita of Shridharacharya**, Dept. of Mathematics and Astronomy, Lucknow University, Lucknow. 1959. श्रीधराचार्य के उपलब्ध **पाटीगणित** में कुल 251 श्लोक हैं, जिनमें से 118 श्लोकों में परिभाषाएं व नियम दिए गए हैं। बाकी श्लोकों में उदाहरण, वंदना आदि हैं। श्रीधर के 'पाटीगणित' में 29 परिकर्म और 9 व्यवहार हैं। एक विशिष्ट परिकर्म है–'जीव-विक्रय', यानी जीवित प्राणियों की खरीद-फरोख़्त से संबंधित सवाल।

'पाटीगणित' शब्द को प्रायः अंकगणित के व्यापक अर्थ में ग्रहण किया जाता है। कुछ विद्वानों का यह भी मत है कि 'पाटी' शब्द संस्कृत का नहीं, बल्कि किसी क्षेत्रीय भाषा का है; 'तख़्ती' के लिए संस्कृत का पुराना शब्द 'फलक' या 'पट्ट' है। परंतु 'लीलावती' व 'गणिततिलक' जैसी पुस्तकों के आरंभ में सिर्फ 'पाटी' शब्द आता है, न कि 'पाटीगणित' (जैसे, 'पाटीं सद्गणितस्य वच्मि'– लीलावती)। इसलिए कुछ अन्य विद्वानों का मत है कि 'पाटी' का वास्तविक अर्थ 'तख़्ती' नहीं, बल्कि 'गणनाकर्म' है। संस्कृत शब्दकोश भी इसी अर्थ की पुष्टि करते हैं। अन्य शब्दों में, हमें 'पाटीगणित' को 'गणितस्य पाटी' (गणनाकर्म) के अर्थ में ग्रहण करना चाहिए।

2. रामबाग (चारबाग, आगरा) में जन्मे अबुल फैज फैजी (1547-1595 ई.), शेख मुबारक के ज्येष्ठ पुत्र और 'आईन-ई-अकबरी' के लेखक अबुल फजल के बड़े भाई थे। वह एक स्वतंत्र विचारक, श्रेष्ठ कवि और साहित्यकार थे। फैजी ने संस्कृत पढ़ी थी। वह अकबर के कविराज (मलिकुश् शुअरा) थे। फैजी का फारसी में एक 'दीवान' है। इन्होंने महाभारत के 'नलोपाख्यान' और कवि त्रिविक्रम के 'नलचंपू' के आधार पर फारसी में 'नल-दमन' की रचना की है। भास्कराचार्य के पौत्र चंगदेव के पाटण लेख (1207 ई.) में उनके वंश के प्रथम पुरुष के रूप में 'नलचंपू' के रचनाकार 'कविचक्रवर्ती' त्रिविक्रम का नाम आया है। देखिए अध्याय 2 : **भास्कराचार्य की जीवन-गाथा**।

3. **लीलावती** से 'इष्टकर्म' का यह उहाहरण है :

   पंचघ्नः स्वत्रिभागोनो दशभक्तः समन्वितः।
   राशित्र्यंशार्द्धपादैः स्यात् को राशिर्य्यूनसप्ततिः ॥

   अर्थात्, वह कौन-सी संख्या है जिसे 5 से गुणा करके गुणनफल में से उसका तीसरा भाग घटाया और फिर शेष को 10 का भाग देकर उसमें मूल राशि का तृतीयांश, अर्धांश व चतुर्थांश जोड़ देने से संख्या 68 मिलती है? (**उत्तर : 48**)

4. धूलिकर्म के लिए देखिए अध्याय 3, टिप्पणी 36.

5. कौड़ियां (*Cypraea moneta*) गर्म समुद्र में, मुख्यतः दक्षिण प्रशांत महासागर व हिंद महासागर में मिलती हैं। अफ्रीका और भारत में सदियों तक मुद्रा के रूप में कौड़ियों का चलन रहा है। कौड़िया अधिकतर मालदीव, लक्षद्वीप और केरल तथा कर्नाटक से प्राप्त की जाती थीं।

   अजमेर के सूफी संत ख्वाजा मोईनुद्दीन चिश्ती के सालाना उर्स के दौरान आज भी लाखों रुपयों की कौड़ियों का लेन-देन होता है। यहां प्राचीन काल से जायरीन

(तीर्थयात्री) पुण्य कमाने के लिए भिखारियों को कौड़ियां दान में देते आ रहे हैं। यह परंपरा आज भी जारी है। जायरीन दूकानदारों से कौड़ियां खरीदते हैं और उन्हें भिखारियों में बांटते हैं। भिखारी फिर उन कौड़ियों को दूकानदारों को बेच आते हैं।

6. **दशदण्डो रज्जुः। द्विरज्जुकः परिदेशः। त्रिरज्जुकं निवर्तनमेकतः** (10 दंड = 1 रज्जु; 2 रज्जु = परिदेश; 3 रज्जु = निवर्तन, एक तरफ। अतः एक निवर्तन = 30 × 30 = 900 दंड)–**अर्थशास्त्र**, 2.20.

7. इष्टकर्म को अंग्रेजी में Regula Falsi or Rule of False Position or Supposition or Trial and Error कहते हैं।

8. 'शेषजाति' का अर्थ है 'शेष का समावेश करना' (assimilation of residue)।

9. **योगोऽन्तरेणोनयुतोऽर्द्धितस्तौ राशी स्मृतौ संक्रमणाख्यमेतत्।–लीलावती**

10. देखिए मेरी पुस्तक **महान गणितज्ञ-ज्योतिषी आर्यभट**, प्रकाशन विभाग, भारत सरकार, द्वितीय संस्करण, 2007, पृ. 86.

11. अर्जुन द्वारा कर्ण के वध के वर्णन के लिए देखिए **महाभारत** के कर्णपर्व का अध्याय 91.

12. **इत्युपायसमुद्देशो भूयोऽप्यह्नः प्रकल्पयेत्।**
ज्ञेयराशिगताभ्यस्तं विभजेत् ज्ञानराशिना॥– ऋक् वेदांग-ज्योतिष, 24.

    अर्थात्, ज्ञात राशि (फल राशि) को उस राशि (इच्छा राशि) से गुणा करना चाहिए जिसका फल प्राप्त करना है, और उस राशि (प्रमाण) से भाग देना चाहिए जिसके लिए परिणाम दिया गया है।

13. So highly prized was it among merchants, however, that it was often called the Golden Rule, a name apparently in special favor with the better mathematical writers. Hodder, the popular English arithmetician of the 17th century, justifies this by saying: "The Rule of Three is commonly called *The Golden Rule*; and indeed it might be so termed; for the Gold transcends all other Mettls, so doth this Rule all others in Arithmetic." The term continued in use in England until the end of the 18th century at least, perhaps being abandoned because of its use in the Church. –D. E. Smith : **History of Mathematics**, Vol. II, Dover, p. 486.

14. यहां स्त्री को खरीदने का अर्थ 'कन्याशुल्क' देकर स्त्री को प्राप्त करना भी हो सकता है। **मनुस्मृति** (9.100) में कन्याशुल्क की चर्चा है। कन्या का पिता वर

से शुल्क प्राप्त करके अपनी पुत्री उसे व्याह देता था। यह प्रथा महाराष्ट्र और कर्नाटक में आज भी कुछ हद तक कायम है।

15. **स्वर्णत्रिशती मूल्यं दशवर्षाणां नवाङ्गनानां स्यात्।**
षट्त्रिंशन्नारीणां षोडषसंवत्सराणां किम् ॥–गणितसार-संग्रह.

16. सपादपणा धर्म्या मासवृद्धिः पणशतस्य, पञ्चपणा व्यावहारिकी, दशपणा कान्तारगाणाम्, विंशतिपणा सामुद्राणाम्।–**अर्थशास्त्र**, 3.11.1.

17. **भुजयोगार्धचतुष्टयभुजोनघातात् पदं सूक्ष्मम्** ॥–क्षेत्रव्यवहार, **ब्राह्मस्फुट-सिद्धान्त.**

अर्थात्, भुजाओं के योग के आधे को चार जगह रखकर उनमें से क्रमशः भुजाओं को घटाओ। बची हुई चार राशियों के गुणनफल का वर्गमूल चतुर्भुज का सूक्ष्म क्षेत्रफल होगा।

18. परिधि/व्यास यानी π एक परिमेय संख्या नहीं है। अर्थात्, इसे दो पूर्णांकों के अनुपात में प्रस्तुत नहीं किया जा सकता। π एक अपरिमेय (irrational) संख्या है; साथ ही, 1882 ई. में यह भी सिद्ध किया गया कि यह एक अबीजीय (transcendental) संख्या है। सुपरकंप्यूटरों की सहायता से 1994 ई. तक π का मान 4 अरब दशमलव स्थानों तक प्राप्त किया गया था। फिर सन् 2002 में जापान के यासुमासा कानादा ने सुपरकंप्यूटरों की ही मदद से π का मान 1240 अरब दशमलव स्थानों तक प्राप्त किया।

19. गणितज्ञ-ज्योतिर्विद गणेश दैवज्ञ का जन्म 1507 ई. (शक 1429) में मुंबई के दक्षिण में अलीबाग-कुलाबा तटक्षेत्र के नंदिग्राम (आधुनिक नांदगांव) में हुआ था। इनके पिता केशव दैवज्ञ भी एक नामी वेधकर्ता गणितज्ञ-ज्योतिषी थे। गणेश दैवज्ञ का करण-ग्रंथ **ग्रहलाघव** बहुत प्रसिद्ध रहा है; इस पर कई टीकाएं लिखी गई हैं। गणेश ने भास्कर के 'सिद्धांत-शिरोमणि' पर टीका लिखी है। गणेश की 'लीलावती' की टीका का नाम 'बुद्धिविलासिनी' है।

20. देखिए S.N. Sen , A.K.Bag and S. Rajeswar Sarma : A Bibliography of Sanskrit Works on Astronomy and Mathematics, INSA, New Delhi, 1966.

21. हेनरी टॉमस कोलब्रूक के लिए देखिए अध्याय 1, टिप्पणी नं. 2.

22. 'लीलावती' का यह जापानी अनुवाद दोशिबा विश्वविद्यालय (क्योतो) में विज्ञान के इतिहास के प्राध्यापक तकाओ हयाशी (Takao Hayashi) ने किया है–क्योतो सेंग्यो विश्वविद्यालय में संस्कृत के प्राध्यापक मिकिओ यानो (Michio Yano) के सहयोग से। प्रा. यानो खगोल-विज्ञान के इतिहास के विशेषज्ञ हैं; उन्होंने

आर्यभट (499 ई.) के 'आर्यभटीय' ग्रंथ, 'आर्यभटीय' पर नीलकंठ के भाष्य और वराहमिहिर की 'बृहत्संहिता' का जापानी में अनुवाद किया है। तकाओ हयाशी ने 'बक्षाली हस्तलिपि' पर शोधकार्य करके ब्राउन विश्वविद्यालय (अमरीका) से पीएच.डी. की उपाधि प्राप्त की है। तोक्यो के डा. युकिओ ओहाशी (Yukio Ohashi) ने कई साल तक भारत में रहकर प्राचीन भारतीय ज्योतिष-यंत्रों पर महत्वपूर्ण शोधकार्य किया है। इसी प्रकार कई जापानी विद्वान भारतीय गणित व ज्योतिष के अनुसंधान में जुटे हुए हैं।

अध्याय - 5

बीजगणित

भास्कराचार्य ने अपने **सिद्धांत-शिरोमणि** ग्रंथ की दूसरी पुस्तक को **बीजगणित** नाम दिया है। पुस्तक के आरंभ में वे अव्यक्त ईश्वर तथा अव्यक्त गणित (बीजगणित) की वंदना करते हैं :

उत्पादकं यत्प्रवदन्ति बुद्धेरधिष्ठितं सत्पुरुषेण सांख्याः।
व्यक्तस्य कृत्स्नस्य तदेकबीजमव्यक्तमीशं गणितं च वन्दे ॥

अर्थात्, सांख्यशास्त्र संबंधी पहिला अर्थ–सांख्यशास्त्र के जानने वाले पुरुष के द्वारा संनिहित जिसको महत्तत्त्व का उत्पादक कहते हैं, ऐसा जो संपूर्ण पदार्थों का मुख्यकारण अव्यक्त है, उसकी मैं वन्दना करता हूं। सांख्य शास्त्रवाले प्रकृति से सृष्टि की उत्पत्ति मानते हैं। ऐसा जो सांख्यमत से संसार का कारण मुख्य प्रसिद्ध अव्यक्त उसकी वन्दना करता हूं।

उत्तर मीमांसा (वेदान्त) संबंधी दूसरा अर्थ–वेदान्ती लोग "एकमेवा-द्वितीयं ब्रह्म" इस श्रुति के आधार पर ब्रह्म ही को सबका मूलभूत मानते हैं, ब्रह्म ही सत्य है और जगत् मिथ्या है। ऐसा जो ब्रह्माण्डोदरवर्ती वस्तुंजात का असाधारण कारण सच्चिदानन्द ब्रह्मस्वरूप ईश्वर है, उसकी मैं वन्दना करता हूं।

और अगले श्लोक में कहते हैं :

पूर्वं प्रोक्तं व्यक्तमव्यक्तबीजं प्रायः प्रश्ना नो विनाऽव्यक्तयुक्त्या।
ज्ञातुं शक्या मन्दधीभिर्नितान्तं यस्मात्तस्माद्वच्मि बीजक्रियां च ॥

अर्थात्, "अव्यक्त (बीजगणित) है जिसका मूल ऐसा व्यक्त गणित ('लीलावती' नामक पाटीगणित) मैं पहले कह चुका हूं, परंतु बीजगणित की युक्ति के बिना प्रश्न प्रायः हल नहीं होते और मंदबुद्धियों के लिए तो किसी प्रकार से नहीं जाने जा सकते, इसलिए अब मैं बीजगणित की रीति को कहता हूं।"

हमारे देश में कम-से-कम ईसा की नौवीं सदी से 'बीजगणित' शब्द का प्रयोग

होता आ रहा है। पृथूदकस्वामी (860 ई.) ने 'ब्राह्मस्फुट-सिद्धांत' की अपनी टीका में 'बीजगणित' शब्द का प्रयोग किया है। भास्कर-प्रथम (628 ई.) के 'आर्यभटीय-भाष्य' में 'बीज' शब्द का उल्लेख है। ब्रह्मगुप्त (जन्म 598 ई.) ने अपने ग्रंथ के बीजगणित से संबंधित अध्याय को 'कुट्टकाध्याय' नाम दिया है; साथ ही, उन्होंने अज्ञात राशि के अर्थ में 'अव्यक्त' शब्द का भी प्रयोग किया है। इस तरह, प्राचीन भारत में बीजगणित को 'कुट्टक' या 'अव्यक्त गणित' कहा जाता था और अंकगणित को 'व्यक्त गणित'। 'कुट्टक' के पर्यायवाची शब्द थे : 'कुट्टाकार', 'कुट्टीकार', 'कुट्ट' आदि।

'कुट्ट' धातु से बने 'कुट्टक' का अर्थ है–कूट-कूटकर चूरा करने का साधन। प्रथम घात के अनिर्णीत समीकरण (अर्थात्, क य + ख र + ग = 0 जैसे समीकरण) को बार-बार भाग देकर यानी एक प्रकार से कूट-कूटकर हल किया जाता था, इसीलिए अनिर्णीत समीकरण के हल के अर्थ में इस 'कुट्टक' शब्द का प्रयोग किया गया है। भारतीय गणितज्ञों ने प्रथम घात के अनिर्णीत समीकरणों (indeterminate equations of the first degree) के हल को इतना महत्वपूर्ण माना था कि पूरे बीजगणित (अव्यक्त गणित) के लिए 'कुट्टक' शब्द का प्रयोग होने लगा था। ब्रह्मगुप्त ने अपने 'ब्राह्मस्फुट-सिद्धांत' के 'कुट्टकाध्याय' के आरंभ में लिखा है : "कुट्टाकार के बिना प्रश्नों के उत्तर प्राप्त करने में बड़ी कठिनाई होती है, इसलिए मैं कुट्टाकार गणित को प्रश्नों-सहित बता रहा हूं। कुट्टक, शून्य, धन व ऋण राशियां, वर्ग-समीकरण, अनिर्णीत समीकरण आदि का ज्ञान होने पर ही गणितज्ञ को 'आचार्य' कहा जा सकता है।"[1]

ज्यामिति के अध्ययन में भारतीय गणितज्ञ यूनानियों से भले ही आगे न बढ़ पाए हो, लेकिन बीजगणित के अध्ययन-अन्वेषण में वे काफी आगे थे; हम यह भी कह सकते हैं कि अपने समय में दूसरे सभी देशों से आगे थे।

यूनानी गणितज्ञ बीजगणित के सवाल ज्यामितीय विधियों से हल करते थे। यूक्लिड (लगभग 300 ई. पू.) ने भी यही किया है। बीजगणित से संबंधित पहली यूनानी पुस्तक डायोफैंटस (Diophantus) की है। डायोफैंटस ईसा की तीसरी सदी के उत्तरार्ध में हुए, और वह सिकंदरिया (मिस्र) के निवासी थे। उनके गणित पर बेबीलोनी गणित की स्पष्ट छाप है।[2] डायोफैंटस के साथ प्राचीन यूनानी गणित का विकास लगभग समाप्त हो जाता है।

बहुत प्राचीन काल से समीकरणों का अध्ययन होता आ रहा है। वर्ग-समीकरण के उदाहरण प्राचीन मिस्र, बेबीलोन और चीन के गणितज्ञों ने भी दिए हैं।

वर्ग-समीकरणों के उदाहरण शुल्वसूत्रों में भी मिलते हैं।

बक्षाली हस्तलिपि (ईसा की पांचवीं-छठी सदी) में भी समीकरणों के उदाहरण मिलते हैं। गणितज्ञ-खगोलविद आर्यभट (जन्म 476 ई.) ने अपनी पुस्तक **आर्यभटीय** में कक्ष - बय = क (जहां अ, ब और क धन या ऋण पूर्णांक हैं) समीकरण का हल दिया है। ऐसे समीकरण को 'प्रथम घात का अनिर्णीत समीकरण' कहते हैं। पाश्चात्य गणित में ऐसे सरल और वर्ग-समीकरण 'डायोफैंटस समीकरण' कहलाते हैं। भारत में ऐसे समीकरणों को हल करने के लिए ही कुट्टक विधि का प्रयोग हुआ है।

बीजगणित के क्षेत्र में स्वतंत्र रूप से मौलिक खोजबीन करनेवाले पहले भारतीय गणितज्ञ बह्मगुप्त (जन्म 598 ई.) हैं। उन्होंने अपने **ब्राह्मस्फुट-सिद्धांत** में 'कुट्टकाध्याय' नाम से एक स्वतंत्र प्रकरण दिया है।

अनिर्णीत वर्ग-समीकरणों (indeterminate equations of the second degree) को भारतीय गणितज्ञों ने 'वर्ग-प्रकृति' कहा है। ऐसे समीकरणों का मौलिक अध्ययन करनेवाले ब्रह्मगुप्त संसार के पहले गणितज्ञ हैं।

डायोफैंटस के बाद सदियों तक यूरोप में बीजगणित का कोई विकास नहीं हुआ। यूरोप में बीजगणित का नए सिरे से अध्ययन ईसा की सोलहवीं सदी से आरंभ हुआ। इस बीच भारतीय बीजगणित की विधियां अरबी के माध्यम से यूरोप पहुंच चुकी थीं। पहले हम बता चुके हैं कि इस्लामी जगत के महान गणितज्ञ अल्-ख़्वारिज्मी ने भारतीय गणित की विधियों को अपनाया था। अल्-ख़्वारिज्मी ने बीजगणित पर 'इल्म अल-जब्र व अल् मुकाबिलः' नाम से एक पुस्तक लिखी थी। ईसा की बारहवीं सदी के पूर्वार्ध में, यानी भास्कर अभी बालक ही थे, इस पुस्तक का यूरोप में अनुवाद हुआ। पाश्चात्य गणित में बीजगणित के लिए प्रयुक्त होनेवाला 'अलजेब्रा' (Algebra) शब्द अल्-ख्वारिज्मी की इस पुस्तक के नाम के 'अल्-जब्र' शब्द से ही बना है।

ब्रह्मगुप्त के बाद महावीराचार्य और श्रीधर ने बीजगणित के विषयों की जानकारी दी है। भास्कर ने श्रीधर और पद्मनाभ की बीजगणित की पुस्तकों का उल्लेख किया है, और अपनी पुस्तक में उनके कई नियमों को उद्धृत किया है। आज श्रीधर की बीजगणित की पुस्तक नहीं मिलती।

भास्कराचार्य ने अपनी स्वतंत्र पुस्तक में भारतीय बीजगणित की व्यापक जानकारी दी है। उन्होंने बीजगणित के अध्ययन को विशेष महत्व दिया है। भास्कर ने बेहतर शब्दावली का प्रयोग किया, समीकरणों को बेहतर ढंग से प्रस्तुत किया,

और रोचक उदाहरण दिए।

> **अलिकुलदलमूलं मालतीं यातमष्टौ**
> **निखिलनवमभागाश्चालिनी भृङ्गमेकम्।**
> **निशि परिमललुब्धं पद्ममध्ये निरुद्धं**
> **प्रतिरणति रणन्तं ब्रूहि कान्तेऽलिसंख्याम्॥**

भारतीय गणितज्ञों ने अज्ञात राशि के लिए 'यावत्-तावत्' (जितना हो उतना) शब्द का प्रयोग किया है। लेकिन जब कई अज्ञात राशियां होती थीं, तो इनके लिए रंगों के नामों के आरंभिक अक्षरों का इस्तेमाल होता था। जैसे, **का** (कालक, काला), **नी** (नीलक), **पी** (पीतक), आदि। समीकरण के अचल पद के लिए 'रूप' (संक्षेप में **रू**) शब्द का प्रयोग होता था।

उस समय आज-जैसे चिह्न नहीं थे। इनके स्थान पर शब्दों के आरंभिक अक्षरों का प्रयोग होता था : **यु** (युत, जोड़ना), **गु** (गुणित), **भा** (भाग), **व** (वर्ग), **ध** (धन), **मू** (मूल) आदि। ऋण के लिए + चिह्न का प्रयोग होता था। यह चिह्न ब्राह्मी लिपि का 'क' अक्षर है, और संभवतः 'क्षय' (क्षय) शब्द के प्रथमाक्षर के आधार पर बनाया गया था। भास्कर ऋण राशि को उसके ऊपर एक बिंदी देकर व्यक्त करते थे : जैसे, -4 को $\dot{4}$ से।

उदाहरण के लिए, भास्कर ने अपने **बीजगणित** में वर्ग-समीकरण के एक प्रश्न की स्थापना (न्यास) दी है :

याव 18 या 0 रू 0

याव 16 या 9 रू 18

आज की पद्धति में इसका अर्थ है :

$$18\,\text{क्ष}^2 + 0\,\text{क्ष} + 0 = 16\,\text{क्ष}^2 + 9\,\text{क्ष} + 18$$

अथवा, $2\,\text{क्ष}^2 - 9\,\text{क्ष} = 18$

भास्कर ने अपने बीजगणित में आरंभ में जोड़ना, घटाना, गुणन, भाग, वर्ग और वर्गमूल के नियम और उदाहरण दिए हैं। जैसे, उन्होंने 9 के दो वर्गमूल दिए हैं : $+3$ और -3 । साथ ही, भास्कर ने कहा कि -9 का कोई वर्गमूल नहीं है। परंतु आज हम नहीं कह सकते कि -9 का कोई वर्गमूल नहीं है। आज इस विषय का एक नया गणित विकसित हो चुका है।

भास्कर ने अपने **बीजगणित** में पुनः शून्य के गणित की जानकारी दी है। यहां भास्कर ने स्पष्ट लिखा है कि, किसी राशि को 'ख' यानी शून्य से भाग देने

पर फल 'खहर' होता है। अर्थात्,

अ/0 = खहर (यानी ऐसी राशि जिसके हर स्थान में 'ख' यानी शून्य हो)।

भास्कर इस 'खहर' का अर्थ भलीभांति समझते थे। वे जानते थे कि यह एक अनंत (∞) राशि है। इसीलिए उन्होंने एक श्लोक में कहा है :

अस्मिन् विकारः खहरे न राशावपि प्रविष्टेष्वपि निःसृतेषु।
बहुष्वपि स्याल्लयसृष्टिकालेऽनन्तेऽच्युते भूतगणेषु यद्वत् ॥

अर्थात्, इस खहर राशि में किसी राशि को जोड़ देने से अथवा किसी राशि को घटा देने से कोई विकार नहीं होता है। मानो यह खहर राशि विष्णु भगवान् के समान है, प्रलयकाल में भगवान् के शरीर में अनेक जीव प्रविष्ट होते हैं और सृष्टिकाल में निकल आते हैं तो भी उस परमात्मा के शरीर में कुछ विकार नहीं होता है कि जीवों के प्रविष्ट होने से स्थूल होवे, या निकल जाने से सूक्ष्म होवे। यद्यपि भिन्नाङ्कों के जोड़ने से खहर राशि में कुछ अन्तर होता है, परन्तु लब्धि में अनन्तता बनी रहती है। इसी प्रकार परमेश्वर के स्वरूप में अवतारों के भेद से कुछ फरक पड़ता जाता है, परन्तु फलदातृत्व विषय में कोई फरक नहीं पड़ता ऐसे ही यह खहर राशि भी है।

"अब खहर राशि के विषय में कुछ विशेष"

जैसे $\frac{5}{0}$ इस खहर राशि में 5 जोड़ना है, "कल्प्यो हरो रूपमहारराशेः" इस नियम के अनुसार $\frac{5}{0}+\frac{5}{1}$ का योगफल निकालने के लिये किया–

$\frac{5}{0}+\frac{5}{1} = \frac{5+0}{0} = \frac{5}{0}+\frac{0}{0}$ = योगफल = $\frac{5}{0}$ वही अविकृत राशि हुई तथा अन्तर करने से भी वही $\frac{5}{0}$ राशि हुई।

यहां पर यद्यपि भिन्नांक के साथ योग वा अन्तर करने से पूर्वराशि में विकार होगा, परन्तु उसके स्वरूप में विकार नहीं होगा, इसका वास्तविक तात्पर्य कहने का यह है कि दो या, तीन या अधिक खहर राशियों को जोड़ना है तो अंश यद्यपि दूसरा ही होगा, परन्तु हर शून्य ही रहेगा, उस योगफल में भी शून्य का भाग देने से वही फल आवेगा जो फल उसके प्रत्येक खण्ड के अंश में शून्य का भाग देने से आता है, जैसे $\frac{4}{0}+\frac{8}{0}=\frac{12}{0}$ यहां 12 में शून्य का वा 8 में शून्य का भाग देने से फल अनन्त तुल्य होता है, इसलिए कहा है कि इस शून्य हर राशि में किसी अंक को जोड़ो या

घटाओ तथापि यह अनन्त भगवान् के समान अनन्त ही रहती हैं।

"जिस प्रकार अनंत और अच्युत ईश्वर में प्रलय के समय बहुत-से जीवों के प्रवेश करने से या सृष्टि के समय उनके निकल जाने से कोई विकार नहीं होता, उसी प्रकार इस शून्य हर वाली (ख-हर) राशि में बहुत बड़ी संख्या को भी जोड़ने अथवा घटाने पर कोई परिवर्तन नहीं होता।"

भास्कर ने शून्य के गणित और अनंत की धारणा के बारे में पहले के गणितज्ञों से अधिक स्पष्ट जानकारी दी है। भास्कर ने एक अत्यंत अल्प संख्या के रूप में भी शून्य की कल्पना की थी। आज इस धारणा को खूब विकसित किया गया है, और अनंत के बारे में गणित का एक स्वतंत्र विषय ही अस्तित्व में आ चुका है।

भास्कर ने आगे 'करणी' के परिकर्म दिए हैं। भारतीय गणित का यह बहुत पुराना शब्द है। जिस राशि के वर्गमूल को ठीक-ठीक नहीं बताया जा सकता, परंतु जिसे एक रेखा द्वारा दर्शाया जा सकता है उसे 'करणी' कहते हैं। करणी अथवा वर्गमूल के लिए आज हम √ चिह्न प्रयोग करते हैं। भारतीय गणितज्ञों ने इसके लिए 'क' अक्षर का प्रयोग किया है। जैसे, क2 का अर्थ है $\sqrt{2}$। शूल्वसूत्रों में ('द्विकरणी') का मान 1.4142156... दिया गया है। आधुनिक गणना के अनुसार $\sqrt{2} = 1.414213...$

भास्कर ने **बीजगणित** में आगे विभिन्न प्रकार के समीकरणों की जानकारी है। कुट्टक और वर्ग-प्रकृति प्रकरणों के अंतर्गत विशिष्ट प्रकार के समीकरणों का विवेचन है। दरअसल, इन्हीं समीकरणों के अध्ययन में भारतीय गणितज्ञ आगे थे। आर्यभट और ब्रह्मगुप्त के समय से हमारे देश में इस प्रकार के अनिर्णीत समीकरणों का अध्ययन शुरू हुआ था। भास्कर ने ऐसे वर्ग समीकरणों को हल करने की एक नई विधि दी है। इसे उन्होंने "चक्रवाल विधि" कहा है। यह भास्कराचार्य की अपनी मौलिक खोज है।

विषय कुछ कठिन होने के कारण इन समीकरणों की यहां हम जानकारी नहीं दे पाएंगे। यूरोप में इन समीकरणें के हल के साथ बड़े-बड़े गणितज्ञों के नाम जुड़े हुए हैं, पर ये सभी भास्कर के बाद के हैं।

बीजगणित के अध्ययन के क्षेत्र में भारतीय गणितज्ञ वैसे भी दूसरे देशों से कुछ आगे थे। भास्कर ने भी बीजगणित के क्षेत्र में मौलिकता का परिचय दिया है।

इतना होने पर भी आज स्कूलों में पढ़ाए जानेवाले बीजगणित की तुलना में भास्कर के बीजगणित में अनेक त्रुटियां थीं। भास्कर ने पूरी पुस्तक में सिर्फ एक बीजगणितीय सूत्र को ज्यामितीय विधि से सिद्ध किया है। उनके शेष सभी सूत्रों

को ब्रह्मवाक्य समझकर स्वीकार कर लेना पड़ता है।

भास्कर की इस पाठ्य-पुस्तक को भी खूब प्रसिद्धि मिली। ताजमहल के निर्माण में सहयोग देनेवाले उस्ताद अहमद नादिर के पुत्र अताउल्ला रशीदी ने 1634/35 ई. में भास्कर के **बीजगणित** का फारसी में अनुवाद किया। इसी फारसी अनुवाद से ईस्ट इंडिया कंपनी के एक अधिकारी एडवर्ड स्ट्राची (Edward Strachey) ने 1813 ई. में इस पुस्तक का अंग्रेजी में अनुवाद किया। फिर 1817 में हेनरी टॉमस कोलब्रूक (Henry Thoms Colebrooke) ने पुनः संस्कृत से इसका अंग्रेजी में अनुवाद किया। लीलावती की तरह भास्कर के बीजगणित पर भी बाद के भारतीय गणितज्ञों ने अनेक टीकाएं लिखीं।

आज बीजगणित का अध्ययन बहुत आगे बढ़ चुका है। आधुनिक बीजगणित एकदम नए प्रकार का गणित है।

संदर्भ और टिप्पणियां

1. प्रायेण यतः प्रश्नाः कुट्टाकारादृते न शक्यन्ते।
   ज्ञातुं वक्ष्यामि ततः कुट्टाकारं सह प्रश्नैः ॥ 1 ॥
   कुट्टकखर्णधनात्मकमध्यहरणैकवर्णभावितकैः।
   आचार्यस्तंत्रविदां ज्ञातैर्वर्गप्रकृत्या च ॥ 2 ॥–कुट्टकाध्याय, **ब्रा. सि.**

2. डायोफैंटस (Diophantus) :
   अ - अ = 0 $\frac{1}{1}$ $\frac{1}{2}$ $\frac{2}{3}$ $\frac{3}{4}$ $\frac{1}{5}$ $\frac{1}{4}$

अध्याय - 6

सिद्धांत-शिरोमणि : गणिताध्याय व गोलाध्याय

भास्कराचार्य के **सिद्धांत-शिरोमणि** ग्रंथ के तीसरे और चौथे अध्यायों के नाम हैं— **गणिताध्याय** और **गोलाध्याय**। इन दोनों पुस्तकों का विषय गणित-ज्योतिष है। गणिताध्याय में सूर्य, चंद्र और ग्रहों की गतियों से संबंधित गणित की जानकारी है; और गोलाध्याय में खगोल के पिंडों का वर्णन, ज्योतिष-यंत्रों का परिचय, आदि बातें हैं। गोलाध्याय के अंत में त्रिकोणमिति के प्रश्नों पर एक प्रकरण है। इसी अध्याय में भास्कर ने 'ऋतुवर्णन' के नाम से 15 श्लोक दिए हैं, जो काव्यप्रेमी रसिकों के लिए हैं।

प्राचीन भारत में गणित और ज्योतिष का अध्ययन प्रायः साथ-साथ होता था। इसलिए अनेक गणितज्ञ-ज्योतिषियों ने गणित व ज्योतिष की जानकारी एक ही ग्रंथ में दी है। जैसे, आर्यभट ने अपने **आर्यभटीय** ग्रंथ में गणित और ज्योतिष, दोनों का विवेचन किया है। ब्रह्मगुप्त का **ब्राह्मस्फुट-सिद्धांत** भी इसी प्रकार का ग्रंथ है। कुछ ग्रंथ ऐसे भी हैं, जिनमें केवल गणित की जानकारी है।[1]

भास्कर का सिद्धांत-शिरोमणि ग्रंथ भारतीय गणित-ज्योतिष का सबसे सुव्यवस्थित ग्रंथ है। लीलावती और बीजगणित एक प्रकार से स्वतंत्र पुस्तकें हैं। इसलिए सिद्धांत-शिरोमणि के अंतर्गत प्रायः गणिताध्याय और गोलाध्याय का ही समावेश किया जाता है।

गणिताध्याय और गोलाध्याय को सुगमता से समझाने के लिए स्वयं भास्कर ने इन पर टीका लिखी है। इस टीका को भास्कर ने 'वासना भाष्य' का नाम दिया है। मूल और भाष्य साथ-साथ छपते हैं। लीलावती और बीजगणित पर स्वयं भास्कर ने कोई टीका नहीं लिखी, इसलिए भी इन्हें स्वतंत्र पुस्तकें माना जाता है।

भारतीय ज्योतिष में 'सिद्धांत' शब्द का एक विशेष अर्थ है। ज्योतिष के खास प्रकार के ग्रंथ सिद्धांत ग्रंथ कहलाते हैं। जैसे, सूर्य-सिद्धांत, पितामह सिद्धांत, ब्राह्मस्फुट-सिद्धांत आदि। भारतीय ज्योतिषियों ने ज्योतिष के अध्ययन को मुख्यतः तीन स्कंधों यानी भागों में बांटा था—गणित (सिद्धांत), संहिता और जातक।

गणितस्कंध का अर्थ है गणित-ज्योतिष। इसके भी दो या तीन भेद देखने को मिलते हैं। 'सिद्धांत' या 'तंत्र' ग्रंथों में कल्प या कलियुग के आरंभ से गणनाएं की जाती हैं। संक्षेप में कहें तो सिद्धांत-ग्रंथ में गणित-ज्योतिष के सैद्धांतिक नियमों की जानकारी रहती है। करण-ग्रंथ काम-चलाऊ गणना के लिए होते हैं, और पंचांग बनाने के लिए उपयोगी होते हैं। भास्कर का **करण-कुतूहल** ऐसा ही ग्रंथ है। करण-ग्रंथ में ज्योतिषी अपने ही समय के किसी सुविधाजनक काल से गणनारंभ करता है। जैसे, भास्कर ने करण-कुतूहल में गणनारंभ का वर्ष शक 1105 (पंच-दिक्-चंद्र) यानी 1183 ई. माना है। उस समय भास्कराचार्य 69 साल के थे।

संहिता-ग्रंथों में आकाशीय पिंडों और उनसे संबंधित घटनाओं के शुभाशुभ फलों का विवेचन रहता है। वराहमिहिर की **बृहत्संहिता** इसी कोटि का ग्रंथ है। जातक अथवा होरा ग्रंथों में मनुष्य के जन्मकाल के अवसर पर ग्रहों की स्थितियां जानकर उसके संपूर्ण जीवन का परिकल्पित लेखा-जोखा तैयार किया जाता है। संहिता और जातक ग्रंथों का समावेश आमतौर पर फलित-ज्योतिष (astrology) के अंतर्गत होता है।

भास्कर का संहिता या जातक विषयक कोई ग्रंथ नहीं है। भास्कराचार्य गणितज्ञ-ज्योतिषी थे, खगोलविद (astronomer) थे।

ज्योतिष के सिद्धांत ग्रंथों को मुख्यतः दो भागों में बांटा जाता है : एक में प्रधान रूप से ग्रह-गणित की जानकारी रहती है, जैसे कि भास्कर के 'गणिताध्याय' में है। दूसरे में सृष्टि-रचना, गोल विचार, ज्योतिष-यंत्र, काल-गणना आदि विषय रहते हैं। भास्कर ने यह जानकारी सिद्धांत-शिरोमणि के 'गोलाध्याय' में दी है।

ज्योतिष के सिद्धांत-ग्रंथों को कुछ खास 'अधिकारों' यानी अध्यायों में बांटने की परंपरा रही है। इनके नाम हैं : मध्यमाधिकार, स्पष्टाधिकार, त्रिप्रश्नाधिकार, चंद्रग्रहणाधिकार, सूर्यग्रहणाधिकार, छायाधिकार, उदयास्ताधिकार, शृंगोन्नत्यधिकार, ग्रहयुत्यधिकार, भग्रहत्युधिकार और पाताधिकार। कुछ ग्रंथों में इन अधिकारों की संख्या कम-ज्यादा भी रहती है। आज जो **सूर्य-सिद्धांत** मिलता है उसमें 14 अधिकार यानी अध्याय है। भास्कर ने अपने गणिताध्याय को इसी प्रकार के अधिकारों में विभक्त किया है।

भारतीय गणित-ज्योतिष की अपनी विशिष्ट शब्दावली है, और विशिष्ट विधियां हैं। इन्हें संक्षेप में और सरलता से समझाने में अनेक कठिनाइयां हैं। जैसे, 'तिथि' शब्द का आज भी हम आम इस्तेमाल करते हैं। परंतु भारतीय ज्योतिष में तिथि शब्द का विशेष अर्थ है। तिथियों की गणना भी आसान नहीं है। खास बात यह

है कि तिथियों का प्रयोग केवल भारतीय ज्योतिष में ही हुआ है; संसार के किसी भी अन्य देश के ज्योतिष में तिथियों का उपयोग नहीं हुआ है। दरअसल, तिथियों की यह काल-गणना वैज्ञानिक नहीं है, इसमें बड़ा झमेला है।

भास्कर ने पुराने गणित-ज्योतिष को ही सुव्यवस्थित रूप से प्रस्तुत किया है, अपनी ओर से नया बहुत कम जोड़ा है। इसलिए अधिक गहराई में न जाकर हम यही बता पाएंगे कि सिद्धांत-ग्रंथों में किस प्रकार के गणित-ज्योतिष की जानकारी रहती है।

गणिताध्याय का प्रथम अध्याय 'मध्यमाधिकार' है। सूर्य, चंद्र, बुध आदि पिंड आकाश में समान वेग से नहीं चलते। फिर भी भारतीय ज्योतिषी इन्हें समान वेग से चलते हुए मानकर इनकी स्थितियों की गणना करते थे। ऐसी स्थितियों की 'मध्यम स्थितियां' कहा गया है। मध्यमाधिकार में इसी का गणित रहता है।

भास्कर ने आगे कालमान यानी समय की इकाइयों की जानकारी दी है। इसमें कल्प, मन्वंतर, युग आदि की धारणाओं का वर्णन है। इनकी जानकारी पुराणों और पुराने सिद्धांतों में भी मिलती है। एक कल्प में 4,32,00,00,000 वर्ष माने गए हैं। हर सिद्धांत में यह जानकारी रहती है कि सूर्य, चंद्र या अन्य ग्रह एक कल्प या महायुग में आकाश के कितने चक्कर लगाते हैं। इन्हें 'भगण' कहते हैं। भिन्न-भिन्न ज्योतिषियों ने भिन्न-भिन्न भगण-संख्याएं दी हैं। भास्कर ने स्पष्ट कहा है कि भगणों को हिसाब करके ठीक-ठीक जानना संभव नहीं है। जब भी गणना और वेध में अंतर पड़ता था, सुविधानुसार भगणों की संख्या में परिवर्तन कर दिया जाता था। इसे 'बीज-संस्कार' कहते थे।

सूर्य आदि की मध्य स्थितियों को आकाश में दिखाई देनेवाली स्पष्ट गति-स्थितियों के अनुकूल बनाने की विधियां 'स्पष्टाधिकार' में बताई जाती हैं। आधुनिक गणित-ज्योतिष में यह सब झमेला नहीं है। केपलर के सिद्धांत के आधार पर ग्रहों की गतियों और स्थितियों की आसानी से जानकारी प्राप्त की जाती है।[2]

'त्रिप्रश्नाधिकार' में दिशा, देश और काल यानी समय से संबंधित प्रश्नों पर विचार किया जाता है। भास्कर ने शंकु द्वारा प्रत्येक दिशा में छाया का अध्ययन करने को कहा है।

सूर्य-चंद्र ग्रहणाधिकारों में ग्रहणों पर विचार किया जाता है। आर्यभट और वराहमिहिर जैसे प्राचीन ज्योतिषी पुराणों की इस बात को नहीं मानते थे कि किसी राहु नामक दैत्य के कारण सूर्य-चंद्र ग्रहण घटित होते हैं। उन्होंने पृथ्वी और चंद्र की छायाओं को इनका कारण बताया है। लेकिन ब्रह्मगुप्त और भास्कर ने राहु

की कल्पना को ही ठीक बताया है!

भारतीय गणित-ज्योतिष इतना सूक्ष्म नहीं है कि ग्रहणों का समय ठीक-ठीक बताया जा सके। इसलिए आज भी भारतीय ज्योतिषी अपने पंचांगों में बाकी सभी पुरानी पद्धतियों को निभाते हुए ग्रहणों की गणना के लिए आधुनिक पाश्चात्य गणित का सहारा लेते हैं।

हमारे देश के ज्योतिषियों ने तारों की स्थितियों के अध्ययन पर कोई ध्यान नहीं दिया; किसी ज्योतिषी ने तारों की सारणी तैयार नहीं की। जानकारी मिलती है कि यूनानी ज्योतिषी हिप्पार्कस (ईसा-पूर्व दूसरी सदी) ने तारों की एक सारणी तैयार की थी। फिर ईसा की दूसरी सदी में टॉलेमी ने इस सारणी में सुधार किया। टॉलेमी ने 1022 तारों की सूची दी है। तारों की सूचियां और मानचित्र चीनी ज्योतिषियों ने भी तैयार किए थे। चौदहवीं सदी के मध्य-एशिया के ज्योतिषी उलूग-बेग ने भी तारों की सूक्ष्म सारणी तैयार की थी।

हमारे देश के ज्योतिषियों ने तारों के अध्ययन में कोई विशेष रुचि नहीं ली। आज भी पुरानी पद्धति के ज्योतिषी पंचांग तो बनाते हैं, पर शायद ही किसी ज्योतिषी को तारों की गति-स्थिति का अच्छा ज्ञान हो।

भास्कराचार्य की **गणिताध्याय** पुस्तक मुख्यतः प्राचीन गणितीय ज्योतिष से संबंधित होने के कारण उसकी बातों को सरलता से समझाना संभव नहीं है, पर उनकी **गोलाध्याय** पुस्तक में कई रोचक बाते हैं। इसके आरंभिक 'गोलप्रशंसा' नामक अध्याय में भास्कर स्वयं अपनी पुस्तक की प्रशंसा करते हैं **(6.1)** :

"हे पंडित! यदि तुम गणित-ज्योतिष जानना चाहते हो, तो भास्कर की पुस्तक को सुनो। यह न संक्षिप्त है, न ही व्यर्थ में विस्तृत है। इसमें शास्त्र का तत्व है। इसमें सुंदर पद हैं और मनोरम प्रश्न हैं। इसे सुगमता से समझा जा सकता है, और इसे पंडितों की सभा में सुनाने में पंडिताई प्रकट होती है।"

इसके दूसरे 'गोलस्वरूप प्रश्नाध्याय' में दस श्लोक हैं। सभी में पाठक की ओर से प्रश्न पूछे गए हैं। जैसे, ग्रह-नक्षत्रों से घिरी हुई, भ्रमण करते राशिचक्र के भीतर, यह पृथ्वी आकाश में कैसी ठहरी हुई है? यह नीचे क्यों नहीं गिरती? इसका स्वरूप और मान क्या है? ... **(6.2)**

तीसरा 'भुवनकोश' नामक अध्याय काफी महत्व का है। सभी भारतीय ज्योतिषी मानते थे कि पृथ्वी क्रमशः चंद्र, बुध, शुक्र, सूर्य, मंगल, बृहस्पति, शनि और नक्षत्रों की कक्षाओं से घिरी हुई है। भास्कर ने स्पष्ट लिखा है कि पृथ्वी का कोई आधार नहीं है, यह केवल अपनी शक्ति से स्थिर है।

पृथ्वी चार हाथियों पर टिकी हुई है, हाथी कछुए की पीठ पर, कछुआ शेषनाग पर,...

भास्कर कहते हैं कि यदि हम यह माने कि पृथ्वी किसी आधार (शेषनाग, हाथी या कच्छप) पर टिकी हुई है, तो उस आधार का भी कोई आधार होना चाहिए। यदि अंत में निजी शक्ति की कल्पना करनी ही है, तो पहले ही क्यों न की जाए? **(6.3)**

इसके आगे भास्कर ने बड़े महत्व की बात कही है। श्लोक है **(6.4)** :

आकृष्टिशक्तिश्च मही तया यत् खस्थं गुरु स्वाभिमुखं स्वशक्त्या।
आकृष्यते तत्पततीव भाति समे समन्तात् क्व पतत्वियं खे ॥

अर्थात्, पृथ्वी में आकर्षण-शक्ति है। यह आकाशस्थ जड़ वस्तुओं को स्वशक्ति से अपनी ओर खींचती है। इससे वे वस्तुएं गिरती हुई दिखाई देती हैं। परंतु पृथ्वी कहीं नहीं गिर सकती, क्योंकि आकाश सब ओर समान है।

पृथ्वी की आकर्षण शक्ति के कारण ऊपर फेंकी हुई वस्तुएं धरातल पर आकर गिरती हैं, यह बात कहने वाले भास्कर पहले भारतीय ज्योतिषी हैं। हम जानते हैं कि आइजेक न्यूटन (1642-1827 ई.) ने इसी शक्ति को 'गुरुत्वाकर्षण' का नाम दिया है।[3] इससे कुछ लोग भास्कर के इस कथन की तुलना न्यूटन के गुरुत्वाकर्षण के सिद्धांत से करने लग जाते हैं, और यह भी कह देते हैं कि न्यूटन के कई सदियों पहले भास्कर ने गुरुत्वाकर्षण के सिद्धांत का प्रतिपादन किया था।

कोई परिकल्पना प्रस्तुत करना एक बात है, और उस परिकल्पना के आधार पर एक सार्वभौमिक गणितीय सिद्धांत स्थापित करना एकदम दूसरी बात है। भास्कर और न्यूटन में यही बुनियादी अंतर है। इसलिए भास्कर की तुलना हम न्यूटन के साथ नहीं कर सकते।

भास्कराचार्य ने पृथ्वी में आकर्षण शक्ति होने की बात कहकर अपनी

कल्पना-शक्ति का परिचय दिया है, पर उन्हें खगोल में पृथ्वी और सूर्य, चंद्र तथा दूसरे पिंडों की गति-स्थिति की सही जानकारी नहीं थी। भास्कर में इतना साहस नहीं था कि वह पौराणिक मतों का विरोध कर सके। भास्कर के करीब छह सौ साल पहले आर्यभट (जन्म 476 ई.) ने कहा था कि पृथ्वी अचल नहीं है, यह अपनी धुरी पर चक्कर लगाती है।

लेकिन आर्यभट के बाद के किसी भी भारतीय ज्योतिर्विद ने उनकी इस सही बात को स्वीकार नहीं किया। भास्कर ने भी यही कहा कि पृथ्वी अचल है!

'गोलाध्याय' में आगे भास्कर ने सौरवर्ष, चांद्रमास, अधिमास आदि की जानकारी दी है। इसके आगे त्रिकोणमिति के कुछ सूत्र हैं, और बताया गया है कि सूर्य, चंद्र तथा ग्रहणों की सही स्थितियां कैसी जानी जा सकती हैं। भास्कर ने 'छेद्यकाधिकार' नामक प्रकरण में आकाश के पिंडों की कक्षाओं के चित्र बनाने की जानकारी दी है।

'गोलबंधाधिकार' में भास्कर ने काठ का एक गोल बनाने की विधि बतलाई है। ऐसे गोल के विभिन्न वृत्तों की सहायता से विद्यार्थियों को ज्योतिष समझाया जाता था। इसी अध्याय में भास्कर ने ज्योतिष की क्रांति, शर आदि बातों की जानकारी दी है। आगे के 'त्रिप्रश्नाधिकार' में सूर्योदय का समय जानने की रीति बताई है।

आगे के तीन अध्यायों में भास्कर ने ग्रहणों की जानकारी दी है, और यह भी बताया है कि चंद्र में कलाएं क्यों दिखाई देती हैं।

भास्कर के पहले के कुछ ज्योतिषियों ने भी ज्योतिष के यंत्रों की जानकारी दी है। भास्कर ने गोलबंध के अलावा नौ ज्योतिष-यंत्रों की 'यंत्राध्याय' नामक प्रकरण में जानकारी दी है। इन यंत्रों के नाम हैं : नाडीवलय यष्टि, शंकु, घटी, चक्र, चाप, तुर्य, फलक और धी।

नाडीवलय : इसमें एक चक्र की परिधि में 60 घटियों के चिह्न बनाए जाते थे। चक्र के बीच में उसके लंब में एक कील खड़ी कर दी जाती थी। कील की छाया से समय की जानकारी प्राप्त की जाती थी। चक्र, चाप व तुर्य इसी कोटि के सरल यंत्र होते थे। ये यंत्र धूप-घड़ियों का काम देते थे।

घटिका-यंत्र की जानकारी हम पहले दे चुके हैं। पेंदी में छेदवाले पात्र को पानी-भरे बड़े बर्तन में छोड़कर समय का हिसाब रखा जाता था। पात्र इस प्रकार का होता था कि यह एक अहोरात्र में 60 बार डूबता था।

भास्कर ने फलकयंत्र की विस्तार से जानकारी दी है, और इसकी प्रशंसा की

है। यह एक प्रकार का चक्र यंत्र था। अरबों ने 'एस्ट्रोलेब' नामक यंत्र इससे बेहतर ज्योतिष-यंत्र बनाया था।

धी-यंत्र काफी सरल था, फिर भी भास्कर ने इसकी बड़ी प्रशंसा की है। 'धी' का अर्थ है बुद्धि। भास्कर लिखते हैं : "बुद्धिमानों को बड़े ग्रंथ और बहुत-से यंत्रों से क्या प्रयोजन है? हाथ में लकड़ी लेकर, उसके मूल में आंख लगाकर, वेध करने से आकाश, भूमि और जल में दिखाई पड़नेवाली सब वस्तुओं का मान ज्ञात हो सकता है।" यही है धी-यंत्र। भास्कर ने इस यंत्र के इस्तेमाल के उदाहरण भी दिए हैं।

भास्कर की इस जानकारी से स्पष्ट होता है कि ज्योतिष-ग्रंथों में नाना यंत्रों का वर्णन भले ही दिया जाता हो, पर वेध के लिए धी-यंत्रों जैसे साधारण यंत्रों का ही इस्तेमाल होता था। यह बात इससे भी प्रमाणित होती है कि भास्कर ने इस अध्याय में जिस स्वचालित यंत्र का वर्णन किया है वैसा यंत्र बन ही नहीं सकता। भास्कर ने केवल सुनी-सुनाई बातों के आधार पर ही अपने-आप चलनेवाले ऐसे काल्पनिक यंत्र की जानकारी दे दी है।

आगे 'ऋतु-वर्णन' है, जिसका ज्योतिष से कोई संबंध नहीं है।

'प्रश्नाध्याय' में भास्कर ने ज्योतिष से संबंधित कुछ प्रश्नों को देकर उनके उत्तर दिए हैं। गोलाध्याय के अंतिम अध्याय को 'ज्योत्पत्ति' नाम दिया गया है। इसमें भास्कर ने कोणों की ज्याओं की गणना करने की विधि बताई है। यह त्रिकोणमिति का विषय है।

यहां अधिक गहराई में न जाकर भास्कर के गणित संबंधी एक अनुसंधान की चर्चा करना जरूरी है। भास्कर ने वृत्त या गोल को छोटे-छोटे टुकड़ों मे बांटकर और फिर इन खंडों का योग करके वृत्त का क्षेत्रफल और गोल का आयतन ज्ञात किया है।

दूसरी बात यह है कि भास्कर ने अपने 'गणिताध्याय' में ग्रहों की दो गतियां दी हैं–स्थूल और तात्कालिकी गति। तात्कालिकी गति में अतिसूक्ष्म कालावधि में होनेवाले अतिसूक्ष्म स्थानांतर का पता लगाना जरूरी होता है। भास्कर ने तात्कालिकी गति जानने के लिए नियम भी दिया है।

यह सब चलन-कलन गणित (Calculus) का विषय है। यूरोप में चलन-कलन की नींव न्यूटन और लाइबनिट्ज ने डाली। न्यूटन ने गणित के इस शक्तिशाली अंग को एक मजबूत आधार पर खड़ा किया।[3] इस मामले में भी भास्कर की तुलना हम न्यूटन से नहीं कर सकते। हां, इतना अवश्य कह सकते हैं कि भास्कर ने

चलन-कलन की बुनियादी धारणा को समझा था, और उनके समय को देखते हुए यही बहुत बड़ी बात है।

भास्कर के ग्रंथों के अध्ययन से पता चलता है कि वे प्रतिभा के धनी थे, उनमें कल्पनाशक्ति थी, परंतु उन्होंने अपनी बुद्धि गणित व ज्योतिष के अनुसंधान में नहीं लगाई। भास्कर के ग्रंथ सुव्यवस्थित होने पर भी उनमें नई बातें नहीं हैं। अधिकांश बातें पहले के गणितज्ञों और ज्योतिषियों को मालूम थीं। भास्कर के ग्रंथों के अध्ययन का मुख्य लाभ यही है कि इनसे हमें पता चल जाता है कि ईसा की बारहवीं सदी तक भारतीय गणित और ज्योतिष कितनी तरक्की कर चुका था।

भास्कर के बाद इन विषयों में भारत ने कोई विशेष प्रगति नहीं की। अधिकतर भास्कर के ग्रंथों का ही पठन-पाठन होता रहा। भास्कर के ग्रंथ इतने अच्छे थे कि इनके कारण गणित और ज्योतिष के दूसरे कई ग्रंथों का लोप हो गया!

संदर्भ और टिप्पणियां

1. ब्रह्मगुप्त एक महान् गणितज्ञ और वेधकर्ता खगोलविद थे। ब्रह्मगुप्त अपने 'ब्रह्मस्फुट-सिद्धांत' की जानकारी देते हैं कि उन्होंने यह ग्रंथ शक-संवत् 550 अर्थात् 628 ई. में लिखा। ब्रह्मगुप्त भिन्नमाल के निवासी थे। उस समय यह उत्तर गुजरात की राजधानी थी। भिन्नमाल के निवासी होने के कारण ब्रह्मगुप्त भिन्नमालकाचार्य के नाम से प्रसिद्ध हुए। स्वयं वेधकर्ता थे। उन्होंने जाना कि पुराने सिद्धांत से काम नहीं बनता इसलिए उन्होंने नया सिद्धांत लिखा। 'स्फुट' का अर्थ होता है फैलाया हुआ। इसलिए ब्रह्मगुप्त ने अपने ग्रंथ को 'ब्रह्मस्फुट-सिद्धांत' का नाम दिया। यह ग्रंथ पद्य में है और आर्या छंद में लिखा गया है। 25 अध्यायों में बंटा है। शुरू के अध्यायों में ज्योतिष की चर्चा है फिर गणितशास्त्र के विषय आरंभ होते हैं। गणिताध्याय में पाटीगणित अर्थात् अंक गणित की चर्चा है। ब्रह्मगुप्त ने शून्य के गणित की अच्छी चर्चा की है। बगदाद में 'ब्रह्मस्फुट-सिद्धांत' को सिंद-हिंद के नाम से प्रसिद्धि मिली। अल्बेरूनी ने 'ब्रह्मस्फुट-सिद्धांत' का अरबी में अनुवाद किया था।
2. केपलर के सिद्धांत पर ग्रहों की गति के बारे में दो नियम हैं।

   1. ग्रह सूर्य की परिक्रमा वृत में नहीं, दीर्घवृत्तीय कक्षा में परिक्रमा करते हैं और इस दीर्घवृत्त की एकनाभि पर सूर्य स्थित रहता है।

   2. सूर्य के केंद्र और किसी ग्रह के केंद्र को मिलाने वाली कल्पित रेखा द्वारा निर्मित, क्षेत्रफल और समय में निश्चित संबंध होता है।

   केपलर के सिद्धांत के आधार पर ग्रहों की गतियों और स्थितियों की

आसानी से जानकारी प्राप्त की जाती है।

3. न्यूटन का गुरुत्वाकर्षण हमें बताता है कि प्रत्येक वस्तु दूसरी वस्तु को आकर्षित करती है पिंडकोपिंड आकर्षित करता है। वह आकर्षण पिण्डों की पदार्थ-राशि और उनकी सापेक्ष दूरी के अनुपात में होता है। जैसे–
गुरुत्वाकर्षण शक्ति :

$$\frac{\text{गुरुत्व स्थिरांक} \times \text{दोनों पिण्डों की पदार्थ-राशि का गुणनफल}}{\text{पिंडों के बीच की दूरी का वर्ग}}$$

अध्याय - 7

करण-कुतूहल

सिद्धांत-शिरोमणि के अलावा भास्कराचार्य (जन्म 1114 ई.) का एक और ग्रंथ उपलब्ध है—**करण-कुतूहल**, जिसकी रचना उन्होंने 69 वर्ष की परिपक्व आयु में 1183 ई. में की। दस अधिकारों (अध्यायों) में विभक्त इस छोटी कृति में कुल 139 पद्य हैं।

सबसे पहले यह जानना उपयोगी होगा कि भास्कराचार्य को वृद्धावस्था में यह पुस्तक लिखने की आवश्यकता क्यों महसूस हुई। इसका यह 'करण-कुतूहल' नाम क्यों? 'करण' का अर्थ क्या है?

भारतीय ज्योतिषशास्त्र के ग्रंथों को प्रमुखतः तीन स्कंधों (भागों) में विभक्त किया जाता है : (1) गणित, (2) जातक या होरा, और (3) शाखा या संहिता।[1] गणितस्कंध के अंतर्गत कालक्रिया (काल-गणना) और गोल-गणित (खगोलिकी) का अध्ययन होता है; जातकस्कंध में मनुष्य की जन्म-कुंडली के आधार पर ग्रहों के अच्छे या बुरे प्रभावों पर विचार किया जाता है; और, संहितास्कंध में ग्रहों की आकाश-स्थितियों तथा प्राकृतिक घटनाओं के अच्छे-बुरे प्रभावों पर विचार किया जाता है। इस तरह, 'गणितस्कंध' का परंपरागत अर्थ ज्योतिर्विज्ञान (astronomy) है, 'जातकस्कंध' का अर्थ व्यक्तिगत फलित-ज्योतिष (human astrology) है और संहितास्कंध का अर्थ है प्राकृतिक फलित-ज्योतिष (natural astrology)। भारतीय ज्योतिष की सबसे प्राचीन उपलब्ध पुस्तक **वेदांग-ज्योतिष** का विषय काल-गणना है और इसमें 'गणित' शब्द 'ज्योतिष' का ही पर्याय है।[2]

गणितस्कंध को आगे तीन भागों में विभक्त किया गया है : (1) सिद्धांत, (2) तंत्र, व (3) करण। जिन कृतियों में विस्तृत विवेचन के साथ ग्रहादि खगोलीय पिंडों से संबंधित काल-गणनाएं किसी कल्प या युग के आरंभ से की जाती हैं उन्हें 'सिद्धांत' कहते हैं ('ब्रह्मा का एक दिन' यानी एक 'कल्प' 4,32,00,00,000 वर्षों के बराबर माना गया है)। जिन कृतियों में ऐसी गणनाएं कलियुग के आरंभ से की जाती हैं उन्हे 'तंत्र' कहते हैं (ज्योतिषीय कलियुग का आरंभ 17-18

फरवरी, 3002 ई.पू. से माना जाता है)। जिन कृतियों में, सरल व संक्षिप्त नियम प्रस्तुत करने के प्रयोजन से, उनके रचना-काल के वर्ष को या निकटवर्ती किसी अन्य काल को इष्टयुग (युगारंभ, आदिकाल) मानकर गणनाएं की जाती हैं उन्हें 'करण' कहते हैं।*

'सिद्धांत' ज्योतिर्गणित के विस्तृत मानक ग्रंथ हैं, 'तंत्र' एक प्रकार की पाठ्य-पुस्तकें हैं और 'करण' ज्योतिषीय गणनाओं को सुगम बनाने वाले संक्षिप्त नियमों की गुटिकाएं हैं। करणों का उपयोग प्रमुखतः पंचांगों के निर्माण में होता रहा है। इन पुस्तकों को 'करण' इसलिए कहा गया, क्योंकि ये सिद्धांत का अनुकरण करती हैं। वैसे, पंचांग में 'करण' शब्द का अर्थ है—आधी तिथि।

भास्कराचार्य ने केवल ज्योतिर्विज्ञान (astronomy) पर ही दो ग्रंथों की रचना की है—"सिद्धांत-शिरोमणि" व "करण-कुतूहल"। उन्होंने कोई जातक या संहिता ग्रंथ नहीं लिखा। प्राचीन भारत के दो अन्य महान ज्योतिर्विदों—आर्यभट (जन्म 476 ई.) और ब्रह्मगुप्त (जन्म 598 ई.) ने भी जातक या संहिता विषय पर कोई पोथी नहीं लिखी। आर्यभट का "आर्यभटीय" ग्रंथ ज्योतिर्गणित की एक विशुद्ध वैज्ञानिक कृति है। इसे सिद्धांत व तंत्र, दोनों के अंतर्गत रखा जा सकता है। ब्रह्मगुप्त ने भी ज्योतिर्गणित के दो ही ग्रंथ लिखे हैं—30 वर्ष की आयु में "ब्राह्मस्फुट-सिद्धांत" (सिद्धांत-ग्रंथ) और 67 वर्ष की वृद्धावस्था में "खंडखाद्यक" (करण-ग्रंथ)।[3] ब्रह्मगुप्त के करण-ग्रंथ 'खंडखाद्यक' का उल्लेख अल-बिरूनी (973-1048 ई.) ने भी किया है। भास्कराचार्य ने ब्रह्मगुप्त को "महामतिमान शास्त्रकार" और "गणकचक्रचूडामणि" कहा है। ब्रह्मगुप्त एक प्रकार से भास्कराचार्य के आदर्श थे।

सिद्धांत-ग्रंथों में कल्प या कलियुग के आरंभ से गणनाएं की जाती हैं, इसलिए वे बहुत जटिल हो जाती हैं, बहुत अधिक समय लेती हैं; और यह प्रयास एक तरह से निष्प्रयोजन ही है। अतः किसी निकटवर्ती समय को आदिकाल या इष्टयुग मानकर गणना के सुगम व संक्षिप्त तरीके प्रस्तुत करने का व्यावहारिक उपाय खोजा गया। करण-ग्रंथों की रचना इसी प्रयोजन से हुई है। भास्कराचार्य ने भी अपनी 'करण-कुतूहल' पुस्तक इसी प्रयोजन से लिखी है।

'सूर्य-सिद्धांत' भी करण-ग्रंथों की रचना का सुझाव देता है।[4] मगर विद्वज्जगत में अधिक सम्मान सिद्धांत-ग्रंथों को ही मिलता है।

दस अध्यायों और कुल 139 श्लोक वाली इस पुस्तक का एक अन्य नाम 'ग्रहागमकुतूहल' भी है। भास्कर ने अपने करण में आदिकाल (गणितारंभ-काल) गुरुवार, 24 फरवरी, 1183 (उज्जयिनी व लंका के याम्योत्तर) का माध्य सूर्योदय

लिया है।

करण-कुतूहल के प्रथम 'मध्यमाधिकार (16 श्लोक) में सभी खगोलीय पिंडों के मध्यम मान (स्थान) प्राप्त करने के सुगम तरीके समझाए गए हैं। प्रथम श्लोक मंगलाचरण है (**8.1**)। फिर अगले श्लोक में गणितारंभ-काल निश्चित करके आगे अहर्गण (इष्टकाल यानी आरंभ काल से बीते हुए दिनों की संख्या की गणना करने का तरीका बताया गया हैं; अहर्गण ही वह बुनियादी चीज है जिसके जरिए ग्रहादि की मध्यम स्थितियां जानी जाती हैं।

संदर्भ और टिप्पणियां

1. सिद्धान्त-संहिता-होरारूपं स्कन्धत्रयात्मकम्। – **नारदीय संहिता.**
2. **वेदांग-ज्योतिष** (ऋक् पाठ) के दूसरे श्लोक की दूसरी पंक्ति है : **कालज्ञानं प्रवक्ष्यामि लगधस्य महात्मनः** (मैं महात्मा लगध के बतलाये कालज्ञान का वर्णन करता हूं)।
3. ब्रह्मगुप्त एक महान गणितज्ञ थे, एक वेधकर्ता खगोलविद थे। "ब्राह्मस्फुट-सिद्धांत" के 'यंत्राध्याय' में उन्होंने स्पष्ट लिखा है :

   गणितज्ञो गोलज्ञो गोलज्ञो ग्रहगतिं विजानाति।
   यो गणितगोलबाह्यो जानाति ग्रहगतिं स कथम् ॥

   अर्थात्, जो गणित जानता है वह गोल (गोलीय खगोलिकी) को जानता है; और जो गोल को जानता है वह ग्रह की गति को जानता है। जो गणित और गोल से अनभिज्ञ है वह ग्रहों की गति को कैसे जान सकता है?
4. **सूर्य-सिद्धांत** का श्लोक है :

   विस्तरेणैतदुदितं संक्षेपाद्व्यावहारिकम्।
   मध्यमानयनं कार्यं ग्रहाणामिष्टतो युगात् ॥ 56 ॥ –'मध्यमाधिकार'

   अर्थात्, ग्रहों के मध्यम स्थान जानने की विधि अब तक विस्तार के साथ कही गई है; परंतु व्यवहार के लिए इष्टयुग से ही यह काम संक्षेप में करना चाहिए।

* उपलब्ध करण-ग्रंथों की विस्तृत-सूची के लिए देखिए S.N. Sen, A.K. Bag & R. Sarma : **A Bibliography of Sanskrit Works on Astronomy and Mathematics**, NISI, New Delhi, 1966.

कुछ प्रमुख करण-ग्रंथ हैं (आरंभ-वर्ष के साथ) :

कर्त्ता	निवास-स्थान	कृति
वराहमिहिर	कापित्थक (उज्जैन)	पंचसिद्धांतिका (505 ई.)
ब्रह्मगुप्त	भिन्नमाल (राजस्थान)	खंडखाद्यक (665 ई.)
मंजुल (मुंजाल)	?	लघुमानस (932 ई.)

ब्रह्मदेव	मथुरा, उत्तर प्रदेश	करण-प्रकाश (1092 ई.)
शतानंद	जगन्नाथपुरी, उड़ीसा	भास्वती-करण (1099 ई.)
भास्कराचार्य	विज्जडविड (महाराष्ट्र)	करण-कुतूहल (1183 ई.)
गणेश दैवज्ञ	नंदगांव (महाराष्ट्र)	ग्रह-लाघव (1520 ई.)
रामचंद्र भट	दिल्ली	राम-विनोद (1590 ई.)
विष्णु	गोलग्राम (महाराष्ट्र)	सूर्यप्रकाश-शरण-करण (1608 ई.)

करण ग्रंथ, जो सिद्धांत पर ही आधारित होते हैं, किसी समकालीन युग का चयन करके आगे की गणनाएं करते हैं। इसलिए उनमें लघु संशोधनों पर आधारित अलग-अलग गणनाएं करके ऐसे परिणाम प्राप्त किए जा सकते हैं जो दृक्-प्रत्यय (प्रेक्षण) के काफी अनुरूप होते हैं। कहा भी गया है : **दृष्टानुरूपं करणं यदन्वहम्**; अर्थात्, करण से गणनाएं करके प्रतिदिन के ऐसे परिणाम प्राप्त किए जा सकते हैं जो प्रेक्षण से मेल खाते हैं। करण ग्रंथ प्रमुखतः पंचांग तैयार करने के लिए उपयोगी होते हैं।

अध्याय - 8

भास्कराचार्य के बाद का गणित व ज्योतिष

हमने देखा है कि जिस समय भास्कराचार्य अपने ग्रंथों की रचना कर रहे थे, उस समय यूरोप में ज्ञान-विज्ञान के जागरण का एक नया युग शुरू हो रहा था। यूरोप के पंडित बड़ी तेजी से अरबी ग्रंथों का लैटिन में अनुवाद कर रहे थे। उनमें नया उत्साह था, उनकी ज्ञान-पिपासा तीव्र थी।

हमने यह भी देखा है कि अरबों ने भारतीय व यूनानी ग्रंथों के आधार पर अपने विज्ञान को समृद्ध बनाया था। उन्होंने आर्यभट और ब्रह्मगुप्त जैसे प्राचीन भारतीय वैज्ञानिकों के ग्रंथों से गणित और ज्योतिष की जानकारी प्राप्त की थी। फिर भी हम यह नहीं कह सकते कि ग्यारहवीं-बारहवीं सदियों का अरबी गणित व ज्योतिष भास्कर के समय के गणित-ज्योतिष से पिछड़ा हुआ था। कारण यह है कि आर्यभट और ब्रह्मगुप्त के युग के बाद भारतीय गणित-ज्योतिष में नया बहुत कम खोजा गया। भास्कर ने गणित और ज्योतिष के क्षेत्र में कोई बड़ा मौलिक आविष्कार नहीं किया। फिर भी हम कह सकते हैं कि भास्कर के समय तक ज्योतिष व गणित के क्षेत्र में भारत संसार की दूसरी सभ्यताओं से पीछे नहीं था।

लेकिन भास्कर के बाद क्या हुआ? यही हमें जानना है।

ईसा की आरंभिक पांच-छह सदियों में हमारे देश में गणित और ज्योतिष का तेजी से विकास हुआ, तो इसके कुछ प्रमुख कारण थे। एक बात यही है कि उस समय के हमारे पंडित दूसरों से सीखने में हीनता का अनुभव नहीं करते थे। इस काल में यूनानी ज्योतिष की अनेक बातों को भारतीयों ने अपनाया। वराहमिहिर ने यूनानी ज्योतिष की मुक्तकंठ से प्रशंसा की है।

दूसरी बात यह है कि उस समय पौराणिक मतों के खिलाफ भी ज्योतिषी अपने विचार प्रकट कर सकते थे। आर्यभट ने और कुछ हद तक वराहमिहिर ने यही किया है। लेकिन ब्रह्मगुप्त के समय से यानी ईसा की सातवीं सदी के आरंभ से पौराणिक मतों के खिलाफ कुछ कह पाना कठिन हो गया। भास्कर

तो बेचारे काफी बाद में हुए। भास्कर ने किसी पौराणिक मत का खंडन नहीं किया।

तीसरी बात यह है कि वराह और ब्रह्मगुप्त के काल में ज्ञान-विज्ञान के अध्ययन का दायरा पंडितों के कुछ विशिष्ट परिवारों में सीमित नहीं हो गया था। इस बारे में दावे के साथ नहीं कहा जा सकता कि वराह भारतीय मूल के थे, और ब्रह्मगुप्त निश्चय ही ब्राह्मण थे।

लेकिन हम देखते हैं कि भास्कराचार्य के समय से ज्योतिष और गणित का अध्ययन काफी हद तक खानदानी बपौती बनकर रह गया। हमने देखा है कि स्वयं भास्कर का कुल ज्योतिष-पंडितों का कुल था।

भास्कर के बाद भी ऐसे अनेक परिवार हुए जिनमें पिता-पुत्र की परंपरा में गणित-ज्योतिष का अध्ययन जारी रहा। गणेश देवज्ञ, नागनाथ, ज्ञानराज, दिवाकर आदि ज्योतिषियों के परिवार ऐसे ही थे। इन ज्योतिषियों ने अधिकतर टीकाएं लिखने का काम किया है। इनमें से कइयों ने नए ग्रंथ लिखे भी हैं, तो उनमें कोई नवीनता या मौलिकता नहीं है।

सत्रहवीं सदी के पूर्वार्ध के एक ज्योतिषी कमलाकर का उदाहरण लेने से उस समय की दशा का अच्छा परिचय मिल जाता है। एक तरफ, कमलाकर अरबी और फारसी ज्योतिष की कुछ बातों को अपनाने के पक्ष में थे। दूसरी तरफ, वह **सूर्य-सिद्धांत** के खिलाफ कुछ भी सुनने को तैयार नहीं थे। कमलाकर ने सही बातों का भी सिर्फ इसलिए खंडन किया कि वे सूर्य-सिद्धांत के अनुकूल नहीं थीं!

क्या ऐसी स्थिति में भारतीय गणित-ज्योतिष उन्नति कर रहा था? और, मजे की बात यह है कि हमारे देश में गणित-ज्योतिष का अध्ययन कमलाकर-जैसों के परिवारों में सीमित होकर रह गया था।

कमलाकर ने अरबी व फारसी गणित-ज्योतिष की कुछ बातों को अपनाया, तो इससे यह नहीं समझना चाहिए कि उनसे कुछ लाभ हो सकता था, नई बातें खोजी जा सकती थीं। सत्रहवीं सदी में अरबी-फारसी गणित-ज्योतिष भी बहुत पीछे पड़ गया था। कमलाकर के पहले ही कोपर्निकस (1473-1542 ई.) अपना सूर्यकेंद्री सिद्धांत स्थापित कर चुके थे। कमलाकर जब पैदा हुए, तब यूरोप के महान वैज्ञानिक केपलर और गैलीलियो अभी जीवित थे, लेकिन केपलर ग्रह-गतियों के नए नियमों की खोज कर चुके थे, और गैलीलियो दूरबीन की खोज कर चुके थे (1609 ई.)। न्यूटन और कमलाकर लगभग समकालीन हैं।

अठारहवीं सदी के आरंभिक दशकों में आमेर-जयपुर के राजा सवाई जयसिंह

(1686-1743 ई.) ने दिल्ली, जयपुर, उज्जैन, मथुरा और वाराणसी में चूने-पत्थर की भव्य यंत्रों वाली वेधशालाएं खड़ी कीं। जयसिंह ने ये वेधशालाएं चौदहवीं सदी के मध्य-एशियाई ज्योतिषी उलूग-बेग की समरकंद की वेधशाला के अनुकरण पर बनवाई थीं। जयसिंह ने कई अरबी-फारसी ग्रंथों का, जिनमें टॉलेमी और यूक्लिड के ग्रंथ भी शामिल थे, संस्कृत में अनुवाद करवाया। उन्हें जगन्नाथ पंडित के रूप में एक योग्य राजज्योतिषी मिला हुआ था। जयसिंह ने ईसाई मिशनरियों से भी यूरोप के ज्योतिष की जानकारी प्राप्त करने का प्रयास किया।

परंतु अठारहवीं सदी में जयसिंह के ये सारे प्रयास निरर्थक थे। जयसिंह जब पुरानी पद्धति की भव्य वेधशालाएं खड़ी कर रहे थे, तब तक न्यूटन (1642-1827 ई.) गुरुत्वाकर्षण का अपना महान सिद्धांत स्थापित कर चुके थे, और एक नए किस्म की दूरबीन भी बना चुके थे। यूरोप में एक नई खगोल-यांत्रिकी की स्थापना हो चुकी थी।

भास्कर के बाद के गणित का भी यही हाल है। भास्कर की **लीलावती** और **बीजगणित** पर बहुत-सारी टीकाएं लिखी गईं। ऐसे ही कुछ टीकाकारों ने गणित के क्षेत्र में दो-चार ऐसी बातें खोजी हैं जिनकी तुलना आधुनिक गणित के कुछ सूत्रों से की जा सकती है। पंद्रहवीं से अठारहवीं सदियों के बीच ऐसे कुछ गणितज्ञ प्रमुखतः केरल प्रदेश में हुए हैं।

गणित और ज्योतिष के अध्ययन में एक बुनियादी अंतर है। भास्कर की **लीलावती** या **बीजगणित** पुस्तकों में जो गणितीय सिद्धांत हैं वे आज भी सत्य हैं, आगे भी सत्य रहेंगे। इसलिए इन पुस्तकों में जो गणित है उसे आधुनिक भाषा और चिह्नों में सुव्यवस्थित रूप से प्रस्तुत करके आज भी उपयोग में लाया जा सकता है। और इस गणित का अध्ययन करके विद्यार्थी गणित के क्षेत्र में आगे बढ़ सकता है।

ज्योतिष की बात भिन्न है। पृथ्वी को विश्व के केंद्र में स्थित मानकर आज ज्योतिष के क्षेत्र में नया कुछ नहीं खोजा जा सकता। ज्योतिष के पुराने सिद्धांतों के आधार पर सौर-मंडल में नए ग्रह खोजना कतई संभव नहीं था। केपलर और न्यूटन के सिद्धांतों के आधार पर ही एडमंड हेली ने 1705 ई. में एक धूमकेतु के बारे में यह भविष्यवाणी की थी कि वह 1758 ई. में पुनः आकाश में दिखाई देगा। केपलर के नियम, न्यूटन का गुरुत्वाकर्षण का सिद्धांत और दूरबीन की सहायता से ही यूरेनस, नेपच्यून आदि ग्रह खोजे जा सकते थे। **सूर्य-सिद्धांत** या भास्कराचार्य के **सिद्धांत-शिरोमणि** की धारणाओं से और सवाई जयसिंह के भव्य

ज्योतिष-यंत्रों से अठारहवीं सदी में खगोल-विज्ञान के क्षेत्र में नया कुछ नहीं खोजा जा सकता था।

प्लूटो को 1930 ई. में खोजा गया था। उसके बाद ही खगोलविद प्लूटो के परे के पिंडों की खोजबीन में जुट गए थे। प्लूटो के परे ग्रह-जैसे कुछ छोटे पिंड खोजे भी गए, परंतु उन्हें यथार्थ में 'ग्रह' नहीं माना गया।

किंतु 29 जुलाई, 2005 को सौर मंडल की दूरस्थ सीमा में प्लूटो से भी कुछ बड़े एक नए पिंड के खोजे जाने की अधिकृत रूप से घोषणा की गई, तो उसे सौर मंडल का 10वां 'बौना ग्रह' है।

सारांश यह कि भारतीय ज्योतिष के सिद्धांत अब केवल इतिहास के विषय हैं। बापूदेव शास्त्री, सुधाकर द्विवेदी और शंकर बालकृष्ण दीक्षित जैसे विद्वानों ने भारतीय गणित और ज्योतिष के ग्रंथों के उद्धार का बड़ा काम किया है। कई विदेशी विद्वानों ने इस काम में सहयोग दिया है।

सामंत चंद्रशेखर सिंह (1835-1904 ई.) **सिद्धांत-दर्पण** की रचना की। सामंत चंद्रशेखर का **सिद्धांत-दर्पण** ग्रंथ पहली बार 1899 ई. में प्रकाशित हुआ। उड़ीसावासी इनसे भलीभांति परिचत हैं। उड़ीसा में **सिद्धांत-दर्पण** के आधार पर बना पंचांग भी चलता है। जगन्नाथपुरी के प्रसिद्ध मंदिर से संबंधित वर्ष-भर के सारे धार्मिक अनुष्ठानों की तिथियां चंद्रशेखर सिंह के **सिद्धांत-दर्पण** पर आधारित पंचांग से ही निर्धारित होती हैं। भारतीय **सिद्धांत-ज्योतिष** के इतिहास की दृष्टि से भी चंद्रशेखर सिंह के वेधकार्य का बड़ा महत्व है।

प्राचीन भारतीय गणित व ज्योतिष आज भले ही उपयोग का न रह गया हो, फिर भी इसकी जानकारी हम सबको होनी चाहिए। इस जानकारी से एक ओर हमें यह पता चलता है कि हमारे देश में क्या-कुछ खोजा गया था, और हम किस समय किससे कितने आगे थे, कितने पीछे थे। साथ ही, हमें अपनी कमजोरियों का भी पता चलता है। हमें इतना तो पता चल ही जाता है कि हमारा विकास रुक जाने के बुनियादी कारण क्या थे।

हमें अपने देश के विज्ञान का और अपने वैज्ञानिकों का अवश्य अभिमान होना चाहिए, लेकिन कोरा मिथ्याभिमान घातक सिद्ध होता है। विज्ञान के पुराने भारतीय ग्रंथों का अध्ययन अवश्य होना चाहिए, लेकिन इन्हें आज भी पाठ्य-पुस्तक बनाना समय और बुद्धि का घोर अपव्यय है।

ऊपर हमने गणित और ज्योतिष के अध्ययन के बुनियादी अंतर का जिक्र किया है। गणित की पुरानी पुस्तकें परिष्कार करके आज भी उपयोग में लाई

जा सकती हैं, क्योंकि गणित के सिद्धांत सत्य होते हैं, सार्वभौमिक होते हैं। यूक्लिड की ज्यामिति को आज भी लगभग अपने मूल ढांचे में ही पढ़ाया जाता है।

कभी-कभी सदियों पहले खोजे गए विशुद्ध गणित के सिद्धांत नए सिरे से काम आते हैं, और विज्ञान को तेजी से आगे बढ़ाते हैं। केपलर (1571-1630 ई.) ने जिस ज्यामिति का सहारा लेकर ग्रह-गति के तीन नियम खोज निकाले, उसकी खोज यूनान के महान गणितज्ञ एपोलोनियस (220 ई.पू.) ने की थी।

क्या हमारे देश के प्राचीन गणित में ऐसी कोई चीज है? यदि होती तो उसका उद्घाटन अवश्य हो जाता। आज भी पुराने ग्रंथों का अध्ययन करने वाले हमारे पंडित उसका विकास अवश्य करते। लेकिन ऐसा नहीं हुआ।

दूसरी तरफ, पाश्चात्य गणित के संपर्क में आते ही भारतीयों ने पुनः अपनी प्रतिभा का परिचय देना शुरू किया। श्रीनिवास रामानुजन् ने पाश्चात्य गणित के संपर्क में आते ही अपनी बुद्धि का चमत्कार दिखाया। उनकी गणना बीसवीं सदी के महान गणितज्ञों में होती है। भास्कर के बाद हजारों पंडितों ने **लीलावती** व **बीजगणित** का गहन अध्ययन किया होगा, परंतु इनमें कोई रामानुजन् पैदा नहीं हुआ।

अंग्रेजों के शासनकाल में भारत यूरोप के उन्नत गणित के संपर्क में आया। यूरोप के इस उन्नत गणित के संपर्क में आने पर जिस भारतीय गणितज्ञ ने अपनी प्रतिभा का चमत्कार दिखाया, वह थे–**श्रीनिवास रामानुजन्** (1887-1920 ई.)। गणित के इतिहासकार हर्बर्ट टर्नबुल ने लिखा है–"रामानुजन् की गवेषणाओं ने गणित में एक नए युग का सूत्रपात किया। भारत ने समय-समय पर महान प्रतिभा वाले गणितज्ञों को जन्म दिया है। ...लेकिन यदि महानता के निरपेक्ष मानदंड से परखा जाए, तो पूर्व के देशों के सभी गणितज्ञों में रामानुजन् की प्रतिभा सर्वश्रेष्ठ सिद्ध होती है।"

रामानुजन् की कुंभकोणम् से कैम्ब्रिज तक की जीवन-यात्रा आधुनिक गणित के इतिहास की एक रोमांचकारी गाथा है। एक निर्धन ब्राह्मण परिवार में उनका जन्म हुआ। जीवन के आरंभिक सोलह साल कुंभकोणम् में ही गुजरे। इंटर प्रथम वर्ष तक वहीं पढ़ाई की। पर दो बार प्रयास करने पर भी इंटर पास नहीं कर पाए, हालांकि उस समय तक वह गणित में इतना कुछ खोज चुके थे कि उन्हें सहज ही 'डाक्टरेट' की उपाधि मिल सकती थी। उसके बाद उन्होंने पढ़ाई छोड़ दी, पर गणित का अपना स्वतंत्र अनुसंधान जारी रखा, उनकी कापियों में गणित

के नए-नए फार्मूले नमूद होते गए। अंत में उन्हें नौकरी मिली, उनकी प्रतिभा को भी पहचाना गया, उन्हें सुविधाएं मिलीं और 1914 ई. में वह डा. हार्डी के सान्निध्य में कैम्ब्रिज विश्वविद्यालय पहुंच गए। इंग्लैंड के पांच साल के निवासकाल में उनके दो दर्जन से ज्यादा शोध-निबंध प्रकाशित हुए। उन्हें लंदन की प्रख्यात रॉयल सोसायटी का फैलो चुना गया। तपेदिक के मरीज होकर 1919 ई. में भारत लौटे। अगले वर्ष केवल 32 साल की छोटी आयु में मद्रास (चेन्नै) में उनका देहांत हुआ।

रामानुजन् की अधिकांश गवेषणाएं **संख्या-सिद्धांत** के क्षेत्र की हैं। ये गवेषणाएं इतनी उच्चकोटि की हैं कि उनकी तुलना यूरोप के महान गणितज्ञ **गौस**, **आयलर** और **याकोबी** के साथ की जाती है। रामानुजन् की गवेषणाओं पर देश-विदेश के दर्जनों गणितज्ञ आज भी शोधकार्य कर रहे हैं। यह कार्य आगे लंबे अरसे तक जारी रहेगा। यही कारण है कि रामानुजन् को 'गणितज्ञों का गणितज्ञ' समझा जाता है।

भास्कर के बाद दर्जनों पंडितों ने उनके ग्रंथों पर टीकाएं लिखीं। हजारों विद्यार्थियों ने उनके ज्योतिष-सिद्धांतों का अध्ययन किया, परंतु इनमें कोई मेघनाद साहा या सुब्रह्मण्यन चंद्रशेखर पैदा नहीं हुआ।

इतना ही विवचन यह सिद्ध करने के लिए पर्याप्त है कि भास्कराचार्य अपने समय के लिए महान थे। वे अपने समय के, न केवल भारत के, बल्कि संसार के एक चोटी के गणितज्ञ-ज्योतिष थे।

भास्कर के बाद के प्रमुख गणितज्ञ-ज्योतिषी

1178 ई.	मल्लिकार्जुन सूरि	सूर्य-सिद्धांत पर टीका
1191 ई.	सूर्यदेव यज्वा	आर्यभटीय पर टीका
		मुंजाल के लघुमानस पर टीका
1315 ई.	ठक्कुर फेरु	गणितसार
ल.1340-1425 ई.	माधव, संगमग्राम	वेण्वारोह, स्फुटचंद्राप्ति
1370 ई.	महेन्द्र सूरि	यंत्रराज
1370 ई.	एकनाथ, सारंग-पुत्र	भास्कर करणकुतूहल पर टीका
1377 ई.	मक्कीभट्ट	आर्यभटीय पर टीका
1380-1460 ई.	परमेश्वर	कई ग्रंथ

1438 ई.	मकरंद	मकरंद-सारणी
1444 ई.	नीलकंठ सोमयाजी (केरल)	गोलसार, आर्यभटीय भाष्य, तंत्रसंग्रह ज्येष्ठदेव (केरल)
1500-75 ई.	युक्तिभाषा (मलयालम)	
ज.1507 ई.	गणेश दैवज्ञ	ग्रहलाघव
1550 ई.	अच्युत पिषारटि	
ज.1586 ई.	नृसिंह	सिद्धांत-शिरोमणि पर भाष्य
ज.1603 ई.	मुनीश्वर	सिद्धांत-शिरोमणि पर भाष्य
ज.1610 ई.	कमलाकर	सिद्धांततत्वविवेक
ज.1686 ई.	सवाई जयसिंह	
1720 ई.	जगन्नाथ सम्राट	सम्राटसिद्धांत, सिद्धांतसारकौस्तुभ
1782 ई.	मथुरानाथ शुक्ल	ज्योतिषसिद्धांत, यंत्रराजकल्प
1830 ई.	राजा शंकरवर्मन्, केरल	
1833 ई.	नीलांबर झा	सिद्धांत-शिरोमणि पर भाष्य
1835 ई.	सामंत चंद्रशेखर सिंह	सिद्धांत दर्पण (प्रकाशन, 1899)
1887-1920 ई.	श्रीनिवास रामानुजन्	संख्या विश्लेषण
1893-1956 ई.	मेघनाथ साहा	उच्चतापीय आयनीकरण का सिद्धांत और तारा वातावरण के अध्ययन में इसका उपयोग (1920 ई.)
1910-1955 ई.	सुब्रह्मण्यन् चंद्रशेखर	तारों की संरचना; चंद्रशेखर-सीमा; नोबेल पुरस्कार (1983 ई.)
1986 ई.	वेणु बाप्पू	कावलूर वेधशाला की स्थापना पुणे के पास नारायणगांव में मीटर-तरंग रेडियो दूरबीन की स्थापना 1997 ई. में की।

अध्याय - 9

उपसंहार

भाष्कराचार्य प्राचीन भारत के एक महान् गणितज्ञ-ज्योतिषी थे। उनकी पुस्तकों का खूब प्रचार-प्रसार हुआ। उनकी सबसे प्रसिद्ध पुस्तक का नाम 'लीलावती'। 'लीलावती' उनकी अपनी पुत्री का नाम है जिसे भास्कराचार्य ने गणित और ज्योतिष–जैसे कठिन विषयों की शिक्षा दी। 'लीलावती' पुस्तक की प्रशंसा पिछली सदी के मध्य तक गांवों में सुनने को मिलती थी।

प्राचीन-भारत के गणितज्ञों और ज्योतिर्विदों की स्थिति कुछ बेहतर है क्योंकि इन गणितज्ञों और ज्योतिर्विदों ने अपने ग्रंथों के एक-दो श्लोकों में अपने समय, कुल-गोत्र की जानकारी दे दी है। इससे यह पता चल जाता है वह गणितज्ञ या ज्योतिर्विद किस समय हुआ और उसने कौन-से ग्रंथ रचे और किस साल रचे।

भास्कराचार्य के एक श्लोक से ज्ञात होता है कि उनका जन्म महाराष्ट्र के सह्याद्रि पर्वत प्रदेश के विज्जडविड नामक गांव में हुआ। 'सिद्धांतशिरोमणि' भास्कराचार्य का प्रमुख ग्रंथ है। इस ग्रंथ में भास्कराचार्य के जन्म-स्थल, जन्म-तिथि आदि के बारे में जानकारी मिलती है। गोलाध्याय प्रकरण में एक श्लोक में लिखा है कि ''इस ग्रंथ की रचना के समय मेरी आयु 36 (रस-गुण) वर्ष की थी और शक संवत् 1036 (रस-गुण-पूर्ण-मही) में मेरा जन्म हुआ है।'' शक-संवत् 1036 के अनुसार भास्कराचार्य का जन्म 1114 ई. में हुआ। अब हम कह सकते हैं कि भास्कराचार्य का जन्म (2010-1114 ई.) = 896 वर्ष पहले हुआ था। महाराष्ट्र गांव के मंदिर में पत्थर पर खुदे हुए लेख (शिलालेख) से भास्कराचार्य के पौत्र चंगदेश यादव वंशीय सिंघन राजा के ज्योतिषी थे। शिलालेख के अनुसार भास्कराचार्य के पिता का नाम महेश्वर था। पाटण लेख के अनुसार भास्करभट्ट के बाद इस वंश के पुरुषों के क्रमशः नाम हैं। गोविंद, प्रभाकर, मनोरथ और महेश्वर।

भास्कराचार्य स्वयं अपने ग्रंथ में लिखते हैं कि उनके पिता का नाम महेश्वर है। महेश्वर ही भास्कराचार्य के गुरु भी थे। भास्कर का पोता, चंगदेव यादव-नरेश

सिंघण के ज्योतिषी थे। इन सब बातों से पता चलता है कि भास्कराचार्य के वंश में ज्योतिषशास्त्र का अध्ययन-अध्यापन पीढ़ी-दर-पीढ़ी चलता रहा था।

आज से 896 वर्ष पहले जन्मे भास्कराचार्य ज्योतिष के विद्वान थे, लेकिन ज्योतिष की अपेक्षा भास्कराचार्य गणित को अधिक महत्व देते थे। इसीलिए 'सिद्धांतशिरोमणि' के ज्योतिष विषय की शुरुआत करने से पहले, उन्होंने उस समय तक ज्ञात संपूर्ण गणित का आरंभ के दो अध्यायों में विशद विवेचन किया है। 'गोलाध्याय' में गणित को दो भागों में बांटा है। एक व्यक्त (अंकगणित) और दूसरा अव्यक्त (बीजगणित)। इन्हीं दो प्रकार के गणित में और शब्दशास्त्र (व्याकरण) में प्रवीणता प्राप्त कर लेने पर ज्योतिष-शास्त्र के विद्वान हो सकते हैं।

भास्कराचार्य से कई शताब्दियों पहले लिखे गए 'वेदांग-ज्योतिष' नामक ग्रंथ में गणित के महत्व को श्लोकबद्ध करते हुए लिखा गया है :

यथा शिखा मयूराणां नागानां मणयो यथा।
तद्वद्वेदांगशास्त्राणां गणितं मूर्धनि स्थतम्।।

अर्थात्, जिस प्रकार मोरों की शिखाएं (सिर के ऊपर का तुर्रा) और शेषनाग के मस्तिष्क का मणि, सबसे ऊंचे स्थान पर विराजमान है; उसी प्रकार वेद आदि शास्त्रों में गणित का स्थान सर्वोच्च है।

हमारे देश के प्राचीन ग्रंथों को दो वर्गों में विभक्त किया गया है। एक पौरुषेय और दूसरा अपौरुषेय। गणित-ज्योतिष का पहला प्रमुख 'पौरुषेय' ग्रंथ 'आर्यभटीय' है। यह ग्रंथ 499 ई. में लिखा गया था। इसे आर्यभट ज्योतिषी ने लिखा। ये कुसुमपुर (पटना) के रहने वाले थे और इनका जन्म 476 ई. में हुआ था।

वास्तव में आर्यभट से ही भारतीय गणित और ज्योतिष-शास्त्र का स्वर्ण-युग आरंभ होता है। इसकी समाप्ति भास्कराचार्य की मृत्यु के साथ है। हमारे देश के महान् गणितज्ञ एवं ज्योतिषी वराहमिहिर, ब्रह्मगुप्त, महावीर लल्ल, श्रीपति आदि इसी काल में हुए हैं।

'अपौरुषेय' ग्रंथों में वैदिक-ग्रंथ प्रमुख हैं। 'सिद्धांत-ग्रंथ' (सूर्य, वसिष्ठ आदि) जोकि ज्योतिष ग्रंथ हैं। अपौरुषेय के माने यह ग्रंथ अति प्राचीन होने से इनके रचनाकारों का हमें पता नहीं चलता क्योंकि उस काल में आज जैसी पुस्तकों का मुद्रण नहीं होता था। पूरा ग्रंथ गुरु-शिष्य की परंपरा में कंठस्थ होता था।

भास्कराचार्य के समय गणित की गणना पाटी पर की जाती थी और पाटी पर धूल बिछा कर उंगली के अग्रभाग से या लकड़ी की नोकीली कील से अंक लिखे जाते थे। इसलिए अंकगणित को 'पाटी-गणित' कहते हैं।

भारतीय गणित में मूल परिकर्म आठ माने गए हैं : 1. संकलन (जोड़) 2. व्यवकलन (घटाना) 3. गुणन (गुना करना) 4. भाग (भाग करना) 5. वर्ग (वर्गमूल निकालना) 7. घन (घन करना) 8. घनमूल (घनमूल निकालना) इनमें मूल परिकर्म केवल दो ही हैं। वृद्धि और ह्रास इन्हीं दो मूल क्रियाओं में संपूर्ण गणित-शास्त्र व्याप्त है।

भास्कराचार्य ने ईष्ट-कर्म को विशेष महत्व दिया है और इसे 'कल्पना का नियम' कहा है। किसी कल्पित संख्या को प्रश्न के अनुसार गुणा करना, भाग देना, घटाना अथवा जोड़ना। यही इष्ट-राशि होती है। यही ईस्ट-कर्म कहलाता है।

शून्य और उसका प्रयोग पूर्णतः भारतीय आविष्कार है। दशमलव-पद्धति से लिखने के लिए शून्य का प्रयोग किया जाता है। शून्य और अनंत गणित के दो अनमोल रत्न हैं। रत्न के बिना जीवन चल सकता है लेकिन शून्य और अनंत के बिना गणित कुछ नहीं। भास्कराचार्य शून्य और अनंत की चर्चा बीजगणित में करते हैं, जो कि 'सिद्धांतशिरोमणि' का एक अध्याय है।

लीलावती और बीजगणित के बाद भास्कराचार्य ने 'गोलाध्याय' की रचना की। गोलाध्याय में कुल 16 प्रकरण हैं। गोलाध्याय ज्योतिष से संबंधित विषयों का ग्रंथ है।

भास्कराचार्य का प्रमुख ग्रंथ है 'सिद्धांत-शिरोमणि'। यह मुख्यतः दो भागों में विभाजित हैं 'गणिताध्याय' (लीलावती और बीजगणित), 'गोलाध्याय' तथा 'ग्रहगणित'। भास्कराचार्य ने 69 वर्ष की आयु में एक और ग्रंथ की रचना की जिसका नाम 'करण-कुतूहल' है। करण-कुतूहल में पंचांग बनाने की विधि, लग्न, कुंडली आदि की विधि और फलित-ज्योतिष का ज्ञान है।

गणितज्ञ एवं ज्योतिषी होने के साथ-साथ भास्कराचार्य उच्चकोटि के कवि भी थे। उनकी काव्यशैली अनुप्रासयुक्त है। गोलाध्याय के 'ऋतुवर्णन' में यमक और श्लेष की सुंदर बहार भी दिखाई देती है। लीलावती के उदाहरण कठिन होते हुए भी काव्यमय हैं। भास्कर की भाषा गठी हुई और विषय मंझा हुआ होने के कारण, उनके ग्रंथों को समझना एक दम सरल नहीं है। भास्कराचार्य ने गणित-ज्योतिष के जिन सिद्धांतों की स्थापना की है, उनकी तुलना हम आधुनिक गणित-ज्योतिष से कर सकते हैं।

हमें यह जानना होगा कि संसार के दूसरे देशों में गणित और ज्योतिष के अध्ययन की क्या स्थिति है, तभी हम भास्कराचार्य के महान् योगदान को समझ पाएंगे।

भास्कराचार्य मूलम्

सिद्धांत-शिरोमणि

(लीलावती, बीजगणित, गणिताध्याय, गोलाध्याय)

और

करण-कुतूहल

2.1 प्रीतिं भक्तजनस्य यो जनयते विघ्नं विनिघ्नन्स्मृत-
स्तं वृन्दारकवृन्दवंदितपदं नत्वा मतङ्गाननम्।
पाटीं सद्गणितस्य वच्मि चतुरप्रीतिप्रदां प्रस्फुटां
संक्षिप्ताक्षरकोमलामलपदैर्लालित्यलीलावतीम् ॥ 1 ॥ —लीलावती

भावार्थ : स्मरण करते ही अपने भक्तों के विघ्नों का नाश करने वाले, हाथी के मुख वाले देवता (गणेश) को नमस्कार करके मैं (भास्कराचार्य) अत्यंत स्फुट गणित आदि शास्त्रों के जानने वाले पुरुषों को प्रसन्नता देनेवाली अर्थप्रतिपादक, संक्षिप्ताक्षरों और शुद्ध पदों के सौंदर्य से भरी हुई 'लीलावती' नामक पाटीगणित को प्रकाशित करता हूं।

2.2 शकः पञ्चदिक्चन्द्रहीनोऽर्कनिघ्नो मधोर्यातमासान्वितोऽधो द्विनिघ्नात्।
रसाङ्गान्वितात्स्वाभ्रखाङ्कांशहीनाच्छराङ्गैरवाप्ताधिमासैर्युगूर्ध्वः ॥ 2 ॥
खरामाहतो याततिथ्यन्वितोऽधस्त्रियुक्तात्खरामाभ्रशैलांशयुक्तात्।
युगाङ्कैरवाप्तावमोनस्तदूर्ध्वोभवेज्जीववारादिकोऽहर्गणोऽयम् ॥ 3 ॥
—करण-कुतूहल

यहां भास्कराचार्य ने अहर्गण निकालने के लिए गणितारंभकाल शक-वर्ष 1105 (= पंच-दिक्-चंद्र) यानी 1183 ई. बताया है।

2.3 आसीत् सह्यकुलाचलाश्रितपुरे त्रैविद्यविद्वज्जने
नानासज्जनधाम्नि विज्जडविडे शाण्डिल्यगोत्रो द्विजः।

श्रौतस्मार्तविचारसारचतुरो निःशेषविद्यानिधिः
साधूनामवधिर्महेश्वरकृती दैवज्ञचूडामणिः ॥ 61 ॥
तज्जस्तच्चरणारविन्दयुगलप्राप्तप्रसादः सुधी-
मुग्धोद्बोधकरं विदग्धगणकप्रीतिप्रदं प्रस्फुटम् ।
एतद्व्यक्तसदुक्तियुक्तिबहुलं हेलावगम्यं विदां
सिद्धान्तग्रथनं कुबुद्धिमथनं चक्रे कविर्भास्करः ॥ 62 ॥

—गोलाध्याये प्रश्नाध्यायः

3.1 **कृती जयति जिष्णुजो गणकचक्रचूडामणि-**
र्जयन्ति ललितोक्तयः प्रथितन्त्रसद्युक्तयः । —ग्रहगणित, मध्यमाधिकार, 2.

4.1 **आसीन्महेश्वर इति प्रथितः पृथिव्यामाचार्यवर्यपदवीं विदुषां प्रपन्नः ।**
लब्ध्वाऽवबोधकलिकां तत एव चक्रे तज्जेन बीजगणितं लघु भास्करेण ॥

—बीजगणित, अंत में

4.2 **येषां सुजातिगुणवर्गविभूषिताङ्गी शुद्धाऽखिलव्यवहृतिः खलु कण्ठसक्ता ।**
लीलावतीह सरसोक्ति मुदाहरन्ती तेषां सदैव सुखसम्पदुपैति वृद्धिम् ॥

—लीलावती का अंतिम श्लोक

एक अर्थ : जो सुंदर गुणन, वर्ग, घन ... आदि के व्यवहारों (गणितों) से विभूषित है और जिसके समग्र गणित-व्यवहार दोष-रहित हैं, ऐसी लीलावती (पुस्तक) जिन्हें कंठस्थ हो उनकी सुखद गणित-सम्पदा में सदा वृद्धि होती है।

दूसरा अर्थ : सुंदर गुण, वर्ग, जाति आदि से विभूषित अंग वाली, अत्यंत पवित्र, व्यवहारयुक्त और विनोद जिसमें विद्यमान हो, ऐसी सुंदर, सरस भाषिणी लीलावती (स्त्री) जिनके कंठ को आलिंगन करती है उनकी सुख-समृद्धि में सदैव वृद्धि होती है।

4.3 **इति श्रीभास्कराचार्य्यविचरिते सिद्धान्तशिरोमणौ लीलावतीसंज्ञः**
पाट्यध्यायः समाप्तः ।—लीलावती का समापन।

4.4 **लीलागललुलल्लोलकालव्यालविलासिने ।**
गणेशाय नमो नीलकमलामलकान्तये ॥1॥—मंगलाचरण, लीलावती

4.5 **एकदशशतसहस्रायुतलक्षप्रयुतकोटयः क्रमशः ।**
अर्बुदमब्जं खर्वनिखर्वमहापद्मशङ्कवस्तस्मात् ॥2॥

जलधिश्चान्त्यं मध्यं परार्द्धमिति दशगुणोत्तराः संज्ञाः ।
संख्यायाः स्थानानां व्यवहारार्थं कृताः पूर्वैः ॥3॥ –लीलावती

4.6 बाले बालकुरङ्गलोलनयने लीलावति प्रोच्यतां
पञ्चत्र्येकमिता(135) दिवाकर(12)गुणा अङ्काः कति स्युर्यदि ॥–लीलावती

4.7 द्रम्मार्द्धत्रिलवद्वयस्य सुमते पादत्रयं यद्भवेत्
तत्पञ्चांशकषोडशांशचरणः संप्रार्थितेनार्थिने ।
दत्तो येन वराटकाः कति कदर्येणार्पितास्तेन मे
ब्रूहि त्वं यदि वेत्सि वत्स गणिते जातिं प्रभागाभिधाम्॥–लीलावती

4.8 योगे खं क्षेपसमं, वर्गादौ खं, खभाजितो राशिः ।
खहरः स्यात्, खगुणः खं, खगुणश्चिन्त्यश्च शेषविधौ ॥
शून्ये गुणके जाते, खहारश्चेत् पुनस्तदा राशिः ।
अविकृत एव ज्ञेय, स्तथैव खेनोनितश्च युतः ॥–लीलावती

4.9 यस्त्रिघ्नस्त्रिभिरन्वितः स्वचरणैर्भक्तस्ततः सप्तभिः ।
स्वत्र्यंशेन विवर्ज्जितः स्वगुणितो हीनो द्वपञ्चाशता ॥
तन्मूलेऽष्टयुते हृते च दशभिर्जातं द्वयं ब्रूहि तं।
राशिं वेत्सि हि चञ्चलाक्षि विमलां बाले विलोमक्रियाम् ॥–लीलावती

4.10 उद्देशकालापवदिष्ट राशिः क्षुण्णो हृतोंऽशैरहितो युतो वा।
इष्टाहतं दृष्टमनेन भक्तं राशिर्भवेत् प्रोक्तमितीष्टकर्म्म ॥–लीलावती

4.11 पञ्चांशोऽलिकुलात्कदम्बमगमत् त्र्यंशः शिलीन्ध्रं तयो–
र्विश्लेषस्त्रिगुणो मृगाक्षि कुटजं दोलायमानोऽपरः ॥
कान्ते केतकमालतीपरिमलप्राप्तैककालप्रिया–
दूताहूत इतस्ततो भ्रमति खे भृङ्गोऽलिसंख्यां वद ॥–लीलावती, बीजगणित

4.12 स्वार्द्धं प्रादात् प्रयागे नवलवयुगलं योऽवशेषाच्च काश्यां
शेषाङ्घ्रिं शुल्कहेतोः पथि दशमलवान्षट् च शेषाद् गयायाम् ॥
शिष्टा निष्कत्रिषष्टिर्निजगृहमनया तीर्थपान्थः प्रयातः
तस्य द्रव्यप्रमाणं वद यदि भवता शेषजातिः श्रुतास्ति ॥–लीलावती

4.13 ययोर्योगः शतं सैकं वियोगः पञ्चविंशतिः ।
तौ राशी वद मे वत्स वेत्सि संक्रमणं यदि ॥–लीलावती

4.14 बाले मरालकुलमूलदलानि सप्त तीरे विलासभरमन्थरगाण्यपश्यम्।
कुर्वञ्च केलिकलहं कलहंसयुग्मं शेषं जले वद मरालकुल प्रमाणम् ॥
—लीलावती

4.15 पार्थः कर्णवधाय मार्गणगणं क्रुद्धो रणे सन्दधे
तस्यार्द्धेन विवार्य तच्छरगणं मूलैश्चतुर्भिर्हयान् ॥
शल्यं षड्भिरथेषुभिस्त्रिभिरपिच्छत्रं ध्वजं कार्मुकं।
चिच्छेदास्य शिरः शरेण कति ते यानर्जुनः सन्दधे ॥—लीलावती

4.16 अलिकुलदलमूलं मालतीं यातमष्टौ
निखिलनवमभागाश्चालिनी भृङ्गमेकम्।
निशि परिमललुब्धं पद्ममध्ये निरुद्धं
प्रतिरणति रणन्तं ब्रूहि कान्तेऽलिसंख्याम् ॥—लीलावती

4.17 अस्ति त्रैराशिकं पाटी बीजं च विमलामतिः।
किमज्ञातं सुबुद्धीनामतो मन्दार्थमुच्यते ॥—लीलावती

4.18 वर्गं वर्गपदं घनं घनपदं संत्यज्य यद्गण्यते
तत् त्रैराशिकमेव भेदबहुलं नान्यत् ततो विद्यते ॥—गोलाध्याय-प्रश्नाध्याय

4.19 प्रमाणमिच्छा च समानजाती आद्यन्तयोः स्तः फलमन्यजातिः।
मध्ये तदिच्छाहतमाद्यहृत् स्यादिच्छाफलं व्यस्तविधिर्विलोमे ॥—लीला॰

4.20 कुंकुमस्य सदलं पलद्वयं निष्कसप्तमलवैस्त्रिभिर्यदि।
प्राप्यते सपदि हे वणिग्वर ब्रूहि निष्कनवकेन तत् कियम् ॥—लीला॰

4.21 इच्छावृद्धौ फले ह्रासो ह्रासे वृद्धिः फलस्य तु।
व्यस्तं त्रैराशिकं तत्र ज्ञेयं गणितकोविदैः ॥—लीलावती

4.22 जीवानां वयसो मौल्य तौल्ये वर्णस्य हेमनि।
भागहारे च राशीनां व्यस्तं त्रैराशिकं भवेत् ॥—लीलावती

4.23 प्राप्नोति चेत् षोडशवत्सरा स्त्री द्वात्रिंशतं विंशतिवत्सरा किम् ॥
द्विधूर्वहो निष्कचतुष्कमुक्षा प्राप्नोति धूःषट्कवहस्तदा किम् ॥—लीलावती

4.24 पञ्चकेन शतेनाब्दे मूलं स्वं सकलान्तरम्।
सहस्रं चेत् पृथक् तत्र वद मूलकलान्तरे ॥—लीलावती

'कला' अथवा 'कलांतर' का अर्थ है व्याज। 'कला' यानी व्याज के कारण मूलधन में जो अंतर पड़ता था वह 'कलांतर' कहलाता था।

4.25 **द्रम्मेण लभ्यत इहाम्रशतत्रयञ्चेत्त्रिंशत्पणेन विपणौ वरदाडिमानि।**
आम्रैर्वदाशु दशभिः कति दाडिमानि लभ्यानि तद्विनिमयेन भवन्ति मित्र ॥
—लीलावती

4.26 **छन्दश्चित्युत्तरे छन्दस्युपयोगोऽस्य तद्विदाम् ॥**
मुखावहनभेदादौ खण्डमेरौ च शिल्पके।
वैद्यके रसभेदीये तन्नोक्तं विस्तृतेर्भयात् ॥—लीलावती

4.27 **न गुणो न हरो न कृतिर्नघनः पृष्टस्तथापि दुष्टानाम्।**
गर्वितगणकबटूनां स्यात्पातोऽवश्यमंकपाशेऽस्मिन् ॥—अंकपाश, **लीला॰**

4.28 **एकद्वित्र्यादियुक्ता मधुरकटुकषायाऽम्लकक्षारतिक्तै-**
रेकस्मिन्षड्रसै स्युर्गणक कति वद व्यञ्जने व्यक्तिभेदाः ॥—लीलावती

4.29 **पाशांकुशाहिडमरूककपालशूलैः खट्वांगशक्तिशरचापयुतैर्भवन्ति।**
अन्योन्यहस्तकलितैः कति मूर्तिभेदाः शंभोर्हरेरिव गदारिसरोजशंखैः ॥
—अंकपाश, **लीलावती**

4.30 **आद्ये दिने द्रम्मचतुष्टयं यो दत्त्वा द्विजोभ्योऽनुदिनं प्रवृत्तः।**
दातुं सखे पञ्चचयेन पक्षे द्रम्मा वद द्राक्कति तेन दत्ताः ॥—लीलावती

4.31 **पूर्वं वराटकयुगं येन द्विगुणोत्तरं प्रतिज्ञातम्।**
प्रत्यहमर्थिजनाय स मासे निष्कान्ददाति कति ॥—लीलावती

4.32 **यदि समभुवि वेणुर्द्वित्रिपाणिप्रमाणो गणक पवनवेगादेकदेशे स भग्नः।**
भुवि नृपमितहस्तेष्वङ्गलग्नं तदग्रं कथय कतिषु मूलादेश भग्नः करेषु ॥
—क्षेत्रव्यवहार, **लीलावती, बीजगणित**

4.33 **अस्ति स्तम्भतले बिलं तदुपरि क्रीडाशिखण्डी स्थितः**
स्तम्भे हस्तनवोच्छ्रिते त्रिगुणितस्तम्भप्रमाणान्तरे।
दृष्ट्वाऽहिं बिलमाव्रजन्तमपतत् तिर्यक् स तस्योपरि
क्षिप्रं ब्रूहि तयोर्बिलात्कतिमितैः साम्येन गत्योर्युतिः ॥—लीला॰, बीज॰

4.34 वृक्षात् हस्तशतोच्छ्रयाच्छतयुगे वापीं कपिः कोऽप्यगात्
उत्तीर्याथ परो द्रुतं श्रुतिपथात् प्रोड्डीय किञ्चित् द्रुमात्।
जातैवं समता तयोर्यदि गतावुड्डीनमानं कियत्
विद्वन् चेत् सुपरिश्रमोऽस्ति गणिते क्षिप्रं तदाचक्ष्व मे ॥–लीला०, बीज०

4.35 चक्र क्रौञ्चाकुलितसलिले क्वापि दृष्टं तडागे
तोयादूर्ध्वं कमलकलिकाग्रं वितस्तिप्रमाणम्।
मन्दं मन्दं चलितमनिलेनाहतं हस्तयुग्मे
तस्मिन् मग्नं गणक कथय क्षिप्रमम्भः प्रमाणम् ॥–लीला०, बीज०

4.36 चतुर्भुजस्यानियतौ हि कर्णौ कथं ततोऽस्मिन्नियतं फलं स्यात्।
प्रसाधितौ तच्छ्रवणौ यदाद्यैः स्वकल्पितौ तावितरत्र न स्तः ॥
तेष्वेव बाहुष्वपरौ च कर्णावनेकधा क्षेत्रफलं ततश्च।–लीलावती

4.37 लम्बयोः कर्णयोर्वैकमनिर्दिश्यापरात् कथम्।
पृच्छत्यनियतत्वेऽपि नियतं चापि तत्फलम् ॥
स पृच्छकः पिशाचो वा वक्ता वा नितरां ततः।
यो न वेत्ति चतुर्बाहुक्षेत्रस्यानियतां स्थितिम् ॥–लीलावती

4.38 व्यासे भनन्दाग्नि (3927) हते विभक्ते
खबाणसूर्यैः (1250) परिधिः स सूक्ष्मः।
द्वाविंशति(22)घ्ने विहृतेऽथ शैलैः (7)
स्थूलोऽथवा स्याद्व्यवहारयोग्यः ॥–लीलावती

4.39 वृत्तक्षेत्रे परिधिगुणितव्यासपादः फलं तत्
क्षुण्णं वेदैरुपरि परितः कन्दुकस्येव जालम्।
गोलस्यैवं तदपि च फलं पृष्ठजं व्याससनिघ्नं
षड्भिर्भक्तं भवति नियतं गोलगर्भे घनाख्यम् ॥–लीलावती

5.1 उम्पादकं यत्प्रवदन्ति बुद्धेरधिष्ठितं सत्पुरुषेण सांख्याः।
व्यक्तस्य कृत्स्नस्य तदेकबीजमव्यक्तमीशं गणितञ्च वंदे ॥1॥

–बीजगणित

5.2 पूर्वं प्रोक्तं व्यक्तमव्यक्तबीजं प्रायः प्रश्ना नो विनाऽव्यक्तयुक्त्या।
ज्ञातुं शक्या मन्दधीभिर्नितान्तं यस्मात्तस्माद्वच्मि बीजक्रियां च ॥2॥

–बीजगणित

5.3 अस्मिन् विकारः खहरे न राशावपि प्रविष्टेष्वपि निःसृतेषु।
बहुष्वपि स्याल्लयसृष्टिकालेऽनन्तेऽच्युते भूतगणेषु यद्वत् ॥1॥–बीजगणित

5.4 यावत्तावत्कालको नीलकोऽन्यो वर्णः पीतो लोहितश्चैतदाद्याः।
अव्यक्तानां कल्पिता मानसंज्ञास्तत्संख्यानं कर्तुमाचार्यवर्य्यैः॥17॥
–बीजगणित

5.5 ह्रस्वज्येष्ठक्षेपकान्नयस्य तेषां
तानन्यान्वाऽधो निवेश्य क्रमेण।
साध्यान्येभ्यो भावनाभिर्बहूनि–
मूलान्येषां भावना प्रोच्यतेऽतः॥42॥
वज्राभ्यासौ ज्येष्ठलघ्वोस्तदैक्यं–
ह्रस्वं लघ्वोराहतिश्च प्रकृत्या।
क्षुण्णा ज्येष्टाभ्यासयुक् ज्येष्टमूलं
तत्राभ्यासः क्षेपयोः क्षेपकः स्यात्॥42॥
ह्रस्वं वज्राभ्यासयोरन्तरं वा
लघ्वोर्घातो यः प्रकृत्या विनिध्नः।
घातो यश्च ज्येष्टयोस्तद्वियोगो
ज्येष्टं क्षेपोऽत्रापि च क्षेपघातः॥43॥–बीजगणित

5.6 इष्टवर्गहृतः क्षेपः स्यादिष्टभाजिते।
मूले तो स्तोऽथवा क्षेपः क्षुण्णः ज्ञुण्णे तदा पदे ॥44॥ –बीजगणित

5.7 इष्टवर्गप्रकृत्योर्यद्विवरं तेन वा भजेत्।
द्विघ्नमिष्टं कनिष्ठं तत्पदं स्यादेकसंयुतौ ॥45॥
ततो ज्येष्ठमिहानन्त्यं भावनाभिस्तथेष्टतः।–बीजगणित

5.8 उक्तं बीजोपयोगीदं संक्षिप्तं गणितं किल।
अतो बीजं प्रवक्ष्यामि गणकानन्दकारकम् ॥55॥–बीजगणित

5.9 अलिकुलदलमूलं मालतीं यातमष्टौ
निखिलनवमभागाश्चालिनी भृङ्गमेकम्।
निशि परिमललुब्धं पद्ममध्ये निरुद्धं
प्रतिरणति रणन्तं ब्रूहि कान्तेऽलिसंख्याम् ॥1॥–बीजगणित

5.10 पार्थः कर्णवधाय मार्गणगणं क्रुद्धो रणे सन्दधे।
तस्यार्धेन निवार्य तच्छरगणं मूलैश्चतुर्भिर्हयान् ॥
शल्यं षड्भिरथेषुभिस्त्रिीरपिच्छत्रं ध्वजं कार्मुकं।
चिच्छेदास्य शिरः शरेण कति ते यानर्जुनः सन्दधे ॥2॥–बीजगणित

6.1 गोलं श्रोतुं यदि तव मतिर्भास्करीयं शृणु त्वं
नो सक्षिप्तो न च बहुवृथाविस्तरः शास्त्रतत्त्वम्।
लीलागम्यः सुललितपदः प्रश्नरम्यः स यस्माद्-
विद्वन् विद्वत्सदसि पठतां पण्डितोक्ति व्यनक्ति ॥9॥–गोलप्रशंसा

6.2 मध्याद्यं द्युसदां यदत्र गणितं तस्योपपत्तिं विना
प्रौढिं प्रौढसभासु नैति गणको निःसंशयो न स्वयम्।
गोले सा विमला करामलकवत् प्रत्यक्षतो दृश्यते
तस्मादस्म्युपपत्तिबोधविधये गोलप्रबन्धोद्यतः ॥2॥–गोलप्रशंसा

6.3 ज्योतिश्शास्त्रफलं पुराणगणकैरादेश इत्युच्यते
नूनं लग्नबलाश्रितः पुनरयं तत् स्पष्टखेटाश्रयम्।
ते गोलाश्रयिणोऽन्तरेण गणितं गोलोऽपि न ज्ञायते
तस्माद्यो गणितं न वेत्ति स कथं गोलादिकं ज्ञास्यति ॥6॥–गोलप्रशंसा

6.4 मूर्तो धर्ता चेद्धरित्र्यास्ततोऽन्यस्तस्याप्यन्योऽस्यैवमत्रानवस्था।
अन्त्ये कल्प्या चेत् स्वशक्तिः किमाद्ये किं नो भूमेः साष्टमूर्तेश्च मूर्तिः॥4॥
–गोलाध्याय

7.1 भूः खेऽधः खलु यातीति बुद्धिर्बौद्ध मुधा कथम्।
जाता यातं तु दृष्ट्वापि खे यत् क्षिप्तं गुरु क्षितिम् ॥9॥–भुवनकोशः

7.2 समो यतः स्यात् परिधेः शतांशः पृथ्वी च पृथ्वी नितरां तनीयान्।
नरश्च तत्पृष्ठगतस्य कृत्स्ना समेव तस्य प्रतिभात्यतः सा ॥13॥–गोलाध्याय

7.3 प्रोक्तो योजनसंख्यया कुपरिधिः सप्ताङ्गनन्दाब्धय-4967
स्तद्व्यासः कुभुजङ्गसायकभुवः सिद्धांशकेनाधिकाः 1581 2¼।
पृष्ठक्षेत्रफलं तथा युगगुणत्रिंशच्छराष्टाद्रयो 785034
भूमेः कन्दुकजालवत् कुपरिधिव्यासाहते प्रस्फुटम् ॥52॥–गोलाध्याय

7.4 दिनगतकालावयवा ज्ञातुमशक्या यतो विना यन्त्रैः।
वक्ष्ये यन्त्राणि ततः स्फुटानि संक्षेपतः कतिचित् ॥1॥
गोलो नाडीवलयं यष्टिः शङ्कुर्घटी चक्रम्।
चापं तुर्यं फलकं धीरेकं पारमार्थिकं यन्त्रम् ॥2॥—शृङ्गोन्नतिवासना

7.5 कृतिन इह रमन्ते रम्यसारस्वतौघे रुचि-
रसिकतया वा श्लेषिताङ्गैः सुवृत्तैः ॥15॥—गोलाध्याय

8.1 गणेशं गिरं पद्मजन्माच्युतेशान्ग्रहान्भास्करो भास्करादींश्च नत्वा।
लघुप्रक्रियं प्रस्फुटं खेटक र्म प्रवक्ष्याम्यहं ब्रह्मसिद्धान्ततुल्यम् ॥1॥

—गणेश, सरस्वती, ब्रह्मा, शिव तथा सूर्य और उसका अनुसरण करने वाले ग्रहों की वंदना करके मैं, भास्कराचार्य, इस छोटी कृति में ग्रहों की गणना की विधियां, जो ब्रह्मसिद्धांत के समान परिणाम देती हैं, प्रस्तुत कर रहा हूं।

8.2 अहर्गणो विश्वगुणस्त्रिखांकै 903 र्भक्तः फलोनो द्युगणो लवाद्याः।
रविज्ञशुक्राः स्युरथाब्दवृन्दाद्वेदांग 64 लब्धेन कलादिनोनाः ॥7॥
—करण-कुतूहल

8.3 पुरी रक्षसां देवकन्याथ कान्ती सितः पर्वतः पर्य्यलीवत्सगुल्मम्।
पुरी चोज्जयिन्याह्वया गर्गराटं कुरुक्षेत्रमेरू भुवो मध्यरेखा ॥14॥
—करण-कुतूहल

8.4 आसीत्सज्जनधाम्नि गेहविवरे शाण्डिल्यगोत्रो द्विजः श्रौतस्मार्त-
विचारसारचतुरः सौजन्यरत्नाकरः॥
ज्योतिर्वित्तिलको महेश्वर इति ख्यातः क्षितौ स्वैर्गुणैस्तत्सूनुः करणं कुतूहलमिदं
चक्रे कविर्भास्करः ॥4॥
इतीह भास्करोदिते ग्रहागमे कुतूहले।
विदग्धबुद्धिवल्लभे रवीन्दुपर्वसम्भवः ॥10॥—करण-कुतूहल

अप्रत्यक्षाणि शास्त्राणि विवादास्तेषु केवलम्।
प्रत्यक्षं ज्योतिषं शास्त्रं चन्द्रार्कौ यत्र साक्षिणौ॥

न्याय, वेदांत आदि शास्त्र केवल मानवी तर्क पर आधारित होने के कारण उनके सिद्धांत प्रायः विवादग्रस्त होते हैं। परंतु गणित-ज्योतिष की बात अलग है। इसके सिद्धांतों की सत्यता की साक्ष्य देने के लिए सूर्य, चंद्र आदि पिंड सदैव तत्पर रहते हैं।

"पाठक को समझ लेना चाहिए कि ज्योतिषशास्त्र और धर्मशास्त्र की परंपराएं व क्रम भिन्न हैं। वैद्यक की तरह ज्योतिष भी प्रत्यक्ष शास्त्र है। चंद्र व सूर्य इस शास्त्र की सत्यता के साक्षी हैं; ये साक्षीदार किसी भी ज्योतिषी, राजा अथवा अन्य किसी व्यक्ति के तंत्रानुसार आचरण नहीं करते—कोर्ट में गवाही देनेवाले में और इनमें यही भारी अंतर है। चंद्र-सूर्य की स्थिति गणित के साथ मेल नहीं खाती, तो गणित के मूल आधारभूत मान ही बदलने चाहिए, चंद्र-सूर्य की स्थिति नहीं।"

बाल गंगाधर तिलक (1856-1920 ई.)
'पंचांग संशोधन' निबंध से

परिशिष्ट

परिशिष्ट - 1

भारतीय गणितज्ञ-ज्योतिषियों से संबंधित प्रमुख स्थल

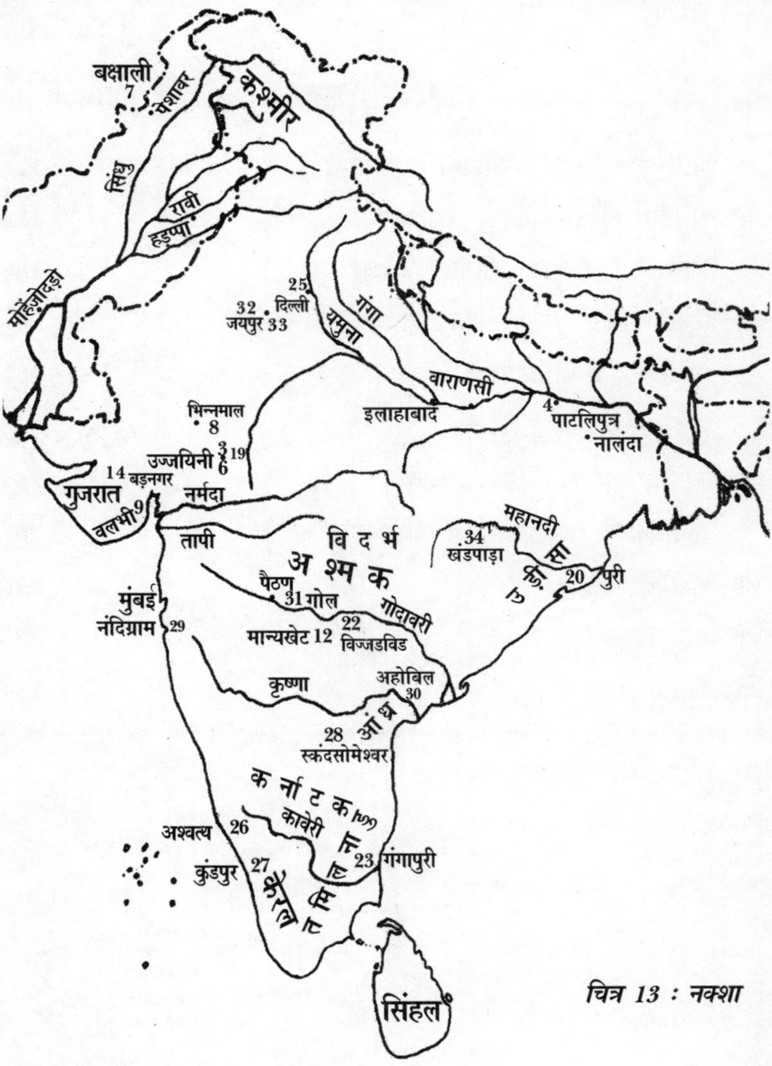

चित्र 13 : नक्शा

गणितज्ञ/ज्योतिषी	जन्मस्थल/कर्मस्थल	कृति
1. लगध (लगभग 500 ई.पू.)	कश्मीर	वेदांग-ज्योतिष
2. बौधायन (ल. 500 ई.पू.)	द. भारत ?	शुल्वसूत्र
3. स्फुजिध्वज (ल. 270 ई.)	उज्जयिनी	यवनजातक
4. आर्यभट (जन्म 476 ई.)	अश्मक, कुसुमपुर	आर्यभटीय (499 ई.), आर्यभट-सिद्धांत
5. लाटदेव (ल. 505 ई.)	दक्षिण गुजरात	रोमक/पुलिश सिद्धांत पर टीकाएं
6. वराहमिहिर (मृत्यु 587 ई.)	कापित्थक, उज्जयिनी	पंचसिद्धांतिका, बृहत्संहिता, बृहज्जातक
7. अज्ञात (छठी-सातवीं सदी ई.)	बक्षाली (पेशावर)	बक्षाली हस्तलिपि
8. ब्रह्मगुप्त (जन्म 598 ई.)	भिनमाल (राजस्थान)	ब्राह्मस्फुट-सिद्धांत (628 ई.) खंडखाद्यक (665 ई.)
9. भास्कर-प्रथम	वलभी (गुजरात)	महाभास्करीय, आर्यभटीय-भाष्य(629 ई.)
10. लल्ल	लाटदेश, द. गुजरात	शिष्यधीवृद्धिदतन्त्रम् (748 ई.)
11. महावीराचार्य (ल. 850 ई.)	मान्यखेट, कर्नाटक	गणितसार-संग्रह
12. पृथूदकस्वामी (ल. 850 ई.)	?	ब्राह्मस्फुट-सिद्धांत व खंडखाद्यक पर टीकाएं
13. वटेश्वर (जन्म 880 ई.)	बड़नगर, उ. गुजरात	वटेश्वर-सिद्धांत (904 ई.)
14. अज्ञात	?	सूर्य-सिद्धांत (10-11वीं सदी)
15. मंजुलाचार्य (ल. 932 ई.)	द. भारत ?	लघुमानस
16. भट्टोत्पल (966 ई.)	कश्मीर	बृहत्संहिता, बृहज्जातक आदि पर टीकाएं
17. आर्यभट-द्वितीय (10 वीं ई.)	?	महासिद्धांत
18. श्रीधराचार्य (991 ई.)	कर्नाटक	पाटीगणित, त्रिशतिका
19. श्रीपति (ल. 1000-50ई.)	रोहिणीखंड (उज्जयिनी)	गणित-तिलक, सिद्धांत-शेखर
20. शतानंद (11वीं सदी ई.)	पुरी, उड़ीसा	भास्वतीकरण (1099 ई.)
21. सोमेश्वर (ल. 1100 ई.)	गुजरात	आर्यभटीय व खंडखाद्यक पर टीकाएं
22. भास्कराचार्य (जन्म 1114 ई.)	विज्जडविड (बीड, महाराष्ट्र)	सिद्धांत-शिरोमणि (1150 ई.) करण-कुतूहल(1183 ई.)
23. सूर्यदेव यज्वा (जन्म 1191 ई.)	गंगापुरी, तमिलनाडु	आर्यभटीय-टीका
24. नारायण पंडित (ल.1350 ई.)	?	गणित-कौमुदी, बीजगणितावतंस
25. महेंद्र सूरि (1370 ई.)	दिल्ली	यंत्रराज
26. परमेश्वर (ल. 1425 ई.)	अश्वत्थ, केरल	भटदीपिका (आर्यभटीय-टीका)
27. नीलकंठ (जन्म 1465 ई.)	कुंडपुर, केरल	तंत्रसंग्रह, आर्यभटीय-टीका
28. यल्लया (1472 ई.)	स्कंदसोमेश्वर, आंध्र	आर्यभटीय-टीका
29. गणेश दैवज्ञ (ज. 1507 ई.)	नंदिग्राम, कोंकण	लीलावती-टीका, ग्रहलाघव
30. रघुनाथराज	अहोबिल, आंध्र	आर्यभटीय-टीका (1597 ई.)
31. कमलाकर (जन्म 1610 ई.)	गोल (गोदावरी)	सिद्धांततत्वविवेक (वाराणसी)
32. जयसिंह (1686-1743 ई.)	जयपुर	यंत्र-प्रकाश
33. पं. जगन्नाथ (ल.1730 ई.)	जयपुर	सम्राट-सिद्धांत, रेखागणित
34. चंद्रशेखर सिंह	खंडपाड़ा (उड़ीसा)	सिद्धांत-दर्पण (1899 ई.)

परिशिष्ट - 2

भारतीय गणित-ज्योतिष का कालानुक्रम

2600-1900 ई.पू. (उन्नत काल)	**सिंधु-सभ्यता** (हड़प्पा संस्कृति) : लिपि व अंक-संकेतों (खड़ी लकीरों) का प्रचलन। गणना का आधार दस व सोलह। पकाई मिट्टी की पाटी, मापपट्टी व गिनतारे का प्रयोग। तराजू और सूक्ष्म तौल के छोटे-बड़े बटखरे। क्षेत्रमिति (ज्यामिति) का अच्छा ज्ञान और भवन-निर्माण तथा नगर-निर्माण में उसका उपयोग। दिशा-ज्ञान : कंपास का प्रयोग। ऋतु-ज्ञान, चांद्र-सौर पंचांग; कृत्तिका, सप्तर्षि आदि नक्षत्र-मंडलों का अच्छा परिचय। सुमेर-बेबीलोन व एलाम के साथ व्यापारी संबंध।
1500 ई.पू. (लगभग)	**ऋग्वेद** : दशाधारी गणना-पद्धति; सबसे बड़ी इकाई अयुत (10,000); सबसे बड़ी संख्या 60,099 (षष्टिं सहस्रा नवतिं नव)। रविमार्ग के कुछ नक्षत्रों का उल्लेख। चांद्र-सौर पंचांग। पांच वर्षों का युग और 360 दिनों का वर्ष। ग्रहणों का कारण–स्वर्भानु असुर। अत्रि ऋषि-कुल द्वारा ग्रहणों का लेखा-जोखा। उत्तरायण व दक्षिणायन का ज्ञान। ऋग्वेद में वारों व राशियों का उल्लेख नहीं।
1000 ई.पू. (लगभग)	**यजुर्वेद, अथर्ववेद** : नक्षत्र-पद्धति : कृत्तिका से आरंभ होने वाली 27 या 28 नक्षत्रों की सूची। अधिमास की व्यवस्था। अथर्ववेद में 'अचला' पृथ्वी की धारणा। यजुर्वेद में परार्ध (10^{12}) तक की संख्या-संज्ञाएं।
1000-500 ई.पू. (लगभग)	**ब्राह्मण, आरण्यक, उपनिषद** : गणितीय श्रेणियां–समांतर व गुणोत्तर। ज्योतिषीय उल्लेख। पंचमहाभूत का प्रतिपादन।
500 ई.पू. (लगभग)	**वेदांग-ज्योतिष** (महात्मा लगध द्वारा उपदिष्ट) : चांद्र-सौर पंचांग। पांच वर्ष का युग। 366 दिनों का वर्ष। उत्तरायण-दक्षिणायन का ज्ञान–इन दोनों के बीच में दिन की लंबाई जानने का नियम। 27 नक्षत्रों की सूची। त्रैराशिक का नियम। ग्रह-गणित नहीं। अभी वारों व राशियों का प्रचलन नहीं।

500 ई.पू. (लगभग) — **शुल्वसूत्र** (बौधायन, आपस्तंब, कात्यायन आदि) : वेदियों के निर्माण के लिए ज्यामितीय नियम; 'पाइथेगोरस का प्रमेय'; भिन्न; करणी; √2, √3 जैसी अपरिमेय संख्याओं के श्रेणियों में सन्निकट मान।

250 ई.पू. (लगभग) — **सूर्यप्रज्ञप्ति, चंद्रप्रज्ञप्ति** व **जंबूद्वीपप्रज्ञप्ति** आदि जैन ग्रंथों में लगभग 'वेदांग-ज्योतिष' जैसा ज्योतिष। जैन ज्योतिष की विशेषताएं : दो सूर्य तथा दो चंद्र; अभिजित् से आरंभ होने वाले 28 नक्षत्रों की सूची।

150 ई.पू. (लगभग) — **गर्ग-संहिता** : कमोबेश 'वेदांग-ज्योतिष' जैसा ज्योतिष, लेकिन यवनों (यूनानियों) के प्रचुर उल्लेख और उनके ज्योतिष-ज्ञान की स्तुति।

150 ई.पू. (लगभग) — **छंदःसूत्रम्** (पिंगलाचार्य प्रणीत) : संचय व क्रमचय का गणित। मेरुप्रस्तार ('पास्कल का त्रिभुज') का उपयोग।

1 ई. से 400 ई. (लगभग) — शून्य पर आधारित **दाशमिक स्थानमान अंक-पद्धति** का आविष्कार। भारत में गणित व ज्योतिष की कई बेबीलोनी-यूनानी विधियों को अपनाया गया।

स्फुजिध्वज (लगभग 270 ई.) का **यवन-जातक**।

नई गणितीय विधियों पर आधारित नए **सिद्धांत-ज्योतिष** का उदय। सिद्धांत-ज्योतिष की विशेषताएं : 27 नक्षत्रों के स्थान पर 12 राशियों की स्थापना। अधिकाधिक लंबे युग; काफी सही वर्षमान की गणना। ग्रह-गतियों का अध्ययन। उत्केंद्रों व अधिचक्रों की व्यवस्था। सूर्य व चंद्र ग्रहणों की गणना। ज्योतिषीय गणनाओं में गणित का अधिकाधिक उपयोग। ज्यामिति व सरल त्रिकोणमिति। ज्योतिष के सिद्धांत-ग्रंथों में 'गणिताध्याय' को समाविष्ट करने की प्रथा चली।

वराहमिहिर (मृत्यु 587 ई.) की **पंचसिद्धांतिका** में वर्णित प्राचीन पांच सिद्धांत : (1) **पितामह-सिद्धांत**–'वेदांग-ज्योतिष' सदृश; सबसे भ्रष्ट; (2) **वसिष्ठ-सिद्धांत**–पहली बार नक्षत्रों के अलावा राशियों का उल्लेख। लग्न (पूर्व क्षितिज पर रविमार्ग का भाग) जानने का नियम; पांच ग्रहों की मध्यक व स्पष्ट स्थितियों और उनकी वक्री व मार्गी गतियों की चर्चा; सौरवर्ष = 365.36 दिन व नाक्षत्रवर्ष = 365¼ दिन; (3) **पुलिश-सिद्धांत**–सिकंदरिया के यूनानी ज्योतिष पर आधारित; अहर्गण निकालने का नियम; ग्रहणों की गणना के स्थूल नियम; ज्या-सारणी; गोलीय त्रिकोणमिति की शुरुआत; (4) **रोमक-सिद्धांत**–

यूनानी ज्योतिष पर आधारित; उपर्युक्त तीनों सिद्धांतों से बेहतर। (5) **सूर्य-सिद्धांत**—वराह के अनुसार पांचों सिद्धांतों में अधिक विकसित और अधिक शुद्ध।

वराह द्वारा वर्णित ये पांचों पुराने सिद्धांत आज उपलब्ध नहीं हैं।

500 ई. (लगभग) आर्यभट (जन्म 476 ई.) के ग्रंथ : **आर्यभटीय** और **आर्यभट-सिद्धांत** (दूसरा ग्रंथ अप्राप्य)। भारत में पहली बार भूभ्रमण (पृथ्वी के अक्षभ्रमण) का प्रतिपादन। चार मूलतत्व; समान कालावधि के चार युग; ग्रहणों की सही व्याख्या। दाशमिक स्थानमान पद्धति पर आधारित नई अक्षरांक-पद्धति; त्रिकोणमिति की नई विधि; ज्या-सारणी; $\pi = 3.1416$ ('आसन्न' मान); प्रथम घात के अनिर्णीत समीकरण का हल; वर्गमूल और घनमूल निकालने की विधि।

505 ई. लाटदेव : **रोमक-सिद्धांत** के टीकाकार।

छठी-सातवीं सदी वराहमिहिर (मृत्यु 587 ई.) के प्रमुख ग्रंथ : **पंचसिद्धांतिका** (गणित-ज्योतिष), **बृहत्संहिता** (प्राकृतिक ज्योतिष, मुहूर्त), **बृहज्जातक** (जातक, होरा)। फलित-ज्योतिष के प्रबल प्रवर्तक। ग्रहणों की सही व्याख्या। पंचतत्व के समर्थक। आर्यभट के भूभ्रमण का विरोध। **बृहत्संहिता** में अपने समय के भूगोल, मूर्ति-शिल्प, विज्ञान, विभिन्न तकनीकों और प्रचलित अंधविश्वासों की विपुल जानकारी।

अंकगणित की **बक्षाली हस्तलिपि** (लेखक अज्ञात) : संभवतः ईसा की छठी सदी की मूल रचना, जो ईसा की लगभग 12वीं सदी की शारदा लिपि में उपलब्ध है। इसमें शून्ययुक्त नई पद्धति के संख्यांकों का प्रयोग हुआ है।

ब्रह्मगुप्त (जन्म 598 ई.) : गणितज्ञ व ज्योतिर्विद्। ग्रंथ : **ब्राह्मस्फुट-सिद्धांत** (628 ई.) व **खंडखाद्यक** (665 ई.)। अनिर्णीत वर्ग-समीकरण के लिए प्रमेयिका (लेमा); शून्य का गणित। प्रिज्म के आयतन के लिए सूत्र; चक्रीय चतुर्भुज का क्षेत्रफल, आदि। आर्यभट के भूभ्रमण तथा उनके अन्य कई मतों का खंडन करने के लिए अपने **ब्राह्मस्फुट-सिद्धांत** में स्वतंत्र 'तंत्रपरीक्षाध्याय' लिखा। ब्रह्मगुप्त के इन दोनों ग्रंथों का 771-72 ई. में बगदाद में अरबी में अनुवाद हुआ।

भास्कर-प्रथम—कृतियां : **महाभास्करीय**, **लघुभास्करीय** और

	आर्यभटीय-भाष्य (629 ई.)।
आठवीं-दसवीं सदी	लल्लाचार्य : **शिष्यधीवृद्धिदतंत्रम्** (748 ई.)।
	जैन गणितज्ञ महावीराचार्य (लगभग 850 ई.) : **गणितसार-संग्रह**।
	पृथूदकस्वामी (लगभग 850 ई.) : **ब्राह्मस्फुट-सिद्धांत** व **खंडखाद्यक** पर टीकाएं।
	वटेश्वर (जन्म 880 ई.) : **वटेश्वर-सिद्धांत** (904 ई.), जिसमें ब्रह्मगुप्त की आलोचना है।
	मंजुलाचार्य (लगभग 932 ई.) : **लघुमानस** में 'अयन-चलन' की व्याख्या।
	नया संशोधित **सूर्य-सिद्धांत** (लगभग 950 ई.)।
	भट्टोत्पल (966 ई.) : **बृहत्संहिता, बृहज्जातक** आदि पर टीकाएं।
	आर्यभट-द्वितीय (10वीं सदी) : **महासिद्धांत**; आर्यभट-प्रथम का अनुकरण नहीं।
	गणितज्ञ श्रीधराचार्य (991 ई.) : **पाटीगणित** व **त्रिशतिका**; वर्ग-समीकरण के हल की नई विधि।
	गणितज्ञ-ज्योतिषी श्रीपति (लगभग 1000 ई.) : **गणित-तिलक, सिद्धांत-शेखर, धीकोटिद-करण**।
11वीं-12वीं सदी	शतानंद : **भास्वतीकरण** (1099 ई.)।
	भास्कराचार्य (जन्म 1114 ई.) : ग्रंथ–**सिद्धांत-शिरोमणि** (1150 ई.) के चार भाग : *लीलावती, बीजगणित, गणिताध्याय व गोलाध्याय* । **करण-कुतूहल** (1183 ई.)। 'शून्य' और 'अनंत' के गणित का विवेचन।
14वीं-16वीं सदी	नारायण पंडित (लगभग 1350 ई.) : **गणित-कौमुदी** (अंकगणित) व **बीजगणितावतंस** (बीजगणित)।
	महेंद्र सूरि (लगभग 1350 ई.) : ग्रंथ **यंत्रराज**, जिसमें फारसी स्रोतों पर आधारित ज्योतिष-यंत्रों का वर्णन है।
	परमेश्वर (लगभग 1425 ई.) : **सूर्य-सिद्धांत** व **आर्यभटीय** की टीकाएं।
	नीलकंठ सोमयाजि (1465-1545 ई.) : **तंत्रसंग्रह** व **आर्यभटीय-भाष्य**। सौर मंडल का नया प्रतिरूप (मॉडल)।

	गणेश दैवज्ञ (जन्म 1507 ई.) : **ग्रहलाघव** और **बुद्धिविलासिनी** (लीलावती-टीका)।
17वीं-18वीं सदी	कमलाकर (जन्म 1610 ई.) : **सिद्धांत-तत्वविवेक** (1658 ई.)– 'सूर्य-सिद्धांत' पर आधारित, परंतु गणित-ज्योतिष की कुछ अरबी-फारसी विधियों का समावेश करके उनके आधार पर भास्कराचार्य की आलोचना।
???	सवाई जयसिंह (1688-1743 ई.) : दिल्ली, जयपुर, मथुरा, उज्जैन और वाराणसी में विशाल वेधशालाओं की स्थापना। **यंत्र-प्रकाश**। **ज़ीज-ए-मुहम्मदशाही** (तारा-सारणी)।
	जगन्नाथ पंडित (लगभग 1690-1750 ई.) : **सम्राट-सिद्धांत** (टॉलेमी के ज्योतिष-ग्रंथ के अरबी भाषांतर **अल्-मजिस्ती** का संस्कृत अनुवाद)। **रेखागणित** (यूक्लिड के 'ज्यामिति के मूलतत्व' के अरबी भाषांतर का संस्कृत अनुवाद)।
	मद्रास वेधशाला की स्थापना (1792 ई.)। दक्षिणी खगोल के करीब 11,000 तारों की सारणी।
1888-1912 ई.	**पुणे वेधशाला**, जिसकी स्थापना ज्योतिभौतिकीविद प्रो. कावसजी दादाभाई नायगामवाला (1857-1938 ई.) के प्रयास से हुई थी।
1899 ई.	सामंत चंद्रशेखर सिंह (1835-1904 ई.) के **सिद्धांत-दर्पण** का प्रकाशन। सामंत ने सौर मंडल का नया प्रतिरूप (मॉडल) प्रस्तुत किया।
1900 ई.	**कोडाइकनाल वेधशाला** में वेधकार्य की शुरुआत।
1901 ई.	हैदराबाद में **निजामिया वेधशाला** की स्थापना।
1887-1920 ई.	श्रीनिवास रामानुजन् : संख्या-सिद्धांत, विश्लेषण।
1893-1956 ई.	मेघनाद साहा : उच्च तापीय आयनीकरण का सिद्धांत और तारा-वातावरण के अध्ययन में इसका उपयोग (1920 ई.)।
1910-1995 ई.	सुब्रह्मण्यन् चंद्रशेखर : **तारों की संरचना**; 'चंद्रशेखर-सीमा'; नोबेल पुरस्कार (1983 ई.)।
1954 ई.	वाराणसी में वेधशाला की स्थापना।
1955 ई.	वाराणसी वेधशाला का नैनीताल में स्थानांतरण; वेधकार्य शुरू किया।

1967 ई.	**कावलूर वेधशाला (वैणु बाप्पू वेधशाला)** की स्थापना।
1969 ई.	थुंबा से प्रथम भारतीय राकेट का परीक्षण।
1975 ई.	भारत में निर्मित प्रथम वैज्ञानिक उपग्रह 'आर्यभट' को एक सोवियत राकेट से पार्थिव कक्षा में स्थापित किया गया।
1975 ई.	उदयपुर सौर वेधशाला की स्थापना।
1979 ई.	'भास्कर-1' उपग्रह को एक सोवियत राकेट से पार्थिव कक्षा में स्थापित किया गया।
1980 ई.	भारतीय राकेट 'एस.एल.वी.-3' ने श्रीहरिकोटा से 'रोहिणी' उपग्रह को पार्थिव कक्षा में स्थापित किया।
1979 ई.	वैणु बाप्पू 'अंतर्राष्ट्रीय खगोल-विज्ञान संघ' के अध्यक्ष।
1981 ई.	'भास्कर-2' उपग्रह को एक सोवियत राकेट से पार्थिव कक्षा में स्थापित किया गया।
1984 ई.	राकेश शर्मा की अंतरिक्ष-यात्रा।
1985 ई.	ब्रह्मांड किरणों के अध्ययन के लिए भारतीय उपकरण 'अनुराधा' की अंतरिक्ष-यात्रा।
1988 ई.	भारत के सुदूर संवेदन उपग्रह 'आई. आर. एस.' को ध्रुवीय कक्षा में स्थापित किया गया ।
1989 ई.	कावलूर वेधशाला (अब वैणु बाप्पू७वेधशाला) में 2.3 मीटर व्यास की दूरबीन कार्यरत।
1997 ई.	पुणे के पास नारायणगांव में मीटर-तरंग रेडियो-दूरबीन की स्थापना।
2001 ई.	हान्ले (लद्दाख) में 'हिमालय चंद्र दूरबीन' की स्थापना।
2007 ई.	भारत के 'चंद्रयान-1' को सितंबर 2008 ई. में चंद्रकक्षा में स्थापित करने की तैयारी शुरू।
2008 ई.	मंगल पर यान भेजने की तैयारी...

परिशिष्ट - 3

अंतिम सिद्धांतकार – सामंत चंद्रशेखर सिंह

आधुनिक काल में 'ज्योतिष' शब्द की बहुत अवनति हुई है। आज लोक-व्यवहार में 'ज्योतिष' का अर्थ हो गया है–फलित-ज्योतिष (astrology)। आज मीडिया में भी इसी अर्थ में 'ज्योतिष' शब्द का प्रयोग धड़ल्ले से हो रहा है। अब 'ज्योतिषी' का अर्थ हो गया है–फलित-ज्योतिषी (astrologer)।

परंतु प्राचीन भारत में ऐसा नहीं था। ज्योतिष की सबसे प्राचीन उपलब्ध पुस्तक **वेदांग-ज्योतिष** में आज-जैसे फलित-ज्योतिष की कोई चर्चा नहीं है और उसमें 'ज्योतिष' शब्द स्पष्टतः 'गणित-ज्योतिष' (astronomy) का सूचक है।[1] आर्यभट (जन्म 476 ई.) की **आर्यभटीय** संपूर्णतः गणित-ज्योतिष की पुस्तक है। वराहमिहिर (ईसा की छठी सदी), जिनके समय से हमारे देश में फलित-ज्योतिष के गोरखधंधे ने जोर पकड़ा, अपनी **बृहत्संहिता** (अध्याय 2) में सांवत्सर (ज्योतिषी) की योग्यता के बारे में बताते हैं : उसे विभिन्न ज्योतिष-सिद्धांतों के बीच के भेदों की अच्छी जानकारी होनी चाहिए। उसमें विभिन्न कालखंडों, अयनांतों, ग्रहगतियों, ताराग्रहों (बुध, शुक्र, मंगल, गुरु व शनि) के साथ चंद्र की युतियों आदि की सूक्ष्म गणनाएं करने की क्षमता होनी चाहिए। वराहमिहिर अपनी **पंचसिद्धांतिका** में भी लिखते हैं : केवल उसे ही योग्य गणक (ज्योतिर्विद) मानना चाहिए जो सूर्य से संबंधित सवालों को समझता है और सूर्य द्वारा सममंडल (prime vertical) यानी याम्योत्तर वृत्त को पार करने के समय की गणनाएं करके और आकृतियां खींचकर अपनी विधियों को सिद्ध कर सकता है।[2]

भास्कराचार्य (जन्म 1114 ई.) अपने **सिद्धांत-शिरोमणि** के 'गोलाध्याय' के आरंभ में स्पष्ट लिखते हैं कि ज्योतिषशास्त्रफल जानने के लिए गोल (खगोलिकी) का अच्छा ज्ञान होना चाहिए और गोल को समझने के लिए गणित की जानकारी अत्यावश्यक है।[3] इसीलिए भास्कराचार्य ने अपने सिद्धांत के आरंभ के दो भागों (**लीलावती** व **बीजगणित**) में अंकगणित, बीजगणित और ज्यामिति की आवश्यक जानकारी दी है। भास्कराचार्य ने सिद्धांत-शिरोमणि के शुरू में यह भी स्पष्ट कर

दिया है कि ज्योतिषी के लिए केवल जातक व संहिता (फलित-ज्योतिष) जानना ही पर्याप्त नहीं है। जो सिद्धांत (गणित-ज्योतिष) को सर्वांगतः नहीं जानता वह दीवार पर बने किसी राजा के चित्र के समान अथवा काष्ठ-निर्मित, सुचित्रित सिंह की तरह है।[4]

भारतीय ज्योतिष के अध्ययन-अन्वेषण की यह स्वस्थ परंपरा बीसवीं सदी के प्रथम चरण तक कायम रही। आमेर-जयपुर के राजा सवाई जयसिंह (1688-1744 ई.) ने अठारहवीं सदी के पूर्वार्ध में सूक्ष्म वेधकार्य के लिए उत्तर भारत के पांच नगरों (दिल्ली, जयपुर, उज्जैन, मथुरा व वाराणसी) में चूना व पत्थरों से विशाल वेधशालाएं खड़ी करवाईं। सन् 1791 में वाराणसी में ईस्ट इंडिया कंपनी ने संस्कृत पाठशाला (बाद में कॉलेज और अब विश्वविद्यालय) की स्थापना की। यहां के ज्योतिष-अध्यापक बापूदेव शास्त्री (1821-1890 ई.) और सुधाकर द्विवेदी (1860-1922 ई.) ने भारतीय गणित-ज्योतिष के अनेक ग्रंथों का उद्धार किया, उन्हें संपादित करके प्रकाशित कराया। शंकर बालकृष्ण दीक्षित (1853-1898 ई.) ने भारतीय ज्योतिष के 500 से अधिक ग्रंथों की छानबीन करके मराठी में अपना अप्रतिम ग्रंथ **भारतीय ज्योतिःशास्त्र** लिखा (1896 ई.)। बाल गंगाधर तिलक (1856-1920 ई.) सक्रिय राजनीति में कूदने के पहले पुणे के फर्ग्युसन कालेज में गणित के अध्यापक थे। राजनीति में सक्रिय होने पर भी उन्होंने प्राचीन भारतीय गणित-ज्योतिष से संबंधित अपना शोधकार्य जारी रखा।

सन् 1792 में मद्रास (चेन्नई) में पाश्चात्य पद्धति की पहली वेधशाला स्थापित हुई थी। यहां चिंतामणि रघुनाथ आचार्य (1828-1880 ई.) ने सत्रह साल तक वेधकार्य करके दक्षिणी आकाश के लगभग 11,000 तारों का एक केटेलॉग तैयार किया, तमिळ में **ज्योतिष-चिंतामणि** नामक ग्रंथ लिखा और 'नॉटिकल अलमनक' के आधार पर 'दृक्-गणित-पंचांग' भी बनाया। वेंकटेश बापूजी केतकर (1854-1930 ई.) ने संस्कृत में **ज्योतिर्गणित**, मराठी में **ग्रहगणित मालिका** और अंग्रेजी में Indian and Foreign Chronology जैसे महत्वपूर्ण ग्रंथों की रचना की। इन सभी ज्योतिर्विदों ने पाश्चात्य खगोल-विज्ञान का परिचय प्राप्त करके भारतीय परंपरा के सिद्धांत-ज्योतिष के क्षेत्र में भी महत्वपूर्ण शोधकार्य किया। इनमें से किसी भी ज्योतिर्विद ने फलित-ज्योतिष को नहीं अपनाया। ये सभी अंग्रेजी के अच्छे ज्ञाता थे, दूरबीन का भी उपयोग जानते थे।

लेकिन इन्हीं खगोलविदों के समय में जंगल व पहाड़ से घिरे पश्चिम उड़ीसा के दूर-दराज के एक गांव में ऐसे भी एक विलक्षण ज्योतिर्विद हुए, जो अपनी

चित्र परि. 3.1 : सामंत चंद्रशेखर (1835-1904 ई.)

मातृभाषा उड़िया और संस्कृत के अलावा अन्य कोई भाषा नहीं जानते थे। उन्हें किसी शहर के स्कूल-कॉलेज में भी पढ़ने का अवसर नहीं मिला। वे पाश्चात्य खगोल-विज्ञान से पूर्णतः अनभिज्ञ थे। उन्हें कोपर्निकस, टयूको ब्राहे, केपलर, गैलीलियो, न्यूटन आदि के खगोलीय अनुसंधानों की कोई जानकारी नहीं थी। एक छोटी-सी दूरबीन के दर्शन उन्हें जीवन के अंतिम दिनों में ही हुए। काल-गणना और आकाश के अवलोकन के लिए उन्होंने स्वयं अपने ज्योतिष-यंत्र तैयार किए और अपने पैतृक घर की छाजन की छत में छोटे-छोटे छेद करके जीवन-भर उन्होंने रात-रात जागकर आकाशीय पिंडों की गतियों का अवलोकन किया, उनका विस्तृत लेखा-जोखा रखा और अंत में संस्कृत पद्य में **सिद्धांत-दर्पण** नामक एक ऐसा ग्रंथ रचा, जो भास्कराचार्य (जन्म 1114 ई.) के **सिद्धांत-शिरोमणि** (1150 ई.) में भी कुछ संशोधन सुझाता है और सौरमंडल का एक नया प्रतिरूप (मॉडल) प्रस्तुत करता है।

सिद्धांत-दर्पण की रचना करने वाले वे विलक्षण ज्योतिर्विद थे–**सामंत चंद्रशेखर सिंह** (1835-1904 ई.)। समकालीन होते हुए भी शंकर बालकृष्ण दीक्षित (1853-1898 ई.) और सुधाकर द्विवेदी (1860-1922 ई.) को सामंत चंद्रशेखर सिंह के वेधकार्य की कोई जानकारी नहीं थी। इसीलिए इनके ज्योतिष के इतिहास-ग्रंथों में सामंत चंद्रशेखर और उनके **सिद्धांत-दर्पण** का कोई उल्लेख नहीं है। कारण यह है कि जब द्विवेदी और दीक्षित के ग्रंथ पहली बार प्रकाशित हुए, उस समय तक बाहरी दुनिया को चंद्रशेखर सिंह की जानकारी नहीं मिली थी; **सिद्धांत-दर्पण** ग्रंथ पहली बार 1899 ई. में प्रकाशित हुआ।[5]

आज सामंत चंद्रशेखर सिंह के नाम से उड़ीसावासी भलीभांति परिचित हैं।

आज उड़ीसा में उनके सिद्धांत-दर्पण के आधार पर बना पंचांग ही चलता है। जगन्नाथपुरी के प्रसिद्ध मंदिर से संबंधित वर्ष-भर के सारे धार्मिक अनुष्ठानों की तिथियां चंद्रशेखर सिंह के सिद्धांत-दर्पण पर आधारित पंचांग से ही निर्धारित होती हैं। भारतीय सिद्धांत-ज्योतिष के इतिहास की दृष्टि से भी चंद्रशेखर सिंह के वेधकार्य का बड़ा महत्व है।

सामंत चंद्रशेखर सिंह की 'खोज' ज्योतिर्विज्ञान के इतिहास की एक दिलचस्प गाथा है। उनका जन्म 13 दिसंबर, 1835 (पौष, कृष्ण अष्टमी, शकवर्ष 1757) को भुवनेश्वर से करीब 100 किलोमीटर दूर के पश्चिम उड़ीसा के जंगल व पहाड़ से घिरे खंडपाड़ा गांव में हुआ था–एक छोटे-से राजपरिवार में। इसीलिए वे 'सामंत' कहलाते हैं। उस समय खंडपाड़ा ब्रिटिश शासन के अंतर्गत एक छोटा स्वशासित राज्य था, जिसका क्षेत्रफल लगभग 630 वर्ग-किलोमीटर था और जिसकी स्थापना 1599 ई. में हुई थी। सामंत चंद्रशेखर सिंह के भतीजे नटबर सिंह मर्दराज उस समय खंडपाड़ा के 11वें राजा थे। चंद्रशेखर के पिता श्यामबंधु और मां बिष्णुमाली धार्मिक वृत्ति के दम्पति थे।[6] चंद्रशेखर के जन्म से पहले उनके एक पुत्र और नौ पुत्रियां हुई थीं। चूंकि एकलौते पुत्र और दो पुत्रियों की शैशवकाल में ही मृत्यु हो गई थी, इसलिए चंद्रशेखर को उन्होंने 'पठान' का उपनाम दिया, जो थोड़ा बदलकर 'पठानी'–'पठानी सामंत'–हो गया। अपनी साधु वृत्ति के कारण उड़ीसा में वे 'पठानी संत' के नाम से भी जाने जाते रहे हैं। सामंत चंद्रशेखर की सच्चाई और साधुता की इतनी ख्याति थी कि एक बार उनके अपने राज्य और पड़ोस के राज्य के बीच पैदा हुए विवाद में सरकारी अधिकारियों ने उनके निर्णय को ही प्रामाणिक माना था। लेकिन उनके निर्णय से उनके अपने राज्य का ही नुकसान हुआ, तो भतीजा-राजा जीवन-भर के लिए उनका दुश्मन बन गया। किंतु सामंत चंद्रशेखर ने राजा के खिलाफ एक शब्द भी कभी नहीं कहा, उड़ीसा-भर में उनके मशहूर हो जाने पर भी नहीं। भुवनेश्वर स्थित तारामंडल (planetarium) को 'पठानी सामंत' का नाम दिया गया है।

चंद्रशेखर सिंह 'सामंत' कहलाते थे, राजपरिवार के सदस्य थे, इसलिए यह सोचना स्वाभाविक ही होगा कि उनकी माली हालत काफी अच्छी थी। वस्तुस्थिति एकदम उलट थी। जागीर के नाम पर उनके हिस्से में आए थे सिर्फ दो गांव और कुछ निजी खेत, जिनसे उन्हें 500 रुपयों की वार्षिक आय और काश्तकारों से करीब 40 क्विंटल धान मिलता था। इतनी आय पर ही उन्हें अपने सारे परिवार (पांच पुत्रों और छह पुत्रियों) का ही नहीं, अपने कई सारे पुश्तैनी आश्रितों

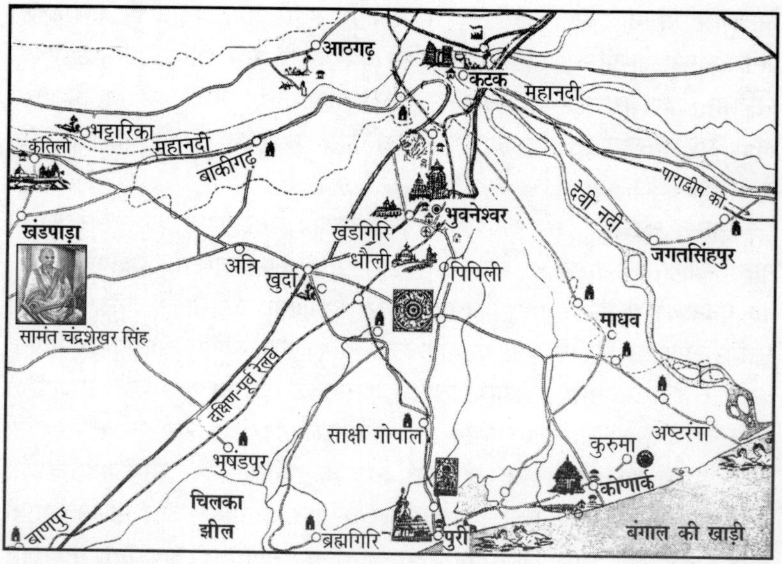

चित्र (नक्शा) परि. 3.2 : उड़ीसा प्रांत में कटक, भुवनेश्वर, पुरी व खंडपाड़ा आदि स्थल (उड़ीसा सरकार के पर्यटन विभाग के नक्शे के आधार पर)

का भी गुजारा चलाना पड़ता था। उनका रिश्तेदार राजा उनसे नफरत करता था, इसलिए उससे भी उन्हें कोई सहायता नहीं मिलती थी। सामंत चंद्रशेखर का सारा जीवन दरिद्रता में ही गुजरा; बुढ़ापे में उन्हें अजीर्ण व उदरशूल की बीमारी ने जकड़ लिया था और उन पर काफी कर्ज भी हो गया था। फिर भी जीवन के अंतिम दिनों तक वे आकाश के अध्ययन-अवलोकन में जुटे रहे।

चंद्रशेखर में बचपन से ही कुछ विशिष्ट गुण नजर आने लगे थे। जब वह चार साल के ही थे, तो एक दिन उन्होंने दिन के समय में आकाश में शुक्र तारे (ग्रह) को देखा[7], जिसे उन दिनों अशुभ समझा जाता था। परिणामतः उनके पिता को पाप-मुक्ति के लिए पुरी के भगवान जगन्नाथ के सामने यज्ञ करना पड़ा।

जैसी कि उन दिनों सामंती प्रथा थी, घर पर ही बालक चंद्रशेखर की पढ़ाई की व्यवस्था हुई। संस्कृत की प्रारंभिक शिक्षा उन्होंने एक ब्राह्मण पंडित से प्राप्त की। उन्होंने संस्कृत व्याकरण, स्मृति, पुराण, दर्शन और काव्य के प्रमुख ग्रंथों का मूल में अध्ययन किया। जब चंद्रशेखर दस साल के थे, तब उनके एक चाचा ने उन्हें थोड़ा ज्योतिष पढ़ाया और आकाश के कुछ तारों की पहचान कराई। तब से आकाश के नजारों में किशोर चंद्रशेखर की दिलचस्पी बढ़ती गई; वे आकाश

के तारों की बदलती स्थितियों को स्वयं जांचने-परखने के बारे में सोचने लगे। उन्होंने भास्कराचार्य (जन्म 1114 ई.) की **लीलावती** और **बीजगणित** पुस्तकों का स्वयं ही अध्ययन शुरू कर दिया। कुंडलियां बनाने में 'लग्न'[8] और तारों के बीच ग्रहों की विभिन्न स्थितियों को निर्धारित करने का बड़ा महत्व होता है। तारों के अवलोकन में चंद्रशेखर की दिलचस्पी बढ़ती गई; रात-रात जागकर तारों को देखना, उनकी गतियों को पहचानना उनकी आदत हो गई। उन्होंने राजपरिवार की पोथीशाला से **सिद्धांत-शिरोमणि** (भास्कराचार्य कृत) और **सूर्य-सिद्धांत** जैसे ज्योतिर्विज्ञान के पुराने ग्रंथ प्राप्त किए और टीकाओं की मदद से स्वयं ही उनका अध्ययन आरंभ कर दिया।

पंद्रह साल की आयु में जब सामंत चंद्रशेखर को 'लग्न' का अर्थ ठीक से समझ में आ गया और वे आकाश में ग्रहों की स्थितियों की गणना करने में भी समर्थ हुए, तो उन्हें यह जानकर आश्चर्य हुआ कि आकाश के ग्रह-नक्षत्रों की स्थितियां वैसी नहीं हैं जैसीकि सूर्य-सिद्धांत व सिद्धांत-शिरोमणि के अनुसार होनी चाहिए। उन्होंने देखा कि न तो तारे ही ठीक समय क्षितिज पर प्रकट होते हैं, न ही ग्रह उनके निर्धारित स्थान पर नजर आते हैं। वे अपने अंशांकित दंड से आकाशीय पिंडों के बीच की सापेक्ष दूरियों का बार-बार मापन करते रहे, प्रेक्षण और गणना में संगति खोजते रहे,

सारणी 1 : महत्वपूर्ण ज्योतिष-सिद्धांत-ग्रंथ

आर्यभट-1	जन्म 476 ई.	कुसुमपुर (पटना)	आर्यभटीय (499 ई.)
वराहमिहिर	मृत्यु 587 ई.	कायथा (उज्जयिनी)	पंचसिद्धांतिका (संग्रह)
ब्रह्मगुप्त	जन्म 598 ई.	भिन्नमाल (राजस्थान)	ब्राह्मस्फुट-सिद्धांत (628 ई.)
भास्कर-1		वलभी (गुजरात)	महाभास्करीय (629 ई.)
लल्ल	8वीं सदी	दशपुर (मालवा)	शिष्यधीवृद्धिदतंत्रम् (748 ई.)
वटेश्वर	जन्म 880 ई.	वटनगर, गुजरात	वटेश्वर-सिद्धांत (904 ई.)
आर्यभट-2	10वीं सदी		महासिद्धांत
अज्ञात	लगभग 1000 ई.		सूर्य-सिद्धांत (आधुनिक)
श्रीपति	11वीं सदी	रोहिणीखंड (उज्जैन)	सिद्धांत-शेखर
भास्कराचार्य	जन्म 1114 ई.	विज्जलविड, महाराष्ट्र	सिद्धांत-शिरोमणि (1150 ई.)
नीलकंठ	जन्म 1465 ई.	कुंडपुर, केरल	तंत्रसंग्रह
कमलाकर	जन्म 1610 ई.	वाराणसी	सिद्धांततत्वविवेक(1658 ई.)
चंद्रशेखर सिंह	**1835-1904 ई.**	**खंडपाड़ा, उड़ीसा**	**सिद्धांत-दर्पण (1899 ई.)**

परंतु हर बार विफलता ही उनके हाथ लगी। सूर्य-सिद्धांत व सिद्धांत-शिरोमणि जैसे प्रतिष्ठित ग्रंथों की भविष्यवाणियां उनके प्रेक्षणों से मेल नहीं खा रही थीं। सामंत चंद्रशेखर सोचने लगे—क्या प्राचीन सिद्धांतों में प्रस्तुत किए गए नियम और आरेख पर्याप्त शुद्ध नहीं हैं? या उनके रोज-रोज के अपने प्रेक्षणों में ही कोई गलती है? चंद्रशेखर को आभास होने लगा था कि प्राचीन सिद्धांतों में ही कोई त्रुटि है। वे निष्कर्ष पर पहुंचे : इस समस्या को सूक्ष्म प्रेक्षणों से ही सुलझाया जा सकता है।[9]

लेकिन इस काम में सबसे बड़ी समस्या थी – प्रेक्षण के लिए सूक्ष्म ज्योतिष-यंत्र प्राप्त करने की। ऐसा कोई नहीं था जो उन्हें बने-बनाए ज्योतिष-यंत्र उपलब्ध कराता। प्राचीन सिद्धांतों में ज्योतिष-यंत्रों के बारे में बहुत थोड़ी जानकारी मिलती है। सामंत चंद्रशेखर ने स्वयं अपने ज्योतिष-यंत्र तैयार किए—प्रमुखतः बांस और लकड़ी से। उन्होंने काल-गणना के लिए दस प्रकार के यंत्र तैयार किए, जिनमें एक प्राचीन परंपरा का 'घटी-यंत्र' भी था। चक्रयंत्र में एक अंशांकित चक्र होता है और इसके केंद्र में एक अक्ष स्थापित रहता है। इससे पूरे दिन का समय जाना जा सकता है। **चापयंत्र** भी अंशांकित चक्र होता है और इसका अक्ष भी केंद्र पर होता है; लेकिन इससे आधे दिन का समय जाना जा सकता है। **गोलार्धयंत्र** अर्धगोलाकार धूप-घड़ी है। पता चलता है कि सामंत चंद्रशेखर ने लौकी, पानी और पारे का उपयोग करके एक ऐसा गोल बनाया था, जो अपने-आप घूम सकता था (**स्वयंवहयंत्रम्**)।[10]

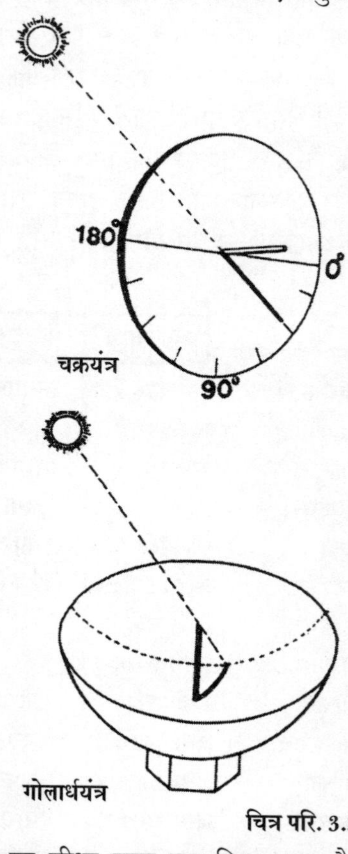

चित्र परि. 3.3

सामंत चंद्रशेखर ने अपने वेधकार्य में परंपरागत **शंकुयंत्र** (gnomon) और स्वनिर्मित **मानयंत्र** का सबसे अधिक उपयोग किया। शंकुयंत्र निर्धारित लंबाई का एक दंड होता है। इसे समतल भूमि पर सीधा खड़ा कर दिया जाता है।

सूर्य की किरणों से बनने वाली दंड की छाया की लंबाई मापकर स्थानीय समय, उन्नतांश, खमध्य दूरी (zenith distance) और सूर्य की क्रांति (declination) तथा राशिचक्र में उसके स्थान का निर्धारण किया जा सकता है। इस सरल-से यंत्र से किसी स्थान का अक्षांश और उसकी दिशा भी मालूम की जा सकती है।

मगर सामंत द्वारा बनाया गया सबसे महत्वपूर्ण ज्योतिष-यंत्र था–**मानयंत्र** (Tangent Staff)। इसे लकड़ी के एक लंबे डंडे को एक अन्य डंडे के साथ T अक्षर के आकार में जोड़कर बनाया गया था। दोनों टुकड़ों में 90° का कोण बनता है। आड़े डंडे के दो भाग असमान होते हैं। इस यंत्र की तीनों भुजाएं अंशांकित होती हैं और लंबवत् डंडे पर छिद्र बने होते हैं। मानयंत्र के जरिए किसी पहाड़ या दूरस्थ चीज की ऊंचाई तथा दूरी ज्ञात की जा सकती है–त्रिकोणमिति का उपयोग करके।

सामंत की वेधशाला थी–खुला आकाश। साथ ही, उन्होंने अपने पैतृक मकान की घास-फूस की छत में कुछ छेद बना लिये थे। उन्हीं में से वे रात-रात जागकर आकाश के तारों व ग्रहों की गति-स्थिति का अवलोकन करते थे, और पुराने सिद्धांतों में दी गई जानकारी से अपने प्रेक्षणों की तुलना करते थे।

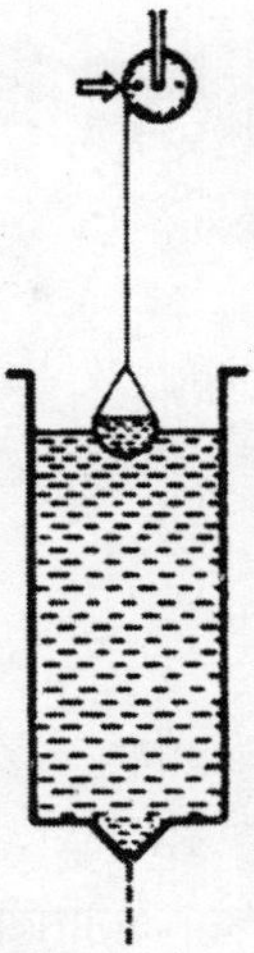

स्वयंवहयंत्र

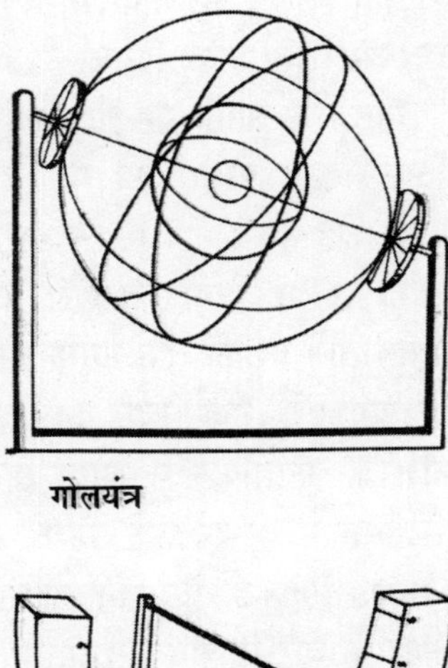

गोलयंत्र

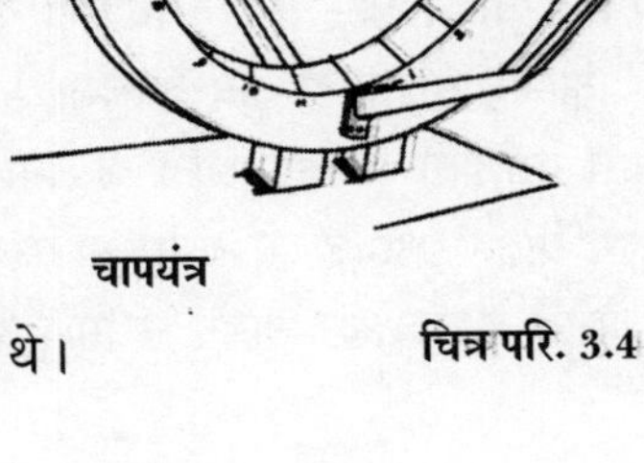

चापयंत्र

चित्र परि. 3.4

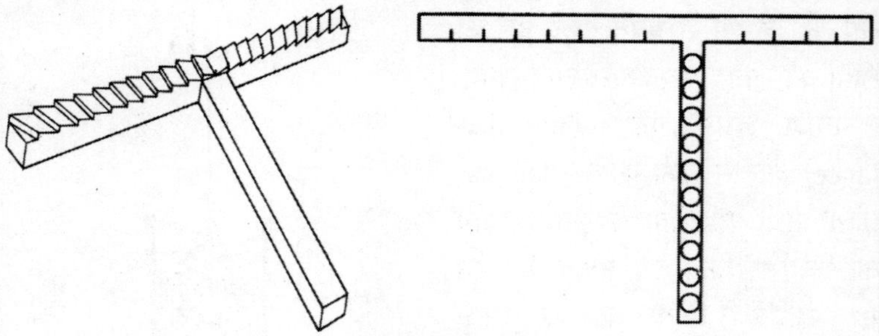

मानयंत्र के दो प्रकार

चित्र परि. 3.5

सामंत चंद्रशेखर सिंह ने पंद्रह साल की आयु से आकाश का व्यवस्थित अवलोकन शुरू कर दिया था। आगे के आठ सालों में स्वनिर्मित यंत्रों का उपयोग करते हुए उन्होंने ज्योतिषीय गणनाओं के लिए सूत्र खोज निकाले। फिर तीन साल बाद (1861 ई. में, 26 साल की आयु में) उन्होंने अपने अध्ययन-अन्वेषण को संस्कृत श्लोकों में लिपिबद्ध करना आरंभ किया। उनका यह ग्रंथ, जिसे उन्होंने **सिद्धांत-दर्पण** का नाम दिया,[11] 1869 ई. में पूर्ण हुआ, चौंतीस वर्ष की आयु में।[12] सामंत ने अपना यह ग्रंथ ताड़पत्रों पर उड़िया लिपि में लिखा था। भारतीय ज्योतिष-सिद्धांत परंपरा का यह अंतिम ग्रंथ है। मगर इसे तत्काल प्रकाश में लाने का कोई उपाय नहीं था। खंडपाड़ा गांव उड़ीसा की तत्कालीन राजधानी कटक से काफी दूर था। सामंत चंद्रशेखर सिंह के सिद्धांत-दर्पण की ताड़पत्र-पोथी आगे के करीब तीन दशकों तक उनके घर के एक कोने में उपेक्षित पड़ी रही!

खंडपाड़ा के राजपरिवार का एक सदस्य शिकार व रंगरलियों में नहीं, बल्कि आकाश के अवलोकन में खोया रहता है, बहुत बड़ा ज्योतिषी है, यह समाचार अब उड़ीसा में दूर-दूर तक पहुंचने लगा था। उड़िया के प्रसिद्ध कवि राधानाथ राय (1848-1908 ई.) उन दिनों उड़ीसा के स्कूलों के इंस्पेक्टर थे। जब उन्हें सामंत चंद्रशेखर के बारे में जानकारी मिली, तो वे खंडपाड़ा जाकर उनसे मिले। दूर-दराज के एक गांव में सामंत चंद्रशेखर जैसी विलक्षण प्रतिभा को देखकर वे चकित रह गए। कटक लौटकर उन्होंने विद्वानों को अपनी उस 'खोज' का समाचार दिया।[13]

कोलकाता के संस्कृत कालेज के प्रिंसिपल प्रो. महेशचंद्र न्यायरत्न उन दिनों बंगाल प्रेसीडेंसी (जिसमें आज के बंगाल, बिहार व उड़ीसा प्रांत शामिल थे; उड़ीसा अलग प्रांत 1936 ई. में बना) में संस्कृत शिक्षा के प्रभारी थे। अपनी एक यात्रा के दौरान वे चंद्रशेखर सामंत से मिले और उनकी विद्वत्ता को देखकर बहुत प्रभावित

हुए। उन्होंने कटक के राभेंशा कॉलेज में भौतिक-विज्ञान के प्रोफेसर योगेशचंद्र राय को सामंत चंद्रशेखर के बारे में बताया।

कुछ दिन बाद किसी काम से सामंत चंद्रशेखर का उड़ीसा की (तत्कालीन) राजधानी कटक आना हुआ, तो प्रो. योगेशचंद्र राय उनसे मिले। उन्हें और कॉलेज के उनके साथियों को शुरू में यकीन नहीं हो रहा था कि सिर्फ संस्कृत व उड़िया जानने वाला कोई ग्रामवासी भी गणित-ज्योतिष का पंडित हो सकता है। उन्होंने सामंत चंद्रशेखर के खगोल-ज्ञान की कई तरह से 'परीक्षा' ली। उन दिनों शुक्र व मंगल ग्रह पश्चिमाकाश में एकसाथ नजर आ रहे थे। सामंत से कहा गया कि वे अपने बनाए किसी ज्योतिष-यंत्र का उपयोग करके दोनों ग्रहों के बीच के कोणीय अंतर को निर्धारित करें। उस समय सामंत अपना बनाया मानयंत्र साथ नहीं लाये थे। उस स्थिति में सामंत ने क्या किया, इसकी जानकारी स्वयं प्रो. राय ने दी है : "क्षण-भर सोचने के बाद उन्होंने 42 अंगुल लंबे एक डंडे से अपना मानयंत्र बनाया और उसके एक सिरे के साथ 4.5 अंगुल का एक टुकड़ा जोड़ा, लंबवत्। ज्या (sine) व कोटिज्या (cosine) के त्रिकोणमितीय फलन उन्हें याद थे। उन्होंने अपने दिमाग में ही आवश्यक गणनाएं कीं और चंद मिनटों में ही उनका मानयंत्र बनकर तैयार हो गया। उसका उपयोग करके उन्होंने सही उत्तर प्रस्तुत कर दिया–छह अंश।"

गैलीलियो ने 1609 ई. में पहली बार आकाश के अवलोकन में दूरबीन का उपयोग किया था, परंतु योगेशचंद्र राय से भेंट होने तक सामंत चंद्रशेखर ने कोई दूरबीन नहीं देखी थी; प्राचीन काल के ज्योतिर्विदों की तरह उन्होंने अपने सारे प्रेक्षण नंगी आंखों से ही किए थे। प्रो. राय ने सामंत चंद्रशेखर की एक और 'परीक्षा' ली। उनके पास सवा तीन इंच (लगभग साढ़े आठ सेंमी.) व्यास के दर्पण की एक दूरबीन थी। उन्होंने उसकी आवर्धक क्षमता को 80 पर बढ़ाकर सामंत को उससे आकाश के ग्रहों को देखने को कहा। सामंत ने उस दूरबीन से चंद्रमा के नजारे को बड़े ही कुतूहल से देखा। जब सामंत ने प्रो. राय से आवर्धक क्षमता के बारे में पूछा, तो उन्होंने कहा–'आप खुद ही बताइए।' सवाल काफी टेढ़ा था; राय को उम्मीद नहीं थी कि सामंत उत्तर दे पाएंगे। लेकिन जब सामंत ने बताया कि दूरबीन ने चंद्रमा के व्यास को लगभग सौ गुना बढ़ा दिया है, तो राय सुनकर चकित रह गए। सामंत को चंद्रमा का दृश्य-व्यास अच्छी तरह मालूम था; दूरबीन द्वारा आवर्धित व्यास के साथ उसकी गणना करके सामंत ने काफी सही उत्तर प्राप्त किया था। उस समय सामंत चंद्रशेखर ने दुःख व्यक्त किया था

कि तरुणाई में उन्हें दूरबीन-जैसा उपयोगी यंत्र उपलब्ध नहीं हुआ।

इसी तरह और भी कई 'परीक्षाएं' लेकर और सामंत चंद्रशेखर के साथ खगोल-विज्ञान के बारे में विस्तृत चर्चाएं करके अंत में प्रो. योगेशचंद्र राय निष्कर्ष पर पहुंचे कि चंद्रशेखर सिंह ज्योतिर्विज्ञान की एक अद्भुत प्रतिभा है। उन्होंने संस्कृत श्लोकों और उड़िया लिपि में ताड़पत्रों पर लिखे सामंत चंद्रशेखर के **सिद्धांत-दर्पण** को संपादित करके प्रकाशित कराने की जिम्मेदारी अपने ऊपर ले ली। उन्होंने कोलकाता के प्रकाशकों से संपर्क साधा। **सिद्धांत-दर्पण** को बांग्ला लिपि में लिखवाकर 1894 ई. में कोलकाता भेज दिया, जहां देवनागरी लिपि में यह ग्रंथ 1899 ई. के आरंभ में प्रकाशित हुआ; प्रूफ-शुद्धि में ही चार साल लग गए थे। प्रूफ देखने का काम सामंत के शिष्य राजवल्लभ मिश्र और उनके अपने संस्कृतज्ञ पुत्र ने पूरा किया था। आठमल्लिक और मयूरभंज के राजाओं ने मुद्रण का 1250 रु. का खर्च वहन किया। प्रो. योगेशचंद्र राय ने **सिद्धांत-दर्पण** के लिए अपनी ओर से अंग्रेजी में 56 पृष्ठों की विद्वत्तापूर्ण 'भूमिका' लिखी। इस प्रकार, प्राचीन भारतीय ज्योतिष-परंपरा का यह अंतिम सिद्धांत अंततः प्रकाश में आया। संस्कृत में श्लोकबद्ध **सिद्धांत-दर्पण** के लिए अंग्रेजी में लिखी गई प्रो. राय की विस्तृत भूमिका ही वह 'खिड़की' है, जिसके जरिए देश-विदेश के विद्वानों को महान भारतीय ज्योतिर्विद सामंत चंद्रशेखर की प्रतिभा के प्रथम दर्शन हुए।

सामंत चंद्रशेखर सिंह के वेधकार्य को विदेशों में जल्दी ही मान्यता मिल गई; उनके वेधकार्य की तुलना डेनमार्क के महान खगोलविद ट्यूको ब्राहे[14] के वेधकार्य से की जाने लगी। लंदन से प्रकाशित होने वाली अंतर्राष्ट्रीय ख्याति की विज्ञान-पत्रिका Nature ने मार्च 1899 के अपने एक अंक में "एक आधुनिक ट्यूको" (A Modern Tycho) शीर्षक से **सिद्धांत-दर्पण** की विस्तृत समीक्षा प्रस्तुत की और उसमें लिखा : "हाल के वर्षों में खगोल-विज्ञान पर जितने भी ग्रंथ प्रकाशित हुए हैं, यह उन सब में असाधारण है। कुछ अर्थों में यह सर्वाधिक शिक्षाप्रद भी है। कोरी आंखों के अवलोकन पर आधारित यह पूर्ण ज्योतिर्विज्ञान है।...प्रो. राय ने लेखक (सामंत चंद्रशेखर सिंह) की तुलना ट्यूको ब्राहे से ठीक ही की है, किंतु हमें उन्हें ट्यूको से भी बड़ा समझना चाहिए।" विज्ञान के अंतर्राष्ट्रीय जर्नल Knowledge ने 1899 ई. के अपने एक अंक में **सिद्धांत-दर्पण** के बारे में लिखा : "केवल नंगी आंखों के प्रेक्षणों पर आधारित यह एक परिपूर्ण खगोलीय सिद्धांत है। हम पश्चिमवासियों के लिए भी इस कृति का महत्व है। इससे पता चल जाता है कि दूरबीन के आविष्कार के पहले कितनी सूक्ष्मता से खगोलीय

प्रेक्षण किया जा सकता था।"

खगोलविद ई. ई. माउंडर (E. E. Mounder) ने अपने ग्रंथ Astronomy Without Telescope (बिना दूरबीन के खगोल-विज्ञान) में सामंत चंद्रशेखर सिंह के बारे में लिखा है : "जिस काम के लिए आमेर (जयपुर) के राजा सवाई जयसिंह ने बड़ी-बड़ी भव्य इमारतें बनवाई थीं, वह काम बहुत कम साधनों से उड़ीसा के एक गांव में रहने वाले एकांतवासी ने कर दिखाया। यह आश्चर्य का विषय है कि घर के बने ज्योतिष-यंत्रों और अपनी नंगी आंखों से आकाश का अवलोकन कर उसने अद्भुत सूक्ष्मताओं और परिणामों को प्राप्त किया। उसने आधुनिक खगोल-विज्ञान का कोई ग्रंथ नहीं देखा था। यह इस बात का उदाहरण है कि लगन से क्या नहीं हो सकता। इसी लगन और दृढ़ निश्चय से उसने आश्चर्यजनक ज्योतिष-सिद्धांतों को खोजने में सफलता पाई।"

सिद्धांत-दर्पण सिद्धांत-ज्योतिष[15] का ग्रंथ है। यह **सूर्य-सिद्धांत**, ब्रह्मगुप्त के **ब्राह्मस्फुट-सिद्धांत** (628 ई.) और भास्कराचार्य के **सिद्धांत-शिरोमणि** (1150 ई.) की परंपरा का ग्रंथ है। भास्कराचार्य ने ब्रह्मगुप्त को अपना आदर्श माना, तो चंद्रशेखर सिंह ने भास्कराचार्य को। चंद्रशेखर सिंह अपनी कृति के आरंभ में ही भास्कराचार्य को नमन करते हैं।[16]

भास्कराचार्य उच्चकोटि के कवि भी थे। सामंत चंद्रशेखर का ग्रंथ संस्कृत काव्य-रचना की दृष्टि से भी विशिष्ट है। इसमें विविध छंदों वाले कुल 2500 श्लोक हैं। इनमें 2284 श्लोक सामंत के अपने रचे हुए हैं और शेष 216 श्लोक प्राचीन सिद्धांतों से, अधिकतर **सूर्य-सिद्धांत** और **सिद्धांत-शिरोमणि** से, उद्धृत किए गए हैं। सामंत चंद्रशेखर ने प्रमुखतः भास्कराचार्य का अनुकरण किया है। लेकिन यह समझना गलत होगा कि वे पूर्ववर्ती सिद्धांतकारों के अंधभक्त थे। सामंत ने भास्कराचार्य के ग्रहों से संबंधित स्थिरांकों को यथावत् स्वीकार नहीं किया है, क्योंकि वे वर्तमान काल के लिए सही नहीं हैं। सामंत ने स्वयं वेधकार्य करके नए स्थिरांक प्रस्तुत किए हैं।

सिद्धांत-दर्पण के कुल 24 प्रकरणों को दो भागों में बांटा गया है–पूर्वार्ध और उत्तरार्ध। पूर्वार्ध के 15 प्रकरणों को तीन अधिकरणों (अध्यायों) में विभाजित किया गया है : मध्यमाधिकार, स्पष्टाधिकार और त्रिप्रश्नाधिकार। मध्यमाधिकार में ग्रहों की माध्य (average या mean) स्थितियां और स्पष्टाधिकार में उनकी वास्तविक (true) स्थितियां जानने की विधियां बताई गई हैं। त्रिप्रश्नाधिकार में दिक्, देश, काल और गति का विवेचन है। उत्तरार्ध में दो अधिकरण हैं :

गोलाधिकार और कालाधिकार। गोलाधिकार में त्रिकोणमिति और ज्यामिति जैसे गणितीय विषयों का विवचेन है, तो कालाधिकार में प्रमुखतः काल-गणना की विभिन्न विधियों का। सामंत ने एक प्रकरण में स्वनिर्मित ज्योतिष-यंत्रों की जानकारी दी है। सिद्धांत-दर्पण के प्रकरणों की सूची, उनके विषय और उनकी श्लोक-संख्या पीछे एक सारणी में दी गई है।

सारणी 2 : सिद्धांत-दर्पण के विषय

अध्याय	प्रकरण संख्या	विषय	श्लोक-संख्या
मध्यमाधिकार	1	काल-वर्णन	55
	2	भगण आदि का वर्णन	25
	3	मध्यग्रह स्थितियां	77
	4	विभिन्न संस्कार	57
स्पष्टाधिकार	5	स्पष्टग्रह स्थितियां	221
	6	सूक्ष्म संस्कार	161
त्रिप्रश्नाधिकार	7	शंकुछाया, आदि	94
	8	चंद्रग्रहण	87
	9	सूर्यग्रहण	78
	10	परिलेख-वर्णन	37
	11	ग्रहों का पारगमन, आदि	111
	12	ग्रहों की सिधाई	93
	13	ग्रहों का उदय और अस्त	84
	14	चंद्रकलाएं	67
	15	महापात-वर्णन	70
गोलाधिकार	16	विविध प्रश्न	79
	17	भूवर्णन	159
	18	भूवर्णन (जारी)	175
	19	खगोल	123
	20	ज्योतिषयंत्र-वर्णन	111
	21	कुछ गहन प्रश्न	249
कालाधिकार	22	वर्षों आदि का वर्णन	76
	23	पुरुषोत्तम-आराधना (पुरी)	55
	24	उपसंहार	156
	कुल		**2500**

विज्ञान-पत्रिका Nature ने सिद्धांत-दर्पण की समीक्षा करते हुए लिखा है : "यदि हम इस ग्रंथ में दिए गए खगोलीय नियतांकों या स्थिरांकों (astronomical constants) की वर्तमान में हमारे द्वारा प्रयुक्त स्थिरांकों के साथ तुलना करके देखते हैं, तो हमें इस ग्रंथ की उपलब्धियों का और एक व्यक्ति की क्षमता का अंदाजा लग जाता है। सूर्य के नाक्षत्र काल (sidereal period) में 206 सेकंडों का अंतर है, चंद्र के नाक्षत्र काल में एक सेकंड का, बुध के नाक्षत्र काल में 79 सेकंड का, शुक्र के नाक्षत्र काल में करीब 2 सेकंड का, मंगल के नाक्षत्र काल में 9 मिनट का, बृहस्पति के नाक्षत्र काल में एक घंटे का और शनि के नाक्षत्र काल में आधे दिन से कुछ अधिक का अंतर है। रविपथ पर ग्रहों की तिर्यकता (झुकाव) का उन्होंने जिस शुद्धता के साथ आकलन किया है, वह और भी अधिक स्तुत्य है।"

सामंत चंद्रशेखर सिंह ने अपने प्रेक्षणों के आधार पर सौरमंडल का एक नया मॉडल प्रस्तुत किया है–गणितीय सूत्रों के साथ। प्राचीन भारत के सभी ज्योतिर्विदों की तरह सामंत चंद्रशेखर भी भूकेंद्री मॉडल के ही समर्थक रहे हैं, वे पृथ्वी को स्थिर ही मानते थे; परंतु उनके मॉडल की यह विशषेता है कि उसमें बुध, शुक्र, मंगल, बृहस्पति व शनि ग्रह सूर्य की परिक्रमा करते हैं, यानी सूर्यकेंद्री हैं, और फिर सूर्य तथा उसके साथी-ग्रह मिलकर पृथ्वी की परिक्रमा करते हैं। चंद्रमा तो पृथ्वी की परिक्रमा करता ही है।[17] इस तरह, हमारे परंपरागत ज्योतिर्विदों की तरह सामंत चंद्रशेखर द्वारा प्रतिपादित विश्व-व्यवस्था भी वस्तुतः भूकेंद्री ही है। संभवतः उन्हें बाद में पाश्चात्य देशों में मान्य नई सूर्यकेंद्री विश्व-व्यवस्था के बारे में भी जानकारी दी गई थी, परंतु उसे उन्होंने स्वीकार नहीं किया।

चित्र 3.6 में जो वृत्ताकार कक्षाएं दर्शायी गई हैं वे ग्रहों की माध्य गति दर्शाती हैं। परंतु उनमें 'मंद' व 'शीघ्र' संस्कार करने पर वे अंडाकार बन जाती हैं। तात्पर्य यह कि सामंत चंद्रशेखर जान गए थे कि ग्रह वस्तुतः अंडाकार कक्षाओं में परिक्रमा करते हैं।

संयोग से यूरोप में ट्यूको ब्राहे (1546-1601 ई.) ने सौर मंडल का जो मॉडल प्रस्तुत किया था वह सामंत चंद्रशेखर के मॉडल-जैसा ही था, हालांकि उनके पहले पोलैंड के महान खगोलविद निकोलस कोपर्निकस (1472-1543 ई.) अपना सूर्यकेंद्री मॉडल प्रस्तुत कर चुके थे। परंतु सामंत चंद्रशेखर को यूरोप के खगोलीय अनुसंधानों की कोई जानकारी नहीं थी।

सारणी 3 : माध्य सौर दिनों में ग्रहों के नाक्षत्र काल

	सूर्य-सिद्धांत	सिद्धांत-शिरोमणि	सिद्धांत-दर्पण	1899 में यूरोपीय मान	आधुनिक मान
सूर्य	365.25875	365.25843	365.25875	365.25637	365.25836
चंद्र	27.32167	27.32114	27.32167	27.32166	27.3216615
बुध	87.9585	87.9699	87.9701	87.9692	87.969256
शुक्र	224.6985	224.9678	224.7023	224.7007	224.70080
बृहस्पति	4332.3206	4332.2408	4332.6278	4332.5848	94332.589
शनि	10765.7730	10765.8152	10759.7805	10759.2197	10759.23

नए अन्वेषण से पता चला है कि केरल के ज्योतिर्विद नीलकंठ सोमयाजि ने 1500 ई. के आसपास, ट्यूको ब्राहे के भी लगभग सौ साल पहले, सामंत चंद्रशेखर जैसा ही सौर मंडल का एक मॉडल प्रस्तुत कर दिया था, किंतु सामंत को उसकी भी कोई जानकारी नहीं थी।

सामंत चंद्रशेखर सिंह के **सिद्धांत-दर्पण** में और भी कई नवीनताएं हैं। जैसे, उन्होंने पहली बार चंद्र की अनियमित कक्षा में तीन नए संस्कार सुझाए हैं। यदि चंद्र पर केवल पृथ्वी के गुरुत्वाकर्षण का ही प्रभाव रहता, तो इसकी कक्षा दीर्घवृत्ताकार होती। परंतु इस पर सूर्य के प्रभाव के अलावा अन्य ग्रहों का भी थोड़ा-बहुत प्रभाव पड़ने से इसकी कक्षा में कई तरह के विक्षोभ (perturbations) पैदा होते हैं। अतः माध्य चंद्रकक्षा में कई प्रकार के संशोधन या संस्कार करने पड़ते हैं। सामंत चंद्रशेखर सिंह ने तीन नए संस्कार सुझाए हैं–तुंगांतर (evection), पाक्षिक (variation), और दिगंश (annual equation)।[18]

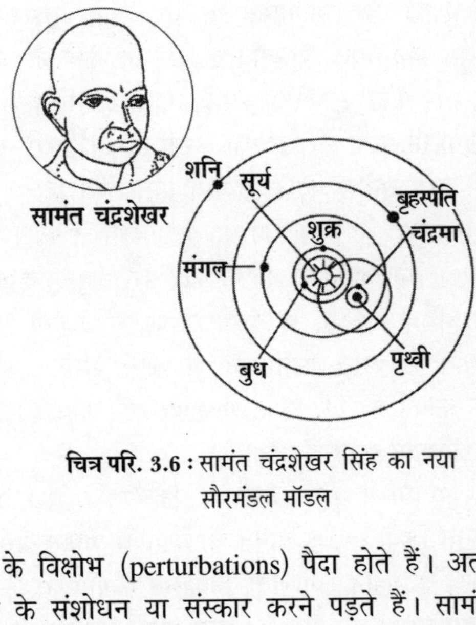

चित्र परि. 3.6 : सामंत चंद्रशेखर सिंह का नया सौरमंडल मॉडल

सूर्य व ग्रहों के गुरुत्वाकर्षण-प्रभावों के कारण 32 दिनों की कालावधि में चंद्र की स्थिति में ±1°.16' का जो महत्तम अंतर पड़ता है, उस चंद्रकक्षा-क्षोभ (evection) को सामंत ने 'तुंगांतर' कहा है। प्रो. योगेशचंद्र राय ने स्पष्ट किया है कि सामंत ने इस क्षोभ का जो मान दिया है, वह आधुनिक मान से काफी मेल खाता है।

शुक्लपक्ष में चंद्रमा सूर्य से दूर हटता जाता है, इसलिए सूर्य का गुरुत्वाकर्षण इसकी गति को कुछ मंद करता है। कृष्णपक्ष में इसके उलट होता है, यानी चंद्र की कक्षागति थोड़ी बढ़ती है। चंद्रकक्षा के इस अर्धमासिक क्षोभ (variation) को सामंत ने 'पाक्षिक' कहा है और इसका मान दिया है 38'12" । आधुनिक मान 39'.5 है।

पृथ्वी की सूर्य-परिक्रमा के कारण एक वर्ष में सूर्य-चंद्र दूरी में 11' का कोणीय अंतर पड़ता है। चंद्रकक्षा के इस वार्षिक क्षोभ (annual equation) को सामंत ने 'दिगंश' कहा, और इसका मान दिया 12', जो वास्तविकता के निकट है।

क्या सामंत चंद्रशेखर के पहले के भारतीय ज्योतिर्विदों को इन तीनों विक्षोभों (perturbations) की जानकारी थी? कुछ विद्वानों का मत है कि मुंजाल (932 ई.) व भास्कराचार्य (जन्म 1114 ई.) को पहले दो विक्षोभों के बारे में मालूम था। मगर तीसरे विक्षोभ–दिगंश (annual equation)–का विवेचन पहली बार सामंत के 'सिद्धांत-दर्पण' में ही देखने को मिलता है। वैसे, यूरोप के खगोलविद ट्यूको ब्राहे (1546-1601 ई.) ने इन तीनों विक्षोभों की जानकारी दी है।

सामंत के 'सिद्धांत-दर्पण' में और भी कई नई बातें देखने को मिलती हैं। जैसे, प्राचीन भारतीय ज्योतिर्विद मानते थे कि सूर्य, पृथ्वी-चंद्र दूरी से 14 गुना अधिक दूर है। सामंत ने सूर्य की दूरी 154 पृथ्वी-चंद्र दूरियों के बराबर मानी। वस्तुतः पृथ्वी से सूर्य की औसत दूरी पृथ्वी-चंद्र औसत दूरी से लगभग 390 गुना ज्यादा है।[19]

सामंत चंद्रशेखर एक कुशल गणक भी थे। उन्होंने गणना के कई सुगम तरीकों को अपनाया। ग्रहणों और कई अन्य खगोलीय घटनाओं को स्पष्ट करने के लिए उन्होंने ज्यामितीय आकृतियों (परिलेख) का उपयोग किया। वृत्त की परिधि व व्यास के अनुपात (π) के लिए सामंत चंद्रशेखर ने जो मान अपनाया वह भास्कराचार्य के मान ($\frac{3927}{1250}$ या $\frac{22}{7}$) से थोड़ा बेहतर है। उन्होंने संख्याओं के घनमूल जानने के लिए एक नई विधि को अपनाया।

पंचांग सदियों से भारतीयों के सामाजिक व धार्मिक जीवन का अभिन्न अंग

रहा है। हिंदू परिवारों के विभिन्न धार्मिक अनुष्ठान, पर्व-त्यौहार, शादी-ब्याह, श्राद्ध आदि संस्कार पंचांग से ही संचालित होते रहे हैं।[20] लेकिन उन्नीसवीं सदी में देश के विभिन्न प्रदेशों में पृथक्-पृथक् पंचांग प्रचलित थे। बड़ी अव्यवस्था थी; किन्हीं भी दो पंचांगों में समानता नहीं थी। सामंत चंद्रशेखर के बचपन में पुरी के जगन्नाथ मंदिर के लिए एक नए शुद्ध पंचांग की आवश्यकता बड़ी तीव्रता से महसूस की जा रही थी। उड़ीसा का अपना कोई निजी पंचांग नहीं था। उड़ीसावासी बंगाली पंचांग का उपयोग करते थे, जो पुरी के ग्यारहवीं सदी के ज्योतिर्विद शतानंद के **भास्वतीकरण** के आधार पर बनता था।

सन् 1868 तक सामंत चंद्रशेखर अपने **सिद्धांत-दर्पण** की रचना लगभग पूरी कर चुके थे और अब उड़ीसा में उनकी ख्याति दूर-दूर तक पहुंच चुकी थी। वे अपने सिद्धांत-दर्पण के आधार पर पंचांग भी बनाने लग गए थे। वह उड़ीसा में नवजागरण का समय था। उड़िया भाषा और संस्कृति के संरक्षण के लिए आंदोलन खड़े किए जा रहे थे। उड़िया के प्रथम समाचारपत्र **उत्कल दीपिका** (स्थापना 1866 ई.) के संस्थापक व संपादक गौरीशंकर राय चाहते थे कि उड़ीसा का अपना एक स्वतंत्र पंचांग हो, लेकिन वह बंगाली पंचांग से बेहतर हो। लोग चाहते थे कि सामंत चंद्रशेखर सिंह अपने सिद्धांत-दर्पण के आधार पर एक नया पंचांग बनाकर दें। लेकिन वह बंगाली पंचांग से बेहतर होगा, इसे सिद्ध करना आवश्यक था। इसके लिए अवसर भी जल्दी मिल गया। अगस्त 18, 1868 को सूर्य-ग्रहण घटित होने वाला था। उस सूर्य-ग्रहण को यूरोपीय घड़ी से गौरीशंकर राय ने कटक में और चंद्रशेखर सिंह ने खंडपाड़ा में देखा। पता चला कि बंगाली पंचांग की अपेक्षा सिद्धांत-दर्पण पर आधारित पंचांग की सूर्य-ग्रहण की भविष्यवाणी ज्यादा सही है। तीन दिन बाद यह निष्कर्ष 'उत्कल दीपिका' में प्रकाशित हुआ। उसके बाद उत्कलवासियों ने सामंत चंद्रशेखर के पंचांग को बड़े उत्साह से अपना लिया। उसके बाद 1870 ई. में पुरी के गजपति राजा ने सामंत चंद्रशेखर को 'हरिचंदन महापात्र' की उपाधि प्रदान करके उनका सम्मान किया।

फिर 1876 ई. में गजपति राजा ने जगन्नाथ मंदिर के लिए एक उपयुक्त पंचांग सुझाने के प्रयोजन से वाराणसी, उज्जैन आदि स्थानों के ज्योतिर्विदों और संस्कृत पंडितों का पुरी में एक सम्मेलन आयोजित किया। उसमें जगन्नाथ मंदिर के धार्मिक अनुष्ठानों के लिए सामंत चंद्रशेखर सिंह के पंचांग को सर्वसम्मति से स्वीकार कर लिया गया। तब से पुरी के जगन्नाथ मंदिर के वर्ष-भर के सारे पूजा-अनुष्ठान सामंत के पंचांग के अनुसार ही सम्पन्न होते हैं।

एक घटना सामंत चंद्रशेखर सिंह के व्यक्तित्व व चरित्र पर अच्छा प्रकाश डालती है। भारत के तत्कालीन वायसराय व गवर्नर जनरल लैंड्सडाउन सामंत चंद्रशेखर सिंह को 'महामहोपाध्याय' की उपाधि से सम्मानित करना चाहते थे; इसके लिए सामंत को 20 अगस्त, 1893 को कलकत्ता में उपस्थित रहने के लिए आमंत्रित किया गया। सामंत धार्मिक प्रवृत्ति के व्यक्ति थे, उनके प्रतिदिन चार घंटे पूजा-पाठ में व्यतीत होते थे। उन्होंने वायसराय के कलकत्ता कार्यालय को लिखा कि अपने स्थान से लंबे समय तक अनुपस्थित रहने से उनके पूजा-पाठ और आकाश-अवलोकन में व्यवधान पड़ेगा, इसलिए उन्हें खेद है कि वे कलकत्ता नहीं आ सकेंगे। वायसराय ने सामंत की विवशता को समझा और कटक के कमिश्नर मिस्टर कुक को आदेश दिया कि एक महीने बाद वहीं पर दरबार (समारोह) आयोजित करके सामंत चंद्रशेखर सिंह को 'महामहोपाध्याय' की उपाधि प्रदान की जाए। अंत में 5 अक्तूबर, 1893 को कटक में आयोजित दरबार में सामंत को 'महामहोपाध्याय' की उपाधि देकर सम्मानित किया गया।

उसी अवसर की घटना है। खंडपाड़ा का राजा नटबर सिंह मर्दराज अपने चाचा चंद्रशेखर सिंह से द्वेष करता था। सामंत चंद्रशेखर सिंह दरबार के लिए कटक न पहुंच सके, इसके लिए राजा ने एक षड्यंत्र रचा। लेकिन सामंत के एक शिष्य को इस पड्यंत्र का पता चला और मिस्टर कुक को इसकी सूचना दी गई। कलेक्टर ने राजा को गिरफ्तार करने का फैसला किया। सामंत चंद्रशेखर को पता चला, तो उन्होंने मिस्टर कुक से कहा : "पता चला है कि मेरे राजा को गिरफ्तार करने के लिए वारंट निकाला जा रहा है। मेरे राजा को गिरफ्तार किया जाता है, तो फिर मुझे प्रदान की जाने वाली यह उपाधि किस काम की? मुझे यह सम्मान नहीं चाहिए। कृपया मेरे राजा को गिरफ्तार करने लिए वारंट जारी न करें।" कलेक्टर ने सामंत का अनुरोध स्वीकार कर लिया।

सामंत चंद्रशेखर सिंह की मृत्यु के छह माह पहले सरकार ने उन्हें प्रतिमाह 50 रु. की पेंशन प्रदान की।

पुरी के पुरुषोत्तम सामंत चंद्रशेखर के आराध्य थे। उन्होंने अपना **सिद्धांत-दर्पण** पुरी के पुरुषोत्तम को ही अर्पित किया है। सामंत चंद्रशेखर का देहांत भी पुरी में ही हुआ–11 जून, 1904 को, 69 वर्ष की आयु में।

प्राचीन भारत के आर्यभट, ब्रह्मगुप्त और भास्कराचार्य जैसे महान गणितज्ञ-ज्योतिषियों ने किस तरह सरल-से ज्योतिष-यंत्रों का उपयोग करके अपनी नंगी आंखों से वेधकार्य किया और पूर्ववर्तियों का खंडन-मंडन करते हुए अपने

चित्र परि. 3.7 : सामंत चंद्रशेखर (1835-1904 ई.) डाक-टिकट

सिद्धांतों की रचना की, इसे ठीक से समझने के लिए लगभग हमारे समकालीन रहे सामंत चंद्रशेखर के जीवन व कृतित्व का परिचय अत्यंत आवश्यक है। अभी हाल तक उड़ीसा के बाहर सामंत चंद्रशेखर सिंह लगभग अज्ञात ही रहे हैं। लेकिन अब धीरे-धीरे अन्य भाषाभाषियों को भी पठानी सामंत के अप्रतिम कृतित्व की जानकारी मिल रही है।[21] भारत सरकार ने जून 2001 में सामंत चंद्रशेखर की स्मृति में एक डाक-टिकट भी जारी किया है।

उड़ीसा के इतिहासकार व प्रसिद्ध स्वतंत्रता सेनानी डा. हरेकृष्ण महताब ने सामंत चंद्रशेखर सिंह की 'प्रशस्ति' में लिखा है :

"वह अंतरिक्ष का रहस्यानुसंधित्सु ज्योतिर्विद्। वह महामहोपाध्याय सामन्त चन्द्रशेखर। उसका **सिद्धान्त-दर्पण** ज्योतिर्विज्ञान में एक विराट् विस्मय। वह टेलीस्कोप, टेलीविजन के जोर से नहीं, मानमंदिर (वेधशाला) के उन्नत यांत्रिक साधनों से नहीं, ग्राम्यों के एक निभृत कोने में बांस की नली से मेघ-विमुक्त निशीथ आकाश को देखकर विश्वब्रह्मांड ग्रहमंडल की गतिविधि-अनुध्यान-पटु वैज्ञानिक। वह आविष्कर्त्ता।" ('युगे-युगे उड़ीसार माटी ओ मणीस' निबंध से)

संदर्भ और टिप्पणियां

1. यथा शिखा मयुराणां नागानां मणयो यथा।
तद्वद् वेदांङ्गशास्त्राणां ज्योतिषं मूर्धनि स्थितम् ॥–**ऋक् वेदांङ्ज्योतिष**, 2.

याजुष्-वेदांङ्गज्योतिष (4) में 'ज्योतिष' के स्थान पर 'गणित' पाठ है। अर्थात्, 'ज्योतिष' और 'गणित' शब्द एक-दूसरे के परिपूरक हैं।

2. सममण्डललेखासंप्रवेशवेलाः करोति योऽर्कस्य।
तत्प्रत्ययं च जनयति जानाति स भास्करं सम्यक् ॥–**पंचसिद्धांतिका**, 4.36.

3. ते गोलाश्रयिणोऽन्तरेण गणितं गोलोऽपि न ज्ञायते
तस्माद्यो गणितं न वेत्ति स कथं गोलादिकं ज्ञास्यति ॥6॥–गोलप्रशंसा, **सि. शिरोमणि**

4. जानन् जातकसंहिताः ... ...
यः सिद्धान्तमनन्तयुक्तिविततं नो वेत्ति भित्तौ यथा
राजा चित्रमयोऽथवा सुघटितः काष्ठस्य कण्ठीरवः ॥ 7॥–मध्यमाधिकार, **सि.शि.**

5. पं. सुधाकर द्विवेदी की **गणकतरङ्गिणी** पुस्तक पहली बार 1891 ई. में प्रकाशित हुई थी। शं. बा. दीक्षित का मूल मराठी ग्रंथ (**भारतीय ज्योतिःशास्त्र**) पहली बार अक्तूबर 1896 में प्रकाशित हुआ और इसका हिंदी अनुवाद 1957 ई. में छपा।

6. चंद्रशेखर सामंत का वंशवृक्ष :

नृसिंह (राजा, मर्दराज भ्रमरवर राय)

पुरुषोत्तम	श्यामबंधु + विष्णुमाली
कृष्णचंद	चंद्रशेखर (पठानी सामंत) (1835-1904 ई.)
नटबर (तत्कालीन राजा)	

7. शुक्र पृथ्वी के सबसे नजदीक का ग्रह है, कलारूप दरशाता है, खूब चमकीला है, इसलिए यह कभी-कभी दिन के समय भी आकाश में दिखाई देता है।

8. किसी क्षण क्या 'लग्न' है, यह इससे पता चलता है कि उस क्षण रविमार्ग (क्रांतिवृत्त) का कौन-सा खंड पूर्व क्षितिज को पार कर रहा है। कुंडली के बारह घर बारह राशियों के सूचक होते हैं। उसके ऊपरी पंक्ति के बीच वाले घर में उस राशि का क्रमांक लिखा जाता है जो अभीष्ट क्षण 'लग्न' था, यानी पूर्व क्षितिज को काट रहा था।

कुंडली में जातक के जन्म के समय की ग्रह-नक्षत्रों की स्थितियों के बारे में जानकारी रहती है; यह ज्योतिर्विज्ञान (astronomy) का विषय है। परंतु कुंडली के आधार पर जो शुभाशुभ फल भाखा जाता है, वह फलित-ज्योतिष (astrology) है, अंधविश्वास है।

9. सामंत चंद्रशेखर सिंह ने **सिद्धांत-दर्पण** में भी स्पष्ट लिखा है :
प्रत्यक्षानुभवं न लुम्पति वचो युक्तिर्यतः

अर्थात्, युक्तियों अथवा तर्क-वितर्क से प्रत्यक्ष अनुभव या प्रेक्षण को नहीं हराया जा सकता। और,

यदैव दृग्गोचरतां यदेति तदा तदेवाद्रियते हि शास्त्रम्। 1.9

अर्थात्, जिस ग्रंथ की भविष्यवाणियां दृक्-सिद्ध (प्रत्यक्ष प्रेक्षण से प्रमाणित) होती

हैं, उसे ही शास्त्र समझना चाहिए।

10. ऐसे एक गोलयंत्र की जानकारी आर्यभट ने अपने **आर्यभटीय** ग्रंथ में दी है। मगर यह ग्रंथ चंद्रशेखर सिंह को उपलब्ध नहीं था। विस्तृत जानकारी के लिए देखिए मेरी पुस्तक **महान गणितज्ञ-ज्योतिषी आर्यभट**, द्वितीय संशोधित संस्करण, प्रकाशन विभाग, भारत सरकार, नई दिल्ली, 2007.

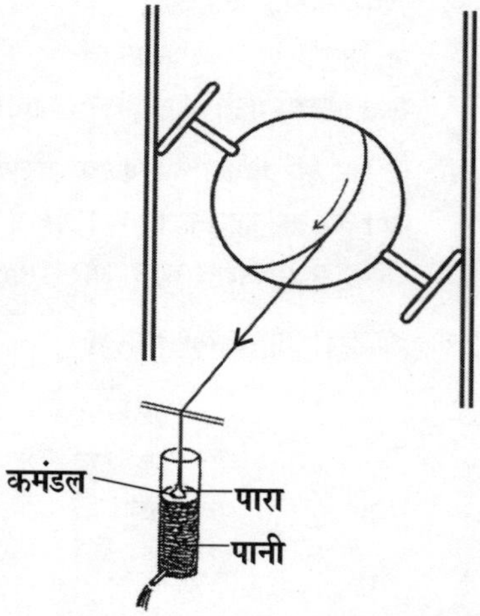

चित्र परि. 3.8 : आर्यभट का गोलयंत्र

11. अपने ग्रंथ को **सिद्धांत-दर्पण** नाम देते समय सामंत चंद्रशेखर सिंह के दिमाग में उड़ीसा के ही विश्वनाथ कविराज (14वीं सदी, पूर्वार्ध) का काव्यशास्त्र का प्रसिद्ध ग्रंथ **साहित्य-दर्पण** का ध्यान अवश्य रहा होगा। वैसे, केरल के ज्योतिर्विद नीलकंठ सोमयाजि (लगभग 1500 ई.) की 32 श्लोकों की एक लघुकृति का नाम भी 'सिद्धांत-दर्पण' है, मगर सामंत को नीलकंठ के कृतित्व की जानकारी नहीं थी।

12. ब्रह्मगुप्त (जन्म 598 ई.) ने अपना **ब्राह्मस्फुट-सिद्धांत** 30 वर्ष की आयु में रचा था और भास्कराचार्य (जन्म 1114 ई.) ने अपने **सिद्धांत-शिरोमणि** की रचना 36 वर्ष की आयु में की थी।

13. सामंत चंद्रशेखर सिंह सरीखे प्रतिभाशाली ज्योतिर्विद की घोर उपेक्षा से कवि राधानाथ राय (1848-1908 ई.) बहुत मर्माहत थे। उन्होंने **दरबार** शीर्षक से उड़िया में रचित अपनी लंबी व्यंग्यपूर्ण कविता में लिखा कि पदलोलुपों, लफ्फाजों, विलासियों और चापलूसों को दरबार में उच्चासन पर बैठाया जाता है, मगर चंद्रशेखर जैसे प्रतिभाशाली खगोलशास्त्री को कोई प्रतिष्ठा नहीं दी जाती। कविता के अंत में सामंत चंद्रशेखर सिंह की 'प्रशस्ति' में राधानाथ राय ने लिखा है :

दूरु देखि तुंभे दिव्य ज्योति राशि
चिन्हिले तुंभ कु दूर देश वासी
उत्कल उदय अचले भास्कर
मात्र हेला येहु तुंभर प्रसूति
न चिन्हिला से त तुंभर विभूति

चित्र परि. 3.9 : ट्यूको ब्राहे (1546-1601 ई.) अपनी वेधशाला में, ऊपर बीच में

14. ट्यूको ब्राहे (Tycho Brahe : 1546-1601 ई.) का जन्म स्काने (तब डेनिश शासन के अंतर्गत) के एक धनाढ्य परिवार में हुआ था और अध्ययन कोपनहेगन, विटेनबर्ग तथा रोस्टॉक में। एक द्वंद्व-युद्ध में ब्राए की नाक कट गई, तो उन्होंने चांदी की नकली नाक लगवा ली थी। ब्राहे ने 1572 ई.में आकाश में एक नवतारा (supernova) खोजा, तो सारे यूरोप में उनका नाम फैल गया। सन् 1576 में डेनमार्क के शासक फ्रेडरिक-द्वितीय ने ह्वेन (Hven) द्वीप ब्राए को दान कर दिया और वहां एक भव्य वेधशाला के निर्माण के लिए राजकोष से उन्हें प्रचुर धन भी उपलब्ध कराया। वह वेधशाला 'उरानीबर्ग वेधशाला' (आकाश महल) के नाम से विख्यात हुई। सन् 1577 में ब्राहे ने आकाश में एक धूमकेतु देखा और बताया कि इसकी कक्षा ग्रहों के बीच है, न कि प्राचीन यूनानियों की सोच के अनुसार वायुमंडल में। ब्राहे 1599 ई. में प्राग पहुंचे और तब योहानेस केपलर (1571-1630 ई.) भी उनके सहायक बनकर वहां पहुंच गए। प्राग में ब्राहे के देहांत (1601 ई.) के बाद उनके प्रेक्षणों का सारा लेखा-जोखा केपलर को मिला, जिसके आधार पर

उन्होंने सिद्ध किया कि ग्रह दीर्घवृत्ताकार कक्षाओं (elliptical orbits) में सूर्य की परिक्रमा करते हैं। केपलर ने ग्रह-गति के तीन नियम खोजे हैं।

15. भास्कराचार्य (जन्म 1114 ई.) ने अपने **सिद्धांत-शिरोमणि** में 'सिद्धांत' की परिभाषा दी है : **व्यक्ताव्यक्तभगोलवासनमयः सिद्धान्त आदिरिति।**

अर्थात्, व्यक्त-अव्यक्त गणित व वेधाश्रित गोलगणित आदि को 'सिद्धांत' कहते हैं। सामंत चंद्रशेखर ने भी अपने ग्रंथ में 'सिद्धांत' की अपनी परिभाषा दी है :

यत्र त्रुट्यादिकालः प्रलयचरमकः खेचराणां प्रचारः
प्रश्नाश्चैवोत्तराणि द्विविधगणितमप्युद्भवो भूतराशेः।

स्थानं भूभग्रहादेर्ग्रहणखगयुतिज्याधनुष्कर्म्मयन्त्र-
क्षेत्राद्यं गद्यते सद्गणकगणवरैरेष सिद्धान्त उक्तः ॥ सिद्धान्त-दर्पण, 1.17.

अर्थात्, जिसमें 'त्रुटि' (0.27434×10^{-6} सेकंड) से लेकर 'प्रलय' (10^{13} सौर वर्ष) तक के काल का विचार होता है, जिसमें खगोलीय पिंडों के भ्रमणों, युतियों, कक्षाओं व ग्रहणों आदि का आवश्यक गणित (अंकगणित, बीजगणित, ज्यामिति, त्रिकोणमिति आदि) के साथ विवेचन रहता है, जिसमें विश्व की उत्पत्ति के सवाल पर भी विचार किया जाता है, उसे 'सिद्धांत' कहा जाता है।

16. **श्रीभास्करप्रभृति खेचरचक्रवालं नत्वा गुरुं स्वपितरौ तदनुग्रहाढ्यः।**
मूढोप्यगाढगणकप्रतिपत्तयेऽहं सिद्धान्तदर्पण इति प्रथयामि शास्त्रम् ॥ सि.द. 1.4.

अर्थात्, भास्कराचार्य आदि महान ज्योतिर्विदों को नमन करके और माता-पिता का आशीर्वाद प्राप्त करके मैं, विशेषज्ञ न होते हुए भी, गणित की सामान्य जानकारी रखनेवालों के लिए सिद्धांत-दर्पण नामक इस शास्त्र की रचना कर रहा हूं।

17. सामंत ने सौर मंडल के अपने नए मॉडल को इन श्लोकों में प्रस्तुत किया है :

तत्र मध्यममार्त्तण्डः परितो मण्डलं भुवः।
भ्रमन् ताराखेचराणां कक्ष्यामध्यस्थ उच्चते ॥6॥
तं भ्रमन्तो महीजाद्यास्तत्सङ्गेन भुवं पुनः।
परिक्रामन्ति यत्तस्मात् स प्रोक्तः सर्वकर्षकः ॥7॥
मन्दापकर्षणं हित्वा सदार्कात् समदूरगाः।
यान्ति ताराग्रहाः प्राचीं भचक्रमनुलक्षते ॥17॥ सिद्धांत-दर्पण, 5.

18. सामंत का श्लोक है :

तुङ्गान्तरं पाक्षिकनामधेयं फलं दिगंशाख्यमदस्तुरीयम्।
क्रमेण वक्ष्यामि निरीक्ष्य यत्नाच्चित्रां गतिं रात्रिपतेश्चिराय ॥ सिद्धांत-दर्पण, 6.6.

अर्थात्, चंद्र की गति बड़ी विचित्र है। मैंने लंबे समय तक इसका अवलोकन किया है। मैं यहां मंद संस्कार के अलावा चंद्र के तीन और संस्कारों की जानकारी दे रहा हूं–तुंगांतर, पाक्षिक और दिगंश।

19. पृथ्वी-चंद्र माध्य दूरी 3,84,400 किलोमीटर है और पृथ्वी-सूर्य माध्य दूरी 14,95,97,000 किलोमीटर है।

20. सामंत चंद्रशेखर ज्योतिषशास्त्र में प्रेक्षण के महत्व को अपने सिद्धांत के आरंभ में ही स्पष्ट कर देते हैं :

नास्ते कालावयवकलना यत्र हक्शास्त्रसिद्धा
श्रौतस्मार्तव्यवहृतिरपि छिद्यते तत्र धर्माः।

तस्मादेषाकृतिरनृतवागस्तु वा प्रस्तुतार्था
ग्राह्या दक्षैः ग्रहणभगणाद्यत्र संलक्ष्य साक्षात् ॥ – सिद्धांत-दर्पण, 1.6.

अर्थात्, यदि काल के अवयवों (सूर्योदय, सूर्यास्त, तिथि का अंत आदि के समय) से संबंधित भविष्यवाणियां प्रेक्षणों (दृक्-प्रत्यय) से मेल नहीं खातीं, तो धर्म-कर्म संबंधी अनुष्ठानों का फल नष्ट हो जाता है। इससे बचने के लिए मैं इस कृति की रचना कर रहा हूं। इस पर आधारित भविष्यवाणियां सही हो सकती हैं, और गलत भी। योग्य व्यक्तियों द्वारा भगणों की संख्या का परीक्षण और ग्रहण की भविष्यवाणी की पुष्टि के बाद ही इस कृति को स्वीकार किया जाए।

21. संस्कृत में रचित सामंत चंद्रशेखर सिंह के **सिद्धांत-दर्पण** का पहली बार प्रकाशन कलकत्ता से 1899 ई. में हुआ था–नागरी लिपि में, प्रो. योगेशचंद्र राय की विस्तृत अंग्रेजी भूमिका के साथ। इस कृति का उड़िया अनुवाद 1976 ई. में छपा। अब इस ग्रंथ के हिंदी व अंग्रेजी अनुवाद भी उपलब्ध हो गए हैं : ए. के. उपाध्याय, **सिद्धांत-दर्पण** (खंड 1, हिंदी अनुवाद; खंड 2, अंग्रेजी अनुवाद), नाग पब्लिशर्स, नई दिल्ली, 1998.

परिशिष्ट - 4

ज्योतिष-इतिहासकार – शंकर बालकृष्ण दीक्षित

सन् 1896 की बात है। पुणे के आर्यभूषण प्रेस[1] में एक मराठी ग्रंथ छप रहा था। छपाई रुक-रुककर चल रही थी, डेढ़ साल से। कारण यह था कि लेखक महोदय अपनी पांडुलिपि में सतत संशोधन करते जा रहे थे, बीच-बीच में नई जानकारी जोड़ रहे थे। मगर प्रेस के मालिक हरिनारायण गोखले इससे कतई परेशान नहीं थे। पुस्तक के लेखक उनके अपने गांव के थे, उनके बालसखा थे। हरिनारायण जानते थे कि विद्वज्जगत में ग्रंथ का खूब स्वागत होगा।

आज से लगभग एक सौ दस साल पहले प्रकाशित वह मराठी ग्रंथ था–**भारतीय ज्योतिःशास्त्र**, और उसके लेखक थे–**शंकर बालकृष्ण दीक्षित** (1853-1898 ई.)।[2]

सचमुच ही, मराठी जगत में उस पुस्तक के प्रकाशन की आतुरता से प्रतीक्षा की जा रही थी। कुछ यूरोपीय विद्वानों ने भी लेखक से अनुरोध किया था कि, "यदि इस ग्रंथ का अंग्रेजी में शीघ्र अनुवाद नहीं हुआ, तो इसके कुछ भागों का अनुवाद तो करवाना ही पड़ेगा।"[3]

मूल ग्रंथ भारतीय भाषा में लिखा गया हो, मगर अपने विषय की वह अद्वितीय कृति हो, तो उसे पढ़ने के लिए विदेशी विद्वान भारतीय भाषा सीखने के लिए भी तैयार हो जाते हैं। पं. गौरीशंकर हीराचंद ओझा (1863-1940 ई.) के हिंदी में रचित प्रख्यात ग्रंथ **भारतीय प्राचीन लिपिमाला**[4] के मामले में ऐसा ही हुआ है। उस समय भारतीय पुरालिपियों की विस्तृत जानकारी प्राप्त करने के लिए ओझाजी के इस ग्रंथ का अध्ययन अपरिहार्य था, इसलिए यूरोप के कई विद्वानों को पहले हिंदी का ज्ञान अर्जित करना पड़ा था।

शं. बा. दीक्षित का **भारतीय ज्योतिःशास्त्र** भी इसी कोटि का ग्रंथ है। ओझा और दीक्षित, दोनों ही अपने ग्रंथ अंग्रेजी में लिखने में समर्थ थे, मगर इन्हें उन्होंने अपनी मातृभाषाओं में ही लिखना पसंद किया। दीक्षित के ग्रंथ को पढ़ने के लिए देश-विदेश के अनेक विद्वानों को मराठी भाषा सीखनी पड़ी।[5] अंग्रेजी

चित्र परि. 4.1 : शंकर बालकृष्ण दीक्षित (1853-1898 ई.)

में इस ग्रंथ के पहले भाग का अनुवाद 1969 ई. में प्रकाशित हुआ और दूसरे भाग का 1981 ई. में।[6] हिंदी में इस ग्रंथ का अनुवाद पहली बार 1957 ई. में छपा।[7]

शं. बा. दीक्षित के कृतित्व की चर्चा कर रहा हूं, तो मुझे मराठी के प्रख्यात निरुक्तकार व इतिहासाचार्य विश्वनाथ काशीनाथ राजवाडे (1863-1926 ई.) का एक विचारोत्तेजक निबंध याद आ रहा है, जो उन्होंने 1913 ई. में लिखा था। निबंध है–"महाराष्ट्र के बुद्धिमान, प्रतिभावान और कर्तृत्ववान व्यक्तियों का मूल्यमापन"।[8] इसमें राजवाडे ने 1913 ई. से पहले की सौ साल की कालावधि में महाराष्ट्र में हुए बुद्धिमान, प्रतिभावान और कर्तृत्ववान लोगों की जो पहली सूची प्रस्तुत की हैं, उसमें 150 नाम हैं। इस सूची में शंकर बालकृष्ण दीक्षित (ज्योतिष-इतिहासकार) के अलावा केरो लक्ष्मण छत्रे (गणितज्ञ व ज्योतिषी)[9], बापूदेव शास्त्री (गणितज्ञ- ज्योतिषी)[10] और रैंगलर परांजपे (गणितज्ञ)[11] का भी समावेश किया गया है।

आगे राजवाडे बुद्धिमान और प्रतिभावान व्यक्तियों की विशेषताएं बताते हैं, दोनों के बीच के अंतर को स्पष्ट करते हैं। बुद्धिमानों को भी दो वर्गों में बांटते हैं–चिरस्थायी काम करने वाला बुद्धिमान, और स्वल्पसाहसी बुद्धिमान। फिर वे चिरस्थायी काम करने वाले बुद्धिमान व प्रतिभावान व्यक्तियों का पहले की सूची से चयन करके 43 विभूतियों की एक नई सूची प्रस्तुत करते हैं। इस सूची में केवल दो विज्ञानी हैं–रैंगलर रघुनाथ पुरुषोत्तम परांजपे और शंकर बालकृष्ण दीक्षित।

फिर राजवाडे 43 व्यक्तियों की उपर्युक्त सूची से महाराष्ट्र के प्रतिभावान व्यक्तियों का चयन करते हैं। उस नई सूची में सिर्फ सात व्यक्ति हैं, और उनमें से एक हैं – **शंकर बालकृष्ण दीक्षित**। राजवाडे ने अंततः 1813 ई. से 1913 ई. तक की एक सदी की सात महाराष्ट्रीय प्रतिभाओं का चयन करके शंकर बालकृष्ण

चित्र परि. 4.2 : विश्वनाथ काशीनाथ राजवाडे (1863-1926 ई.)

दीक्षित को महादेव गोविंद रानडे (1842-1901 ई.), बाल गंगाधर तिलक (1856-1920 ई.) और गोपाल कृष्ण गोखले (1866-1915 ई.) जैसे दिग्गजों की पंक्ति में बिठा दिया।[12] महाराष्ट्र के इन 'सप्तर्षियों' की सूची में विष्णुशास्त्री चिपळूणकर (1850-1882 ई.) का भी समावेश है; राजवाडे ने कृष्णशास्त्री को "प्रतिभावान-कर्तृत्ववान निबंधकार व संस्था-स्थापक" कहा है।

राजवाडे के अनुसार, 'असीम काम करने की असीम शक्ति का नाम है प्रतिभा'।[13] शं. बा. दीक्षित के कुलजमा 45 साल के जीवन-कार्य पर दृष्टिपात करें, तो प्रतिभा की यह परिभाषा सहज स्पष्ट हो जाती है।

महाराष्ट्र का रत्नागिरि जिला प्रतिभाएं पैदा करने में काफी प्रसिद्ध रहा है।[14] इस जिले के दापोली तालुके के मुरूड गांव में 20-21 जुलाई, 1853 को चित्पावन ब्राह्मण परिवार में शंकर बालकृष्ण दीक्षित का जन्म हुआ। कुछ सदियों पहले एक सिद्ध पुरुष ने मुरूड गांव बसाया था। दीक्षित के वैशंपायन कुल का मूल पुरुष उस सिद्ध का शिष्य था। इसलिए वैशंपायन घराने को गांव के पुरोहित और धर्माधिकारी की वृत्ति मिली हुई थी। शंकर के पिता का नाम बाळकृष्ण और माता का नाम दुर्गा था।

बचपन में शंकर की पढ़ाई करीब दो साल तक मुरूड की ग्रामीण पाठशाला में और तदनंतर 9 से 15 साल की आयु (अक्तूबर 1868) तक वहीं के सरकारी स्कूल में हुई। उसी दौरान शंकर ने संस्कृत और वेद का भी थोड़ा-बहुत अध्ययन किया। उसके बाद के दो वर्ष उन्होंने दापोली के कोर्ट में उम्मीदवारी करने में गुजारे। साथ ही अंग्रेजी का भी कुछ ज्ञान अर्जित किया।

फिर अक्तूबर 1870 में, साढ़े सत्रह साल की आयु में, शं. बा. दीक्षित पुणे पहुंचे और वहां के ट्रेनिंग कालेज (प्रशिक्षण महाविद्यालय) में दाखिल हुए। वहां

तीन साल रहकर अंतिम परीक्षा में प्रथम श्रेणी का प्रमाणपत्र प्राप्त किया। उस दौरान वे अंग्रेजी सीखने के लिए दो साल तक सबेरे एक घंटे अंग्रेजी स्कूल में जाया करते थे। शं. बा. दीक्षित ने 1874 ई. में, 21 साल की आयु में, मैट्रिक की परीक्षा पास की।

चाहने पर भी, कई अड़चनों के कारण, शंकर आगे की पढ़ाई के लिए कालेज में नहीं जा सके। उन्होंने अध्यापक का पेशा अपनाया। सन् 1874 में दीक्षित रेवदंडा (अलीबाग-मुंबई के दक्षिण में, समुद्रतट पर) के स्कूल में 25 रु. माह पर शिक्षक नियुक्त हुए। पढ़ाने के अलावा इन्होंने गणित व ज्योतिष का स्वाध्याय भी जारी रखा। साथ ही, ज्योतिषशास्त्र पर लेख लिखना भी शुरू कर दिया। इसी बीच 1876 ई. में दीक्षित ने मराठी में 'विद्यार्थी बुद्धिवर्धिनी' पुस्तक लिखी।

फरवरी 1880 में दीक्षित थाना के नंबर एक के स्कूल में हेडमास्टर होकर गए। यहां वे ज्योतिषशास्त्र के विद्वान जनार्दन बाळाजी मोडक[15] के निकट संपर्क में आए; दोनों में प्रगाढ़ स्नेह के संबंध स्थापित हो गए।

शं. बा. दीक्षित आगे अक्तूबर 1889 तक बार्शी के अंग्रेजी स्कूल में सहायक अध्यापक रहे। उसके बाद पांच साल तक, यानी जून 1894 तक, वे धुलिया के ट्रेनिंग स्कूल में सहायक अध्यापक थे।

उपर्युक्त जानकारी का इसलिए भी महत्व है कि इसी दौरान, अध्यापन कार्य करने के साथ-साथ, दीक्षित ने भारतीय तथा पाश्चात्य ज्योतिष का गहन अध्ययन किया। इतना ही नहीं, इसी दौरान उन्होंने भारतीय ज्योतिष के 500 से भी अधिक ग्रंथों की छानबीन की और मराठी में अपने प्रख्यात ग्रंथ **भारतीय ज्योतिःशास्त्र** की रचना की।

दीक्षित जुलाई 1894 में पुणे आए, वहां के ट्रेनिंग कालेज में वे सहायक अध्यापक नियुक्त हुए, तभी जाकर 1896 ई. में उनके **भारतीय ज्योतिःशास्त्र** ग्रंथ का प्रकाशन संभव हुआ। इस ग्रंथ के प्रकाशन के करीब दो साल बाद पुणे में विषमज्वर से 27 अप्रैल, 1898 को शंकर बालकृष्ण दीक्षित का देहांत हुआ– केवल 45 वर्ष की आयु में।

आज शं. बा. दीक्षित देश-विदेश में प्रमुखतः भारतीय ज्योतिष के इतिहास से संबंधित अपने ग्रंथ के लिए ही ज्यादा जाने जाते हैं। मगर इस ग्रंथ के अलावा भी उन्होंने मराठी और अंग्रेजी में बहुत-सा लेखन किया है। मराठी में प्रकाशित उनकी कृतियां हैं : **विद्यार्थी बुद्धिवर्धिनी** (1876 ई.), **सृष्टि चमत्कार** (1882 ई.), **ज्योतिर्विलास** (1893 ई.), **भारतीय ज्योतिःशास्त्र** (1896 ई.), **धर्म मीमांसा**

(1895-97 ई.) और **सोपपत्तिक अंकगणित** (1897 ई.)। वे अपनी **भारतीय प्राचीन भूवर्णन** पुस्तक को पूरा नहीं कर पाए।

यूनानी ज्योतिषी हिप्पार्कस (लगभग 150 ई.पू.) व टॉलमी (लगभग 150 ई.) ने, यूरोप में ट्यूको ब्राहे (1546-1601 ई.) और समरकंद में उलूगवेग (1394-1449 ई.) ने वेधकार्य करके अपने तारा-पत्रक (star catalogue) तैयार किए थे। हमारे देश में किसी ज्योतिर्विद द्वारा वेधकार्य करके तारों के भोग व शर देकर तारा-पत्रक तैयार करने की परंपरा नहीं रही। आज भी कुंडली बनाने और मुहूर्त देखने वाले हमारे फलित-ज्योतिषी नक्षत्र-मंडलों और उनके योगतारों की पहचान नहीं कर पाते। दीक्षितजी ने इस अभाव की पूर्ति के लिए **ज्योतिर्विलास** (अथवा रात्रि की दो घटिका की मौज या अंतरिक्ष का सैर-सपाटा) पुस्तक तैयार की। लिखते हैं : "मैंने अपनी 'ज्यातिर्विलास' पुस्तक में नक्षत्रों का वर्णन दिया है। उसकी सहायता से कोई भी नक्षत्रों का परिचय प्राप्त कर सकता है।"

ज्योतिर्विलास पुस्तक को मराठी जगत में बड़ी प्रसिद्धि मिली है। इसमें सरल और आकर्षक भाषा में विश्व की रचना, इसकी अनंतता, इसके दृढ़ नियम और प्राचीन एवं आधुनिक ज्योतिष की जानकारी दी गई है। इस पुस्तक के बारे में लोकमान्य तिलक ने लिखा था–"ज्योतिषशास्त्र की इस लोकप्रिय शाखा पर मराठी में कोई पुस्तक नहीं है। इसकी भाषा मनोरंजक है और इसमें प्राचीन व नवीन ज्योतिष का समन्वय है।" नई जानकारी से युक्त इस पुस्तक का छठा संस्करण लेखक के पुत्र रामचंद्र शंकर दीक्षित ने 1948 ई. में प्रकाशित किया था।

शं. बा. दीक्षित का अंग्रेजी लेखन काफी महत्वपूर्ण है। उन्होंने और रॉबर्ट सेवेल (Robert Sewell : 1845-1925 ई.) ने मिलकर The Indian Calender (भारतीय पंचांग) नामक ग्रंथ लिखा, जो 1896 ई. में लंदन से प्रकाशित हुआ।[16] इसमें 300 ई. से 1900 ई. तक की तिथियों तथा तारीखों का संबंध स्थापित करने वाली जो सारणी दी गई है वह दीक्षित ने ही तैयार की थी। इस ग्रंथ में हिजरी और क्रिश्चियन तारीखों की विस्तृत सारणी (जंत्री) का समावेश है। साथ ही, इसमें विएना के डा. रॉबर्ट श्राम (Robert Sram) द्वारा तैयार की गई उन सभी दिनों की सारणी भी है जब भारत में घटित होने वाले सूर्य-ग्रहण देखे जा सकते हैं और स्थान-विशेष के अनुसार भी उनके समय आदि निर्धारित किए जा सकते हैं।

जॉन फेथफुल फ्लीट (J. F. Fleet) ने 1888 ई. में The Inscriptions of the Early Gupta Kings and Their Successors ग्रंथ प्रकाशित किया, जिसमें

उन्होंने गुप्त शासकों और उनके समसामयिक राजाओं के शिलालेखों तथा दानपत्रों की व्यापक जानकारी दी है। इस महत्वपूर्ण ग्रंथ की रचना में शं. बा. दीक्षित ने फ्लीट को भरपूर सहयोग दिया था।[17]

दीक्षित ने Indian Antiquary व Epigraphia Indica शोध-पत्रिकाओं में और Native Opinion दैनिक में विभिन्न पुराशास्त्रीय विषयों पर लेख लिखे। इसी तरह, उन्होंने 'शालापत्रक' और 'ज्योतिषकल्पतरु' नामक मराठी मासिकों में भी लेख लिखे।

दीक्षित अध्यापन-कार्य करते हुए इतना विपुल लेखन-कार्य कैसे कर पाए? स्वयं बताते हैं–"ज्योतिष मेरा वंश-परंपरागत विषय नहीं है। सर्वदा विद्याव्यासंग में रहने के स्वभाव और समाचार-पत्र पढ़ने का व्यसन होने के कारण मेरा ध्यान सायनवाद की ओर और उसके द्वारा ज्योतिषशास्त्र में लगा। इस विषय का मुझे थोड़ा-बहुत जो कुछ ज्ञान है, सब स्वसम्पादित है। कुछ लोग समझते हैं कि मुझे ज्योतिष का कुछ ऐसा ज्ञान है जो कि औरों के लिए दुष्प्राप्य है, परंतु साधारण मराठी, संस्कृत और इंग्लिश जानने वाला बुद्धिमान् गणितज्ञ और जिज्ञासु मनुष्य मेरे जितना ज्योतिष-ज्ञान पांच छः महीनों में सहज सम्पादित कर सकता है।"[18]

स्मरण रहे कि राजवाडे ने शं. बा. दीक्षित को महान प्रतिभाओं की पंक्ति में स्थान दिया था। इसलिए ऊपर दीक्षित ने जो बातें लिखीं हैं वे उनकी जैसी प्रतिभा के लिए ही संभव हैं। प्रमाण भी वे ही प्रस्तुत करते हैं–"आज तक ज्योतिष सीखने की इच्छा से मेरे पास बहुत-से लोग आए, परंतु उनमें से अंत तक कोई भी नहीं टिका।"[19]

मगर यह 'सायनवाद' क्या है, जिसके कारण अध्यापक शं.बा. दीक्षित ज्योतिष के गहन अध्ययन-अन्वेषण के लिए प्रेरित हुए? वे बताते भी हैं–"लगभग शक 1802 (1880 ई.) से हमारा ध्यान सायन पंचांग की ओर और उसके द्वारा ज्योतिषशास्त्र की ओर गया।"[20] सन् 1880 में दीक्षित की उम्र 27 साल थी और उस समय वे थाना के एक मराठी स्कूल में हेडमास्टर थे। उस समय महाराष्ट्र में सायन-निरयन पंचांग का विवाद काफी जोर पकड़ता जा रहा था। सायन पंचांग के एक पक्षधर बनकर शं.बा. दीक्षित भी उस विवाद में कूद पड़े।

खगोल में सूर्य, चंद्र, ग्रह आदि के स्थान बताने के लिए प्राचीन ज्योतिषियों ने नक्षत्रों तथा राशियों की योजना प्रस्तुत की। परंतु नक्षत्र या राशि का मापन आकाश के किस स्थान से किया जाए, इसके लिए दो पद्धतियां प्रचलित हैं– निरयन (निरयण) और सायन। आकाश के एक विशिष्ट स्थिरबिंदु को आरंभ-बिंदु

मानकार वहां से पूर्व की ओर नक्षत्र अथवा राशि का मापन शुरू किया जाए, तो वह 'निरयन पद्धति' कहलाती है ('निरयन' का शाब्दिक अर्थ है 'अयन से रहित')। अधिकांश ज्योतिषियों ने रेवती नक्षत्र (मीन राशि) के लगभग क्रांतिवृत्त (रविमार्ग) पर स्थित जीटा-पीशियम (ζ-Piscium) तारे को आरंभ-बिंदु के रूप में स्वीकार किया है। इस आरंभ-बिंदु से पूर्व की ओर 13° 20' का एक-एक विभाग लिया जाए, तो प्रत्येक विभाग 'निरयन नक्षत्र' होगा और 30° का एक-एक विभाग लिया जाए, तो 'निरयन राशि' होगी।

दूसरी ओर, यदि वसंत संपातबिंदु (खगोलीय विषुवत वृत्त और क्रांतिवृत्त जिन दो स्थानों पर एक-दूसरे को काटते हैं उन्हें 'संपातबिंदु' कहते हैं; इनमें से एक है वसंत संपातबिंदु और दूसरा है शरद संपातबिंदु) को आरंभबिंदु मानकार पहले की तरह पूर्व की ओर मापन करते जाएं, तो 13° 20' के 'सायन नक्षत्र' और 30° की 'सायन राशियां' प्राप्त होती हैं ('अयन' का अर्थ है 'चलना', इसलिए 'सायन' का अर्थ होगा 'अयन से युक्त')। संपातबिंदु प्रतिवर्ष 50".27' पश्चिम की ओर विलोम गति में चलता है, इसलिए यह बिंदु लगभग 25,800 वर्षों में खगोल की एक परिक्रमा पूरी करता है। इस तरह, अयन की इस स्थिति को ध्यान में रखकर चलित बिंदु से मापन करने की योजना को 'सायन पद्धति' कहते हैं। स्थिरबिंदु से संपातबिंदु के अंतर को 'अयनांश' (अयन के अंश) कहते हैं।

निरयन पद्धति में तारों की पूर्वनिर्धारित स्थिति उनकी आकाशस्थ स्थिति से प्रायः मेल खाती है, मगर इस पद्धति में ऋतुओं के साथ मेल नहीं बैठता। सायन पद्धति में ऋतुओं के साथ मेल बैठता है, क्योंकि ऋतु संपातबिंदु पर ही आधारित होते हैं। मगर इस पद्धति में तारों के साथ मेल नहीं बैठता।

भारत के लिए कौन-सा पंचांग–निरयन या सायन–उपयुक्त है, इस बात को लेकर लंबे समय से विवाद चलता आ रहा है, आज भी जारी है। सायन पद्धति में ऋतुओं के साथ मेल बैठता है और ग्रहण, युति आदि आकाशीय घटनाएं दृक्प्रत्यय के अनुसार होती हैं, इसलिए 19वीं सदी में सायन पंचांग तैयार करने का एक नया आंदोलन शुरू हुआ था। इस आंदोलन के समर्थक पश्चिम के नए खगोल-विज्ञान के नियमों को अपनाकर पंचांग को सुधारना चाहते थे, वेधकार्य को महत्व देते थे। मगर धर्मकर्म और मुहूर्त को महत्व देनेवाले ज्योतिषी निरयन पद्धति को ही पसंद करते रहे।

बापूदेव शास्त्री (1821-1990 ई.) वेधसिद्ध ज्योतिष के समर्थक थे, इसलिए उन्हें सायन पद्धति ही पसंद थी। इसके प्रचार के लिए उन्होंने कई निबंध लिखे,

पंचांग भी बनाना आरंभ कर दिया था, परंतु काशी के पंडितों ने उनका विरोध किया। मजे की बात यह कि सुधाकर द्विवेदी[21] (1860-1922 ई.) इस विरोधी दल के नेता थे। द्विवेदीजी का मत था कि तिथियां अदृश्य घटनाएं हैं, इसलिए उनका निर्धारण सूर्य-सिद्धांत के अनुसार होना चाहिए; ग्रहण दृश्य घटनाएं हैं, इसलिए उनकी गणना आधुनिक ज्योतिर्विज्ञान के अनुसार होनी चाहिए।[22] विरोध के सामने बापूदेव शास्त्री को झुकना पड़ा। काशीराज के आश्रय में 1876 ई. से उन्होंने भी निरयन पंचांग छापना आरंभ कर दिया, मगर उनका यह पंचांग नॉटिकल अलमॅनक से बनाया जाता था।

महाराष्ट्र में पंचांग सुधार का कार्य केरोपंत छत्रे के प्रयासों से शुरू हुआ। केरोपंत छत्रे ने आबासाहेब पटवर्धन के सहयोग से 1865 ई. से नॉटिकल अलमॅनक पर आधारित एक पंचांग (पटवर्धनी पंचांग) निकालना शुरू किया। मगर यह निरयन पद्धति पर आधारित था। इसलिए इसे पूर्ण सुधार वाला पंचांग नहीं माना गया। इस बात के खूब प्रयास किए गए कि केरोपंत छत्रे सायन पद्धति को अपनाकर एक आधुनिक शुद्ध पंचांग तैयार करें, परंतु इसमें सफलता नहीं मिली।

महाराष्ट्र में आधुनिक सायन पंचांग को जन्म देने का श्रेय विसाजी रघुनाथ लेले[23], जनार्दन बाळाजी मोडक और शंकर बालकृष्ण दीक्षित को है। दीक्षित स्वयं लिखते हैं–"इसके जन्मदाता तीन हैं–लेले, जनार्दन बाळाजी मोडक और मैं। इन प्रत्येक के मन में सायन पंचांग की कल्पना स्वयं उद्भूत हुई। इनमें से आधुनिक सायन पंचांग के मुख्य उत्पादक विसाजी रघुनाथ लेले हैं।"[24] आगे दीक्षित बताते हैं–"लेले, मोडक और मैंने थाना के 'अरुणोदय' नामक समाचारपत्र में सायन पंचांग संबंधी अनेक लेख लिखे। उस पत्र का आश्रय मिल जाने से शक 1804 और 1805 (1882-83 ई.) में उस पत्र के साथ सायन पंचांग का एक-एक पक्ष प्रकाशित हुआ।"[25]

सायन पंचांग का स्वतंत्र प्रकाशन, इंदौर के तुकोजीराव होळकर के सहयोग से, शक 1806 (1884 ई.) से आरंभ हुआ। तुकोजीराव के देहावसान के बाद आश्रय बंद हो गया और दूसरा कोई आश्रय नहीं मिला। दीक्षित आगे लिखते हैं–"फिर भी लेले ने शक 1810 (1888 ई.) से आरंभ कर इधर चार-पांच साल प्रायः अपने व्यय से पंचांग छपाया। शक 1813 (1891 ई.) से आरंभ कर इधर चार वर्षों से मैं प्रायः स्वकीय व्यय से छपा रहा हूं। शक 1811 के अंत (1890 ई.) में जनार्दन बाळाजी मोडक का और शक 1817 (1895 ई.) में लेले का देहावसान हुआ। शक 1818 (1896 ई.) से पंचांग के पक्ष थाना के 'अरुणोदय' पत्र के कर्ता उसके साथ-साथ

चित्र परि. 4.3 : जनार्दन बाळाजी मोडक (1845-1890 ई.)

छापते हैं। इस पंचांग का गणित प्रथम वर्ष लेले ने किया। शक 1805 का गणित तीनों ने मिलकर किया और उसके बाद 13 वर्षों से गणित तथा उस संबंधी अन्य सब कार्य मैं करता हूं। पटवर्धनी पंचांग की तरह इसके गणित का पारिश्रमिक कोई नहीं देता। इतना ही नहीं, पंचांग की बिक्री कम होने के कारण उसे छपाने के व्यय की व्यवस्था भी हमी को करनी पड़ती है।"[26]

उपर्युक्त जानकारी से स्पष्ट हो जाता है कि शं. बा. दीक्षित ने सायन पंचांग के प्रचार के लिए प्रयत्न करने के साथ-साथ ज्योतिषशास्त्र के अपने ज्ञान को भी किस तरह गहन-गंभीर बनाया। यह जानकारी उनकी प्रतिभा और कर्तव्यनिष्ठा पर भी पर्याप्त प्रकाश डालती है।

'सायनवाद' के कारण दीक्षित एक ओर आधुनिक सायन पंचांग को प्रचारित करने की ओर प्रवृत्त हुए, तो दूसरी ओर मराठी में **भारतीय ज्योतिःशास्त्र** जैसा एक ग्रंथ लिखने का विचार भी उनके मन में मंडराने लगा। बताते हैं–"प्राचीन ग्रंथों को देखते-देखते तारतम्यपूर्वक उनकी योग्यता, उनके समय का पौर्वापर्य और ज्योतिषशास्त्र की वृद्धि का क्रम जानने की प्रवृत्ति हुई और मन में यह विचार आने लगा कि प्रस्तुत ग्रंथ सरीखा यदि कोई ग्रंथ बन जाता तो बड़ा अच्छा होता। शक 1806 (1884 ई.) में इस प्रांत में पंचांग के विषय में विशेष आंदोलन हो रहा था।"[27] उस समय दीक्षित धुलिया के ट्रेनिंग स्कूल में सहायक अध्यापक थे।

उसी समय ग्रंथ के प्रणयन के लिए एक और प्रेरक कारण उपस्थित हुआ। दिसंबर 1884 में पुणे की 'दक्षिणा प्राइज कमेटी' ने विज्ञप्ति निकाली कि "हमारे पंचांगों की वर्तमान दुरावस्था का विचार हमारे ज्योतिषशास्त्र के इतिहास सहित किसी ग्रंथ के रूप में होना चाहिए।" ग्रंथ के लिए 450 रु. पारितोषिक रखा

गया था। ग्रंथ को पूरा करने की अवधि दो साल यानी 1886 ई. के अंत तक थी। विषय दीक्षित की रुचि का था, मगर उस समय उनके पास पर्याप्त ग्रंथ-सामग्री नहीं थी, इसलिए उन्होंने कमेटी से समय बढ़ाने का अनुरोध किया। समय मिला भी। दीक्षित ने नवंबर 1887 में ग्रंथ लिखना आरंभ किया और अक्तूबर 1888 में, यानी एक साल के भीतर, उसे पूरा करके कमेटी के पास भेज दिया। दीक्षित बताते हैं–"कमेटी ने जिन विषयों का विवेचन करने को कहा था उसकी अपेक्षा बहुत अधिक विषयों का विस्तृत वर्णन उसमें था। कमेटी ने ग्रंथ पसंद किया और हमें 1891 ई. में पूर्ण पारितोषिक मिला। उसे छपवाने की भी इच्छा हुई, परंतु वह अधिक व्यय का कार्य मुझसे निभने योग्य नहीं था।"[28]

उसी दौरान पंचांग विवेचन संबंधी ग्रंथ लिखने के लिए वडोदरा की गायकवाड़ सरकार की ओर से एक विज्ञापन निकला। उसके लिए एक हजार रुपए का 'बाबाशाही पारितोषिक' रखा गया था। दीक्षित ने 1893 ई. में अपने ग्रंथ का आवश्यक भाग गायकवाड सरकार के यहां भेज दिया। निर्णय हुआ और उन्हें पारितोषिक मिला। जुलाई 1894 में दीक्षित पुणे आए–वहां के ट्रेनिंग कालेज में सहायक अध्यापक नियुक्त होकर। उसके बाद ही मार्च 1895 से ग्रंथ की छपाई का काम आरंभ हुआ। ग्रंथ की छपाई 1896 ई. के अंत में पूरी हुई। ग्रंथ में बीच-बीच में जोड़ी गई विस्तृत पाद-टिप्पणियों से स्पष्ट पता चलता है कि छपाई के समय भी दीक्षित का नए ग्रंथों के वाचन और अन्वेषण का कार्य जारी था।

ग्रंथ के लिए सामग्री जुटाने में दीक्षित ने बहुत परिश्रम किया। फिर भी वे अपने ग्रंथ को परिपूर्ण नहीं मानते थे। लिखते हैं–"केवल पुणे के आनंदाश्रम में भिन्न-भिन्न लगभग 500 ज्योतिष-ग्रंथ हैं। मैंने वे सब देखे हैं, परंतु इस ग्रंथ में उनमें से बहुतों का वर्णन नहीं आया है। ...आफ्रेच सूची में लगभग 2000 ज्योतिष-ग्रंथ हैं।[29] वे सब मिलें कैसे और उन्हें देखा कब जाए! फिर भी ज्योतिष तथा अन्य ग्रंथों की ज्योतिष संबंधी महत्वपूर्ण सभी बातें इसमें आ गई हैं।"[30]

दीक्षित के इस ग्रंथ की सबसे बड़ी विशेषता यह है कि उन्होंने मूल ग्रंथों की छानबीन करके, स्वयं गणित करके, अपने निष्कर्ष निकाले हैं। बताते हैं–"कुछ ग्रंथ मुझे स्वतः पढ़ने को नहीं मिल सके, अतः कहीं-कहीं उनकी बातें अन्य ग्रंथ या ग्रंथकार के आधार पर लिखनी पड़ी हैं। ऐसे स्थलों में उस ग्रंथ या ग्रंथकार का नाम लिख दिया है। अन्य ग्रंथों के तात्पर्यार्थ या उद्धरण सर्वतः उन ग्रंथों को पढ़कर लिखें हैं और उनके नाम सर्वत्र दे दिए हैं। इसके अतिरिक्त इस ग्रंथ में एक भी पंक्ति दूसरे ग्रंथ के अनुवाद स्वरूप अथवा दूसरों के आधार

पर नहीं लिखी है। महत्व के बहुत-से ज्योतिष ग्रंथों का मैंने स्वयं संग्रह किया है। जहां कहीं यह लिखा है कि अमुक बात गणित द्वारा सिद्ध होती है वहां स्वतः ध्यानपूर्वक गणित किया है और मेरा विश्वास है कि वह ठीक है, तथापि भ्रम मनुष्य का धर्म है, इसलिए उसमें दृष्टिदोष हो सकता है।"[31]

दीक्षित के ग्रंथ में जो अनेकानेक उद्धरण और विस्तृत टिप्पणियां हैं उन्हें देखने से उनकी उपर्युक्त बात सहज प्रमाणित हो जाती है। एक उदाहरण लीजिए : वराहमिहिर (ईसा की छठी सदी) की **पंचसिद्धांतिका** में पुराने पांच सिद्धांतों का वर्णन है। पुणे के डेक्कन कालेज के पुस्तकालय में पंचसिद्धांतिका की दो हस्तलिपियां थीं, मगर वे दोनों ही अशुद्ध व अपूर्ण थीं। दीक्षित ने उनके आधार पर अपनी एक स्वतंत्र प्रति तैयार की। फिर उसके आधार पर गणित करने में जुट गए। तब उन्हें पता चला कि उसमें जिन सूर्यादि सिद्धांतों का वर्णन है वह वर्तमान सिद्धांतों से भिन्न है। अन्य शब्दों में, वराहमिहिर ने जिस सूर्य-सिद्धांत की जानकारी दी है वह वर्तमान सूर्य-सिद्धांत से भिन्न रहा है। दीक्षित को यह बात 1887 ई. में ही स्पष्ट हो गई थी। लिखते हैं–"चूंकि गणित से तथा अन्य प्रमाणों द्वारा यह बात उपपन्न होती है, अतः इसमें किसी प्रकार का संदेह नहीं किया जा सकता। पंचसिद्धांतिका पुस्तक के अत्यंत अशुद्ध होने से तथा उस पर कोई टिका न होने के कारण उसके बहुत-से श्लोकों का अर्थ नहीं लगता। फिर भी जिन बहुत-सी महत्वशाली बातों का पता लगा है उसके आधार पर हम उन सिद्धांतों का जो उस समय उचित मालूम हुआ है, तदनुसार क्रमशः यहां पांचों का संक्षिप्त वर्णन कर रहे हैं।"[32]

उपर्युक्त कथन के संदर्भ में दीक्षित की पादटिप्पणी है : "डा. थीबो ने सन् 1889 में डेक्कन कालेज की प्रति के आधार पर पंचसिद्धांतिका छपवायी है। पं. सुधाकर द्विवेदी ने उस पर नवीन टीका लिखी है। हमें उसे देखने का अवसर अभी तक नहीं मिला। ऊपर पंचसिद्धांतिका की जो महत्व की बातें बतलायी हैं वे सब मैंने स्वयं निकाली हैं।"[33]

दीक्षित ने अपना ग्रंथ अक्तूबर 1888 में पूरा किया था। पंचसिद्धांतिका, डा. थीबॉ की अंग्रेजी टीका व भूमिका और पं. सुधाकर द्विवेदी की 'पंचसिद्धांतिका प्रकाश' संस्कृत टीका सहित, वाराणसी से 1889 ई. में प्रकाशित हुई। शं. बा. दीक्षित ने पंचसिद्धांतिका के बारे में 1890 ई. में 'इंडियन ऐंटिक्वेरी' में कुछ लेख प्रकाशित किए थे।

दीक्षित की मूल मराठी पुस्तक का पूरा नाम है–**भारतीय ज्योतिःशास्त्र** अथवा

भारतीय ज्योतिषशास्त्र व प्राचीन आणि अर्वाचीन इतिहास। इस नामकरण के बारे में दीक्षित का स्पष्टीकरण है–"हमारे देश में आकाशस्थित ज्योतियों की गति-स्थिति इत्यादि का तथा ज्योतिषशास्त्र के अन्य सब अंगों का विचार उत्पन्न होने के बाद तत्संबंधी ज्ञान क्रमशः कैसे बढ़ता गया, इसका इतिहास इस पुस्तक में लिखा गया है। हमारे देश का प्राचीन नाम भारतवर्ष, भरतखंड या भारत है। इसमें भारतवर्ष के ज्योतिषशास्त्र का इतिहास है, इसलिए इसका नाम 'भारतीय ज्योतिषशास्त्र अथवा भारतीय ज्योतिषशास्त्र का प्राचीन और अर्वाचीन इतिहास' रखा है।"[34]

ग्रंथ दो भागों में विभक्त हैं – 'सिद्धांतप्राक्काल' और 'सिद्धांतकाल'। सिद्धांतप्राक्काल के दो विभाग हैं–वैदिक काल और वेदांग काल। प्रथम विभाग में वेदों की संहिताओं, ब्राह्मण-ग्रंथों और उपनिषदों में आए हुए ज्योतिष संबंधी विषयों की जानकारी है। दूसरे विभाग में वेदांग-ज्योतिष, स्मृति, महाभारत आदि में वर्णित ज्योतिष संबंधी विषयों का वर्णन है।

मगर इसमें बाल्मीकि-रामायण और पुराणों में आए ज्योतिष संबंधी उल्लेखों का वर्णन नहीं है। लेखक ने इसका कारण अपने समय और सामर्थ्य की सीमा बताया है। साथ ही स्पष्ट किया है–"इस ग्रंथ में परशुराम, राम इत्यादि अवतारी पुरुषों के समय का विवेचन करने का सुझाव कुछ लोगों ने दिया था, परंतु ज्योतिष संबंधी विश्वसनीय प्रमाण, जिनके द्वारा उनका समय निश्चित किया जा सके, मुझे आज तक नहीं मिले और न तो भविष्य में मिलने की आशा है, फिर भी काल निरवधि है और वसुंधरा विपुला है, न जाने कब क्या होगा।"[35]

प्रथम भाग का 'उपसंहार' नामक अंतिम प्रकरण विशेष महत्व का है। इसमें लेखक ने वैदिक ग्रंथों के रचनाकाल का विवेचन किया है। दीक्षित का निष्कर्ष रहा–"ऋक्संहिता के कुछ भाग का रचनाकाल लगभग शकपूर्व 4000 वर्ष है।"

तैत्तिरीयसंहिता के कुछ भाग का रचनाकाल शकपूर्व 3000 वर्ष है। ब्राह्मण ग्रंथ शकपूर्व 3000 से 1500 पर्यंत बने हैं। ... वेदांग-ज्योतिष का रचनाकाल शकपूर्व लगभग 1500 वर्ष है।"[36]

भारतीय ज्योतिष की तीन शाखाएं (स्कंध) हैं–गणितस्कंध, संहितास्कंध और जातकस्कंध। गणित को सिद्धांत भी कहा जाता है। दीक्षित ने अपने ग्रंथ के दूसरे भाग में इन तीनों स्कंधों का इतिहास प्रस्तुत किया है। गणितस्कंध में प्रमुखतः ग्रहगणित का विवेचन रहता है और उसे प्रायः 11 प्रकरणों या अधिकरणों में बांटा जाता है–मध्यमकाधिकार, स्पष्टाधिकार, त्रिप्रश्नाधिकार, छायाधिकार आदि।

ग्रंथ में गणितस्कंध के अंतर्गत इन सब का क्रमशः इतिहास दिया गया है। आरंभ में मध्यमाधिकार के अंतर्गत ही लेखक ने गणित-ज्योतिषियों और उनके ग्रंथों का इतिहास प्रस्तुत कर दिया है। अंत में अयन-चलन और वेध-परंपरा की जानकारी है। स्पष्टाधिकार में ग्रहों की स्पष्ट गति-स्थिति की जानकारी है। इसमें विभिन्न कालों के पंचांगों, सायन पंचांग शोधन आदि के बारे में जानकारी दी गई है।

ग्रंथ के दूसरे भाग के दो प्रकरणों में संहितास्कंध और जातकस्कंध से संबंधित ग्रंथों और विषयों की जानकारी है। दीक्षित ने अपने ग्रंथ में फलित-ज्योतिष पर भी विचार किया है, परंतु इसमें उनकी कोई विशेष आस्था नहीं थी।[37]

दूसरे भाग के 'उपसंहार' में दीक्षित ने भारतीय ज्योतिष से संबंधित कोलब्रूक, ह्विटने, बरजेस आदि विदेशी विद्वानों के मतों की समालोचना की है। महादेव गोविंद रानडे (1842-1901 ई.) चाहते थे कि इस विवादास्पद विषय की चर्चा इस ग्रंथ में नहीं, बल्कि किसी अंग्रेजी मासिक में होनी चाहिए। मगर ग्रंथ से यह भाग निकाल देना दीक्षित को उचित प्रतीत नहीं हुआ। लिखते हैं–"सब वाचकों को नहीं तो कुछ को तो यह अवश्य उपयोगी जान पड़ेगा। यदि इसका इंगलिश में अनुवाद होने का सुअवसर आया तो मेरा विस्तृत कथन यूरोपीयन विद्वानों के सामने जाएगा और उसका योग्य विचार होगा।"[38]

ग्रंथ के अंत में 'परिशिष्ट' के अंतर्गत पंचांग के नमूने, ग्रंथों व ग्रंथकारों के बारे में कुछ नई जानकारी और ज्योतिष-ग्रंथों तथा ग्रंथकारों की सूचियां दी गई हैं।

भारतीय ज्योतिष के विकासक्रम को वैज्ञानिक और पुरोगामी दृष्टि से प्रस्तुत करनेवाला यह पहला ग्रंथ है। दीक्षित लिखते हैं–"ऐसा ग्रंथ संस्कृत में नहीं है। कालपरंपरानुसार ग्रंथों की उपयोगिता इत्यादि का विचार करने की ओर हम लोग ध्यान कम देते हैं; सौ दो सौ वर्ष पूर्व और हजार पांच सौ वर्ष पूर्व के ग्रंथकार की योग्यता प्रायः समान ही समझते हैं; किसी शास्त्र का इतिहास जानने की चेष्टा कम करते हैं; फिर हमारे यहां लौकिक पुरुषों का उत्कर्ष वर्णन करने का प्रचार भी बहुत कम है। मालूम होता है, इन्हीं कारणों से आज तक ऐसा ग्रंथ नहीं बना।[39]

जो लोग समझते हैं कि दुनिया का सारा ज्ञान-विज्ञान वेदों में विद्यमान है उन्हें दीक्षित के इस कथन पर गहराई से विचार करना चाहिए। बेहतर तो यही होगा कि उनका यह अपूर्व ग्रंथ स्वयं पढ़ना चाहिए।

दीक्षित ने भारतीय ज्योतिष से संबंधित अनेक भ्रांतियों को स्पष्ट किया है।

जैसे, वे सप्रमाण सिद्ध करते हैं कि समूचे वैदिक वाङ्मय और **महाभारत** में सात वारों और मेषादि 12 राशियों की कहीं कोई चर्चा नहीं है। लिखते हैं–"मैंने ज्योतिष की दृष्टि से स्वतः सम्पूर्ण महाभारत पढ़ा है। उसमें मुझे सात वार और मेषादि राशियों के नाम कहीं नहीं मिले। अतः निःसंशय कहा जा सकता है कि भारतवर्ष में सात वार और मेषादि राशियों का प्रचार चाहे जब हुआ हो, पर महाभारत में बतलायी हुई ज्योतिष विषयक बातें उसके पहले की हैं।"[40]

मुहूर्त ज्योतिष की एक पुस्तक है–**ज्योतिर्विदाभरण**, जिसमें ग्रंथकार ने अपने को रघुवंश, कुमारसंभव आदि का कर्त्ता कवि कालिदास बताया है। इस पुस्तक के एक श्लोक के आधार पर वराहमिहिर की गिनती विक्रमादित्य के नवरत्नों में की जाती है और उनका समय ईसा-पूर्व प्रथम सदी बताया जाता है।[41] परंतु दीक्षित ने ज्योतिर्विदाभरण को विश्वसनीय पुस्तक नहीं माना है; वे वराहमिहिर का समय ईसा की छठी सदी ही बताते हैं।

दीक्षित का **भारतीय ज्योतिष** ग्रंथ भारतीय ज्योतिर्विज्ञान का प्रामाणिक इतिहास तो प्रस्तुत करता ही है, यह फलित-ज्योतिष के अंधविश्वास को समझने में भी सहायता देता है। दीक्षित सायन पंचांग के प्रवर्तक थे, प्रचारक थे। सायन पंचांग ही शुद्ध वैज्ञानिक पंचांग है। डा. मेघनाद साहा कमेटी ने जो नया राष्ट्रीय पंचांग तैयार करके दिया है वह भी सायन पद्धति (विषुव-अयन या अयन-चलन) पर ही आधारित है। मगर निरयन पद्धति और सूर्य-सिद्धांत पर आधारित अवैज्ञानिक व अशुद्ध पंचांग अब भी देश में बन रहे हैं। धर्म-कर्म, श्रद्धा और पुराणपंथिता ही इस हठधर्मिता का कारण है। शं. बा. दीक्षित के **भारतीय ज्योतिष** ग्रंथ को ध्यानपूर्वक पढ़ा जाए, उनके द्वारा समर्थित सायन पद्धति को अपनाया जाए, तो फलित-ज्योतिष के बहुत से छल-कपट सहज ही स्पष्ट हो जाएंगे।

संदर्भ और टिप्पणियां

1. आर्यभूषण प्रेस की स्थापना 'आधुनिक मराठी गद्य के जनक' व प्रखर विचारक विष्णुशास्त्री चिपळूणकर (1850-1882 ई.) ने 1879 ई. में की थी। 'चित्रशाळा' (1877 ई.) और 'केसरी' (1881 ई.) मुद्रण संस्थाओं की स्थापना भी उन्होंने ही की थी; वे मुद्रण-यंत्र को "अज्ञानध्वंसकारी वज्र" कहते थे। विष्णुशास्त्री ने 'निबंधमाला', 'काव्येतिहास-संग्रह' व 'शालापत्रक' मासिकों का संपादन किया। उन्होंने तिलक व आगरकर के सहयोग से पुणे में 'न्यू इंग्लिश स्कूल' की स्थापना की (1880 ई.)। उसी वर्ष उन्होंने दो समाचारपत्र शुरू किए–मराठी में 'केसरी' और अंग्रेजी में 'मराठा'।

चित्र परि. 4.4 : विष्णुशास्त्री चिपळूणकर (1850-1882 ई.)

पुणे में जन्मे विष्णुशास्त्री ने वहां के डेक्कन कालेज से बी.ए. की परीक्षा उत्तीर्ण की थी। उसके बाद उन्होंने कई जगह अध्यापन-कार्य किया। प्रसिद्ध मराठी ग्रंथकार व संस्कृतज्ञ कृष्णशास्त्री चिपळूणकर (1824-878 ई.) उनके पिता थे।

2. शंकर बालकृष्ण दीक्षित (हिंदी अनुवादक : शिवराम झारखण्डी), **भारतीय ज्योतिष**, (द्वितीय संस्करण), हिंदी समिति, लखनऊ, 1963 ई., प्रथमावृत्ति की प्रस्तावना, पृ. 11.

चित्र परि. 4.7 : बाल गंगाधर तिलक (1856-1920 ई.)

3. **लोकमान्य बाल गंगाधर तिलक** (1856-1920 ई.) भी शं. बा. दीक्षित के इस ग्रंथ को अंग्रेजी में अनूदित देखने के लिए बड़े उत्सुक थे। अपने प्रसिद्ध ग्रंथ "**मृगशीर्ष** अथवा वेदों की प्राचीनता संबंधी खोजबीन" (**Orion** or Researches into the Antiquity of the Vedas, 1893 ई.) में तिलक ने लिखा है : "मेरे मित्र श्री शं. बा. दीक्षित ने हिंदू ज्योतिषशास्त्र पर मराठी में एक पुरस्कार-प्राप्त ग्रंथ लिखा है, जिसमें उन्होंने वेदांग-ज्योतिष के श्लोकों की सही व्याख्या करने में किसी भी अन्य विद्वान के अब तक के प्रयास से अधिक सफलता प्राप्त की है। उन्होंने अपने ग्रंथ में वेदों की प्राचीनता के सवाल पर भी विचार किया है। श्री दीक्षित यदि अपने ग्रंथ का, कम-से-कम इसके वेदांग-ज्योतिष से संबंधित भाग का, अंग्रेजी अनुवाद प्रस्तुत कर दें, तो बहुत लाभ होगा।"

4. स्वयं ओझाजी ने अपना यह ग्रंथ पहली बार 1894 ई. में प्रकाशित किया था। इसका दूसरा परिवर्धित और संशोधित संस्करण 1918 ई. में प्रकाशित हुआ। म. म. हरप्रसाद शास्त्री का बांग्ला ग्रंथ **बौद्धगान ओ दोहा** भी इसी कोटि का है।

5. पता चलता है कि जर्मन संस्कृतज्ञ ग्यॉर्ग थीबॉ (Georg Thibau : 1848-

1914 ई.) ने शंकर बालकृष्ण दीक्षित के ग्रंथ को पढ़ने के लिए मराठी भाषा सीखी थी। थीबॉ ने वराहमिहिर की 'पंचसिद्धांतिका' की अंग्रेजी टीका व भूमिका और पं. सुधाकर द्विवेदी ने इसकी 'पंचसिद्धांतिकाप्रकाश' नामक संस्कृत टीका प्रकाशित की है। द्विवेदीजी मराठी जानते थे। उनके समय में थीबॉ बनारस (वाराणसी) के राजकीय संस्कृत कालेज के प्रिंसिपल थे।

चित्र परि. 4.5 : ग्यॉर्ग थीबॉ (1848-1914 ई.)

6. सन् 1952 में भारत सरकार ने डा. मेघनाद साहा की अध्यक्षता में "पंचांग संशोधन समिति" की स्थापना की, तो दीक्षितजी के मराठी ग्रंथ **भारतीय ज्योतिःशास्त्र** के अंग्रेजी अनुवाद की आवश्यकता तीव्रता से महसूस की जाने लगी। तदनंतर ही भारत सरकार ने दो भागों में इस ग्रंथ का अंग्रेजी अनुवाद करवाके प्रकाशित कराया। अंग्रेजी अनुवादक हैं : R. V. Vaidya, Controller of Publications, Govt. of India, Part I : **History of Astronomy During the Vedic and Vedang Periods**, 1969; Part 2 : **History of Astronomy During the Siddhantic and Modern Periods**, 1981.
7. दीक्षितजी का मूल मराठी ग्रंथ **भारतीय ज्योतिषःशास्त्र** 1955 ई. के आसपास मैंने पुणे की अपनी एक यात्रा में प्राप्त किया था, मगर बाद में वह गांव के मेरे संग्रह से कहीं गायब हो गया। इस ग्रंथ के हिंदी अनुवाद का पहला संस्करण (1957 ई.) और दूसरा संस्करण (1963 ई.) मेरे पास हैं। इस ग्रंथ का गुजराती अनुवाद हरिहरभाई प्राणशंकर भट्ट (1895-1978 ई.) ने किया–1971 ई. में। हिंदी, गुजराती और अंग्रेजी के अलावा अन्य किसी भाषा में दीक्षितजी के इस ग्रंथ का अनुवाद हुआ हो, तो उसकी मुझे जानकारी नहीं है।
8. मराठी में निबंध का शीर्षक है : 'महाराष्ट्रांतील बुद्धिमान्, प्रतिभावान् व कर्त्या लोकांची मोजदाद', **राजवाडे-लेखसंग्रह**, भाग ३रा (संकीर्ण निबंध), चित्रशाळा प्रेस, पुणे, 1935 ई., पृ. 169-184.

विश्वनाथ काशीनाथ राजवाडे (1863-1926 ई.) का जन्म वरसई गांव (रायगढ़ जिला) में हुआ और माध्यमिक व उच्च्व शिक्षण (बी.ए. तक) पुणे में। सरकारी नौकरी न करने का निश्चय किया। विद्यार्थी जीवन में ही विवाह हो गया था, इसलिए कुछ

समय तक पुणे के 'न्यू इंग्लिश स्कूल' में अध्यापन-कार्य किया, किंतु पत्नी व दो बच्चों की असामयिक मृत्यु के बाद वह भी छोड़ दिया। उसके बाद राजवाडे ने अपना शेष सारा जीवन अध्ययन व अनुसंधान में खपा दिया।

सबसे पहले राजवाडे ने "भाषांतर" नामक मासिक निकाला। उसमें उन्होंने देशी-विदेशी अनेक प्रख्यात ग्रंथों के भाषांतर प्रकाशित किए। उसके बाद राजवाडे ने गांवों, नगरों, किलों, तीर्थस्थलों, पर्वतों, नदी-सरोवरों आदि की यात्राएं करके महाराष्ट्र के इतिहास से संबंधित मूल कागज-पत्र खोजने का उपक्रम शुरू कर दिया। सबसे पहले वाई में उन्हें पानीपत के युद्ध (1761 ई.) से संबंधित कागज-पत्रों का एक पिटारा मिला। उन्हें संपादित करके और 123 पृष्ठों की एक विस्तृत भूमिका लिखकर राजवाडे ने "मराठ्यांच्या इतिहासाची साधनें" ग्रंथमाला का पहला खंड 1898 ई. में प्रकाशित किया। अथक परिश्रम करते हुए 1926 ई. में मृत्यु तक उन्होंने "मराठ्यांच्या इतिहासाची साधनें" के 22 खंड (लगभग 11 हजार पृष्ठ) प्रकाशित कर दिए, और इससे भी अधिक अप्रकशित सामग्री अपने पीछे छोड़ गए।

राजवाडे ने मराठी साहित्य के क्षेत्र में भी महत्व का मौलिक कार्य किया है। "ज्ञानेश्वरी" की एक प्राचीन (1296 ई. में लिखित) हस्तलिपि खोजकर राजवाडे ने उसे 1909 ई. में प्रकाशित कर दिया–विस्तृत भूमिका के साथ। साथ ही, उन्होंने ज्ञानेश्वरी की मराठी भाषा के व्याकरण पर एक पुस्तक लिखी। उनके "मराठी धातुकोश" व "मराठीनामादिव्युत्पतिकोश" ग्रंथ प्रसिद्ध हैं। मराठी के आरंभिक साहित्य में महानुभाव पंथी साहित्य का विशेष स्थान है। राजवाडे इस साहित्य की खोजबीन में काबुल तक गए (महानुभाव पंथ पंजाब व काबुल तक फैल गया था)। महानुभावी ग्रंथों की सांकेतिक भाषा की कुंजी खोजकर राजवाडे ने इस विपुल साहित्य के अन्वेषण का मार्ग प्रशस्त कर दिया। राजवाडे के समय-समय पर लिखे निबंध भी बहुत महत्व के हैं, विचारोत्तेजक हैं। उनकी "भारतीय विवाहसंस्थेचा इतिहास" पुस्तक हमारी आदिम समाज-व्यवस्था पर नया प्रकाश डालती है।

राजवाडे व्यवहार व आचरण में ऋषिवत् थे, लेकिन कभी-कभी दुर्वासा भी बन जाते थे। कागज-पत्रों से भरा ट्रंक और खाना बनाने के कुछ बर्तन-भांडे साथ लेकर वे गांव-गांव घूमते रहे–सतत 27 साल। अल्पभोजी थे, स्वयं अपना खाना पकाते थे। मित्र लोग विश्राम करने को कहते, तो उनका जवाब होता–"आदमी काम करने से नहीं मरता, आलस से मरता है।" अंत में 1926 ई. में धुलिया में इस महापुरुष का देहांत हुआ–63 वर्ष की आयु में। राजवाडे ने इतिहास की जितनी सामग्री प्रकाशित की थी, उससे कहीं ज्यादा वे अपने पीछे छोड़े गए–धुलिया के 'राजवाडे संशोधन मंदिर' और उन्हीं के द्वारा 1910 ई. में संस्थापित

पुणे के 'भारत इतिहास संशोधक मंडळ' में।

9. **केरोपंत लक्ष्मण छत्रे** (1824-1884 ई.) ने मुंबई में अंग्रेजी भाषा और पाश्चात्य विज्ञान का अध्ययन किया था। आरंभ में इन्होंने कुलाबा (मुंबई) की चुंबकीय वेधशाला (स्थापना : 1840 ई.; सन् 1904 में अलीबाग में स्थानांतरित) में काम किया; बाद में ये पुणे के डेक्कन कालेज में गणित के प्राध्यापक रहे। ये गणित, ज्योतिष और भौतिक-विज्ञान में प्रवीण थे। इन्होंने फ्रांसीसी और अंग्रेजी ज्योतिष-ग्रंथों के आधार पर मराठी में **ग्रहसाधनाचीं कोष्ठकें** नामक ग्रंथ 1850 ई. में बनाया था, जो 1860 ई. में प्रकाशित हुआ। इस ग्रंथ में वर्षमान नए सूर्य-सिद्धांत के अनुसार है और ग्रहगतिस्थिति सायन ली गई है। जीटा-पीशियम (ζ Piscium) को रेवती नक्षत्र का योगतारा माना है। यह तारा शक 496 (574 ई.) में वसंत-विषुप पर था। इन्होंने अयन की वार्षिक गति 50.2 विकला मानकर शक 1787 (1865 ई.) से नॉटिकल अलमॅनक के आधार पर अपना एक स्वतंत्र पंचांग निकालना आरंभ किया। इस प्रयास के पीछे आबासाहब पटवर्धन की प्रेरणा व सहायता थी, इसलिए छत्रे ने अपने पंचांग का नाम 'पटवर्धनी' रखा। मगर परंपरावादियों ने इस पंचांग को पसंद नहीं किया। छत्रे का लोकप्रिय नाम 'नाना' था। केरूनाना ने स्कूलों के लिए मराठी में **अंकगणित** और **पदार्थ-विज्ञान शास्त्र** नामक दो पुस्तकें भी लिखी थीं।

10. **नृसिंह** अथवा **बापूदेव शास्त्री** का जन्म महाराष्ट्र के अहमदनगर जिले में गोदावरी नदीतट के टोके गांव में हुआ था, 1821 ई. में। इनकी आरंभिक पढ़ाई नागपुर की मराठी पाठशाला में हुई और वहीं पर इन्होंने ढुंढिराज मिश्र से भास्कराचार्य की लीलावती, बीजगणित आदि पुस्तकें पढ़ीं। उसके बाद सिहोर की संस्कृत पाठशाला में इन्होंने रेखागणित आदि का गहन अध्ययन किया। सन् 1841 में ये काशी के संस्कृत कालेज में गणित के अध्यापक नियुक्त हुए और अंत समय तक वहीं रहे। सन् 1890 में, 69 वर्ष की आयु में, काशी में इनका निधन हुआ।

बापूदेव शास्त्री के संस्कृत व हिंदी में कई ग्रंथ प्रकाशित हुए हैं। इन्होंने भास्कराचार्य के 'सिद्धांत-शिरोमणि' के 'गोलाध्याय' का और 'सूर्य-सिद्धांत' का अंग्रेजी में अनुवाद किया। ये शुद्ध सायन पंचांग बनाना चाहते थे, परंतु काशी के पंडितों ने इनका विरोध किया। विवश होकर इन्हें भी काशीराज के आश्रय में निरयन पंचांग निकालना पड़ा। अपने जीवनकाल में इन्हें कई सम्मान-पुरस्कार मिले। आज भी विद्वज्जगत में बापूदेव शास्त्री का नाम बड़े आदर से लिया जाता है।

बापूदेव शास्त्री के बारे में ज्यादा जानकारी के लिए देखिए इस पुस्तक का अगला परिशिष्ट-5 : **गणित-ज्योतिष ग्रंथों के उद्धारक बापूदेव शास्त्री व सुधाकर द्विवेदी**।

11. **रैंगलर रघुनाथ पुरुषोत्तम परांजपे** (1876-1966 ई.) का जन्म और प्रारंभिक अध्ययन रत्नागिरि जिले में हुआ। आगे का शिक्षण, महर्षि कर्वे के सान्निध्य में, मुंबई व पुणे में हुआ। बी.एस-सी. में प्रथम स्थान प्राप्त करके और सरकारी छात्रवृत्ति लेकर ये कैम्ब्रिज विश्वविद्यालय में दाखिल हुए। वहां की 'ट्राइपॉस' परीक्षा में प्रथम स्थान प्राप्त करके परांजपे ने 'सीनियर रैंगलर' का सम्मान अर्जित किया। सन् 1901 में भारत लौटने पर ये पुणे के फर्ग्यूसन कालेज में गणित के प्राध्यापक नियुक्त हुए। सन् 1924 में प्राध्यापक-पद छोड़ने के बाद रैंगलर परांजपे ने प्रशासन व शिक्षण के कई महत्वपूर्ण पदों पर कार्य किया। ये लखनऊ विश्वविद्यालय के कुलपति भी रहे। रैंगलर रघुनाथ परांजपे अपने को 'बुद्धिवादी' कहते थे। ईश्वर, धार्मिक कर्मकांड, परलोक, पुनर्जन्म आदि में इनका विश्वास नहीं था।

चित्र परि. 4.6 : रैंगलर रघुनाथ पुरुषोत्तम परांजपे (1876-1966 ई.)

12. महाराष्ट्र के ये तीनों ही महापुरुष गणित के अध्येता और अध्यापक भी रहे हैं। **महादेव गोविंद रानडे** (1842-1901 ई.) का उच्च शिक्षण मुंबई में हुआ। न्यायाधीश नियुक्त होने के पहले उन्होंने मुंबई के एल्फिंस्टन कालेज में अध्यापन-कार्य करते समय जो विषय पढ़ाए थे उनमें गणित भी एक था।

बाल गंगाधर तिलक (1856-1920 ई.) जब पुणे के डेक्कन कालेज में पढ़ रहे थे, तब बी.ए. में गणित उनका मुख्य विषय था; वहां प्रो. केरोपंत लक्ष्मण छत्रे (देखिए, पीछे इसी परिशिष्ट की टिप्पणी 9) उनके अध्यापक थे। सक्रिय राजनीति में उतरने के पहले तिलक ने पुणे के न्यू इंग्लिश स्कूल (स्थापना 1880 ई.) और फर्ग्युसन कालेज (स्थापना 1885 ई.) में गणित विषय पढ़ाने का काम किया था। वे अक्सर कहते थे : "अगर मेरा जन्म स्वतंत्र भारत में हुआ होता, तो मैं गणित का प्राध्यापक बनता और अपना सारा जीवन अनुसंधान-कार्य में खपा देता।" ज्योतिषीय अन्वेषण पर आधारित तिलक के प्रसिद्ध ग्रंथ हैं : (1) Orion or Researches into the Antiquity of the Vedas (1893 ई.), (2) The Arctic Home in the Vedas (1903 ई.), और (3) Vedic Chronology and Vedanga Jyotisha (यह पुस्तक तिलक के देहांत के बाद 1925 ई. में छपी)। तिलक ने

पंचांग संबंधी वाद-विवाद में भी भाग लिया था; वे सायन पद्धति के समर्थक थे। अपने निबंध 'पंचांग संशोधन' में शं. बा. दीक्षित के ग्रंथ 'भारतीय ज्योतिःशास्त्र' के अध्ययन का सुझाव देकर तिलक आगे लिखते हैं : "पाठक को समझ लेना चाहिए कि ज्योतिषशास्त्र और धर्मशास्त्र की परंपराएं व क्रम भिन्न हैं। वैद्यक की तरह ज्योतिष भी प्रत्यक्ष शास्त्र है। चंद्र व सूर्य इस शास्त्र की सत्यता के साक्षी हैं; ये साक्षीदार किसी भी ज्योतिषी, राजा अथवा अन्य किसी व्यक्ति के तंत्रानुसार आचरण नहीं करते–कोर्ट में गवाही देनेवाले में और इनमें यही भारी अंतर है। चंद्र-सूर्य की स्थिति गणित के साथ मेल नहीं खाती, तो गणित के मूल आधारभूत मान ही बदलने चाहिए, चंद्र-सूर्य की स्थिति नहीं।"

गोपाल कृष्ण गोखले (1866-1915 ई.) ने भी आरंभ में पुणे के न्यू इंग्लिश स्कूल और फर्ग्युसन कालेज में गणित पढ़ाया था।

13. राजवाडे, पूर्वोक्त, पृ. 17.

14. रैंगलर परांजपे, लोकमान्य बाल गंगाधर तिलक और गोपाल कृष्ण गोखले का जन्म रत्नागिरि जिले में ही हुआ था।

15. **जनार्दन बाळाजी मोडक** (1845-1890 ई.) का जन्म भी रत्नागिरि जिले के दापोली तालुके में हुआ था। जनार्दनपंत के पिता का मूल गांव मुरूड था, जहां शंकर बालकृष्ण दीक्षित का जन्म हुआ था। जनार्दनपंत का सारा शिक्षण पुणे में हुआ। डेक्कन कालेज से 1870 ई. में इन्होंने बी.ए. किया। उसके बाद इन्होंने नासिक, रत्नागिरि, धुलिया तथा थाने के हाईस्कूलों में सहायक शिक्षक व मुख्य शिक्षक के रूप में काम किया। जनार्दनपंत ने कई साल तक **काव्येतिहाससंग्रह** नामक मासिक-पुस्तक निकालकर मराठी व संस्कृत के अनेक ग्रंथों को प्रकाशित किया। ज्योतिष में भी इनकी गहरी पैठ थी। इस विषय की इनकी दो पुस्तकें हैं– 1. **भास्कराचार्य व तत्कृत ज्योतिष** (रत्नागिरि, 1877 ई.), और 2. **वेदांग ज्योतिष** (मूल संस्कृत व मराठी भाषांतर, ठाणें, 1885)। जनार्दनपंत मोडक सायन मत के पुरस्कर्ता थे, और इस मत के प्रचारार्थ लेले तथा दीक्षित के साथ मिलकर इन्होंने विरोधियों के साथ जबरदस्त लड़ाई लड़ी।

16. अंग्रेज भारतविद्याविद रॉबर्ट सेवेल के दो अन्य महत्वपूर्ण ग्रंथ हैं : (1) A Forgotten Empire : Vijayanagar, London, 1900, व (2) The Historical Inscriptions of Southern India, 1932.

17. जॉन फेथफुल फ्लीट के ग्रंथ The Inscriptions of the Early Gupta Kings and Their Successors का हिंदी में अनुवाद हो चुका है (**भारतीय अभिलेख संग्रह, खंड-3, प्रारंभिक गुप्त शासकों के अभिलेख**, अनुवादक : गिरिजाशंकर प्रसाद

मिश्र, राजस्थान हिंदी ग्रंथ अकादमी, जयपुर, 1974 ई.)। इसमें आरंभ में शंकर बालकृष्ण दीक्षित द्वारा लिखित दो विस्तृत परिशिष्टों का समावेश है : (1) हिन्दू तिथियों के वार तथा समरूप अंग्रेजी तिथियों की गणना की पद्धति, और (2) बृहस्पति का द्वादशवर्षीय चक्र।

फ्लीट ने ग्रंथ के अपने 'प्राक्कथन' में शं. बा. दीक्षित के सहयोग के बारे में लिखा है : "एक अन्य दृष्टि से भी प्रकाशन की देरी को एक बड़े लाभ में रूपांतरित किया गया है और वह यह है कि इससे मैं अपनी भूमिका में कुछ महत्वपूर्ण वस्तु-सामग्रियों को सम्मिलित कर सका तथा इस कार्य में मैं बंबई शिक्षा विभाग के श्री शंकर बालकृष्ण दीक्षित का उनकी बहुमूल्य सहायता के लिए कृतज्ञ हूं। उनसे मेरा परिचय दिसंबर 1886 में हुआ था। तब से, विभिन्न प्रश्नों के प्रति विशेष जिज्ञासा के कारण उत्पन्न समस्याओं के समाधानार्थ उन सभी ज्योतिषीय गणनाओं को उन्होंने परिश्रमपूर्वक किया जो मैंने उनके सामने रखे। उनके दो लेख अपने संपूर्ण परिशिष्ट 2 और 3 में दिए जाएंगे (दिए गए हैं)। इनमें से प्रथम परिशिष्ट में उस प्रक्रिया की व्याख्या है जिसके द्वारा प्रोफेसर केरो लक्ष्मण छत्रे द्वारा बनाई गई तालिका की सहायता से ठीक-ठीक गणना द्वारा किसी भी भारतीय तिथि अथवा चांद्र-दिवस को अंग्रेजी तिथि में रूपांतरित किया जा सकता है। जिस दूसरी समस्या पर उन्होंने ध्यान दिया है वह है बृहस्पति के द्वादश वर्षीय चक्र की व्याख्या, जिसका प्रारंभिक गुप्त युग के लेखों में महत्वपूर्ण स्थान है। परिचय के इस छोटे समय में उन्होंने मेरे लिए जितना कार्य किया है उसका मैं शब्दों में कृतज्ञतायापन नहीं कर सकता। मैं केवल यह कह सकता हूं कि उनकी सहायता बहुमूल्य रही है जिसके बिना मैं इन पूरक समस्याओं को भविष्य के लिए छोड़ देता, साथ ही गुप्त संवत् के अति महत्वपूर्ण प्रश्न को भी भविष्य के लिए छोड़ना पड़ता और इसे इसकी सही तिथि के एक वर्ष पूर्व अथवा एक वर्ष पश्चात् तक रखे जाने की ही गुंजाइश रह जाती। किंतु इस सहायता के कारण मैं अब वह सब सिद्ध कर सकता हूं जो कुमारगुप्त और बन्धुवर्मन की तिथियों से युक्त मन्दसोर अभिलेख का सही महत्व जानने के बाद मैंने स्थापित करने का प्रयत्न किया है, तथा, जैसा कि इन पृष्ठों से स्पष्ट हो जाएगा, अब मैं अपनी बात को सम्पूर्णतः और संतोषजनक रूप में प्रस्तुत कर सकता हूं।" आगे फ्लीट ने ग्रंथ की अपनी विस्तृत 'भूमिका' में भी श. बा. दीक्षित के सहयोग का एक दर्जन से अधिक बार उल्लेख किया है।

18. शंकर बालकृष्ण दीक्षित, **भारतीय ज्योतिष** (द्वितीय संस्करण), हिंदी समिति, लखनऊ, 1963 ई., प्रथमावृत्ति की प्रस्तावना, पृ. 15.

19. वही, पृ. 15.
20. वही, पृ. 7.
21. बापूदेव शास्त्री व सुधाकर द्विवेदी (1860-1922 ई.) के बारे में विस्तृत जानकारी के लिए देखिए आगे इस पुस्तक का **परिशिष्ट-5 : गणित-ज्योतिष ग्रंथों के उद्धारक बापूदेव शास्त्री व सुधाकर द्विवेदी**।
22. देखिए गोरखप्रसाद, **भारतीय ज्योतिष का इतिहास**, लखनऊ, 1956, पृ. 236.
23. **विसाजी रघुनाथ लेले** (1827-1895 ई.) का जन्म नाशिक में हुआ था और वहीं पर एक मराठी स्कूल में 11 वर्ष की अवस्था तक इन्होंने आरंभिक शिक्षा प्राप्त की थी। बस, विधिवत् शिक्षण इतना ही हुआ। परंतु स्वाध्याय से इन्होंने गणित में इतनी दक्षता प्राप्त कर ली थी कि उच्च गणित के सवाल भी सुगमता से हल कर देते थे। कुछ दिन नाशिक में फुटकर नौकरियां करने के बाद ये ग्वालियर राज्य में नौकर हुए। लेले इस निष्कर्ष पर पहुंचे थे कि सायण पंचांग ही धर्मशास्त्रानुकूल है। जब केरोपंत छत्रे (देखिए पीछे टिप्पणी 9) निरयन पंचांग निकालने लगे, तो लेले ने चाहा कि वे सायन मान को स्वीकार करें। इसके लिए लेले ने 'स्फुटवक्ता अभियोगी' के नाम से समाचार पत्रों में लंबे समय तक वाद-विवाद चलाया, मगर छत्रे पर उसका कोई असर नहीं हुआ। अंत में शक 1806 (1884 ई.) से इन्होंने अपना स्वतंत्र सायन पंचांग बनाना शुरू किया।
24. शं. बा. दीक्षित, पूर्वोक्त, पृ. 534.
25. वही, पृ. 534.
26. वही, पृ. 534.
27. वही, प्रस्तावना, पृ. 7.
28. वही, प्रस्तावना, पृ. 8.
29. जर्मन संस्कृतज्ञ **थिओडोर आफ्रेच** (Theodore Aufrecht : 1821-1907 ई.) ने संस्कृत हस्तलिपियों के कई कैटेलॉग तैयार किए। इनमें सबसे प्रमुख है–**Catalogus Catalogorum**, जिसमें उस समय तक ज्ञात भारत व यूरोप में संगृहीत संस्कृत की सभी हस्तलिपियों (बौद्ध व जैन हस्तलिपियों को छोड़कर) की विस्तृत सूची है–विषयों और लेखकों के अकारादि क्रम से युक्त।

    थिओडोर आफ्रेच ने बर्लिन में प्राच्य भाषाओं का अध्ययन किया और वहीं से संस्कृत समासों के अपने अन्वेषण पर 'डाक्टरेट' प्राप्त की। बाद में वे ऑक्सफोर्ड जाकर माक्स म्यूलेर (1823-1900 ई.) के **ऋग्वेद** के प्रकाशन-कार्य में उनके सहयोगी बने। उन्होंने ऋग्वेद् को रोमन अक्षसें में भी प्रकाशित किया। आगे आफ्रेच एडिनबरा

व बॉन में संस्कृत के प्राध्यापक भी रहे। बॉन से अवकाश प्राप्त करने के बाद थिओडोर आफ्रेच **Catalogus Catalogorum** तैयार करने में जुटे, जिसे उन्होंने 1891-1903 ई. में तीन खंडों में प्रकाशित किया। आफ्रेच के कार्य को 1935 ई. से मद्रास (चेन्नई) के Catalogus Catalogorum Institute ने आगे बढ़ाया है।

चित्र परि. 4.8 : थिओडोर आफ्रेच (1821-1907 ई.)

भारतीय गणित-ज्योतिष वाङ्मय के अमरीकी अन्वेषक **डेविड पिंगरी** (Devid Pingree) अपने ग्रंथ **A History of Indian Literature : Jyotihshastra : Astral and Mathematical Literature**, (p-118) में लिखते हैं : "इस समय भारत और विदेश में ज्योतिषशास्त्र के विभिन्न पक्षों पर लगभग 1,00,000 हस्तलिपियां विद्यमान हैं। इनमें से अधिकांश की प्रतिलिपियां 17वीं, 18वीं और 19वीं सदी में तैयार हुई हैं; क्योंकि भारत में, कुछ अपवादात्मक स्थितियों को छोड़कर, हस्तलिपियां लंबे समय तक टिकी नहीं रह सकतीं। इस कारण हमारे लिए प्रमुखतः वही पुस्तकें प्राप्य हैं जिन्हें मुगल और ब्रिटिश राज्यों के समय के पंडितों ने तैयार किया या अध्ययन के लिए चुना। चूंकि आधुनिक भारत में पांडुलिपियों की प्रतिलिपियां तैयार करना प्रायः बंद हो गया है, इसलिए इन करीब एक लाख पांडुलिपियों में से बहुत-सी जल्दी ही नष्ट हो जाएंगी और तब उसके साथ ही भारतीय ज्योतिष व गणित के विकासक्रम का सही लेखा-जोखा प्रस्तुत करने की संभावना भी काफी घट जाएगी।" (B.V. Subbarayappa & K.V. Sarma : **Indian Astronomy : A Source-Book**, Introduction, p. xxv-xxvi से उद्धृत व अनूदित)।

साथ ही, देखिए S. N. Sen, A. K. Bag and S. Rajeswar Sarma, **A Bibliography of Sanskrit Works on Astronomy and Mathematics**, Part 1, NISI, New Delhi, 1966.

30. शं. बा. दीक्षित, पूर्वोक्त, प्रस्तावना, पृ. 9.

31. वही, पृ. 10.

32. वही, पृ. 211.

33. वही, पृ. 211.

34. शं. बा. दीक्षित, पूर्वोक्त, उपोद्घृत पृ. 13.

35. शं. बा. दीक्षित, पूर्वोक्त, प्रस्तावना, पृ. 10.

36. वही, पृ. 192 और पृ. 205.

37. देखिए **मराठी विश्वकोश** (प्रमुख संपादक : लक्ष्मणशास्त्री जोशी), खंड 7, पृ. 804.

38. शं. बा. दीक्षित, पूर्वोक्त, प्रस्तावना, पृ. 11.

39. वही, पृ. 7.

40. वही, पृ. 154.

हमारे देश में सप्ताह के एक वार का सबसे प्राचीन उल्लेख बुधगुप्त के शासनकाल के गुप्त संवत् 165 (484-485 ई.) के एरण (सागर जिला, मध्य प्रदेश) से प्राप्त प्रस्तर-स्तंभ लेख में देखने को मिलता है। लेख की दूसरी-तीसरी पंक्ति है : **शते पञ्चषट्यधिके वर्षाणां भूपतौ बुधगुप्ते। आषाढमासशुक्लद्वादश्यां सुरगुरोद्दिवसे। सं 100 60 5 ॥** यहां **सुरगुरोद्दिवसे** का अर्थ है–बृहस्पति या गुरुवार का दिन। इस लेख की तिथि (बृहस्पतिवार, 21 जून 484 ई.) निर्धारित करने में शं. बा. दीक्षित ने महत्व की भूमिका अदा की थी। देखिए जॉन फेथफुल फ्लीट, **भारतीय अभिलेख संग्रह, खंड-3, प्रारंभिक गुप्त शासकों के अभिलेख**, अनुवादक : गिरिजाशंकर प्रसाद मिश्र, राजस्थान हिंदी ग्रंथ अकादमी, जयपुर, 1974 ई., परिशिष्ट 2.

41. **ज्योतिर्विदाभरण** का वह श्लोक है :

धन्वन्तरि-क्षपणक-अमरसिंह-शंकु-वेतालभट्ट-घटखर्पर-कालिदासाः।
ख्यातो वराहमिहिरो नृपते सभायां रत्नानि वै वररुचिर्नव विक्रमस्य ॥

इस श्लोक में वराहमिहिर, अमरसिंह आदि को विक्रमादित्य की राजसभा के रत्न भले ही बताया गया हो, परंतु ये सभी पंडित ईसा-पूर्व दूसरी सदी के नहीं हैं, न ही ये सभी समकालीन हैं। 'ज्योतिर्विदाभरण' का लेखक अपना नाम कालिदास बताता है और लिखता है कि उसने अपनी इस पुस्तक की रचना कलिवर्ष 3038 (134 ई.पू.) में की है (कलेरष्टपट्खाग्नि (3068) मितगताब्देषु मया कालिदासेन ग्रन्थः कृत)। पं सुधाकर द्विवेदी का मत है कि यह पुस्तक शक 1164 (1242 ई.) के आसपास लिखी गई थी (गणकतरंगिणी, पृ. 45-47)।

परिशिष्ट - 5

गणित-ज्योतिष ग्रंथों के उद्धारक बापूदेव शास्त्री और सुधाकर द्विवेदी

अमरीकी अन्वेषक डेविड एडविन पिंगरी[1] (1933-2005 ई.) ने भारतीय ज्योतिष-ग्रंथों का व्यापक सर्वेक्षण प्रस्तुत किया है। उनका मत है कि आज भारत और विदेश में ज्योतिष के विभिन्न विषयों पर लगभग एक लाख हस्तलिपियां मौजूद होनी चाहिए। ये हस्तलिपियां प्रमुखतः उन ज्योतिष-ग्रंथों की हैं जो मुगल और ब्रिटिश शासनकाल में लिखे गए या उपयोग में लाए गए। भारतीय गणित-ज्योतिष के प्राचीन ग्रंथों की बहुत कम हस्तलिपियां उपलब्ध हुई हैं।

आज से एक हजार साल पहले भी प्राचीन भारतीय गणित-ज्योतिष के कई महत्वपूर्ण ग्रंथ सहज उपलब्ध नहीं थे। ग्यारहवीं सदी के पूर्वार्ध में मध्य-एशिया के महापंडित अल-बिरूनी (973-1048 ई.) भारत आए थे। वे करीब डेढ़ दशक तक भारत में रहे, संस्कृत सीखी, ज्ञान-विज्ञान के उपलब्ध ग्रंथों का गहन अध्ययन किया और अंत में भारतीय शास्त्रों के बारे में अरबी में एक विवरणात्मक-विवेचनात्मक ग्रंथ लिखा—**किताब-उल-हिन्द**। मगर उस समय, काफी कोशिश करने पर भी, अल-बिरूनी को आर्यभट-प्रथम (जन्म 476 ई.) का **आर्यभटीय** ग्रंथ कहीं नहीं मिला; आर्यभट का दूसरा ग्रंथ **आर्यभट-सिद्धांत** आज भी अप्राप्य है। अल-बिरूनी ने भारत संबंधी अपने ग्रंथ में आर्यभट के बारे में जो जानकारी दी है वह ब्रह्मगुप्त (जन्म 598 ई.) के **ब्राह्मस्फुट-सिद्धांत** (628 ई.) पर आधारित है।[2] अल-बिरूनी के ग्रंथों ने इस्लामी जगत को (और, अब हमें भी) प्राचीन भारतीय ज्ञान-विज्ञान का प्रामाणिक परिचय देने की महत्वपूर्ण भूमिका अदा की है।

यूरोप में भारतीय गणित-ज्योतिष की संस्कृत हस्तलिपियों का अध्ययन सत्रहवीं सदी के उत्तरार्ध से आरंभ हुआ। पहल की गिओवान्नी कास्सिनी (Giovanni Cassini : 1625-1712 ई.) और जाँ सिल्वाँ बेली[3] (Jean Sylvain Bailly : 1736-1793 ई.) जैसे फ्रांसीसी खगोलविदों ने। फिर अंग्रेज संस्कृतज्ञ भी इस

चित्र परि. 5.1 : एशियाटिक सोसायटी का पुराना भवन, कलकत्ता (1828 ई.)

अध्ययन की ओर आकर्षित हुए। एशिया के, प्रमुखतः भारत के, पुरातत्व, विज्ञान, साहित्य, कला-कौशल आदि के अध्ययन-अन्वेषण के लिए सर् विलियम जोन्स (1746-1794 ई.) के प्रयास से कलकत्ता में 1784 ई. में 'एशियाटिक सोसायटी' की स्थापना हुई। विलियम जोन्स संस्कृत, ग्रीक, लैटिन, फारसी, अरबी आदि कई भाषाएं जानते थे। उन्होंने भारतीय गणित-ज्योतिष के उपलब्ध ग्रंथों का अध्ययन करके भारतीय राशिचक्र, चांद्र वर्ष, भारतीय पंचांग आदि पर नया प्रकाश डाला। एशियाटिक सोसायटी ने अपने दो जर्नलों (आरंभ में Asiatick Researches और बाद में Journal of the Asiatic Society) में, अन्य विषयों के अलावा, भारतीय गणित-ज्योतिष से संबंधित अनेक शोध-निबंध प्रकाशित किए। सोसायटी की ग्रंथमाला Bibliotheca Indica के अंतर्गत कई प्राचीन ज्योतिष-ग्रंथों का प्रकाशन हुआ। उदाहरणार्थ, 1859 ई. में पं. बापूदेव शास्त्री द्वारा संपादित मूल **सूर्य-सिद्धांत** ('गूढार्थप्रकाशिका' टीका सहित) प्रकाशित हुआ–विस्तृत ऐतिहासिक टिप्पणियों के साथ। फिर अगले वर्ष (1860 ई. में) अमरीकी मिशनरी एबेनेझेर बरजेस (Rev. Ebenezer Burgess) ने, प्रो. ह्विटने (Prof. Whitney) के सहयोग से, पहली बार **सूर्य-सिद्धांत** का अंग्रेजी में अनुवाद प्रकाशित किया, जिसमें भारतीय ज्योतिष पर वैज्ञानिक दृष्टि से विचार किया गया है।[4]

यूरोप में पहुंची भारतीय गणित-ज्योतिष की हस्तलिपियों का अध्ययन पहले ही आरंभ हो गया था। इंग्लैंड में सैम्युअल डेविस (Samuel Davis) ने एक अच्छी टीका सहित **सूर्य-सिद्धांत** की हस्तलिपि प्राप्त की और उसके आधार पर भारतीय ज्योतिष से संबंधित विवरण 1789 ई. में प्रस्तुत किया। एडिनबरा

विश्वविद्यालय के गणितज्ञ जॉन प्लेफेयर (John Playfare : 1748-1819 ई.) ने 1790 ई. में भारतीय ज्योतिष के बारे में एक निबंध (Remarks on the Astronomy of the Brahmins) प्रकाशित किया। मगर अंग्रेजी जगत को भारतीय ज्योतिष की व्यापक जानकारी तब मिली, जब 1799 ई. में जॉन बेंटली (John Bentley) ने **सूर्य-सिद्धांत** से संबंधित अपना अध्ययन प्रस्तुत किया। बेंटली निष्कर्ष पर पहुंचे थे कि वर्तमान सूर्य-सिद्धांत 1091 ई. के पहले की कृति नहीं है।

फिर जिस संस्कृतज्ञ अंग्रेज ने गणित-ज्योतिष के प्राचीन भारतीय ग्रंथों का अध्ययन-अन्वेषण करके विस्तारपूर्वक लिखा, वे हैं हेनरी टॉमस कोलब्रूक[5] (Henry Thomas Colebrook : 1765-1837 ई.)। उन्होंने ब्रह्मगुप्त (जन्म 598 ई.) और भास्कराचार्य (जन्म 1114 ई.) के ग्रंथों की हस्तलिपियों का अध्ययन करके 1817 ई. में भारतीय गणित के बारे में एक विस्तृत प्रबंध (Algebra, with Arithmetic and Mensuration, from the Sanskrit of Brahmagupta and Bhascara) प्रकाशित किया। उसी वर्ष कोलब्रूक ने भास्कराचार्य की **लीलावती** पुस्तक का अंग्रेजी अनुवाद (मूल सहित) प्रकाशित किया। इस संदर्भ में विशेष बात यह है कि काफी कोशिश करने पर भी कोलब्रूक को **आर्यभटीय** की हस्तलिपि नहीं मिली थी।

भारतीय गणित-ज्योतिष की बहुत सी हस्तलिपियां यूरोप के संग्रहालयों में पहुंच गई थीं। मगर प्राचीन भारतीय गणित-ज्योतिष के ग्रंथों की केवल हस्तलिपियां प्राप्त करना ही पर्याप्त नहीं था, उनका समुचित संपादन करके उन पर नए आधुनिक विज्ञान के प्रकाश में विवेचनात्मक टीकाएं लिखना भी अत्यावश्यक था। यह काम आधुनिक पाश्चात्य गणित-ज्योतिष की भी अच्छी जानकारी रखने वाले भारतीय विद्वान ही अधिक कुशलता से कर सकते थे। इस काम में अग्रणी भूमिका अदा की पं. बापूदेव शास्त्री और पं. सुधाकर द्विवेदी ने। दोनों ही बनारस (वाराणसी) के राजकीय संस्कृत कालेज में गणित-ज्योतिष के अध्यापक थे। बनारस में ईस्ट इंडिया कंपनी के रेजीडेंट जोनाथन डंकन (Jonathan Duncan) के प्रयास से जनवरी 1792 ई. में राजकीय संस्कृत पाठशाला के रूप में इस संस्कृत कालेज (अब संपूर्णानंद संस्कृत विश्वविद्यालय) की शुरुआत हुई थी।[6]

वाराणसी में संस्कृत पाठशाला (कालेज) की स्थापना के पीछे डंकन का एक मकसद था–पंडितों व विद्यार्थियों की सहायता से अनेक विषयों की संस्कृत की हस्तलिखित पुस्तकें इकट्ठी की जाएं। दूसरा मकसद था–इससे हिंदुओं में अंग्रेजों की ख्याति बढ़ेगी और कालेज से ऐसे पंडित निकलेंगे जो हिंदू कानून को समझने

चित्र परि. 5.2 : राजकीय संस्कृत कालेज (अब संपूर्णानंद संस्कृत विश्वविद्यालय), वाराणसी

में अंग्रेज जजों की मदद कर सकेंगे। आरंभ में आठ अध्यापक पंडित और एक प्रधानाचार्य नियुक्त हुए। सन् 1798 में डंकन मुंबई चले गए, तो संस्कृत कालेज के प्रबंध की जिम्मेवारी बनारस के कमिश्नर सैम्युअल डेविस और कैप्टन विलफोर्ड ने संभाली; भारतीय ज्योतिष में इन दोनों की गहरी दिलचस्पी थी।

आरंभ में वाराणसी की संस्कृत पाठशाला की स्थिति ठीक नहीं थी। दो-तीन दशक बाद ही स्थिति थोड़ी सुधरी। बिशप हेबर का 1825 ई. का आंखों देखा दिलचस्प वर्णन है : "विद्यालय दो चौक की ऊंची इमारत में है। यह सर्वदा अध्यापकों और विद्यार्थियों से भरा रहता है। विद्यालय में बहुत सी कक्षाएं हैं, जिनमें विद्यार्थी पढ़ना-लिखना, भारतीय गणित, फारसी, हिंदू कानून, वेद, संस्कृत और ज्योतिष सीखते हैं। विद्यालय में दो सौ विद्यार्थी हैं, और उनमें से बहुत से मुझे पाठ सुनाने आए। अभाग्यवश थोड़ी ज्योतिष और फारसी के सिवा मैं कुछ न समझ सका। ज्योतिष के पंडितों ने हिंदू ज्योतिष के सिद्धांतानुसार बने गोले दिखलाए। इनमें उत्तरी ध्रुव पर मेरु पर्वत था और दक्षिणी ध्रुव पर था एक कछुआ, जिस पर पृथ्वी आश्रित है। पंडितजी ने बताया कि दक्षिण गोलार्ध बसने योग्य नहीं है। उन्होंने यह भी बतलाया कि प्रति दिन (?) सूर्य पृथ्वी के कितने सौ चक्कर मारता है और उसी गति से वह कैसे नक्षत्रों के भी चारों ओर फिर आता

है। ... ... इस पाठशाला में अंग्रेजी और यूरोपीय ज्योतिष पढ़ाने की कई बार कोशिश की गई, पर इस विद्यालय के विगत प्रधान शिक्षक इसके इसलिए विरोधी थे कि ऐसा करने से संस्कृत शिक्षा पर व्याघात पहुंचने तथा पंडितों की धार्मिक भावनाओं को धक्का लगने का डर था।"[7]

चित्र परि. 5.3 : पृथ्वी चार हाथियों पर टिकी हुई है, हाथी कछुए की पीठ पर, कछुआ शेषनाग पर,...

आगे जाकर संस्कृत कालेज की स्थिति सुधरी। सन् 1842 में कालेज में गणित के अध्यापक के रूप में पं. बापूदेव शास्त्री की नियुक्ति हुई; बाद में वे प्रधान अध्यापक बने। सन् 1889 में उनके अवकाश ग्रहण करने पर पं. सुधाकर द्विवेदी गणित के प्रधान अध्यापक बने। द्विवेदीजी 1883 ई. से ही वहां के 'सरस्वती भवन पुस्तकालय' के अध्यक्ष थे। देश-विदेश के कई विद्वानों के प्रयासों से वाराणसी के इस पुस्तकालय में भारतीय गणित-ज्योतिष के ग्रंथों की बहुत-सी हस्तलिपियां एकत्र हो गई थीं। अब पं. बापूदेव शास्त्री और पं. सुधाकर द्विवेदी के प्रयासों से इन ग्रंथों के संपादन और प्रकाशन का सिलसिला शुरू हो गया।

सबसे पहले हम **पं. बापूदेव शास्त्री** (1821-1890 ई.) के योगदान की चर्चा करेंगे। इनका जन्म महाराष्ट्र के अहमदनगर जिले में गोदावरी नदी तट के टोके गांव में एक कर्मकांडी चित्पावन ब्राह्मण परिवार में हुआ था। इनके पिता का नाम सीताराम और माता का नाम सत्यभामा था। काफी उम्र हो जाने पर भी पं. सीताराम को पुत्रप्राप्ति नहीं हुई, तो उनकी पत्नी सत्यभामा ने भगवान नृसिंह की उपासना आरंभ कर दी। कहते हैं कि नृसिंहदेव की कृपा से ही ढलती उम्र में उन्हें एक पुत्र पैदा हुआ–1 नवंबर, 1821 को। भगवान नृसिंह के नाम पर उसका नाम नृसिंह रखा गया। मगर माता-पिता अपने पुत्र को प्यार से 'बापू' कहकर पुकारते थे, इसलिए नृसिंह बाद में बापूदेव शास्त्री के नाम से जाने गए।

नृसिंह अथवा बापूदेव बचपन से ही प्रखर बुद्धि के थे। बारह वर्ष की आयु

तक इन्हें संस्कृत का अच्छा ज्ञान हो गया था। इनकी आरंभिक पढ़ाई नागपुर की मराठी पाठशाला में हुई। वहीं पर इन्होंने ढुंढिराज मिश्र से भास्कराचार्य की **लीलावती** व **बीजगणित** पुस्तकों का अध्ययन किया। फिर सिहोर राज्य (मध्य प्रदेश) के अंग्रेज एजंट लांसलेट विल्किन्सन (Lancelot Wilkinson) किसी काम से नागपुर आए, तो वहां बापूदेव से उनकी मुलाकात हुई। विल्किन्सन की सिद्धांत-ज्योतिष में गहरी दिलचस्पी थी और वे संस्कृत के माध्यम से भास्कराचार्य के **सिद्धांत-शिरोमणि** जैसे ग्रंथ स्कूलों में पढ़ाए जाने के पक्षधर थे। वापूदेव को गणित में निपुण देखकर विल्किन्सन ने उन्हें आगे के अध्ययन के लिए सिहोर की संस्कृत पाठशाला में भेज दिया। वहां बापूदेव ने पं. सेवाराम जैसे योग्य गणितज्ञ-ज्योतिषी से दो वर्ष तक रेखागणित आदि विषयों का बड़े लगन से अध्ययन किया, और परीक्षा पास की। बापूदेव ने 19 वर्ष की आयु में भारतीय तथा पाश्चात्य गणित-ज्योतिष का अच्छा ज्ञान अर्जित कर लिया था।

विल्किन्सन को पता चला कि वाराणसी की राजकीय संस्कृत पाठशाला (कालेज) में यूरोपीय रेखागणित को संस्कृत में पढ़ाने के लिए एक योग्य पंडित की आवश्यकता है। एक बंगदेशीय पंडित रेखागणित पढ़ाने के लिए वहां पहुंच भी गए थे। परंतु विल्किन्सन की अनुकंपा से उस पद पर पं. बापूदेव शास्त्री की नियुक्ति हुई। पं. बापूदेव शास्त्री ने 15 फरवरी, 1842 को वाराणसी की राजकीय संस्कृत पाठशाला में गणित के अध्यापक का कार्यभार संभाला। उस समय बापूदेवजी सिर्फ 21 साल के थे। बाद में 1859 ई. में ये गणित के मुख्य अध्यापक बने। पं. बापूदेव शास्त्री का शेष सारा जीवन काशी में ही गुजरा। लगभग 47 साल तक वाराणसी के शासकीय संस्कृत कालेज की सेवा करने के बाद 1889 ई. में इन्होंने पेंशन ले ली। सेवा-निवृत्त होने के बाद ये लगातार बीमार रहने लगे। जून 7, 1890 को, 69 वर्ष की आयु में, पं. बापूदेव शास्त्री का काशी में निधन हुआ।

पं. बापूदेव शास्त्री ने गणित व ज्योतिष से संबंधित विषयों पर छोटे-बड़े कई ग्रंथ लिखे। विल्किन्सन ने बापूदेवजी के सहयोग से भास्कराचार्य के **सिद्धांत-शिरोमणि** के 'गोलाध्याय' का टिप्पणियों सहित अनुवाद प्रकाशित किया।

उन्नीसवीं सदी के मध्य तक विभिन्न अध्ययनों से पाश्चात्य विद्वानों को यह स्पष्ट हो गया था कि **सूर्य-सिद्धांत** भारतीय ज्योतिष का सबसे महत्वपूर्ण और सम्मान्य ग्रंथ है। बावजूद इसके, संपूर्ण सूर्य-सिद्धांत और इसका अंग्रेजी अनुवाद अभी ग्रंथ के रूप में उपलब्ध नहीं हुआ था। पं. बापूदेव शास्त्री ने **सूर्य-सिद्धांत** ('गूडार्थप्रकाशिका' टीका सहित) का संपादन किया, जो कलकत्ता से 1859 ई. में

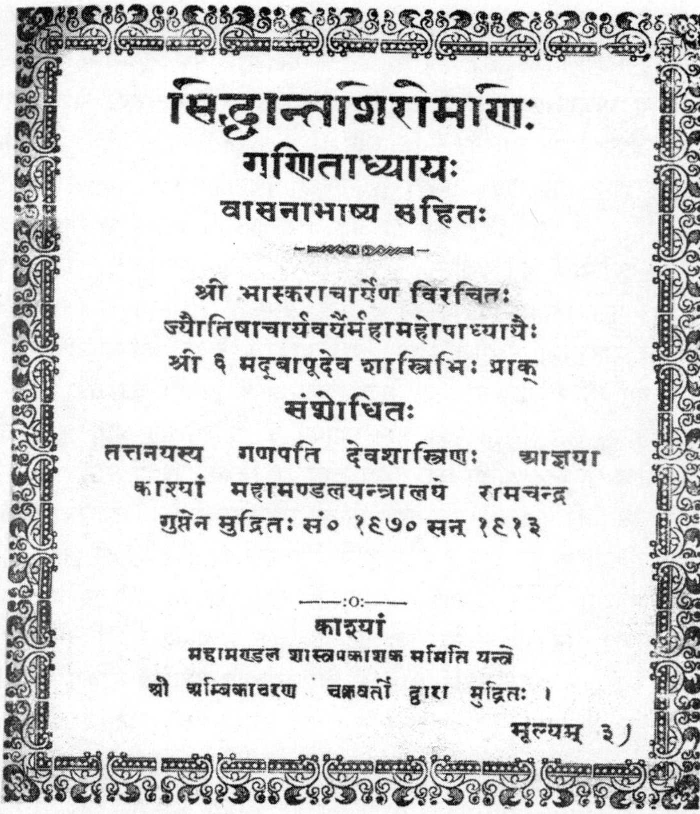

सिद्धान्तशिरोमणि:

गणिताध्याय:

वासनाभाष्य सहित:

श्री भास्कराचार्येण विरचित:
ज्यौतिषाचार्यवर्यैर्महामहोपाध्यायै:
श्री ६ मद्बापूदेव शास्त्रिभि: प्राक्
संशोधित:
तत्तनयस्य गणपति देवशास्त्रिण: आज्ञया
काश्यां महामण्डलयन्त्रालये रामचन्द्र
गुप्तेन मुद्रित: सं० १९७० सन् १९१३

—:0:—

काश्यां
महामण्डल शास्त्रप्रकाशक समिति यन्त्रे
श्री अम्बिकाचरण चक्रवर्ती द्वारा मुद्रित: ।

मूल्यम् ३)

चित्र परि. 5.4 : पं. बापूदेव द्वारा संशोधित सिद्धांत-शिरोमणि के 'गणिताध्याय' का मुखपृष्ठ

Bibliotheca Indica में प्रकाशित हुआ। फिर अगले वर्ष एबेनेझेर बरजेस (Rev. Ebenezer Burgess) ने पहली. बार सूर्य-सिद्धांत का अंग्रेजी अनुवाद प्रस्तुत किया।

पं. बापूदेव शास्त्री ने भास्कराचार्य कृत **सिद्धांत-शिरोमणि** के 'गणिताध्याय', तथा 'गोलाध्याय' (वासनाभाष्य सहित) का और 'लीलावती' पुस्तक का संशोधन करके और शोधपूर्ण टिप्पणियां लिखकर इन्हें छपवाया। सिद्धांत-शिरोमणि के इस संशोधन के बाद बापूदेवजी का नाम 'संशोधक' के रूप में प्रसिद्ध हो गया।

पं. बापूदेव शास्त्री ने सिद्धांत-शिरोमणि के 'गोलाध्याय' का अंग्रेजी में अनुवाद भी किया। साथ ही, इन्होंने **सूर्य-सिद्धांत** का भी अंग्रेजी में अनुवाद किया है। इनकी एक अन्य अंग्रेजी पुस्तक में वाराणसी की मानमंदिर-वेधशाला के ज्योतिष-यंत्रों का वर्णन है।

पंडित बापूदेव शास्त्री की संस्कृत में रचित पुस्तकें हैं :

(1) रेखागणितस्य प्रथमाध्यायम्

(2) त्रिकोणमितितंत्रम्–त्रिभुजगणितपर्यन्तम्

(3) सायनवादम्

(4) प्राचीनज्योतिषाचार्याशयवर्णनम्

(5) अष्टादशविचित्रप्रश्नानां संग्रहं–सोत्तरम्

(6) तत्त्वविवेकपरीक्षाम्

(7) काश्यां मानमंदिरस्थ यंत्रवर्णनम्

(8) दशमलवाधिबोधकम् व्यक्तगणितम् (अंकगणित)

इनके अलावा, संस्कृत में रचित इनके कुछ ग्रंथ अप्रकाशित रहे; जैसे, चलन-कलन सिद्धांत के 20 श्लोक, चापीय त्रिकोणमिति से संबंधित कुछ सूत्र, इत्यादि। बापूदेवजी संस्कृत में कविताएं भी करते थे।

पं. बापूदेव शास्त्री के हिंदी में लिखे ग्रंथ हैं : अंकगणित, बीजगणित, फलितविचार, सायनवादानुवाद और पंचांगोपपादन। शास्त्रीजी कलन-गणित (Calculus) में निपुण थे। इन्होंने 'चलन-कलन' (Differential Calculus) और 'चलराशि-कलन' (Integral Calculus) पदों का प्रयोग शुरू किया और पं. सुधाकर द्विवेदी ने इन्हें आगे चालू रखा।

पं. बापूदेव शास्त्री पंचांग में सुधार करना चाहते थे, सायन पंचांग के पक्षधर थे, सायन पंचांग को ही शास्त्रसम्मत मानते थे और इसके लिए उन्होंने काफी प्रयास भी किए। किंतु काशी के एक पंडित-वर्ग ने उनका विरोध किया। विरोधियों का मानना था कि पंचांग सूर्य-सिद्धांत के अनुसार बनना चाहिए, जिसका मुख्य कारण यह है कि लोगों ने सूर्य-सिद्धांत का नाता धर्म से जोड़ रखा है। लेकिन वस्तुस्थिति यह है कि ग्रहणों की गणना सूर्य-सिद्धांत के अनुसार की जाए, तो घंटों का अंतर पड़ता है।

विवश होकर काशीराज के आश्रय में बापूदेवजी को भी 1875 ई. से निरयन पंचांग ही बनाना पड़ा–केवल जनता के संतोष के लिए। वस्तुतः बापूदेवजी का पंचांग नॉटिकल अलमॅनक (Nautical Almanack) से बनता था। इसमें अक्षांश व रेखांश काशी के हैं। और, सायन रवि तथा निरयन रवि के अंतर के तुल्य अयनांश लेकर पंचांग बनाया जाता है, इसलिए यह काफी हद तक शुद्ध होता है। वाराणसी से 'बापूदेवजी का पंचांग' आज भी निकलता है।

पं. बापूदेव शास्त्री गलत बात का प्रतिरोध करने से बिल्कुल नहीं हिचकिचाते

थे। बात 1878 ई. की है। एक अंग्रेज विद्वान ने एक पुराने ताम्रपत्र के आधार पर सिद्ध किया कि 3 अप्रैल, 889 के दिन खग्रास सूर्य-ग्रहण घटित हुआ था और उसी अवसर पर राजा परीक्षित ने पुत्र जनमेजय को भूमि दान की थी, इसलिए महाभारत-काल 889 ई. है। परंतु बापूदेवजी ने अपने अध्ययन से प्रमाणित कर दिया कि 3 अप्रैल, 889 के दिन कोई खग्रास सूर्य-ग्रहण नहीं था।

बापूदेवजी ने अंग्रेजों की इस तरह की और भी कुछ भ्रांतियां उजागर कीं। फिर भी अंग्रेज विद्वान इनका बड़ा आदर करते थे। सन् 1864 में इन्हें 'ग्रेट ब्रिटेन व आयरलैंड की रॉयल एशियाटिक सोसायटी' का और 1868 ई. में 'बंगाल एशियाटिक सोसायटी' का सदस्य बनाया गया। इसके अलावा ये कलकत्ता और इलाहाबाद विश्वविद्यालयों के भी फैलो चुने गए। सन् 1878 में तत्कालीन ब्रिटिश शासन ने पं. बापूदेव शास्त्री को सी. आई. ई. (Companion of the Order of the Indian Empire) की पदवी और 1887 ई. में 'महामहोपाध्याय' की उपाधि प्रदान की।

तीन पत्नियों के निःसंतान मर जाने के बाद बापूदेवजी का चौथा विवाह हुआ था। इस चौथी पत्नी से इनके दो पुत्र और एक कन्या हुई थी।

पं. बापूदेव शास्त्री रात-दिन पठन-पाठन में लगे रहते थे, आचार-विचार के साथ रहते थे, अपना काम नियत समय पर करते थे। वे नियम से प्रतिदिन सूर्योदय के पहले गंगा-स्नान को जाते थे।

महाराष्ट्र में पैदा होने पर भी महामहोपाध्याय पंडित बापूदेव शास्त्री (1821-1890ई.) के मन में काशी के प्रति अपार लगाव था। इनके पांडित्य से प्रभावित होकर एक बार कश्मीर के महाराजा ने इन्हें एक हजार रुपए मासिक वेतन पर अपने यहां आने का अनुरोध किया। पं. बापूदेव शास्त्री ने महाराजा को लिखा : "प्राचीन काल में राजा लोग ब्राह्मणों को काशीवास के लिए सहायता दिया करते थे, और आप हैं कि मुझसे काशी छुड़वाना चाहते हैं!"

पं. सुधाकर द्विवेदी (1860-1922 ई.) ने गणित-ज्योतिष का अध्ययन वाराणसी के संस्कृत कालेज में ही किया था। इनकी प्रतिभा से बापूदेव शास्त्री बड़े प्रभावित थे। उन्होंने एक बार इनके बारे में कहा था : "श्री सुधाकर शास्त्री गणिते बृहस्पति समः।"

पं. बापूदेव शास्त्री जब संस्कृत कालेज में गणित के प्रधान अध्यापक थे तभी, 1883 ई. में, सुधाकरजी वहां के 'सरस्वती भवन पुस्तकालय' के अध्यक्ष

नियुक्त हुए थे। बापूदेवजी के 1889 ई. में सेवा-निवृत्त होने पर पं. सुधाकर द्विवेदी उनके स्थान पर गणित-ज्योतिष के प्रधान अध्यापक नियुक्त हुए। उसके पहले ही 1887 ई. में अंग्रेज सरकार ने इन्हें 'महामहोपाध्याय' की पदवी प्रदान की थी; पं. बापूदेव शास्त्री को भी उसी वर्ष 'महामहोपाध्याय' की पदवी देकर सम्मानित किया गया था।

चित्र परि. 5.5 : म. म. पं. सुधाकर द्विवेदी (1860-1922 ई.)

पं. सुधाकर द्विवेदी का जन्म 26 मार्च, 1860 को काशी के समीप के खजुरी गांव में हुआ था। इनके नामकरण के बारे में एक किस्सा बताया जाता है। सन् 1850 से काशी से 'सुधाकर' नाम का एक हिंदी पत्र निकल रहा था।[8] कहते हैं कि डाकिए ने ज्योंही इनके चाचा को 'सुधाकर' की प्रति लाकर दी, उसी समय घर के भीतर से दाई समाचार लायी कि उनके भाई के पुत्र हुआ है। इसी से इनके चाचा ने इनका नाम सुधाकर रखा। सुधारकरजी के पिता का नाम कृपालदत्त और माता का नाम लाची था।

सुधाकरजी की पढ़ाई की व्यवस्था इनके आठ वर्ष का होने पर ही हो सकी। लेकिन इन्होंने जल्दी ही संस्कृत, अंग्रेजी व हिंदी में अच्छी योग्यता हासिल कर ली। साथ ही, इन्होंने फ्रांसीसी व मराठी भाषाएं भी सीखीं। गणित और ज्योतिष में इनकी विशेष गति थी। संस्कृत पाठशाला में पढ़ाई पूरी करने के बाद, 1883 ई. में, तेईस वर्ष की आयु में, सुधाकरजी वहीं के 'सरस्वती भवन पुस्तकालय' के प्रमुख नियुक्त हुए।

पं. सुधाकर द्विवेदी ने प्राचीन भारतीय गणित-ज्योतिष के अनेक ग्रंथों पर शोध करके टीकाएं लिखीं और गणित पर भी कई पुस्तकें लिखीं। इनके संस्कृत में रचे प्रमुख ग्रंथ हैं –

(1) **दीर्घवृत्त लक्षण** (1878 ई.) : इसमें दीर्घवृत्त (ellipse) के नियम उपपत्ति के साथ दिए गए हैं।

(2) **विचित्रप्रश्न** (1879 ई.) : इसमें गणित से संबंधित 20 कठिन प्रश्न

और उनके उत्तर हैं।

(3) **वास्तव चंद्रश्रृंगोन्नति साधन** (1880 ई.) : इसमें पहले के लल्ल, भास्कर, ज्ञानराज, गणेश, कमलाकर आदि ज्योतिषियों के दोष दिखाकर यूरोपीय ज्योतिष के अनुसार सूक्ष्म श्रृंगोन्नतिसाधन समझाया गया है। इसमें 92 पद्य हैं।

(4) **द्युचराचर** (1882 ई.) : इसमें आधुनिक खगोल-विज्ञान के अनुसार ग्रह की कक्षा का विवेचन किया गया है।

(5) **पिंडप्रभाकर** (1885 ई.) : इसमें वास्तुविद्या (भवन-निर्माण) से संबंधित बातें हैं।

(6) **भाभ्रमरेखा निरूपण** : इसमें बताया गया है कि शंकु की छाया से भ्रमण-मार्ग कैसे बनता है।

(7) **धराभ्रम** : इसमें पृथ्वी के दैनिक भ्रमण (घूर्णन) पर विचार किया गया है।

(8) **ग्रहकरण** : इसमें ग्रहणों का गणित करने की रीति बताई गई है।

(9) **गोलीय रेखागणित** (Spherical Geometry)।

(10) **यूक्लिड की ज्यामिति** की छठी, ग्यारहवीं और बारहवीं पुस्तकों का संस्कृत में श्लोकबद्ध अनुवाद।

(11) **गणकतरंगिणी** (1890-91 ई.) : इसमें लेखक ने अपने समय तक के भारतीय ज्योतिषियों का परिचय दिया है। मगर इसमें दक्षिण-भारत के ज्योतिषियों का समावेश नहीं है, शंकर बालकृष्ण दीक्षित (1853-1896 ई.) का भी नहीं, हालांकि दीक्षितजी ने अपने 'भारतीय ज्योतिष' में सुधाकरजी का परिचय दिया है। इसका कारण शायद यह हो सकता है कि शं. बा. दीक्षित का 'भारतीय ज्योतिष' ग्रंथ 1896 ई. में प्रकाशित हुआ। मगर उसके पहले ही दीक्षितजी भारतीय ज्योतिष संबंधी अपने अनुसंधान-कार्य के लिए काफी ख्याति अर्जित कर चुके थे।

पं. सुधाकर द्विवेदी की संस्कृत टीकाएं हैं –

(1) भास्कराचार्य की **लीलावती** पर सोपपत्तिक टीका (1878 ई.)।

(2) महेंद्र सूरि के **यंत्रराज** पर 'प्रतिभाबोधक' टीका (1879 ई.)।

(3) भास्कराचार्य के **करण-कुतूहल** पर 'वासनाविभूषण' टीका (1881 ई.)।

(4) वराहमिहिर की **पंचसिद्धांतिका** पर 'पंचसिद्धांतिकाप्रकाश' टीका (1888 ई.), जो संस्कृत कालेज के उस समय के प्रिंसिपल डा. ग्यॉर्ग थीबॉ की अंग्रेजी टीका और भूमिका सहित 1889 ई. में प्रकाशित हुई।

(5) भास्कराचार्य के **बीजगणित** पर सोपपत्तिक टीका (1889 ई.)।

(6) **सूर्य-सिद्धांत** की 'सुधावर्षिणी' टीका। इसका पहला संस्करण 'बिब्लियोथिका इंडिका' के दो भागों में सन् 1909-11 ई. में प्रकाशित हुआ। इसका दूसरा संस्करण एशियाटिक सोसायटी से 1925 ई. में छपा। सुधाकरजी के पुत्र पं. कृष्णचंद्र द्विवेदी द्वारा संपादित इसका नया संस्करण वाराणसी के संपूर्णानंद संस्कृत विश्वविद्यालय से 1987 ई. में प्रकाशित हुआ, मगर इसमें सुधाकरजी की मूल 'भूमिका' नहीं है।

(7) ब्रह्मगुप्त का **ब्राह्मस्फुट-सिद्धांत**, टीका सहित (1902 ई.)।

(8) आर्यभट-द्वितीय का **महासिद्धांत**, टीका सहित (1910 ई.)।

(9) गणेश दैवज्ञ के **ग्रहलाघव** की टीका, मल्लारि और विश्वनाथ की टीकाओं सहित।

इनके अलावा पंडित सुधाकर द्विवेदी ने कमलाकर के **सिद्धांततत्वविवेक** ग्रंथ को, लल्ल के **शिष्यधीवृद्धिदतंत्र** को और वराहमिहिर के **बृहत्संहिता** ग्रंथ (भट्टोत्पल की टीका सहित) को संशोधित करके छपवाया। इन्होंने संस्कृत भाषा के बारे में 'भाषा-बोधक' नामक एक ग्रंथ की भी रचना की है।

पं. सुधाकर द्विवेदी ने अपनी 'गणकतरंगिणी' में आर्यभट-प्रथम (जन्म 476 ई.) और उनकी कृति 'आर्यभटीय' का परिचय दिया है, मगर उन्होंने इसकी कोई टीका नहीं लिखी। संस्कृत कालेज में उनके विद्यार्थी रहे पं. बलदेव मिश्र इसका कारण बताते हैं : "मेरे गुरुदेव म.म. पं. सुधाकर द्विवेदीजी ने इस पर इसलिए टीका नहीं लिखी कि उन्हें कोई अच्छी पांडुलिपि आर्यभटीय की नहीं मिली। टीकाकारों के पाठ पर उनका विश्वास नहीं था।"[9]

पं. सुधाकर द्विवेदी ने संस्कृत के साथ-साथ हिंदी में भी रचनाएं कीं। हिंदी में लिखे इनके गणितीय ग्रंथ हैं–

(1) **चलन कलन** (Differential Calculus)।

(2) **चलराशि कलन** (Integral Calculus)।

(3) **समीकरण मीमांसा** (Theory of Equations)।

द्विवेदीजी हिंदी के आशुकवि भी थे। ये काशी नागरी प्रचारिणी सभा के उपसभापति व सभापति और हिंदी साहित्य सम्मेलन के सम्मानित सदस्य भी रहे।

भारतेंदु हरिश्चंद्र (1850-1885 ई.) से सुधाकरजी की घनिष्ठ मित्रता थी। इन्होंने भारतेंदु की जन्मपत्री सायन और निरयन, दोनों पद्धतियों से तैयार करके दी थी। मगर, आश्चर्य की बात है कि, पं. सुधाकर द्विवेदी परंपरागत पंचांग में

सुधार करने के विरोधी थे। उनका मत था कि तिथियों पर आधारित पंचांग **सूर्य-सिद्धांत** के अनुसार ही बनाना चाहिए!

वस्तुतः सुधाकरजी **सूर्य-सिद्धांत** को आर्ष ग्रंथ नहीं मानते थे। उनका मत था कि भारत में सूर्य-सिद्धांत का प्रचार भट्टोत्पल (966 ई.) और भास्कराचार्य (1150 ई.) के बीच के काल में हुआ है (भट्टोत्पलानन्तरं भास्कराचार्यतः प्रागेव भारतवर्षेऽस्य सूर्यसिद्धान्तस्य प्रचारो जातः)।[10]

वैसे, पं. सुधाकर द्विवेदी काफी हद तक आधुनिक विचारों के व्यक्ति थे। उन्होंने अपने ग्रंथों में इस बात को स्वीकार किया है कि प्राचीन भारत के सिद्धांतकारों ने यूनानी ज्योतिष की बहुत-सी बातें अपनाई हैं। सन् 1910 में काशी में आयोजित एक सभा का सभापतित्व करते हुए इन्होंने कहा था : विलायत जाने के कारण जिन्हें जातिच्युत किया गया है, उन्हें पुनः जाति में ले लेना चाहिए, क्योंकि विदेश-यात्रा से किसी प्रकार की धर्म-हानि नहीं होती।

एक साधारण बीमारी के बाद 28 नवंबर, 1922 को काशी में सुधाकरजी का निधन हुआ।

पं. सुधाकर द्विवेदी ने प्राचीन भारत के गणित-ज्योतिष के अनेकानेक ग्रंथों का संपादन करके और टीकाएं लिखकर उनके उद्धार का जो महान कार्य किया है उसे कभी भुलाया नहीं जा सकता। द्विवेदीजी ने अपना समस्त पुस्तक-संग्रह वाराणसी के संस्कृत विश्वविद्यालय के पुस्तकालय को अर्पित कर दिया था।

पं. सुधाकर द्विवेदी वर्तमान-काल में गणित-ज्योतिष की उपेक्षा और फलित-ज्योतिष को फलते-फूलते देखकर बड़े दुःखी थे। **गणकतरंगिणी** के अंत में खेदपूर्वक लिखते हैं : **आधुनिका ज्योतिर्विदः फलमात्रैकवेदिनः** (आजकल के ज्योतिषी केवल फलित-ज्योतिष जानते हैं)। पं. बलदेव मिश्र बताते हैं : "म.म. द्विवेदीजी का मत है कि फलित ज्योतिष का ज्यादा प्रचार होने के कारण सिद्धांत ज्योतिष भारत में दब गया है।"[11]

वाराणसी में गंगा के बाएं तट पर आमेर के राजा मानसिंह (मृत्यु 1614 ई.) ने एक घाट और यात्रियों के ठहरने के लिए एक भवन (मंदिर) बनवाया था। बाद में सवाई राजा जयसिंह (1688-1743 ई.) ने 1737 ई. के आसपास मानमंदिर के पुराने हिस्से की छत पर एक वेधशाला स्थापित की थी। अब भारतीय ज्योतिष का यह ऐतिहासिक स्मारक "महामहोपाध्याय श्रीसुधाकर द्विवेदी वेधशाला" के नाम से जाना जाता है।[12]

चित्र परि. 5.6 : काशी का मानमंदिर, जिसके दाएं भाग की छत पर दिगंश यंत्र दिखाई दे रहा है।

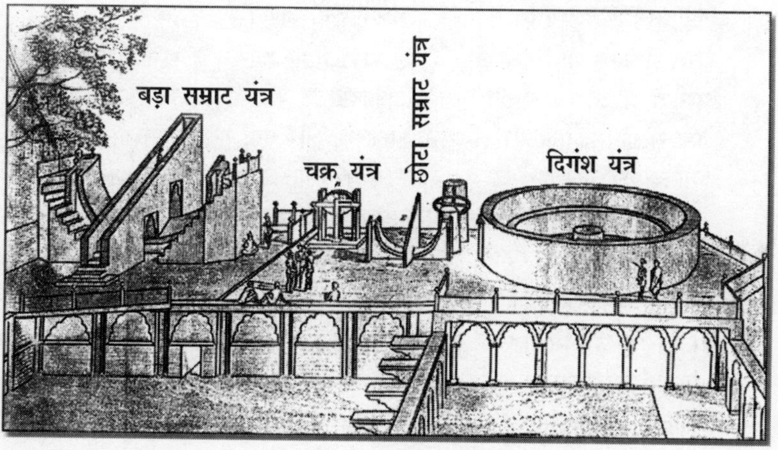

चित्र परि. 5.7 : सर रॉबर्ट बार्कर के 1777 ई. में प्रकाशित लेख (Brahmin's Observatory at Benares) के साथ दिया गया काशी की मानमंदिर-वेधशाला का रेखाचित्र।

संदर्भ और टिप्पणियां

1. डेविड एडविन पिंगरी : (David Edwin Pingree : 1933-2005 ई.) : न्यूहैवन (कॉनेक्टिकट, अमरीका) में जन्मे डेविड पिंगरी ने हाईस्कूल में पढ़ते समय ही स्वप्रयास से संस्कृत का अध्ययन शुरू कर दिया था। आगे हार्वर्ड से संस्कृत में पीएच.डी. हासिल की और ग्रीक, लैटिन, अरबी तथा तिब्बती भाषाएं भी सीखीं। पिंगरी ने स्वप्रयास से ही गणित-ज्योतिष के संस्कृत ग्रंथों का अध्ययन किया। कुछ साल शिकागो विश्वविद्यालय में ग्रीक व अरबी पढ़ाने के बाद वे 1971 ई. में ब्राउन विश्वविद्यालय में गणित के इतिहास विभाग में प्राचीन गणित-ज्योतिष के विशेषज्ञ ओट्टो नेउगेबौएर के उत्तराधिकारी नियुक्त हुए थे।
   पिंगरी ने 1965 ई. में भारत आकर यहां के संग्रहालयों में गणित-ज्योतिष की संस्कृत हस्तलिपियों की छानबीन की थी। उसके बाद वे अमरीका-कनाडा, यूरोप और भारत में मौजूद गणित-ज्योतिष के संस्कृत ग्रंथों (हस्तलिपियों) के विविध कैटेलॉग तैयार करने में जुट गए थे। पिंगरी ने भारतीय गणित व ज्योतिष से संबंधित कम-से-कम 12 ग्रंथ और 100 से ऊपर शोध-निबंध प्रकाशित किए हैं।
2. ब्रह्मगुप्त ने आर्यभट की आलोचना करने के लिए अपने 'ब्राह्मस्फुट-सिद्धांत' (628 ई.) में 'तंत्रपरीक्षाध्याय' नामक एक स्वतंत्र अध्याय लिखा है। अल-बिरूनी लिखते हैं: "मुझे आर्यभट की कोई पुस्तक नहीं मिली। मैं उसके बारे में जो कुछ जान पाया हूं उसका आधार उसके वे उद्धरण हैं जो ब्रह्मगुप्त ने दिए हैं।" देखिए **भारत : अल-बिरूनी**, (क़यामुद्दीन अहमद के संक्षिप्त अंग्रेजी संस्करण का हिंदी अनुवाद), नेशनल बुक ट्रस्ट, नई दिल्ली, 2003 ई., पृ. 164.
3. पेरिस में जन्मे जाँ सिल्वाँ बेली (1736-1793 ई.) साहित्य व खगोलशास्त्र के गंभीर अध्येता थे और फ्रांस की विज्ञान अकादमी के सदस्य चुने गए थे। उन्होंने पांच खंडों में खगोलशास्त्र का इतिहास लिखा है, और एक ग्रंथ में भारतीय तथा प्राच्य ज्योतिष की जानकारी दी है। वे पेरिस के मेयर और फ्रांस की नेशनल असेंबली के अध्यक्ष भी निर्वाचित हुए थे। मगर 1789 ई. की क्रांति के बाद फ्रांस की परिस्थितियां एकदम बदल गईं। 12 नवंबर, 1793 को गुलेटिन से जाँ सिल्वाँ बेली का वध कर दिया गया।
4. बरजेस के **सूर्य-सिद्धांत** के इस अंग्रेजी अनुवाद का दूसरा संस्करण फणींद्रलाल गांगुली द्वारा संपादित होकर प्रबोधचंद्र सेनगुप्त की भूमिका के साथ 1935 ई. में कलकत्ता विश्वविद्यालय से प्रकाशित हुआ। इसका पुनर्मुद्रण इंडोलॉजिकल बुक हाउस, दिल्ली से हुआ है।
5. हेनरी टॉमस कोलब्रूक के लिए देखिए अध्याय 1, टिप्पणी 3.

6. काशी के संस्कृत कालेज के वर्तमान मुख्य भवन का निर्माण अंग्रेज शासकों ने उन्नीसवीं सदी के मध्य में कराया था। शहर के कई जाने-माने लोगों ने इसमें आर्थिक सहयोग दिया था। यह इमारत 1852 ई. में बनकर तैयार हुई थी।
7. डा. मोतीचंद्र, **काशी का इतिहास**, विश्वविद्यालय प्रकाशन, वाराणसी, 1985, पृ. 392-93 से उद्धृत।
8. काशी से 1845 ई. में जो पहली हिंदी पत्रिका (साप्ताहिक) निकली, उसका नाम 'बनारस अखबार' था। उसके बाद काशी से दूसरी हिंदी पत्रिका 'सुधाकर' का प्रकाशन 1850 ई. से शुरू हुआ।
9. बलदेव मिश्र, **आर्यभटीयम्** (संस्कृत व हिंदी व्याख्या सहित), बिहार रिसर्च सोसायटी, पटना, 1966 ई., 'भूमिका', पृ. 26.
10. सुधाकरजी का यह कथन एशियाटिक सोसायटी से 1925 ई. में प्रकाशित **सूर्य-सिद्धांत** की उनकी 'सुधावर्षिणी' टीका की भूमिका, पृ. 1 से है। देखिए गोरख प्रसाद, **भारतीय ज्योतिष का इतिहास**, पृ. 236। सुधाकरजी के पुत्र पं. कृष्णचंद्र द्विवेदी द्वारा संपादित और संपूर्णानंद संस्कृत विश्वविद्यालय द्वारा 1987 ई. में प्रकाशित 'सूर्य-सिद्धांत' से मूल 'भूमिका' गायब है।
11. बलदेव मिश्र, **आर्यभटीयम्**, 'भूमिका', पृ. 14.
12. देखिए कल्याणदत्त शर्मा कृत **म.म. श्रीसुधाकर द्विवेदी वेधशाना परिचय**, सम्पूर्णानन्द संस्कृत विश्वविद्यालय, वाराणसी, 1992 ई.

परिशिष्ट - 6

जंतर-मंतर से कावलूर तक

बात 1947 ई. की है। भारत ने उसी साल आजादी हासिल की थी। उस साल प्रसिद्ध अमरीकी खगोलविद हारलोव शेपले[1] (1885-1972 ई.) ने भारत में खगोल-विज्ञान के अध्ययन के बारे में टिप्पणी करते हुए कहा था : "भारत एक अजूबा देश है। भारत ने मेघनाद साहा और सुब्रह्मण्यन् चंद्रशेखर जैसे प्रतिभाशाली खगोल-भौतिकीविद पैदा किए, लेकिन वहां वेधकार्य के लिए साधन नहीं के बराबर हैं!"

बात सच थी। परंतु पिछले करीब छह दशकों के प्रयासों से स्थिति अब काफी बदल गई है। भारत में अब वेधकार्य के लिए अनेक आधुनिक साधन उपलब्ध हो गए हैं। कावलूर वेधशाला (तमिलनाडु) में 2.3 मीटर व्यास के दर्पण वाली एशिया की सबसे बड़ी दूरबीन स्थापित हो गई है। कोडाईकनाल, नैनीताल, हैदराबाद और उदयपुर में भी वेधशालाएं हैं। भारत में अब रेडियो खगोल-विज्ञान के भी उन्नत साधन उपलब्ध हो गए हैं। उदकमंडलम् (ऊटी) में दो रेडियो दूरबीनें हैं और पुणे के नजदीक नारायणगांव में मीटर तरंग-दैर्घ्य वाली जो विशाल रेडियो दूरबीन स्थापित हुई है वह दुनिया में अपने किस्म की सबसे बड़ी रेडियो दूरबीन है।

आजादी के बाद की यह भी एक महत्वपूर्ण घटना है कि एक भारतीय खगोलविद वैणु बाप्पू (1927-1982 ई.) अंतर्राष्ट्रीय खगोल-विज्ञान संघ के अध्यक्ष रहे (1979-82 ई.)। इतना ही नहीं, भारत में 1985 ई. में पहली बार अंतर्राष्ट्रीय खगोल-विज्ञान संघ के महासम्मेलन का आयोजन हुआ। ये बातें स्पष्ट बताती हैं कि खगोल-विज्ञान के क्षेत्र में भारत ने अब सम्मान का स्थान हासिल कर लिया है। खगोल-विज्ञान के क्षेत्र में पुनः गौरव प्राप्त करने की यह दास्तान बड़ी दिलचस्प है। इसे ठीक से समझने के लिए सर्वप्रथम ज्योतिष (खगोल-विज्ञान) के क्षेत्र की पहले की उपलब्धियों पर एक सरसरी नजर डाल लेना उपयोगी होगा।

भारत में भास्कराचार्य (1150 ई.) के बाद गणित और ज्योतिष के क्षेत्र में मौलिक योगदान का दौर लगभग समाप्त हो गया था। लेकिन तब तक अरबी-इस्लामी ज्योतिष अपनी चरमोन्नति पर पहुंच चुका था। भारतीय और यूनानी ज्योतिष से

अरबी ज्योतिष समृद्ध हुआ था। उस समय ईरान और मध्य-एशिया में भव्य वेधशालाएं खड़ी की जा रही थीं। भारत में मुगल राज्य के संस्थापक बाबर (1526-1530 ई.) के एक पूर्वज उलुग़-बेग[2] (1394-1449 ई.) ने समरकंद (उज़बेकिस्तान) में विशाल ज्योतिष-यंत्रों वाली एक वेधशाला खड़ी की थी। वहां वेधकार्य करके उलुग़-बेग ने तारों की एक सूक्ष्म सारणी तैयार की थी, जो टॉलेमी (लगभग 150 ई.) की सारणी से काफी बेहतर थी। उलुग़-बेग अपने समय के संसार के एक श्रेष्ठ खगोलविद थे।

चित्र परि. 6.1 : उलूग-बेग का समरकंद का विशाल सेक्सटेंट

इस्लाम के साथ अरबी ज्योतिष को भी भारत में प्रवेश मिला। तब हमारे यहां अरबी और भारतीय ज्योतिष के समन्वय के प्रयास शुरू हुए। खगोलीय सारणियां (जीज) तैयार होने लगीं। फीरोजशाह तुगलक के शासनकाल (1351-1388 ई.) में ज्योतिष पर कई पुस्तकें लिखी गईं और भारत में धातु के ऐस्ट्रोलेब[3] (astrolabe) नामक यंत्र बनने लगे। ग्रह-नक्षत्रों के उन्नतांश मापने वाले इस यंत्र की खोज संभवतः यूनानियों ने की थी, मगर इसका विकास अरबी ज्योतिषियों ने किया। फीरोजशाह के दरबारी राज-ज्योतिषी महेंद्र सूरि[4] ने 1370 ई. में ऐस्ट्रोलेब पर **यंत्रराज** नाम से संस्कृत में एक पुस्तक लिखी। उसके बाद इस ज्योतिष-यंत्र पर भारत में कई पुस्तकें लिखी गईं।

अरबी-इस्लामी और भारतीय ज्योतिष के समन्वय का सर्वाधिक कार्य आमेर-जयपुर के राजा सवाई जयसिंह (1688-1743 ई.) ने किया। जयसिंह की बनवाई वेधशालाओं

चित्र परि. 6.2 : राजा सवाई जयसिंह (1688-1743 ई.)

के ज्योतिष-यंत्र, जो 'जंतर-मंतर' (यंत्र-मंत्र का अपभ्रंश) के नाम से भी जाने जाते हैं, आज दुनिया-भर में मशहूर हैं। इन वेधशालाओं का निर्माण प्रमुख रूप से उलुग़-बेग (1394-1449 ई.) की समरकंद की वेधशाला के आधार पर हुआ है। जयसिंह के पहले बादशाह शाहजहां (शासन : 1628-1658 ई.) ने भी भारत में समरकंद की तरह की एक वेधशाला बनवाने के बारे में सोचा था। शाहजहां ने अपने दरबारी विज्ञानी मुल्ला महमूद 'जौनपुरी' (1587-1653 ई.) को उलुग़-बेग (1394-1449 ई.) की वेधशाला का अध्ययन करने के लिए समरकंद भेजा था। मगर अंत में यह काम सवाई जयसिंह के हाथों सम्पन्न हुआ।

जयसिंह ने सबसे पहले 1724 ई. के आसपास दिल्ली में चूना और पत्थरों से भव्य ज्योतिष-यंत्र स्थापित किए। फिर उन्होंने अपनी

चित्र परि. 6.3 : दिल्ली के जंतर-मंतर का सम्राट-यंत्र 1724 ई.

नई राजधानी जयपुर में वैसी ही एक बड़ी वेधशाला बनवाई। उसके बाद मथुरा, उज्जैन और वाराणसी में कुछ छोटी वेधशालाएं बनवाईं। मथुरा की वेधशाला पूर्णतः नष्ट हो गई हैं, लेकिन शेष जैसी-तैसी अभी टिकी हुई हैं।

जयसिंह ने ज्योतिष-यंत्रों के बारे में **यंत्र-प्रकाश** नामक एक पुस्तक भी लिखी। जयसिंह के आदेश से उनके आश्रित ज्योतिषी पं. जगन्नाथ[5] ने यूनानी-मिस्री खगोलविद टॉलेमी (लगभग 150 ई.) के अरबी में अनूदित ग्रंथ **अलमजिस्ती** का **सम्राट-सिद्धांत** के नाम से और अरबी से ही यूक्लिड (लगभग 300 ई.पू.) की

ज्यामिति की पुस्तक का **रेखागणित** के नाम से संस्कृत में अनुवाद किया।

परंतु जयसिंह के बारे में सबसे महत्व की बात यह है कि उन्होंने यूरोप के ज्योतिष ग्रंथों और यंत्रों को भी प्राप्त करने के भरपूर प्रयास किए थे। जयसिंह ने ज्योतिष के जानकार पुर्तगाली मिशनरियों को अपने दरबार में आमंत्रित किया, और ज्योतिष के ग्रंथ और यंत्र लाने के लिए यूरोप में एक मिशन भी भेजा। जयसिंह को पुर्तगालियों से ही पहली बार दूरबीनों के बारे में जानकारी मिली। उन्होंने कुछ दूरबीनें प्राप्त कीं और बाद में अपने यहां भी कुछ दूरबीनें बनवाईं। दूरबीन से चंद्र को भी देखा, मगर यूरोप की इन दूरबीनों ने जयसिंह को विशेष आकर्षित नहीं किया। आकाश के पिंडों की गति और स्थिति निर्धारित करने के लिए उन्होंने अपनी वेधशालाओं के सम्राट-यंत्र, जयप्रकाश, रामयंत्र आदि को ही उपयुक्त और बेहतर समझा। जयसिंह को योहानेस केपलर (1571-1630 ई.) और आइजेक न्यूटन (1642-1727 ई.) के महान कृतित्व की भी जानकारी नहीं मिली। यूरोप में कोपर्निकस (1473-1543 ई.) ने जिस सूर्यकेंद्री सिद्धांत की स्थापना की थी उससे जयसिंह ने कोई लाभ नहीं उठाया; टॉलेमी के और भारतीय परंपरा के भूकेंद्री मत में ही उनका विश्वास बरकरार रहा!

जो भी हो, यूरोप के आधुनिक खगोल-विज्ञान के संपर्क में आने वाले जयसिंह भारत के पहले ज्योतिषी थे। स्मरण रहे कि यह प्रथम संपर्क पुर्तगालियों के जरिए हुआ था, अंग्रेजों के जरिए नहीं। मगर भारत में आधुनिक यंत्रोपकरणों वाली पहली वेधशाला स्थापित करने का श्रेय अंग्रेजों को ही है।

ईस्ट इंडिया कंपनी के व्यापारियों ने यूरोप से खगोल-यंत्र लाकर भारत में पहली

चित्र परि. 6.4 : मद्रास की वेधशाला

वेधशाला मद्रास (चेन्नई) में 1792 ई. में स्थापित की। पहले यहां 7.5 सेंमी. व्यास के दर्पण की दूरबीन लगाई गई। फिर 1865 ई. में 20 सेंमी. की दूरबीन भी यहां स्थापित हुई। यहां लगाई गई एक पेंडुलम घड़ी अब कोडाईकनाल वेधशाला में है और आज भी टिक्-टिक् कर रही है! मद्रास वेधशाला में चरकांति तारों के अन्वेषण का विशेष कार्य हुआ। इसी वेधशाला में चिंतामणि रधुनाथचारी (Chintamani Ragoonathachary) ने 1867 ई. में दक्षिणी खगोल के आर. रेटिकुली (R. Reticuli) नामक चरकांति तारे की खोज की। किसी भारतीय की दूरबीन द्वारा की गई यह पहली महत्वपूर्ण खोज थी। मद्रास वेधशाला में 18 वर्ष तक वेधकार्य करने के बाद टॉमस ग्लेनविल टेलर (Tomas Glanville Taylor : 1804-1848 ई.) ने सन् 1843 में दक्षिणी आकाश के 11,015 तारों की जो सारणी (मद्रास कैटेलॉग) तैयार की उसे यूरोप में बहुत सराहा गया।

भौतिकीय खगोलिकी

देहरादून वेधशाला (1878-1925 ई.)

सेंट जेवियर कालेज (कलकत्ता) वेधशाला, कलकत्ता (1879 ई.)

तख़्तसिंहजी वेधशाला, पुणे (1888-1912 ई.)

सेंट जेवियर कालेज (कलकत्ता) वेधशाला : बेल्जियमवासी जेसुईट फादर यूजेन लाफाँ (Father Eugene Lafont) 1879 ई.

तख़्तसिंहजी वेधशाला, पुणे (1888-1912 ई.) : पारसी : कावसजी दादाभाई नायगामवाला (1857-1938 ई.) : 20 इंच दूरबीन

कोडाईकनाल वेधशाला (1899 ई.)

चित्र परि. 6.5 : कावसजी दादाभाई नायगामवाला

मद्रास वेधशाला में लगभग सौ साल तक वेधकार्य हुआ। फिर 1899 ई.में तमिलनाडु की पलानी पहाड़ी पर सुरम्य कोड़ाई झील के समीप एक नई वेधशाला की स्थापना हुई। पिछले लगभग सौ साल के लंबे अरसे में इस कोडाईकनाल वेधशाला ने सौर भौतिकी के क्षेत्र में बड़ा महत्वपूर्ण कार्य किया है। इस वेधशाला के आरंभिक दौर में जॉन एवरशेड ने सूर्य के कलंकों से उत्सर्जित होने वाली गैसों के बारे में जो अनुसंधान-कार्य किया है उसे दुनिया-भर में प्रसिद्धि मिली है।

स्वतंत्रता-प्राप्ति के बाद कोड़ाईकनाल वेधशाला में कई नए यंत्रोपकरण स्थापित हुए। अंतर्राष्ट्रीय भूभौतिकीय वर्ष (1957-58 ई.) के दौरान पूर्वी गोलार्ध से सूर्य की

चित्र परि. 6.6 : कोडाईकनाल की सौर्य दूरबीन

गतिविधियों का अन्वेषण करने की जिम्मेदारी कोडाईकनाल वेधशाला ने संभाली थी। तब डा. अनिलकुमार दास (1902-1961 ई.) इस वेधशाला के निदेशक थे। उनके प्रयास से इस वेधशाला में अनेक नए यंत्र स्थापित हुए। चंद्रमा की अदृश्य सतह पर खोजे गए एक खड्ड को डा. दास का नाम दिया गया है।

सन् 1901 में हैदराबाद के नवाब जफरजंग ने वहां एक निजी वेधशाला स्थापित की। बाद में इसे 'निजामिया वेधशाला' का नाम दिया गया। आरंभिक वर्षों में इस वेधशाला में आकाशीय नक्शे और सारणियां तैयार करने का महत्वपूर्ण कार्य हुआ। लेकिन वेधशाला का अधिक विकास आजादी के बाद ही हो सका। अब यह वेधशाला उस्मानिया विश्वविद्यालय (हैदराबाद) के एक नए भवन में स्थानांतरित हो गई है।

चित्र परि. 6.7 : हैदराबाद वेधशाला

साथ ही, सन् 1968 में हैदराबाद से नातिदूर के जापाल व रंगपुर गांवों के पास भी एक नई वेधशाला बनी और उसमें 1.2 मीटर व्यास वाली एक दूरबीन स्थापित की गई। यह वेधशाला भी अब उस्मानिया विश्वविद्यालय के अंतर्गत ही कार्य करती है।

उन्नीसवीं सदी के पूर्वार्ध में निजी वेधशालाएं स्थापित करने के और भी कुछ प्रयास हुए थे। अवध के नवाब नसीरुद्दीन हैदर ने 1832 ई. में लखनऊ में गोमती के उस तरफ आधुनिक यंत्रों से युक्त एक वेधशाला स्थापित की थी, पर वह चली नहीं। सन् 1857 के सैनिक विद्रोह में वह नष्ट हो गई। सन् 1837 में तिरुवनंतपुरम् में स्थापित वेधशाला भी कुछ साल बाद बंद पड़ गई।

इस तरह, सन् 1947 में आजादी प्राप्त करने पर भारत में केवल दो ही वेधशालाएं थीं—कोडाईकनाल और हैदराबाद की वेधशालाएं। हारलोव शेपले ने उस समय ठीक ही कहा था कि, "भारत में वेधकार्य के लिए साधन नहीं के बराबर हैं।" मगर उन्होंने यह भी स्वीकार किया था कि, "भारत ने मेघनाद साहा और सुब्रह्मण्यन् चंद्रशेखर जैसे प्रतिभाशाली खगोल-भौतिकीविद पैदा किए हैं।" मेघनाद साहा (1893-1956 ई.) ने 1920 ई. में उच्च तापमान पर होने वाले आयनीकरण के बारे में अपने समीकरण प्रस्तुत किए। तब से तारे के स्पेक्ट्रम का अध्ययन करके उसकी भौतिक परिस्थितियों के बारे में बहुत-सी बातें जानना संभव हुआ।

चित्र परि. 6.8 :
सुब्रह्मण्यन् चंद्रशेखर

सुब्रह्मण्यन् चंद्रशेखर (1910-1995 ई.) ने तारों की संरचना पर शोधकार्य करके बीसवीं सदी के चौथे दशक में ही 'चंद्रशेखर सीमा' का प्रतिपादन कर दिया था, जिसके लिए काफी बाद में 1983 ई. में उन्हें भौतिकी का नोबेल पुरस्कार मिला। सन् 1943-45 में भारत सरकार ने चंद्रशेखर को शिकागो से कोडाईकनाल वेधशाला में लाने के प्रयास किए थे, लेकिन उन्हें अध्यापन-अनुसंधान का कार्य अधिक पसंद था।

चित्र परि. 6.9 : मेघनाद साहा

डा. मेघनाद साहा (1893-1956 ई.) का सपना था कि भारत में उन्नत साधनों से सम्पन्न एक आधुनिक वेधशाला की स्थापना हो। ऐसी वेधशाला की स्थापना के लिए 1945 ई. में साहा की अध्यक्षता

में पांच सदस्यीय समिति का गठन हुआ था और रिपोर्ट भी तैयार हो गई थी। मगर साहा का सपना उनके जीवनकाल में पूरा नहीं हो सका। उनका सपना पूरा हुआ कावलूर वेधशाला की स्थापना के साथ। इसे पूरा करने का श्रेय है डा. मनाली कल्लत वैणु बाप्पू (1927-1982 ई.) को।

चित्र परि. 6.10 : वैणु बाप्पू

भारत में वेधकार्य के साधनों के अभाव को उजागर करने वाले अमरीकी खगोलविद हारलोव शेपले 1948 ई. में हैदराबाद में थे। वैणु बाप्पू ने उसी साल एम. एससी. (भौतिकी) की परीक्षा पास की थी। उनके पिता 'निजामिया वेधशाला' में खगोलविद थे, इसलिए आकाश के नजारों में उन्हें बचपन से ही दिलचस्पी थी। वैणु बाप्पू ने हैदराबाद में हारलोव शेपले से भेंट की। शेपले इस भारतीय तरुण से बड़े प्रभवित हुए। उन्होंने वैणु बाप्पू को अमरीका की हार्वर्ड वेधशाला में अपने पास बुला लिया। वैणु बाप्पू सन् 1949 में हार्वर्ड पहुंचे और वेधकार्य में जुट गए। वहां उन्होंने जल्दी ही दो अमरीकी खगोलविदों के साथ मिलकर एक नए धूमकेतु की खोज की। वैणु बाप्पू भारत के अकेले खगोलविद हैं जिनका नाम एक धूमकेतु के साथ सदा के लिए जुड़ गया है (उस धूमकेतु को 'बाप्पू-बॉक-न्यूकिर्क' के नाम से जाना जाता है)। वैणु बाप्पू ने अमरीका के अपने निवास-काल में पालोमर पर्वत-शिखर पर स्थापित उस समय की संसार की सबसे बड़ी 200-इंच (सेंमी) व्यास के दर्पण की दूरबीन से भी वेधकार्य किया। वहां उन्होंने प्रो. ओलिन विल्सन[6] के साथ मिलकर तारों के वर्णक्रम के बारे में एक महत्वपूर्ण खोज की। "विल्सन-बाप्पू प्रभाव" नामक इस खोज से तारों के परम कांतिमान जानने में मदद मिलती है। सन् 1953 में डा. वैणु बाप्पू भारत लौट आए।

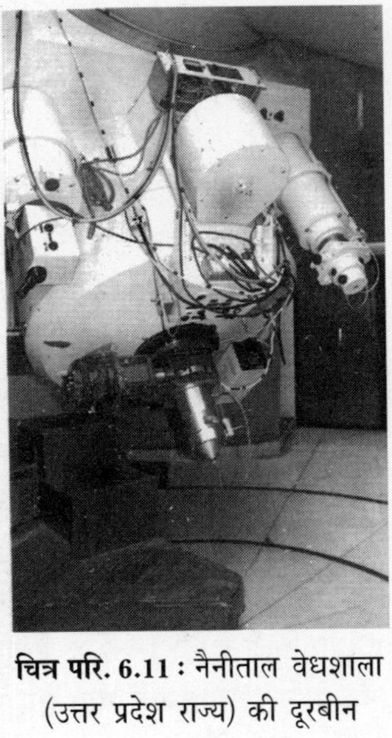

चित्र परि. 6.11 : नैनीताल वेधशाला (उत्तर प्रदेश राज्य) की दूरबीन

डा. सम्पूर्णानंद[7] जिनकी खगोल-विज्ञान में गहरी दिलचस्पी थी और जो उस समय उत्तर प्रदेश के मुख्यमंत्री थे, वाराणसी में एक वेधशाला स्थापित करना चाहते थे। उन्होंने इसकी जिम्मेदारी

26 वर्षीय वैणु बाप्पू को सौंप दी। बाप्पू ने वेधशाला के लिए नैनीताल में एक उपयुक्त स्थान (मनोरा पहाड़ी) का चुनाव करके वहां एक समुन्नत वेधशाला खड़ी कर दी और वहां तरुण खगोलविदों का एक दल भी तैयार कर दिया। फिर 1960 ई. में वैणु बाप्पू कोडाईकनाल वेधशाला के निदेशक नियुक्त हुए।

चित्र परि. 6.12 : कावलूर वेधशाला का वह गुम्बद जिसमें 234 सेंमी. व्यास की दूरबीन स्थापित की गई है।

अब वैणु बाप्पू डा. मेघनाद साहा के सपने को साकार बनाने में जुट गए। तमिलनाडु के उत्तरी आरकॉट जिले की जावड़ी पहाड़ियों में कावलूर गांव के पास भारत की नई भव्य वेधशाला के लिए स्थान का चयन वैणु बाप्पू ने बड़ी सावधानी से किया। यहां वर्ष की अधिकांश रातों में आकाश साफ रहता है। यहां तेज हवाएं नहीं चलतीं, और आसपास चंदन का वन होने से धरातल भी कम तपता है।

प्रमुख रूप से डा. वैणु बाप्पू के प्रयासों से ही कावलूर वेधशाला अब एशिया की एक समुन्नत वेधशाला बन गई है। यहां छह दूरबीनें हैं, जिनमें पांच भारत में ही बनी हैं। यहां स्थापित 234 सेंमी. (93 इंच) व्यास के दर्पण की दूरबीन एशिया में सबसे बड़ी है। यह भी देश में ही बनी है। कावलूर वेधशाला में उन्नत कंप्यूटरों की भी व्यवस्था की गई है। इस वेधशाला की एक दूरबीन से ही 1977 में डा. जे.सी. भट्टाचार्य ने स्वतंत्र रूप से यूरेनस ग्रह के वलयों की खोज की थी। इसी वेधशाला से 1988 ई. में खोजे गए एक लघुग्रह को महान गणितज्ञ श्रीनिवास रामानुजन् (1887-1920 ई.) का नाम दिया गया। दक्षिणी आकाश के अध्ययन के लिए इस वेधशाला का विशेष महत्व है। सन् 1986 में कावलूर वेधशाला को और वहां स्थापित 234 सेंमी. की दूरबीन को वैणु बाप्पू का नाम दिया गया।

डा. वैणू बाप्पू द्वारा किए गए प्रयासों को और उनके वेधकार्य को अंतर्राष्ट्रीय ख्याति मिली है। वे 1882 ई. में यूनान (ग्रीस) में आयोजित अंतर्राष्ट्रीय खगोल-विज्ञान संघ के महासम्मेलन में भाग लेने गए। लेकिन दुर्भाग्य से महासम्मेलन के बाद विदेश में ही उनका निधन हुआ। डा. वैणु बाप्पू ने भारत में वेधकार्य के आधुनिक साधन

जुटाने में जो अथक प्रयास किए और खगोल-विज्ञान के क्षेत्र में उन्होंने जो महत्वपूर्ण कार्य किया है वह सदा स्मरणीय रहेगा। सन् 1985 में भारत में आयोजित अंतर्राष्ट्रीय खगोल-विज्ञान संघ के महासम्मेलन के दौरान नए खोजे गए एक लघुग्रह को सर्वसम्मति से वैणू बाप्पू का नाम दिया गया।

सन् 1947 में भारत जब आजाद हुआ तब हमारे देश में केवल दो छोटी वेधशालाएं थीं—कोडाईकनाल वेधशाला और निजामिया वेधशाला। उसके बाद भारत में खगोल के अध्ययन के लिए बहुत सारे आधुनिक साधन उपलब्ध हो गए हैं। आजादी के बाद पहली वेधशाला नैनीताल में स्थापित हुई। फिर गुरुशिखर (आबू पर्वत) और उदयपुर में वेधशालाएं स्थापित हुई। ये दोनों ही वेधशालाएं अहमदाबाद की भौतिकीय अनुसंधान प्रयोगशाला के अधीन हैं।

चित्र परि. 6.13 : गुरुशिखर वेधशाला

चित्र परि. 6.14 : उदयपुर की सौर वेधशाला

आजादी के बाद देश में कई रेडियो-दूरबीनें स्थापित हुई हैं। पहली बड़ी रेडियो-दूरबीन उदकमंडलम् (ऊटी) में 1970 ई. में खड़ी की गई थी। कुल 24 परवलयिक फ्रेमों से निर्मित यह रेडियो-दूरबीन 530 मीटर लंबी और 30 मीटर चौड़ी है। पल्सरों, रेडियो-स्रोतों आदि के अध्ययन में इस दूरबीन का उपयोग हो रहा है। इस दूरबीन से करीब चार किलोमीटर की दूरी पर ऊटी में ही एक और रेडियो-दूरबीन स्थापित की गई हैं। रामन् रिसर्च इंस्टीट्यूट के अधीन बेंगलूर में भी दो रेडियो-दूरबीनें काम कर रही हैं।

भारत में अब एक विशिष्ट प्रकार की संसार की सबसे बड़ी रेडियो-दूरबीन भी स्थापित हो गई है। यह है, पुणे के करीब 80 किलोमीटर उत्तर में खोदड़ गांव के नजदीक स्थापित बृहत् मीटर-तरंग रेडियो-दूरबीन। यह रेडियो-दूरबीन 45 मीटर

चित्र परि. 6.15 : पुणे के नजदीक खोदड़ में स्थापित बृहत् मीटर-तरंग रेडियो-दूरबीन

व्यास वाले 30 बृहदाकार परवलयिक कटोरों से बनी है और इसने 1995 ई. से काम करना शुरू कर दिया है। पश्चिमी देशों में रेडियो स्पेक्ट्रम की मीटर-तरंग के क्षेत्र में बहुत कम खोजबीन हुई है, इसलिए भारत में स्थापित इस रेडियो-दूरबीन का बड़ा महत्व है। इस रेडियो-दूरबीन से दूर की मंदाकिनियों में पल्सरों की खोज की जा रही है।

विद्युत-चुंबकीय विकिरण में ब्रह्मांडीय गामा-किरणें सबसे ज्यादा शक्तिशाली होती हैं। ये किरणें धरातल पर नहीं पहुंच पातीं, इसलिए इन्हें ग्रहण करने के लिए विशिष्ट प्रकार के उपग्रह वायुमंडल के ऊपर स्थापित किए जाते हैं। मगर अत्यधिक ऊर्जा वाली गामा-किरणों को, चेरेंकोव विकिरण के रूप में, धरातल पर भी ग्रहण किया जा सकता है। हमारे देश में गुलमर्ग, आबू पर्वत और पचमढ़ी में गामा-किरण वेधशालाएं स्थापित की गई हैं। इस तरह, पिछले कुछ दशकों में ब्रह्मांड के अन्वेषण के लिए विभिन्न किरणों की जो नई 'खिड़कियां' खुली हैं उन सबके लिए भारत में अब उन्नत साधन उपलब्ध हो गए हैं, नए साधन जुटाए जा रहे हैं।

भारत में ब्रह्मांडीय किरणों के अन्वेषण का भी महत्वपूर्ण काम हुआ है। डा. होमी भाभा (1909-1966ई.) इस क्षेत्र में अगुआ थे। हमारे देश में एक्स-किरण व अवरक्त खगोल-विज्ञान के क्षेत्रों में भी काफी कार्य हुआ है। देश के उस्मानिया, पुणे व दिल्ली जैसे कुछ विश्वविद्यालयों में और पुणे स्थित खगोल-विज्ञान व खगोल-भौतिकी के आंतर-विश्वविद्यालय केंद्र में सैद्धांतिक खगोल-भौतिकी के क्षेत्र में उल्लेखनीय कार्य

हुआ है । भारत में पहला तारा-मंडल पुणे के एक स्कूल में सन् 1954 ई. में स्थापित हुआ था। अब देश के लगभग 30 नगरों में तारा-मंडल बन गए हैं।

राजा सवाई जयसिंह के समय में भारत पहली बार यूरोप के नए खगोल-विज्ञान के संपर्क में आया था। जैसा कि हारलोव शेपले ने कहा था, सन् 1947 ई. में भारत में वेधकार्य के लिए उन्नत साधन उपलब्ध नहीं थे। परंतु अब हैं। कवलूर वेधशाला पूर्वी गोलार्ध की एक श्रेष्ठतम वेधशाला है। भारत में संसार की एक सर्वाधिक शक्तिशाली रेडियो-दूरबीन भी स्थापित हो गई है। अब भारतीय खगोलविदों के वेधकार्य को अंतर्राष्ट्रीय सम्मान भी मिल रहा है।

संदर्भ और टिप्पणियां

1. हारलोव शेपले (Harlow Shapley : 1885-1972 ई.) : अमरीकी खगोलविद, जो 1921 ई. से 1952 ई. तक हार्वर्ड वेधशाला के निदेशक रहे। शेपले ने आकाशगंगा के आकार-प्रकार को निर्धारित करने और गोलाकार तारा-गुच्छों की खोजबीन का महत्वपूर्ण कार्य किया है। शेपले ने मंदाकिनियों के स्वरूप व वितरण का भी अन्वेषण किया है।

2. उलुग-बेग (Ulug-Beg : 1394-1449 ई.) : उलुग बेग ने अपने पिता के उपराज के तौर पर 41 वर्ष तक समरकंद में शासन किया था। ज्योतिष और गणित के विकास में उसने खासतौर से सहायता की। तारों और ग्रहों के ठीक-ठीक वेध के लिए 1420 ई. में एक बहुत बड़ी तीन मंजिली वेधशाला समरकंद के पास कोहक नदी के ऊपर बनवाई थी जिसका आरंभ 11 अक्तूबर, 1428–1 सितंबर, 1421 ई. में हुआ था। इसके दरबार में तथा वेधशाला के विद्वान काजी जादरूम गयासुद्दीन जमशीद मोहीउद्दीन काशानी इसराईली (यहूदी) सलाहुद्दीन थे। यहीं पर प्रसिद्ध सारणी (5 जुलाई 1437–26 मई 1438) में तैयार हुई। उलुग बेग की वेधशाला के ध्वंसावशेष नगर के पूर्वी उपांत में चोपान-अता पहाड़ी पर अब भी मौजूद हैं, उसकी ज्योतिष, सारणी-'जीजे उलुग बेग' सदियों तक यूरोप में भी मान्य रही। पूर्व के देशों में बनी सभी ग्रह सारणियों में यह सबसे अधिक पूर्ण और शुद्ध थी। इसमें–(1) समय और युग (2) समय-माप (3) ग्रह-कला (4) नक्षत्र-तारा के स्थान दिये गये हैं। उलुग बेग की नक्षत्र (तारा) सूची इतनी पूर्ण है कि आज भी खुली आंखों से दिखलाई देने वाले उतने ही (डेढ़ हजार) तारों की सूची बन पाई है। समरकंद को उलुग बेग ने मध्य-एशिया की उज्जयिनी बना दिया।

   उलुग-बेग बहुत ही कोमल स्वभाव का आदमी था, कला और विज्ञान के पीछे तो वह पागल था। जयसिंह से पहले बादशाह शाहजहां ने भी भारत में समरकंद की

एक वेधशाला बनवाने के बारे में सोचा था शाहजहां ने अपने दरबारी विज्ञानी मुल्ला महमूद जौनपुरी को उलुग-बेग (1394-1449) की वेधशाला का अध्ययन करने के लिए समरकंद भेजा था। मगर अंत में यह काम सवाई जयसिंह के हाथों संपन्न हुआ।

3. ऐस्ट्रोलेब (astrolabe) : फिरोजशाह तुगलक के शासनकाल में (1351-1388 ई.) ज्योतिष पर कई पुस्तकें लिखी गईं और भारत में धातु के ऐस्ट्रोलेब नामक यंत्र बनने लगे। ग्रह-नक्षत्रों के उन्नतांश मापने वाले इस यंत्र की खोज संभवतः यूनानियों ने की थी। मगर इसका विकास अरबी ज्योतिषियों ने किया था।

4. महेंद्र सूरि फीरोजशाह के दरबार में राज-ज्योतिषी थे। उन्होंने 1370 ई. में ऐस्ट्रोलेव पर यंत्रराज नाम से संस्कृत में एक पुस्तक लिखी। इसके बाद इस ज्योतिष यंत्र पर भारत में कई पुस्तकें लिखी गईं।

5. पं. जगन्नाथ का जन्म 1652 ई. में हुआ था। वह जयसिंह के दरबार में ज्योतिषी थे। पं. जगन्नाथ के यूनानी-मिस्री खगोलविद टॉलेमी (लगभग 150 ई.) के अरबी में अनूदित ग्रंथ अलूम जिस्ती का सम्राट-सिद्धांत के नाम से और यूक्लिड (लगभग 300 ई.पू.) के मूलतत्व का रेखा गणित के नाम से अरबी से संस्कृत में अनुवाद किया।

6. ओलिन विल्सन : वैणु बाप्पू भारत के अकेले खगोलविद हैं जिनका नाम धूमकेतु के साथ सदा के लिए जुड़ा है। वैणु बाप्पू ने अमरीका के अपने निवास-काल में पालोमर पर्वत-शिखापट स्थापित उस समय की संसार की सबसे बड़ी 200 इंच व्यास के दर्पण की दूरबीन से वेधकार्य किया। वहां उन्होंने प्रो. ओलिन विल्सन के साथ मिलकर तारों के वर्णक्रम के बारे में एक महत्वपूर्ण खोज की। "विल्सन-बाप्पू प्रभाव" नामक खोज से तारों के परम कांतिमान जानने में मद्द मिलती है।

7. डा. सम्पूर्णानंद : उत्तर प्रदेश के मुख्यमंत्री थे। उनकी खगोल-विज्ञान में बड़ी दिलचस्पी थी वह वाराणसी में एक वेधशाला स्थापित करना चाहते थे। उन्होंने यह जिम्मेदारी वैणु बाप्पू की सौप दी। उन्होंने वेधशाला के लिए नैनीताल में मनोरा पहाड़ी पर वेधशाला खड़ी कर दी और तरुण खगोलविदों का एक दल भी तैयार कर दिया।

परिशिष्ट - 7

भास्कराचार्य की विशिष्ट शब्दावली

अंगुल	लंबाई की माप, 'हाथ' का $\frac{1}{24}$ वां भाग	unit of length, $\frac{1}{24}$th of a cubit
अंत्यपद	श्रेणी का अंतिम पद	last term in a series
अक्ष	अक्षांश	latitude
अक्षज्या	अक्षांश ज्या	R sine latitude
अग्र	उच्च, अंत, शेष	tip, end, remainder
अघन	जो घन नहीं	non-cube
अज	मेष (राशि)	sign of Aries
अधिमासक	अधिमास, मलमास	intercalary month
अनुलोम गति	सीधी या वामावर्त गति	direct or anticlockwise motion
अनुलोम विवर	सीधी गति वाले दो ग्रहों के बीच का अंतर	distance between two planets in direct motion
अपमंडल	क्रांतिवृत्त	ecliptic
अपसव्य	वामावर्त	anticlockwise
अपसर्पिणी	युग का द्वितीय अर्धांश	second half of the *yuga*
अभ्यास	गुणन	multiplication
अयन	ग्रह का उत्तर या दक्षिण की ओर गमन	northward or southward motion of a planet
अर्कोदय	सूर्योदय	sunrise
अर्धज्या	ज्या	R sine
अयुत	दस हजार	10^4
अर्बुद	दस करोड़	10^8
अश्वयुक्	आश्विन मास	month of Ashvina

आयाम	लंबाई या चौड़ाई	length or breadth
आयामक्षेत्र	समलंब	trapezium
आर्क्षी	नाक्षत्रिक	sidereal
आसन्न	सन्निकट	approximate
इष्ट	इच्छित या प्रदत्त संख्या	desired or given number
उच्चनीचवृत्त	अधिचक्र	epicycle
उत्क्रमण	उत्क्रम ज्या	reversed sine
उत्तर	अंतर	common difference
उदगयन	उत्तरायण	Sun's northward journey
उत्सर्पिणी	युग का पूर्वार्ध	first half of the *yuga*
उदयास्तमय	सूर्यसहोदय या सूर्यसहास्त	heliacal rising or setting
उन्मंडल	उद्वृत्त	6 o'clock circle equatorial horizon
उन्नतांश		altitude
उपचिति	श्रेणी	a series in general,
ऊर्ध्वभुजा	खड़ी भुजा	vertical side or altitude
कक्ष्यामंडल	मध्यक कक्षा	mean orbit, deferent, concentric
कदंब		pole of the ecliptic
कपाल	अर्धगोल	hemisphere
कर्ण	विकर्ण	hypotenuse
कला	मिनट का चाप	minute of arc
कल्प	1008 युग (ब्रह्मा का दिन)	a period of 1008 *yugas*
कालक्रिया	काल-गणना	computations of time
काह	कल्प (ब्रह्मा का एक दिन)	a day of Brahma, *kalpa*
कृति	वर्ग	square
कोटि, कोटी	समकोण त्रिभुज की खड़ी भुजा, करोड़	vertical side of a right-angled triangle, crore
कोण	शनि ग्रह	Saturn
क्वावर्त	कु-आवर्त, भूभ्रमण	rotation of the Earth
क्षय	ऋण	minus, negetive

क्षितिच्छाया	पृथ्वी की छाया	Earth's shadow
क्षेत्र	भगोल, तारा-मंडल	sphere of asterisms
क्षेत्र-विभाग	भगोल-विभाग	division of space
क्षेप	विक्षेप	celestial latitude
ख	आकाश	sky
खगोल	आकाश का गोल	sphere of the sky
खमध्य	आकाश के मध्य	middle of the sky
गच्छ	पदों की संख्या	number of terms
गुणकार	गुणक	multiplier
गुर्वक्षर	दीर्घ अक्षर	long syllable
गुर्वब्द	बृहस्पति वर्ष	Jovian year
गुलिका	अज्ञात मूल्य की वस्तु	a thing of unknown value
गोल	खगोल, वृत्त	circle, celestial sphere
गोलयंत्र	भगोल का प्रतिरूप	automatic sphere
घनगोल	ठोस गोल	solid sphere
घनगोलफल	ठोस गोल का आयतन	volume of a solid sphere
घनचितिघन	प्राकृतिक संख्याओं के घनों की श्रेणी का योग	sum of the series of cubes of natural numbers
घनफल	आयतन	volume
घनभूमध्य	भूकेंद्र	Earth's centre
चंद्रोच्च	चंद्र का उच्च	moon's apogee
चक्र	वृत्त	circle
चतुरश्र	चतुर्भुज	quadrilateral
चिति	प्राकृतिक संख्याओं की श्रेणी का योग	sum of a series of natural numbers
चितिघन	संकलित-संकलित	sum of 1 + (1+2) + (1+2+3) + ...
जूक	तुला राशि	Libra sign
ज्या	ज्यार्ध	R sine
तम, तमोमय	चंद्र की दूरी पर पृथ्वी की छाया	section of Earth's shadow at Moon's distance

तमोविष्कंभ	छाया का व्यास	diameter of shadow
ताराग्रह	बुध, शुक्र, मंगल, बृहस्पति, व शनि ग्रह	Star planets : Mercury, Venus, Mars, Jupiter, Saturn
तिथिप्रलय	क्षय तिथि	omitted *tithi*
दल	अर्ध	half
दिक्	अक्षवलन	deflection due to latitude
दिनप	दिनपति	lord of the day
दिव्यवर्ष	360 मानव-वर्ष	divine year, equal to 360 years of men
दुष्षमा	युग का प्रथम व अंतिम चतुर्थांश	first and last quarters of a *yuga*
दृक्क्षेप	क्रांतिवृत्त-खमध्य दूरी	ecliptic-zenith distance
दृक्छाया	लंबन, दृग्भेद	parallax
दृग्गोल	दृश्य खगोल	visible celestial sphere
दृङ्मंडल	ऊर्ध्वाधर वृत्त	vertical circle
द्वादशाश्रि	बारह किनारों वाला ठोस, घन	twelve-edged solid, cube
धनु	चाप	arc
नक्षत्रगण	भगण	revolution-number
नरक	नरक, दक्षिण ध्रुव	hell, south pole
ना	नृ, नर, 4 हाथ, 96 अंगुल	4 cubits
नियुत	एक लाख	1,00,000
निरवशेष	शुद्ध	exact
नीच	भूमि-नीच, सूर्य-नीच	perigee, perihelion
पद	वर्गमूल, श्रेणी का एक पद, वृत्तपाद	square root, quadrant, term of a series
परमापक्रम	परमक्रांति, क्रांतिवृत्त की तिर्यकता	greatest declination, obliquity of the ecliptic
परिणाह	परिधि, घेरा	circumference, periphery
पूर्वापर	पूर्व-पश्चिम	east-west
प्रतिमंडल	ग्रह का उत्केंद्र	eccentric circle of a planet

प्रतिलोम	वक्री	retrograde, clockwise
प्रहव वायु	प्रवाहक वायु	provector wind
प्राग्लग्न, लग्न	क्रांतिवृत्त का उदय-बिंदु	rising point of the ecliptic
प्राण	विनाडिका का छठा भाग	4 seconds or one-sixth of a *vinadika*
फल	मूलधन पर व्याज	interest on principal
बडवामुख	दक्षिण ध्रुव	south pole
ब्रह्मदिवस	कल्प	day of Brahma, *Kalpa*
भ	नक्षत्र	asterism
भगण	परिक्रमण	revotutions by a planet
भगोल	नक्षत्र-गोल	sphere of asterisms
भपंजर	भचक्र	circle of the asterisms
भपरिणाह	भचक्र की परिधि	circumference of the circle of asterisms
भूगोलविष्कंभ	पृथ्वी की परिधि	diameter of the Earth
भोग	गति, दैनंदिन गति	motion, daily motion
भ्रम	कंपास, परकार	compasses
मंडल	वृत्त, भ्रमण	circle, revolution
मंदोच्च	भू-उच्च, सूर्य-उच्च	apogee, aphelion
मति	स्वकल्पित राशि	optional number
मध्य	केंद्र, माध्य, श्रेणी का मध्यपद	centre, mean, middle term in a series
मध्यग्रह	मध्यक ग्रह	mean planet
मनु, मन्वंतर	72 युग	72 *yugas*
मुख	श्रेणी का प्रथम पद	first term in a series
मूलफल	व्याज	interest
युग, चतुर्युग	43,20,000 वर्ष की अवधि	a period of 43,20,000 years
युगपाद	युग का चौथाई भाग	quarter *yuga*
योग	दो ग्रहों का मिलन, युति	conjunction of two planets
योजन	32,000 हाथ लंबाई, लगभग 12 किमी.	32,000 cubits, approximately 12 km.

लंका	भूमध्यरेखा पर कल्पित स्थान, जहां उज्जयिनी की याम्योत्तर-रेखा उसे काटती है	a hypothetical place on the equator where the meridian of Ujjain intersects it
वर्गचितिघन	$1^2 + 2^2 + 3^2 + ...$ का योग	sum of $1^2 + 2^2 + 3^2 + ...$
विवर, विशेष	अंतर	difference
विष्कंभ	व्यास	diameter
विष्कंभार्ध	व्यासार्ध, त्रिज्या	radius
विस्तर	विस्तार, लंबाई	length
वृंद	10^9, एक अरब	10^9
वृत्तपरिणाह	वृत्त की परिधि	circumference of a circle
वृत्तफल	वृत्त का क्षेत्रफल	area of a circle
षडश्रि	छह किनारों वाला पिरामिड	a solid with six edges
संवर्ग	गुणन	multiplication
समचतुरश्र	वर्ग	square
समदलकोटि	त्रिभुज की ऊंचाई	altitude of a triangle
समाः	वर्ष	year
सम्पर्क	योग	sum
सव्य	दक्षिणावर्त	clockwise
सर्वग्रास	पूर्ण ग्रहण	total eclipse
सवर्णत्व	समछेदीकरण	reduction to common denominator
स्फुट ग्रह	स्पष्ट ग्रह	true planet
हस्त	हाथ, 24 अंगुल	cubit, 24 *angulas*

परिशिष्ट - 8

हिंदी-अंग्रेजी/अंग्रेजी-हिंदी पारिभाषिक शब्द

हिंदी-अंग्रेजी

अंक	digit
अंगुल	finger breadth, $\frac{1}{24}$th of a cubit
अंश	degree
अक्ष, धुरी	Earth's axis.
अक्षरांक, वर्णांक	alphabetic number
अधिचक्र	epicycle
अधिमास, मलमास	intercalary month
अधोबिंदु	nadir
अनिर्णीत समीकरण	indeterminate equation
अनुपात, समानुपात	ratio, proportion
अनुलोम गति	direct motion from west to east or anticlockwise
अपरिमेय संख्या	irrational number
अबीजीय संख्या	transcendental number
अयन	northward or southward motion of a planet
अयन-चलन	precession of equinoxes
अयनांत	solstice
अर्ध-जीवा	half-cord
अहर्गण	The number of mean civil days elapsed since the beginning of *Kaliyuga* or any other epoch.
अहोरात्र	a day and night, a nychthemeron

अहोरात्रवृत्त	diurnal circle
आयतन	volume
आर्धरात्रिक पद्धति	midnight system
आसन्न	approximate
औदयिक पद्धति	sunrise system
इकाई	unit
उत्क्रम ज्या, उज्ज्या	versed sine
उत्तरायण	northward progress of the Sun
उपपत्ति	proof
ऊर्ध्व, ऊर्ध्वाधर	vertical
कक्ष्या, कक्षा	orbit
कक्ष्यामंडल	mean orbit, deferent of concentric
कदंब	pole of the ecliptic
करण (ग्रंथ)	an astronomical manual
करणी	surd
कर्ण	hypotenus
कला	minute of arc
कल्प	1000 *yugas* (according to Aryabhata 1008 *yugas*)
कु	Earth
कुज	Mars
कुट्टक, कुट्टाकार	pulveriser
कोज्या, कोटिज्या	cosine
कोण	Saturn, angle
क्रांतिपात	equinoxes
क्षितिज	horizon
क्षेत्रफल	area
खंडग्रहण	partial eclipse
ख	sky
खगोल	sphere of the sky
खमध्य	zenith, middle of the sky

गच्छ	number of terms
गणित	mathematics
गुणोत्तर श्रेढी	geometrical progression
गुर्वक्षर	long syllable
गुलिका	unknown quantity
गोल	globe, sphere, celestial sphere
गोलयंत्र	armillary sphere
गोलीय खगोलिकी	spherical astronomy
ग्रस्त	eclipsed
ग्रह	planet
ग्रहण	eclipse
ग्रास	measure of eclipse
घटिका, घटी	a unit of time = 24 minutes
घन	cube
घनफल	volume
घनमूल	cube root
चंद्र-ग्रहण	lunar eclipse
चंद्रोच्च	Moon's apogee
चतुर्भुज	quadrilateral
चांद्रमास	lunar month
चाप	arc, circular measure of angle
छेद, हर	denominator
जीवा, ज्या, ज्यार्ध	R sine
जूक, तुला	Libra
ज्यामिति, रेखागणित, क्षेत्रमिति	geometry
ज्योतिष, ज्योतिर्विज्ञान	astronomy
ज्योतिषी, खगोलविद्	astronomer
तारा, नक्षत्र	star
ताराग्रह	Star planets : Mercury, Venus, Mars, Jupiter, Saturn
तिथि	Lunar day

तुला	Libra
त्रिकोणमिति, ज्या-गणित	Trignometry
त्रिभुज	triangle
त्रिज्या, अर्धव्यास	radius
त्रैराशिक	Rule of Three
दक्षिणायन	southward progress of the Sun
दीर्घवृत्त	ellipse
देशांतर	longitude of a place
ध्रुव	pole
ध्रुवक	polar longitude
नक्षत्रचक्र	zodiac
नतकाल	hour angle
नतांश	zenith distance
नाक्षत्र दिवस	sidereal day
नियुत	one lac, 10^5
निर्देशांक	coordinates
नीच	perihelion, perigee (of the Moon)
पंचांग	calendar
पक्ष	lunar fortnight
परमक्रांति	obliquity of the ecliptic
परिकल्पना	hypothesis
परिधि	circumference
पात	nodes
प्रतिलोम	retrograde
प्रमेय	theorem
प्रयुत	one million, 10^6
प्रहव वायु	provector wind
फलन	function
फलित-ज्योतिष	astrology
फलित-ज्योतिषी	astrologer

बीजगणित	algebra
भगण	sidereal revolutions
भचक्र, राशिचक्र	zodiac
भगोल	sphere of asterisms
भिन्न	fraction
भोग	longitude
मंदकर्ण	radius vector
मंदकेंद्र	anomaly
मंदफल	equation of the centre
मंदोच्च	apogee
मध्यक, माध्य	mean
मध्यगति	mean motion
मार्गी (गति)	direct motion
मास	month
मीन	Pisces
मूल, वर्गमूल	square root
मेरु पर्वत	mountain at the north pole
मेष	Aries
याम्योत्तर	meridian
युग, महायुग, चतुर्युग	a period of 43,20,000 years
युति	conjunction
योग, युति	conjunction of two planets
योजन	32,000 cubits
राशि	Sign
राहु	ascending node of Moon's orbit
लंका	a hypothetical city on the equator where the meridian of Ujjain interseects it
लंब	perpendicular
लंबन	parallax
लग्न	rising point of ecliptic

वक्री	a planet in retrograde motion
वर्ग	square
वर्गमूल	square root
वर्ग समीकरण	quadratic equation
वसंत संपात	Vernal equinox
विक्षेप	celestial latitude
विलोम	retrograde
विषुवत् वृत्त, विषुववृत्त	equator
विषुवांश	right ascension
वृत्त, मंडल	circle
वेग	velocity
वेधशाला	observatory
वेलांतर	equation of time
व्यास	diameter
व्यासार्ध, त्रिज्या	semi-diameter, radius
शंकु	gnomon
शब्दांक	word number
शर	latitude
शीघ्रोच्च	perigee
संख्यांक	numerals
समांतर श्रेढी	arithmetical progression
समीकरण	equation
समवृत्त, सममंडल	prime vertical
समानुपात	proportion
सवर्णन	reduction to commom denominator
सावन दिन	terrestrial day and night
सूचीस्तंभ	pyramid
सूर्य-ग्रहण	solar eclipse
स्पष्ट ग्रह	geocentric latitude of a planet

श्रेढी	progression
श्रेणी	series
सौर	solar
स्पर्श	first contact of an eclipse
स्फुट ग्रह, स्पष्ट ग्रह	true planet
हर, छेद	denominator
हरात्मक श्रेढी	harmonical progression
हस्त	cubit
होरा	hour

अंग्रेजी-हिंदी

ahargana	कलियुग या किसी अन्य युग के आरंभ से बीते हुए माध्य सावन दिनों की संख्या
algebra	बीजगणित
alphabetic number	अक्षरांक, वर्णांक
angula	हस्त का $\frac{1}{24}$ वां भाग
anticlockwise or direct motion from west to east	अनुलोम गति
approximate	आसन्न, सन्निकट
arc	चाप
area	क्षेत्रफल
Aries	मेष राशि
arithmetical progression	समांतर श्रेढी
armillary sphere	गोलयंत्र
astrologer	फलित-ज्योतिषी
astrology	फलित-ज्योतिष
astronomer	खगोलविद्, गणितज्ञ-ज्योतिषी
astronomy	गणित-ज्योतिष, खगोल-विज्ञान, खगोलिकी
axis, Earth's	अक्ष, धुरी
calendar	पंचांग

celestial latitude	विक्षेप
celestial sphere	गोल, खगोल
circle	वृत्त, मंडल
circumference	परिधि
coordinates	निर्देशांक
combination	संचय, अंकपाश
conjunction	युति, योग (दो ग्रहों का)
cosine	कोज्या
cube	घन
cube root	घनमूल
cubit	हस्त
day and night	अहोरात्र
deferent	कक्षावृत्त
degree	अंश
denominatore	छेद, हर
diameter	व्यास
digit	अंक
diurnal circle	अहोरात्र वृत्त
Earth	कु, भू, पृथ्वी
eccentric	उत्केंद्र
ecliptic, pole of the	कदंब
epicycle	अधिचक्र
equinoxes	क्रांतिपात, संपात
eclipse	ग्रहण
eclipsed	ग्रस्त
eclipse, measure of	ग्रास
ellipse	दीर्घवृत्त
equation	समीकरण
equator	विषुवत् वृत्त, भूमध्यरेखा
fraction	भिन्न

function	फलन
geometrical progression	गुणोत्तर श्रेढी
geometry	ज्यामिति, रेखागणित
globe	गोल
gnomon	शंकु
gulika	अज्ञात राशि
half-cord	अर्ध-ज्या
harmonical progression	हरात्मक श्रेढी
horizon	क्षितिज
hour	होरा
hypotenus	कर्ण, विकर्ण
hypothesis	परिकल्पना
intercalary month	अधिमास, मलमास
indeterminate equation	अनिर्णीत समीकरण
irrational number	अपरिमेय संख्या
Libra	जूक, तुला राशि
long syllable	गुर्वक्षर
longitude of a place	देशांतर
lunar day	तिथि
lunar eclipse	चंद्र-ग्रहण
lunar fortnight	पक्ष
lunar month	चांद्र मास
Mars	कुज, मंगल ग्रह
mathematics	गणित
mean	मध्यक, माध्य
mean motion	मध्य गति
meridian	याम्योत्तर
Meru mountain	उत्तर ध्रुव का मेरु पर्वत (कल्पित)
midnight system	आर्धरात्रिक पद्धति
minute of arc	कला
month	मास

Moon's apogee	चंद्रोच्च
nadir	अधोबिंदु
nodes	पात
numerals	संख्यांक
orbit	कक्ष्या, कक्षा
observatory	वेधशाला
partial eclipse	खंडग्रहण
perpendicular	लंब
Pisces	मीन राशि
planet	ग्रह
pole	ध्रुव
polar longitude	ध्रुवक
precession of equinoxes	अयन-चलन
progression	श्रेढी
proof	उपपत्ति
proportion	समानुपात
provector wind	प्रहव वायु
pulveriser	कुट्टक, कुट्टाकार
pyramid	सूचीस्तंभ, पिरामिड
quadratic equation	वर्ग समीकरण
quadrilateral	चतुर्भुज
radius	अर्धव्यास, त्रिज्या
ratio, proportion	अनुपात, समानुपात
retrograde	प्रतिलोम, विलोम, वक्री
revolutions	भगण
R sine	जीवा, ज्या, ज्यार्ध
Rule of Three	त्रैराशिक
Saturn	शनि ग्रह, कोण
series	श्रेणी
sidereal day	नाक्षत्र दिवस
Sign	राशि

sky	ख, आकाश
solstice	अयनांत
solar	सौर
solar eclipse	सूर्य-ग्रहण
sphere of asterisms	भगोल
sphere of the sky	खगोल
spherical astronomy	गोलीय खगोलिकी
square	वर्ग
square root	वर्गमूल
star	तारा, नक्षत्र
Star planets	ताराग्रह : बुध, शुक्र, मंगल, बृहस्पति व शनि
sunrise system	औदयिक पद्धति
surd	करणी
theorem	प्रमेय
transcendental number	अबीजीय संख्या
triangle	त्रिभुज
trignometry	त्रिकोणमिति, ज्या-गणित
true planet	स्फुट ग्रह
unit	इकाई
velocity	वेग
versed sine	उत्क्रम ज्या, उज्ज्या
vertical	ऊर्ध्व, उर्ध्वाधर
volume	आयतन, घनफल
word number	शब्दांक
zenith	खमध्य
zenith distance	नतांश
zodiac	भचक्र, राशिचक्र

परिशिष्ट - 9

सहायक ग्रंथ-सूची

संस्कृत

1. **आर्यभटीय**–आर्यभट कृत; संपादक और अंग्रेजी अनुवादक : कृपाशंकर शुक्ल और के. वी. शर्मा, इंडियन नेशनल सायंस एकैडेमी, नई दिल्ली, 1976.

2. **आर्यभटीय**–आर्यभट कृत (भास्कर-प्रथम और सोमेश्वर की टीक सहित); संपादक : कृपाशंकर शुक्ल, इंडियन नेशनल सायंस एकैडेमी, नई दिल्ली, 1976.

3. **आर्यभटीय**–आर्यभट कृत; हिंदी अनुवाद और व्याख्या : रामनिवास राय, इंडियन नेशनल सायंस एकैडेमी, नई दिल्ली, 1976.

4. **आर्यभटीय**–आर्यभट कृत; संकृत व्याख्या और हिंदी अनुवाद : पं. बलदेव मिश्र, बिहार रिसर्च सोसायटी, पटना, 1966.

5. **करणकुतूहल**–भास्कराचार्य कृत; सुमतिहर्ष विरचित 'गणककुमुदकौमुदी' व्याख्या सहित, खेमराज श्रीकृष्णदास प्रकाशन, बंबई, 1989.

6. **करणकुतूहल**–भास्कराचार्य कृत; संस्कृत मूल (रोमन में); An English Translation with Mathematical Explanation, Derivations, Examples, Tables and Diagrams by S Balachandra Rao & S K Uma, IJHS, Vol. 42, Nos. 1-3, 2007, INSA, New Delhi.

7. **गणकतरङ्गिणी**–पं. सुधाकर द्विवेदी (1891 ई. में रचित); संपादक : पद्‌माकर द्विवेदी, बनारस, 1933.

8. **गणितसार-संग्रह**–महावीराचार्य कृत; हिंदी अनुवाद : लक्ष्मीचंद्र जैन, जैन संस्कृति संरक्षक संघ, शोलापुर, 1963.

9. **ग्रहलाघव**–गणेश दैवज्ञ कृत; संस्कृत मूल (रोमन में); An English Trans-

lation with Mathematical Explanation, Derivations, Examples, Tables and Diagrams by S Balachandra Rao & S K Uma, IJHS, Vol. 41, Nos. 1-4, 2006, INSA, New Delhi.

10. **पिङ्गलछन्दःसूत्रम्**–हलायुधभट्ट कृत वृत्ति और बांग्ला व हिंदी भाषानुवाद सहित, छात्र पुस्तकालय, कलकत्ता, 1931.

11. **बक्षाली हस्तलिपि**–मूल; विस्तृत अंग्रेजी भूमिका : सत्यप्रकाश सरस्वती और उषा ज्योतिष्मती, इलाहाबाद, 1979.

12. **बीजगणितम्**–भास्कराचार्य कृत; संस्कृत व्याख्या और हिंदी टीका : विशुद्धानंद गौड, टिप्पणियां : बलदेव मिश्र, चौखम्बा विद्याभवन, वाराणसी, 1992.

13. **बीजगणितम्**– भास्कराचार्य कृत; संस्कृत टीका : राधावल्लभ, कलकत्ता, 1917.

14. **बृहत्संहिता**–वराहमिहिर प्रणीत (भट्टोत्पल कृत विवृति सहित); दो भाग, संपादक : पं. सुधाकर द्विवेदी, काशी, 1995-67.

15. **ब्राह्मस्फुट-सिद्धांत**–('ध्यानग्रहोपदेशाध्याय' सहित) ब्रह्मगुप्त कृत; व्याख्या एवं संपादन : पं. सुधाकर द्विवेदी, बनारस, 1902.

16. **महासिद्धान्त**–आर्यभट (द्वितीय) कृत; संपादन व टीका : पं. सुधाकर द्विवेदी, बनारस, 1910.

17. **लघुमानस**–मंजुल कृत, संस्कृत मूल (रोमन में), **A Critical Study of the Laghumanasa of Manjula** by Kripa Shankar Shukla, INSA, New Delhi, 1990.

18. **लीलावती**–भास्कराचार्य कृत; संस्कृत टीका : राधावल्लभ, कलकत्ता, 1913.

19. **लीलावती**–भास्कराचार्य विरचित; संपादन एवं टिप्पणियां : पं. सुधाकर द्विवेदी, बनारस, 1912.

20. **लीलावती**–भास्कराचार्य कृत; अन्वय व हिंदी टीका : रामस्वरूप शर्मा, खेमराज श्रीकृष्णदास प्रकाशन, बंबई, 1987.

21. **लीलावती**–भास्कराचार्य कृत; Sanskrit and Colebrooke's English translation with notes by Haran Chandra Banarji (Second Edition), Calcutta, 1927.

22. **वटेश्वरसिद्धान्तः**—वटेश्वर कृत; संपादन और अंग्रेजी अनुवाद तथा टीका (दो भाग) : कृपाशंकर शुक्ल, इंडियन नेशनल सायंस एकैडेमी, नई दिल्ली, 1986.

23. **वेदाङ्ग-ज्योतिष** (ऋक् व यजुष्)—लगध उपदिष्ट; भूमिका और अंग्रेजी अनुवाद : प्रो. टी. एस. कुप्पण्ण शास्त्री, संपादन : के. वी. शर्मा, इंडियन नेशनल सायंस एकैडेमी, नई दिल्ली, 1983.

24. **शिष्यधीवृद्धिदतन्त्रम्**—लल्लाचार्य कृत; संपादन और अंग्रेजी अनुवाद तथा टीका (दो भाग) : बीणा चटर्जी, इंडियन नेशनल सायंस एकैडेमी, नई दिल्ली, 1986.

25. **शिष्यधीवृद्धिदम्**—लल्लाचार्य विरचित, भास्कराचार्य कृत 'विवरण' सहित, संपादक : चंद्रभानु पाण्डेय, सम्पूर्णानंद संस्कृत विश्वविद्यालय, वाराणसी, 1981.

26. **शुल्बसूत्रम्**—कात्यायन प्रणीत (विद्याधर शर्मा विरचित वृत्ति सहित), अच्युत ग्रंथमाला कार्यालय, काशी, 1927.

27. **शुल्वसूत्र**—बौधायन, आपस्तंब, कात्यायन और मानव कृत; विस्तृत अंग्रेजी भूमिका और संपादन : सत्यप्रकाश सरस्वती और उषा ज्योतिष्मती, इलाहाबाद, 1979.

28. **सिद्धान्ततत्त्वविवेकः**—कमलाकर कृत; संपादक : पं. सुधाकर द्विवेदी, बनारस.

29. **सिद्धान्तशिरोमणिः**—भास्कराचार्य कृत (भास्कर के वासना भाष्य और नृसिंह दैवज्ञ कृत वार्तिक सहित); संपादक : मुरलीधर चतुर्वेदी, संपूर्णानंद संस्कृत विश्वविद्यालय, वाराणसी, 1981.

30. **सूर्यसिद्धान्तः**—(पं. सुधाकर द्विवेदी की 'सुधावर्षिणी' टीका सहित); संपादक : श्रीकृष्णचंद्र द्विवेदी, संपूर्णानंद संस्कृत विश्वविद्यालय, वाराणसी, 1987.

31. **सूर्य-सिद्धांत**—मूल व हिंदी में विज्ञान-भाष्य (दो खंड) : महावीर प्रसाद श्रीवास्तव, द्वितीय संस्करण, इलाहाबाद, 1983.

32. **Indian Astronomy** : **A Source Book** (Sanskrit Texts and English Translation) : B. V. Subbarayappa & K. V. Sarma, Nehru Centre, Bombay, 1985.

मराठी

33. **कात्यायन शुल्बसूत्रे**–मूल व मराठी भाषांतर : श्री. दा. खाडीलकर, महाराष्ट्र राज्य साहित्य संस्कृति मंडळ, मुंबई, 1974.

34. **चार शुल्वसूत्रे**–बौधायन, मानव, आपस्तंब व कात्यायन शुल्वसूत्रों का मूल सहित मराठी भाषांतर : रघुनाथ पुरुषोत्तम कुलकर्णी, महाराष्ट्र राज्य साहित्य संस्कृति मंडळ, मुंबई, 1978.

35. केतकर, वेंकटेश बापूजी : **ग्रहगणित मालिका** अथवा सूर्य, चंद्र व ग्रह यांच्या गणितांची कोष्टकें, पद्धति व उदाहरणें यांसह (संपादक : द. वें. केतकर), द्वितीय आवृति, महाराष्ट्र राज्य साहित्य व संस्कृति मंडळ, मुंबई, 1969.

36. पवार, गणपतराव शिवराम : **ग्रह-गति-सिद्धांत** किंवा ज्योतिर्गणिताचीं मूलतत्त्वें, महाराष्ट्र राज्य साहित्य व संस्कृति मंडळ, मुंबई, 1968.

37. मराठे, श्याम–**भारतीय गणितीची चरित्रे** (द्वितीय आवृत्ती), साहित्य प्रसार केंद्र, नागपूर, 1989.

38. राजंदेकर, वा. ह. : **पंचांगाची ओळख** अर्थात्, भारतीय कालगणना पद्धती व परिचय, नागपूर, 1998.

हिंदी

39. अल्-बिरूनी–**भारत** (सखाऊ के अंग्रेजी अनुवाद के संक्षिप्त संस्करण का हिंदी अनुवाद), भूमिका व संपादन : कयामुद्दीन अहमद, अनुवाद : नूर नबी अब्बासी, नेशनल बुक ट्रस्ट, नई दिल्ली, 2003.

40. कल्याणदत्त शर्मा–**म.म. श्रीसुधाकर द्विवेदी वेधशाला परिचय**, संपूर्णानन्द संस्कृत विश्वविद्यालय, वाराणसी, 1992.

41. गुणाकर मुळे–**संसार के महान गणितज्ञ** (छठा संस्करण), राजकमल प्रकाशन, नई दिल्ली, 2008.

42. गुणाकर मुळे–**भारतीय इतिहास में विज्ञान**, यात्री प्रकाशन, दिल्ली, 2005.

43. गुणाकर मुळे–**तारों भरा आकाश**, प्रकाशन विभाग, भारत सरकार, नई दिल्ली, 2004.

44. गुणाकर मुळे—**आकाश-दर्शन** (पंचम संस्करण), राजकमल प्रकाशन, नई दिल्ली, 2002.

45. गुणाकर मुळे—**भारतीय विज्ञान की कहानी** (पंचम संस्करण), राजकमल प्रकाशन, नई दिल्ली, 2003.

गुणाकर मुळे—**महान भारतीय वैज्ञानिक** (द्वितीय संस्करण), यात्री प्रकाशन, दिल्ली, 2007.

46. गुणाकर मुळे—**भारतीय अंक-पद्धति की कहानी** (छठा संस्करण), राजकमल प्रकाशन, नई दिल्ली, 2008.

47. गुणाकर मुळे—**अक्षर-कथा** (द्वितीय संशोधित-परिवर्धित संस्करण), प्रकाशन विभाग, भारत सरकार, नई दिल्ली, 2003.

48. गुणाकर मुळे—**अंक-कथा** (प्रकाशनाधीन), प्रकाशन विभाग, भारत सरकार, नई दिल्ली, 2008.

49. गुणाकर मुळे—**अक्षर बोलते हैं** (तीसरी आवृत्ति), यात्री प्रकाशन, दिल्ली, 2007.

50. गुणाकर मुळे—**आर्किमीदीज** (नया संशोधित संस्करण), राजकमल, नई दिल्ली, 2004.

51. गुणाकर मुळे—**भास्कराचार्य** (लघु पुस्तक), राजकमल प्रकाशन, नई दिल्ली, 2000.

52. गुणाकर मुळे—**पास्कल** (नया संशोधित संस्करण), राजकमल, नई दिल्ली, 2004.

गुणाकर मुळे—**महान गणितज्ञ-ज्योतिषी आर्यभट** (द्वितीय संशोधित संस्करण), प्रकाशन विभाग, भारत सरकार, नई दिल्ली, 2007.

53. गोरख प्रसाद—**भारतीय ज्योतिष का इतिहास**, प्रकाशन ब्यूरो, उत्तर प्रदेश सरकार, लखनऊ, 1956.

54. गौरीशंकर हीराचंद ओझा—**भारतीय प्राचीन लिपिमाला** (द्वितीय संस्करण), अजमेर, 1918.

55. दुबे, शुकदेव–**हमारे ज्योतिर्विद**, विवेक प्रकाशन, दिल्ली, 1975.

56. त्रिवेणीप्रसाद सिंह–**ग्रह-नक्षत्र**, बिहार राष्ट्रभाषा परिषद, पटना, 1955.

57. पांडुरंग वामन काणे–**धर्मशास्त्र का इतिहास**, चतुर्थ भाग, अनुवाद : अर्जुन चौबे काश्यप, उत्तर प्रदेश हिंदी संस्थान, लखनऊ, 1984.

58. ब्रज मोहन–**गणित का इतिहास**, हिंदी समिति, सूचना विभाग, उत्तर प्रदेश, लखनऊ, 1965.

59. ब. ल. उपाध्याय–**प्राचीन भारतीय गणित**, विज्ञान भारती, नई दिल्ली, 1971.

60. राधाचरण गुप्त–**प्राचीन भारतीय गणित की ऐतिहासिक व सांस्कृतिक झलकियां**, एनसीईआरटी, नई दिल्ली, 1997.

61. विभूतिभूषण दत्त और अवधेश नारायण सिंह (अनुवाद : कृपाशंकर शुक्ल)–**हिंदू गणितशास्त्र का इतिहास**, भाग-1 (अंक-संकेत और अंकगणित), प्रकाशन ब्यूरो, उत्तर प्रदेश सरकार, लखनऊ, 1956.

62. शंकर बालकृष्ण दीक्षित–**भारतीय ज्योतिष** (मराठी से अनुवाद : शिवनाथ झारखंडी), हिंदी समिति, सूचना विभाग, उत्तर प्रदेश, लखनऊ, द्वितीय संस्करण, 1963.

63. सत्यप्रकाश, स्वामी–**वैज्ञानिक विकास की भारतीय परंपरा**, बिहार राष्ट्रभाषा परिषद्, पटना, 1954.

64. समरेन्द्रनाथ सेन (बांग्ला से अनुवाद : भूपेंद्र नाथ सान्याल) : **विज्ञान का इतिहास**, दो भाग, बिहार हिंदी ग्रंथ अकादमी, पटना, 1972-1974.

अंग्रेजी

65. Arkasomayaji, D. : **Siddhanta Shiromani** (Ganitadhyaya) of Bhaskaracharya, Kendriya Sanskrit Vidyapeetha, Tirupati, 1980.

66. Bernal, J.D. : **Science in History** (4 vols.), Pengiun Books, 1969.

67. Bose, D.M., Sen, S.N. & Subbarayappa, B.V. : **A Concise History of Science in India**, INSA, New Delhi, 1971.

68. Chakaravarty, Apurba Kumar : **Indian Calendrical Science**, Indian Studies, Calcutta, 1975.

69. Chatterjee, S. K. : **A Standard Calendar for India**, INSA, New Delhi, 1980.

70. Clagett, Marshall : **Greek Science in Antiquity**, Abelard-Schuman Ltd. London, 1957.

71. Clark, Walter Eugene : **The Aryabhatiya of Aryabhata** Translated with notes), The University of Chicago Press, Chicago, 1930.

72. Dass Gupta, S. : **π–An Unending Story in Mathematics**, NCERT, New Delhi,1990.

73. Datt, Bibhutibhusan & Singh, Avadhesh Narayan : **History of Hindu Mathematics** (2 parts), Asia Publishing House, Bombay, 1962.

74. Datt, Bibhutibhusan : **The Science of the Sulba**, University of Calcutta, 1932.

75. Farrington, Benjamin : **Greek Science**, Pelican Book, 1953.

76. Hogben, Lancelot : **Mathematics in the Making**, Macdonald, London, 1960.

77. Hogben, Lancelot : **Mathematics for the Millions** (2nd edition), George Allen & Unwin, London, 1945.

78. Hooper, Alfred : **Makers of Mathematics**, Random House, New York, 1948.

79. Ifrah, Georges : **The Universal History of Numbers**, 3 Vols., Penguin Books, New Delhi, 2005.

80. Kaye, G.R. : **Astronomical Obsevatories of Jai Singh**, ASI, New Delhi, 1982.

81. Ketkar, Venkatesh Bapuji : **Indian and Foreign Chronology**, The Journal of the Bombay Branch of the Royal Asiatic Society, Bombay, 1923.

82. Kochhar, Rajesh & Narlikar, Jayant : **Astronomy in India : A Perspective**, INSA, New Delhi, 1995.

83. Majumdar, R. C. & Altekar, A. S. (Eds.) : **The Vakataka-Gupta Age**, Lahore, 1946.

84. Menon, K. N. : **Aryabhata : Astronomer Mathematician**, Publication Division, New Delhi, 1977.

85. Moore, Patrick : **The Story of Astronomy**, Macdonald, London, 1967.

86. Moritz, Robert Edouard : **On Mathematics and Mathematicians**, Dover Publications, New York, 1958.

87. Neugebauer, O. : **The Exact Sciences in Antiquity**, Harper Torchbooks, New York, 1957.

88. Newman, James R. (ed.) : **The World Of Mathematics** (4 vols.), Simon and Schuster, New York, 1956,

89. Rao, S Balachandra & Uma, S K : **Karanakutuhalam of Bhaskaracharya II** (English Translation with Mathematical Explanation, Derivations, Examples, Tables and Diagrams), IJHS, Vol. 42, Nos. 1-3, 2007, INSA, New Delhi.

90. Rao, S Balachandra & Uma, S K : **Grahalaghavam of Ganesh Daivajna** (English Translation with Mathematical Explanation, Derivations, Examples, Tables and Diagrams), IJHS, Vol. 41, Nos. 1-4, 2006, INSA, New Delhi.

91. Sachau, Edward C. : **Alberuni's India**, New Delhi, 1964,

92. Sachau, Edward C. : **INDIA by Al-Biruni** (Abridged and Edited with Introduction and notes by Qeyamuddin Ahmad), Second Edition, National Book Trust, New Delhi, 1999.

93. Saha, M. N. & Lahiri, N. C. : **History of The Calendar**, CSIR, New Delhi, 1992.

94. Sarton, George : **A History of Science** (2 vols.), Science Editions, John Wily & Sons, Inc., New York, 1965-65.

95. Satpathy, L. (Editor) : **Ancient Indian Astronomy and Contributions of Samanta Chandra Sekhar**, Naroda Publishing House, New Delhi, 2003.

96. Seal, Brajendranath : **The Positive Sciences of the Ancient Hindus** (reprint), Moti Lal Banarasi Dass, Delhi, 1958.

97. Sen, S.N. & Bag, A.K. : **The Shulbasutras** (Sanskrit text in Roman and English translation), INSA, New Delhi, 1983.

98. Shukla, Kripa Shankar : **A Critical Study of the Laghumanasa of Manjula** (with Sanskrit text and English translation), Indian National Science Academy, New Delhi, 1990.

99. Singer, Charles : **A Short History of Scientific Ideas to 1900**, The ELBS Edition, Oxford Universirty Press, 1959.

100. Smart, W. M. : **Textbook of Spherical Astronomy**, Vikas Publishing House, New Delhi, 1975.

101. Smith, David Eugene : **History of Mathematics** (2 vols.), Dover Publications, New York, 1958.

102. Srinivasiengar, C. N. : **The History of Hindu Mathematics**, The World Press Private Ltd., Calcutta, 1967.

103. Struik, Dirk J. : **A Concise History of Mathematics**, G. Bell and Sons Ltd., London, 1959.

104. Taton, René : **History of Science : Ancient and Medievel Science** (From the Beginnings to 1450), Translated from the French by A. J. Pomerans, Thames and Hudson, London, 1963.

105. Thiel, Rudolf : **And There was Light** (The Discovery of the Universe) : Translated from the German by Richard and Clara Winston, Andre Deutsch, London, 1958.

106. Tilak, Bal Gangadhar : **Vedic Chronology and Vedanga Jyotisha**, Messrs Tilak Bros., Gaikwar Wada, Poona City, 1925.

107. Toulmin, S. & Goodfield, J. : **The Fabric of the Heavens**, Penguin, 1961.

108. Uspensky, V. A. : **Mathematics Handbook**, Moscow, 1971-72.

109. --- --- : **Ancient China's Science and Technology**, Foreign Language Press, Beijing, 1983.

110. Verma, Onkar Prasad : **The Yadavas and Their Times**, Vidarbha Samshodahan Mandal, Nagpur, 1970.

Volumes of **Indian Journal of History of Science**, INSA, New Delhi. Two Special Vols. : (1) **History of Astronomy in India**, Vol.20, No.1-4, 1985; and (2) **Proceedings of Symposiam on Aryabhata I**, Vol. 12, No.2. 1977.

कोश, विश्वकोश

111. Bhattacharya, Arupratan : **Ancient Indian Astronomical Terms**, Subarnarekha, Calcutta, 1987.

Wallenquist, Ake : **The Penguin Dictionary of Astronomy**, 1966.

112. Sreedharan, M.S. : **Bharatiya Vigyan Manjusha** (Treasure Trove of Ancient Indian Sciences), Publication Division, Govt. of India, New Delhi, 2005.

मराठी विश्वकोश

113. **विज्ञानेतिहास** (महाराष्ट्रीय ज्ञानकोश, प्रथम खंड, विभाग पांचवा, संपादक : श्रीधर व्यंकटेश केतकर), महाराष्ट्रीय ज्ञानकोश मंडळ, नागपूर, 1922.

114. पारिभाषिक शब्दकोश

परिशिष्ट - 10

नामानुक्रमणिका

परिशिष्ट - 11

विषयानुक्रमणिका